Basquiat

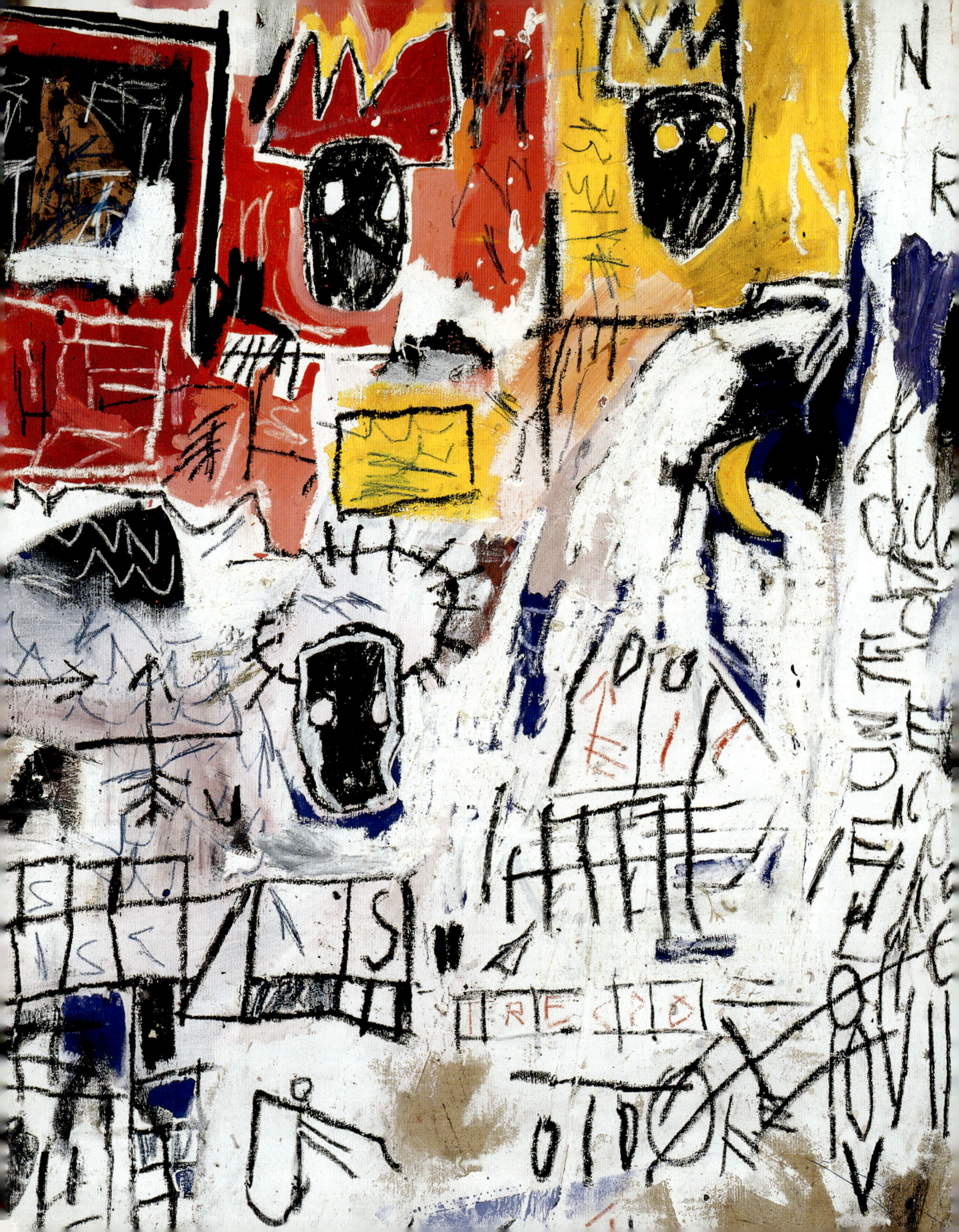

Basquiat

Directeur d'ouvrage
Marc Mayer

Textes des commissaires de l'exposition
Fred Hoffman
Kellie Jones
Marc Mayer
Franklin Sirmans

Flammarion

L'ouvrage en anglais a été publié à l'occasion de l'exposition Basquiat au Brooklyn Museum, du 11 mars au 5 juin 2005.

Commissaires de l'exposition : Marc Mayer, commissaire général et ancien directeur de la section Art du Brooklyn Museum, aujourd'hui directeur du musée d'Art contemporain de Montréal ; Fred Hoffman, Ahmanson Curatorial Fellow au Museum of Contemporary Art, Los Angeles ; Kellie Jones, professeur assistant du département d'histoire de l'art et des études afro-américaines, Yale University; et Franklin Sirmans, écrivain, éditeur et conservateur indépendant basé à New York.

JPMorgan Chase a généreusement sponsorisé l'exposition tournante *Basquiat*. Le Federal Council on the Arts and the Humanities a également apporté une contribution financière au projet.

Première publication en 2005 par

Merrell Publishers Limited

Head office :
81 Southwark Street
London SE1 OHX

New York office :
49 West 24th Street, 8th floor
New York, NY 10010

www.merrellpublishers.com

en association avec

Brooklyn Museum
200 Eastern Parkway
Brooklyn, NY 11238-6052
www.brooklynmuseum.org

Cette publication a été organisée au Brooklyn Museum.
James Leggio, directeur des publications et des éditions.

Édition française
© Éditions Flammarion, 2005, 2010, 2013 L.01EBUN000286.A005
Numéro d'édition : L.01EBUN 000286
ISBN : 9782081237254
Dépôt légal : septembre 2010

Crédits photographiques
La plupart des photographies d'oeuvres reproduites dans ce livre ont été fournies par les propriétaires ou les conservateurs des oeuvres mentionnées dans les légendes. La liste suivante concerne les photographies pour lesquelles des informations supplémentaires sont requises.

© 2005 Artists Rights Society (ARS), New York/VG Bild-Kunst, Bonn; digital image © The Museum of Modern Art/Licensed by SCALA/Art Resource, New York : p. 56. Edo Bertoglio, © New York Beat Films LLC 2000, courtesy Maripol : p. 101. Christie's, New York, courtesy Udo Brandhorst : p. 107. © Marina D., courtesy Maripol : p. 100 (gauche). Ivan Della Tana: pp. 144, 164. The Royal Collection © 2005 Her Majesty Queen Elizabeth II : p. 48. Gagosian Gallery, New York: p. 118, 152, 153. Nan Goldin : p. 93. © Bobby Grossman : p. 99 (droite). © Lizzie Himmel : p. 104. © George Hirose : p. 97 (droite). © Paul Laster : p. 99 (gauche). Malca Fine Art, New York : p. 39 (gauche), 128, 131. Robert McKeever : p. 20. Digital image © The Museum of Modern Art/Licensed by SCALA/Art Resource, New York : p. 49. © 2005 Board of Trustees, National Gallery of Art, Washington, D.C. : p. 45. Douglas M. Parker Studio : p. 35, 88, 117. © Patisse, courtesy Maripol : p. 100 (droite). © 2005 Estate of Pablo Picasso/Artists Rights Society (ARS), New York ; digital image © The Museum of Modern Art/Licensed by SCALA/Art Resource, New York : p. 57 (gauche), 137. Richard Leslie Schulman : p. 57 (droite). Tony Shafrazi Gallery, New York : p. 156. Jerry L. Thompson : p. 120 (gauche). © Brian D. Williams, courtesy Maripol : p. 170. Zindman/ Fremont : p. 38 (gauche), 146.

Produit par Merrell Publishers Limited
Conception graphique : Empire Design Studio, New York

Édition française par les Éditions Flammarion
Traduction : Alice Boucher et Jacques Guiod
Relecture : Marion Combes
Adaptation graphique : Julien Lévy

Imprimé à Singapour

Page 2 : *Peso Neto* (détail), 1981 (p. 34)
Pages 10-11: *Sans titre (Crown)* [détail], 1983 (p. 119)
Au dos : Basquiat faisant un graffiti dans le film *Downtown 81*, 1980-1981 (p. 101)

SOMMAIRE

AVANT-PROPOS

Arnold L. Lehman
Directeur, Brooklyn Museum

Les musées tels que le Brooklyn Museum peuvent faire œuvre de civilisation en aidant les enfants à devenir des adultes lucides et cultivés. La découverte de la diversité du monde incite à la tolérance et au respect parce que, au-delà des différences souvent surprenantes qui existent entre les cultures esthétiques, des similarités peuvent surgir. En d'autres termes, l'art exprime le rapport à la mémoire, au savoir, aux croyances et à la beauté de chaque peuple et de chaque époque. Parce que nous y contemplons l'admirable résultat du travail de ceux qui ont vécu en des lieux et des temps parfois éloignés, la fréquentation régulière d'un musée d'art nous enseigne la valeur de l'effort. Et s'il est un lieu de connaissance – à travers l'histoire, la science, la littérature, la religion ou la philosophie qui nourrissent ces objets venus du monde entier –, le musée est aussi un lieu de plaisir, celui, très singulier, qui naît de la combinaison des sens et de l'esprit.

Rien cependant n'égale le plaisir qu'éprouvent ceux qui travaillent dans ces institutions, quand ils peuvent contribuer à l'émergence d'un grand artiste.

Jean-Michel Basquiat connaissait les musées de New York, mais on sait qu'il avait une nette prédilection pour celui qu'il appelait simplement « le Brooklyn ». À l'âge de six ans, il était « membre junior » du musée, grâce à ses parents qui ont très tôt encouragé son goût pour l'art. Né et ayant grandi à Brooklyn, c'est devant la vaste collection du musée de son quartier que Basquiat a sans doute éprouvé ses premières émotions artistiques. Nous aimons à penser que cette vénérable institution n'aura pas été étrangère à la formation du génie de celui qui accéda à la célébrité à l'orée de ses vingt ans. Sa disparition tragique sept ans plus tard, au terme d'une carrière aussi courte que fulgurante, fut une perte non seulement pour sa famille mais pour tous ceux qui admirent l'intelligence et la liberté d'esprit. Jean-Michel Basquiat est enterré (et il fallait qu'il en fût ainsi) au Green-Wood Cemetery de Brooklyn, parmi les héros de la guerre de Sécession, les abolitionnistes et un grand nombre d'artistes américains.

Sans le soutien constant et généreux de Gérard Basquiat, qui tenait à ce que l'œuvre de son fils fût montré en ce lieu, qu'il pût être vu par les jeunes gens de Brooklyn, l'organisation complexe de cette exposition n'aurait pu être menée à bien. Nous devons également beaucoup aux conseils avisés de Jeffrey Deitch (présent dès le début du projet) et à sa parfaite connaissance des tableaux de l'artiste. Comme nous devons beaucoup aux avis éclairés de l'Authentication Committee of the Estate of Jean-Michel Basquiat : aux côtés de Jeffrey Deitch et de Gérard Basquiat, Richard Marshall, Larry Warsh, John Cheim et Nora Fitzpatrick.

Tout au long de la préparation, Enrico Navarra a été pour nous un guide extraordinaire, par la richesse de sa documentation et la pertinence de ses remarques. Nos informations ont été remarquablement complétées par les apports précieux de Tony Shafrazi, de Leo Malca et, surtout, d'Annina Nosei, premier agent de l'artiste à New York, ainsi que des admirateurs de Basquiat qui se sont intéressés au projet. Qu'ils en soient ici chaleureusement remerciés, ainsi que Julian Schnabel et Larry Gagosian. Est-il besoin d'ajouter que sans le concours des nombreux collectionneurs de l'œuvre de Basquiat, cette exposition n'aurait pu exister ? À tous, nous exprimons notre gratitude pour leur engagement passionné dans cette aventure, et plus particulièrement à la Stephanie and Peter Brant Foundation, à la Schorr Family Collection, à la Broad Art Foundation, ainsi qu'à Edythe L. et Eli Broad.

Je suis extrêmement heureux d'avoir pu collaborer avec nos collègues du Museum of Fine Arts de Houston, Peter Marzio et Barry Walker, et ceux du Museum of Contemporary Art de Los Angeles, Jeremy Strick, Paul Schimmel et Alma Ruiz, qui ont accueilli en leurs murs cette exposition.

À travers leurs essais qui ouvrent de nouvelles perspectives sur l'œuvre de Jean-Michel Basquiat, étayées par un choix précis de tableaux, Marc Mayer, qui a dirigé la publication de cet ouvrage, Fred Hoffman, Kellie Jones et Franklin Sirmans contribuent à une meilleure connaissance de l'artiste et confirment sa valeur exceptionnelle. Je ne saurais trop les remercier du remarquable *Basquiat* qu'ils nous offrent.

Enfin, comment envisager aujourd'hui l'organisation d'une exposition de cette ambition sans le concours actif et généreux des mécènes ? JPMorgan Chase est de ceux qui ont compris l'importance des arts, et nous sommes fiers d'avoir bénéficié du soutien aussi professionnel que chaleureux de cet éminent « citoyen » de Brooklyn. Nous voudrions également exprimer notre infinie reconnaissance au Richard and Barbara Debs Exhibition

Fund du Brooklyn Museum, au Contemporary Art Council et à la Iris et B. Gerald Cantor Foundation/Andrew W. Mellon Foundation Publication Endowment.

L'indéfectible confiance que nous ont témoignée les membres de notre conseil d'administration, sous la houlette bienveillante de son président, Robert S. Rubin, a été essentielle pour la réussite de ce projet et témoigne de leur engagement en faveur d'expositions et de publications de qualité.

PRÉFACE ET REMERCIEMENTS

Marc Mayer

La première fois que j'ai vu une œuvre de Jean-Michel Basquiat, j'étais étudiant en histoire de l'art – et passionné par le baroque italien. C'était un tableau d'une grande insolence technique qui, au premier regard, évoquait la course folle d'un gamin doué contre l'art moderne. J'en fus désarçonné, comme si brutalement un étranger venait d'interrompre la conversation en cours, et je ne savais qu'en faire. À l'instar de tout le monde à l'époque, je songeai à l'expressionnisme et, pour un temps, l'œuvre eut un sens, du moins d'un point de vue académique. Mais quand je fus accoutumé à sa facture rudimentaire de type bande dessinée, au graphisme sauvage de ses figures et à sa palette tumultueuse, le tableau, inexplicablement familier, me parut se situer au-delà de l'art moderne. Je me demandai même s'il n'avait pas été réalisé au cours d'une transe par un artiste fanatique de musique punk (je ne m'intéressais guère au punk et n'allais pas écouter de hip-hop avant des années). En dépit de son extrême informalité, il ne versait pas dans l'informe qui eût détruit la densité et l'équilibre que l'artiste cherchait visiblement à obtenir dans sa composition. Le désordre était maîtrisé, rappelant plutôt l'expressionnisme français ; un peu trop agressivement confiant, sans doute, mais combien habile, me disais-je, et point désagréable. Mais de quoi parlait l'œuvre ?

Je ne pouvais m'empêcher de la contempler. Je finis par être envahi par le sentiment que s'exprimait là une émotion authentique – je ne parvenais cependant à rien discerner d'autre. J'étais convaincu de me trouver à la fois face à quelque chose de vrai, d'énigmatique, d'évasif et de bruyant. Cet objet qui affichait d'une façon si manifeste son artisanat était d'une nouveauté parfaitement assumée et, je devais l'admettre, faisait écho à mes propres cacophonies intérieures. Fourmillant d'idées audacieuses et de concepts recyclés, entremêlés avec des sensations concrètes, le tableau me procura en définitive un frisson inattendu. C'était en 1984. Son titre était *Notary*. Basquiat l'avait réalisé l'année précédente, à l'âge de vingt-deux ans.

J'aime à penser que ma passion pour l'art contemporain (qui détermina ma carrière) est née de cette expérience formatrice. Dès ce moment, je me suis mis en quête d'un art nouveau qui, à l'égal de celui de Basquiat, saurait interrompre ma conversation mentale avec le passé. Au cours des années qui ont suivi cependant, je n'ai eu que trop souvent l'occasion, comme tous ceux qui admirent Jean-Michel Basquiat, de déplorer une célébrité extra-artistique qui a si peu à voir avec un œuvre que j'estime en tout point extraordinaire. Celui qui fut sans doute le plus prolifique des artistes majeurs du XXe siècle fut aussi celui qui eut la vie la plus courte. Il n'y a rien là qui doive obérer l'appréciation raisonnée du génie de Basquiat. Entre le romantisme dont s'auréolent de telles vies et le dédain que suscite ce romantisme, certains d'entre nous ont parfois éprouvé de la difficulté à juger clairement de ce que peignait l'artiste et de la manière dont il le peignait.

Basquiat nous a légué un œuvre extraordinairement complexe. Son évolution artistique a été d'une extrême rapidité, procédant par allées et venues, revisitant de vieilles notions et en développant de nouvelles, créant des images ou de minuscules groupes d'images qui semblent n'avoir aucun écho discernable dans le reste de l'œuvre. Il existe, par conséquent, de multiples façons de rendre compte de la carrière de l'artiste, et nombreuses sont les voies qui s'ouvrent au fur et à mesure qu'on avance. Néanmoins, dans le contexte de l'exposition, il nous semblait nécessaire de garder une ligne claire, reliée aux œuvres majeures et lisibles de Basquiat, plutôt que de s'éparpiller dans différentes directions. En outre, nous avons plus à gagner en préférant l'efficacité à l'exhaustivité : si l'exposition parvient à rendre son dû à l'artiste, alors nous aurons contribué à suffisamment modifier la vision de la saga artistique de la fin du XXe siècle pour renforcer l'intérêt porté à l'œuvre de Basquiat et susciter autant d'expositions dans son propre pays qu'il y en a eu à l'étranger ces dernières années. Surtout, elle fournira à nos collègues des musées une raison convaincante (et leur fera peut-être voir la nécessité) d'acquérir des toiles clés de l'artiste pour les inclure dans l'histoire de l'art que compose leur collection.

L'exposition a été organisée autour de quatre perspectives aussi différentes que complémentaires, dont rendent compte les essais publiés dans cet ouvrage. Ainsi Kellie Jones nous donne-t-elle à voir un Basquiat multiculturel, un artiste conscient de son identité, de ses origines, de son public aussi. Franklin Sirmans, lui, nous présente un homme aux dons multiples et analyse les thématiques qui traversent son œuvre, et notamment la musique, en relation avec son expérience personnelle. Fred Hoffman, pour sa part, met au jour l'ambition profonde et immense qui anime les meilleurs toiles de Basquiat, et nous fait découvrir un humaniste raffiné, un artiste pourvu d'une âme. Quant à moi, j'espère être parvenu à situer Basquiat à l'intérieur de l'épisode final et mouvementé du modernisme dont il est l'ultime représentant. Je remercie mes collaborateurs d'avoir, par leur contribution, enrichi notre regard critique sur un artiste qui nous a légué un œuvre étonnamment riche et divers, et dont nous espérons avoir su faire comprendre l'originalité.

Ce projet a pu être élaboré grâce à l'aide précieuse que nous ont apportée un certain nombre de personnes. Qu'elles en soient ici infiniment remerciées. Gérard Basquiat tout d'abord : la confiance qu'il nous a témoignée a rendu cette exposition possible ; mais aussi Jeffrey Deitch, Enrico Navarra, Géraldine Pfeffer-Levi, Nathalie Prat, Peter Brant, Jean Bickley, Leo Malca, Herbert et Lenore Schorr, Tony Shafrazi, Larry Warsh, Annina Nosei, Larry Gagosian, Richard Rodriguez et Julian Schnabel, ainsi que les nombreux collectionneurs, galeristes et amis, qui nous ont généreusement prodigué informations et documents ; enfin, Richard D. Marshall, à qui nous devons la première rétrospective jamais organisée sur Jean-Michel Basquiat – et sur l'autorité duquel nous nous sommes appuyés.

Je tiens également à dire ma reconnaissance aux nombreux collègues du Brooklyn Museum qui se sont investis dans la préparation de l'exposition et du catalogue. Et plus particulièrement à Arnold Lehman, dont l'engagement ambitieux en faveur du projet a été décisif ; à Charlotta Kotik et Moriah Evans, qui ont mené les premières recherches ; à Clare Weiss et Robin Weglinski, qui les ont approfondies et ont permis leur exploitation ; à Sarah Timmins DeGregory et Megan Doyle Hurst, dont le travail acharné et scrupuleux a été essentiel ; à Leslie Brauman, enfin, qui a coordonné la collecte des fonds. Avec patience, James Leggio, notre cher éditeur, a guidé la mise en forme de cet ouvrage : nous lui devons beaucoup. Merci à lui et à toute l'équipe du Brooklyn Museum qui a accueilli ce projet et en a fait le sien.

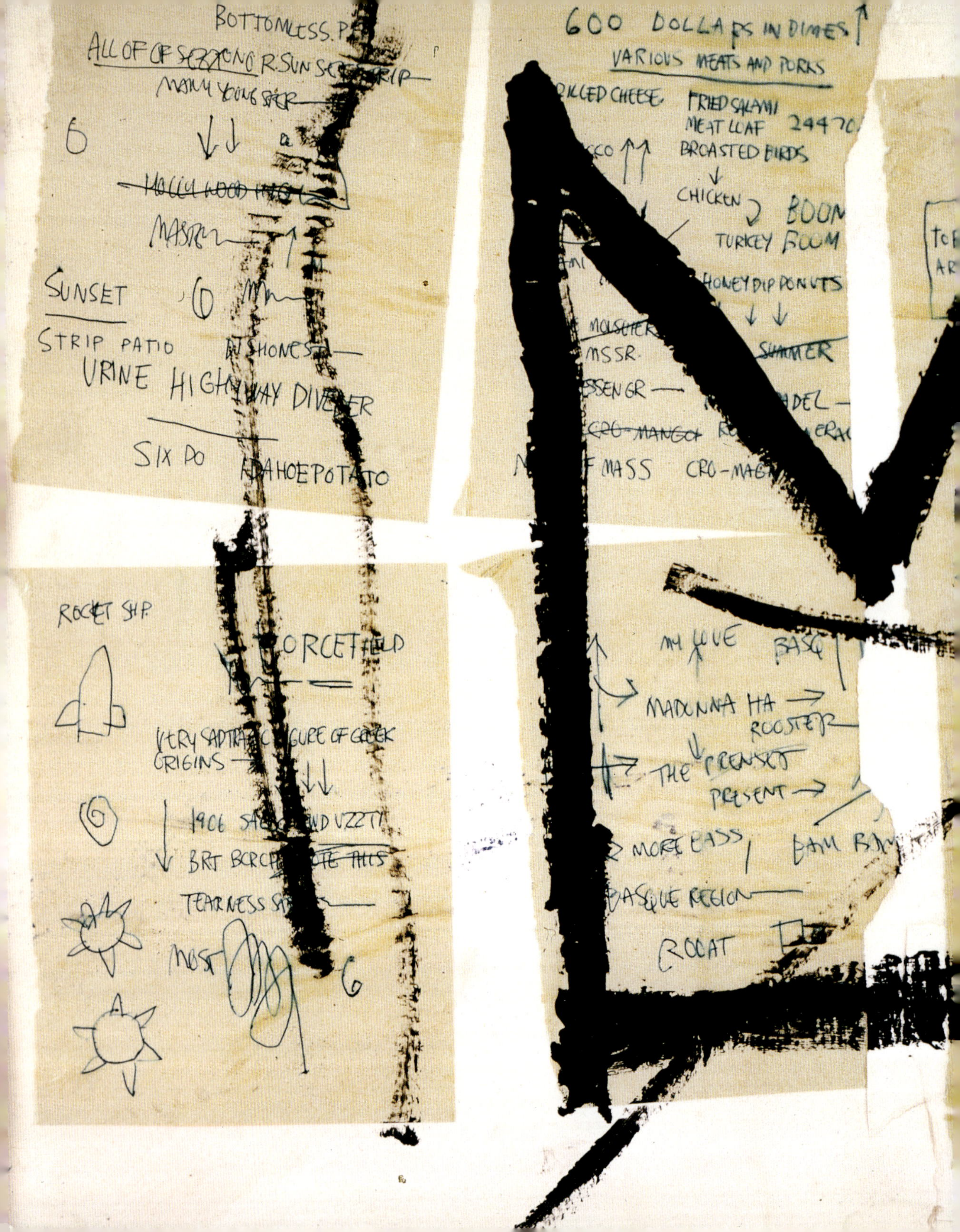

VARIOUS MEATS AND PORKS
FRIED SALAMI
MEAT LOAF
BROASTED BIRDS
CHICKEN
TURKEY
BOOM
HONEY DIP DONUTS
SUNSET
STRIP PATIO
URINE
SIX DO
MASS
CRO-MAG
ROCKET SHIP
MY LOVE
MADONNA HA
ROOSTER
THE
PRESENT
BASQUE REGION
ORIGINS

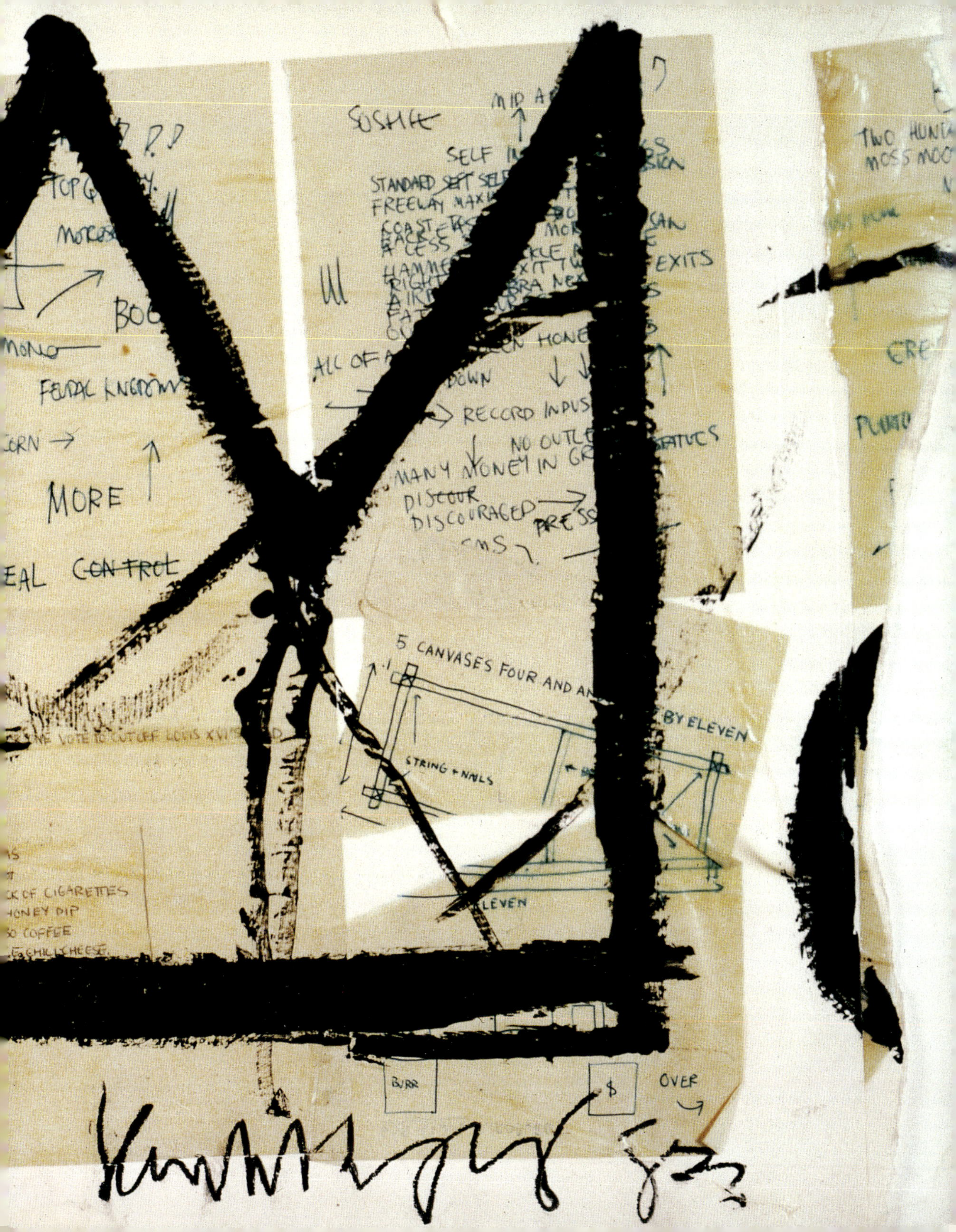
MORE
CONTROL
STANDARD
FREEWAY
EXITS
RECORD INDUS
NO OUTLE
MANY MONEY IN GR
DISCOURAGED
PRESS
5 CANVASES FOUR AND AN
BY ELEVEN
STRING + NAILS
ELEVEN
OVER
$
CK OF CIGARETTES
HONEY DIP
COFFEE
FEUDAL KINGDOM
DOWN
TWO HUN
MOSS MOO

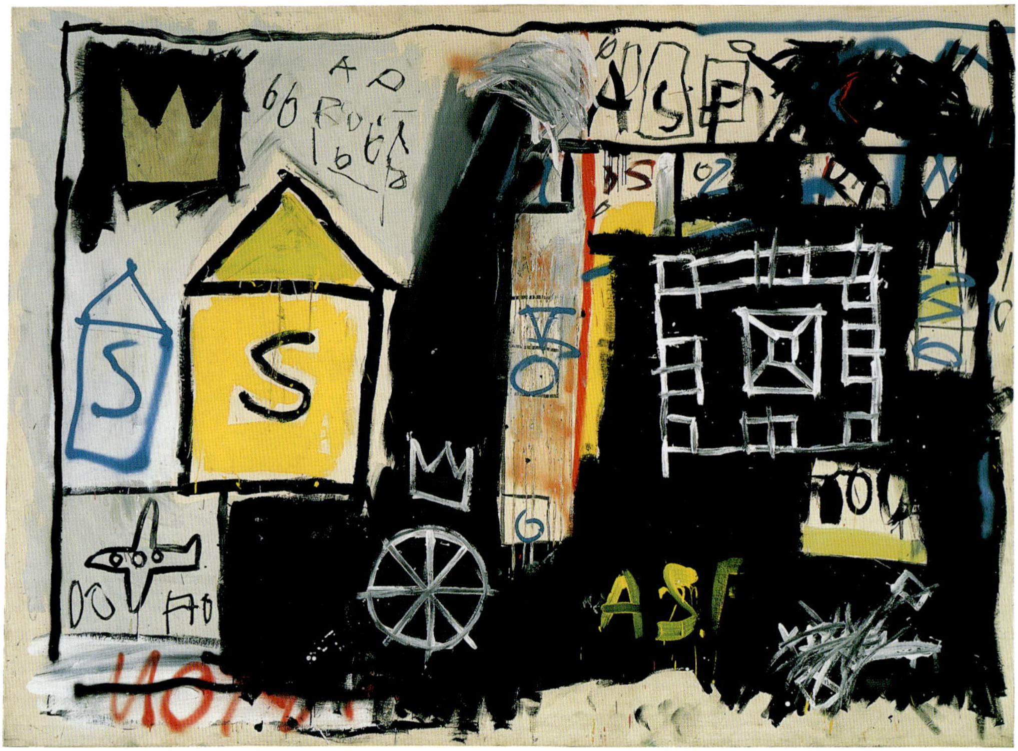

Sans titre
1981
Acrylique et spray
sur toile
200,5 x 282 cm
Collection
Annina Nosei

Sans titre
1981
Acrylique, spray
et crayon gras
sur toile
218,5 x 264 cm
The Stephanie and
Peter Brant Foundation,
Greenwich, Connecticut

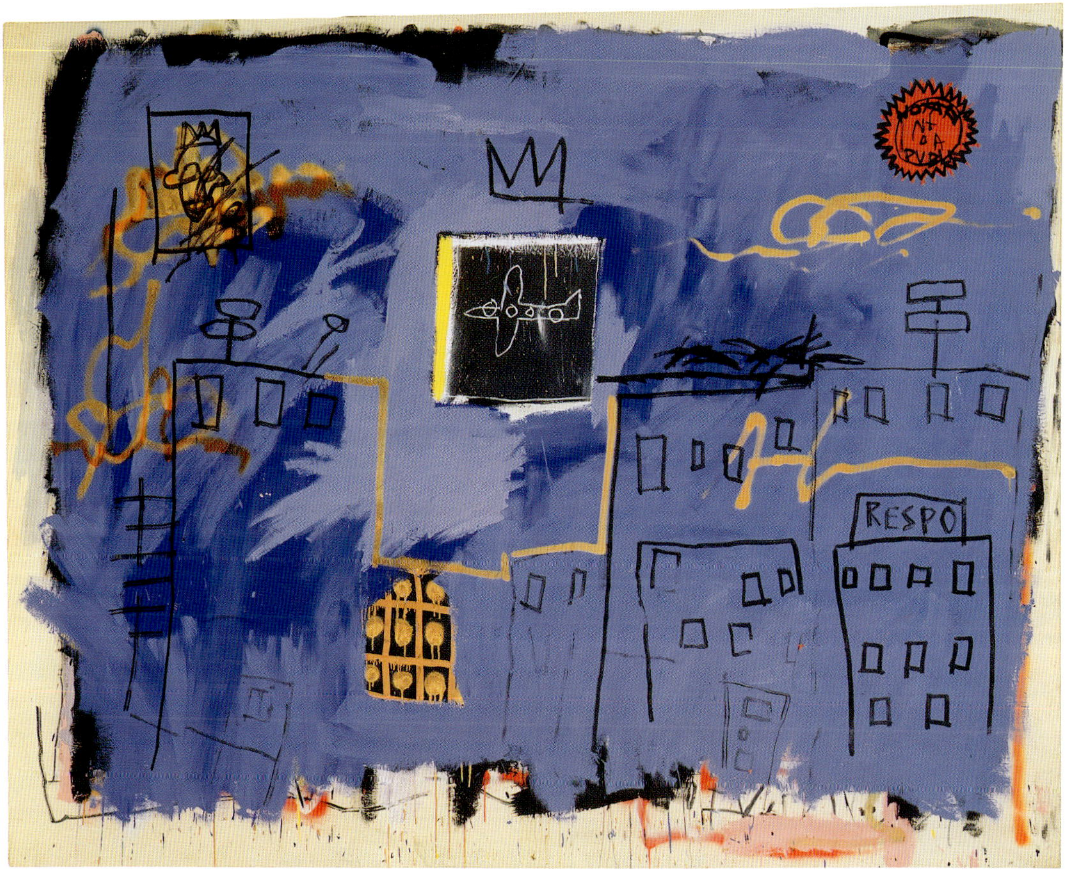

Sans titre
(We have decided...)
1979-1980
Acrylique, sang, encre
et papier collé sur papier
41,3 x 35,6 cm
Collection
Enrico Navarra

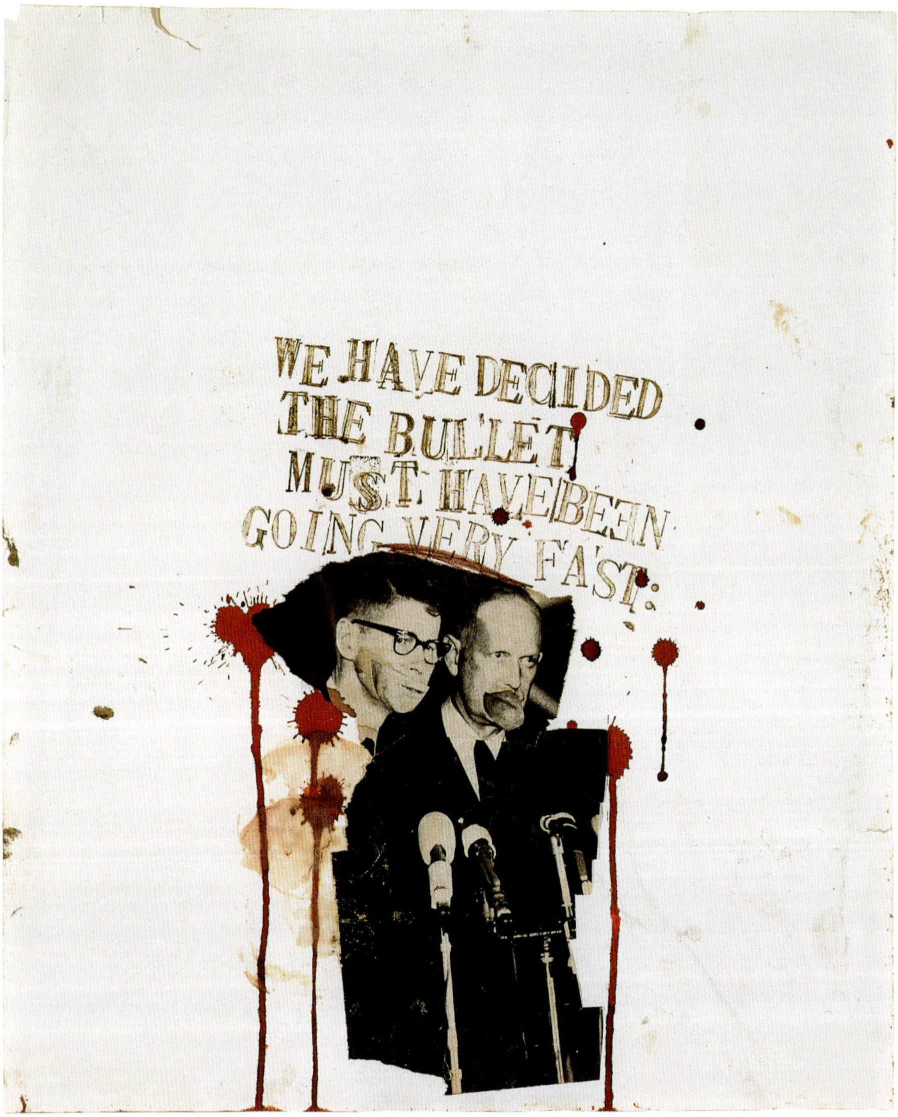

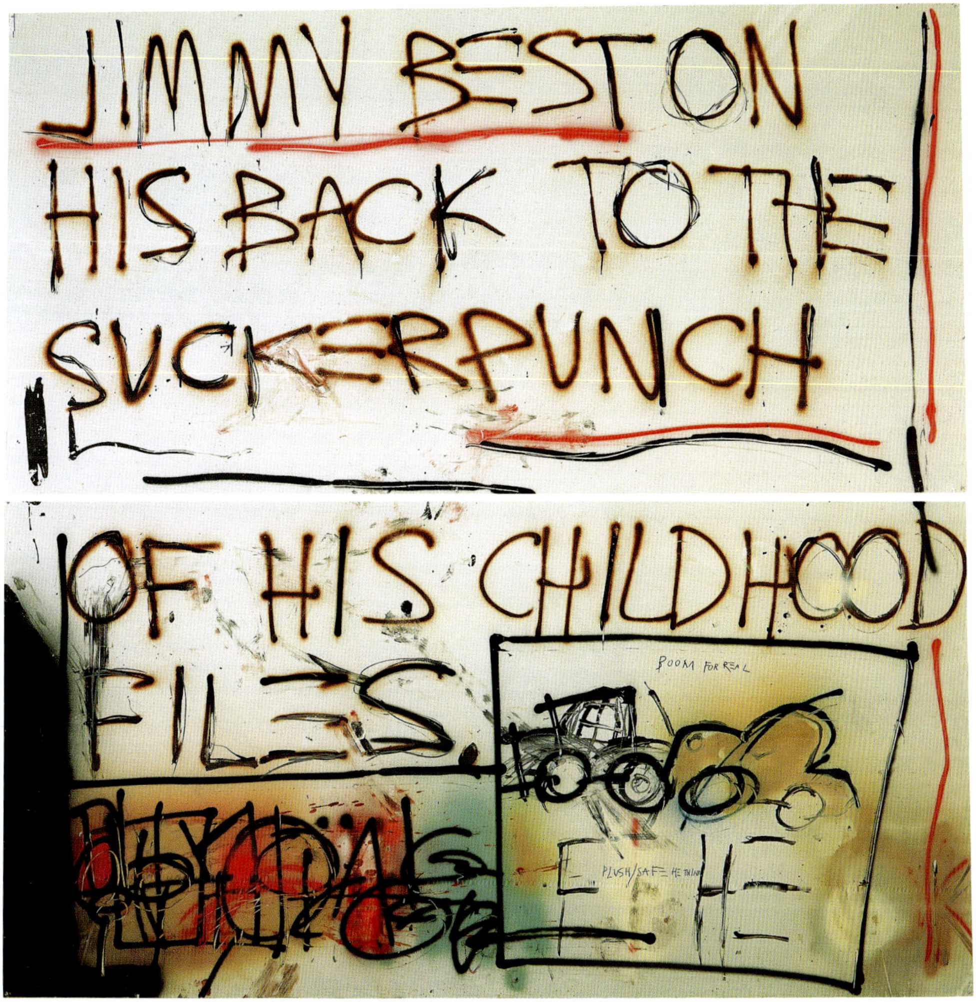

Jimmy Best...
1981
Spray et crayon gras sur métal,
diptyque
244 x 244 cm
Collection Tsong-Zung Chang

Sans titre
1980
Acrylique et crayon
gras sur toile
109 x 180,5 cm
The Stephanie and
Peter Brant Foundation,
Greenwich, Connecticut

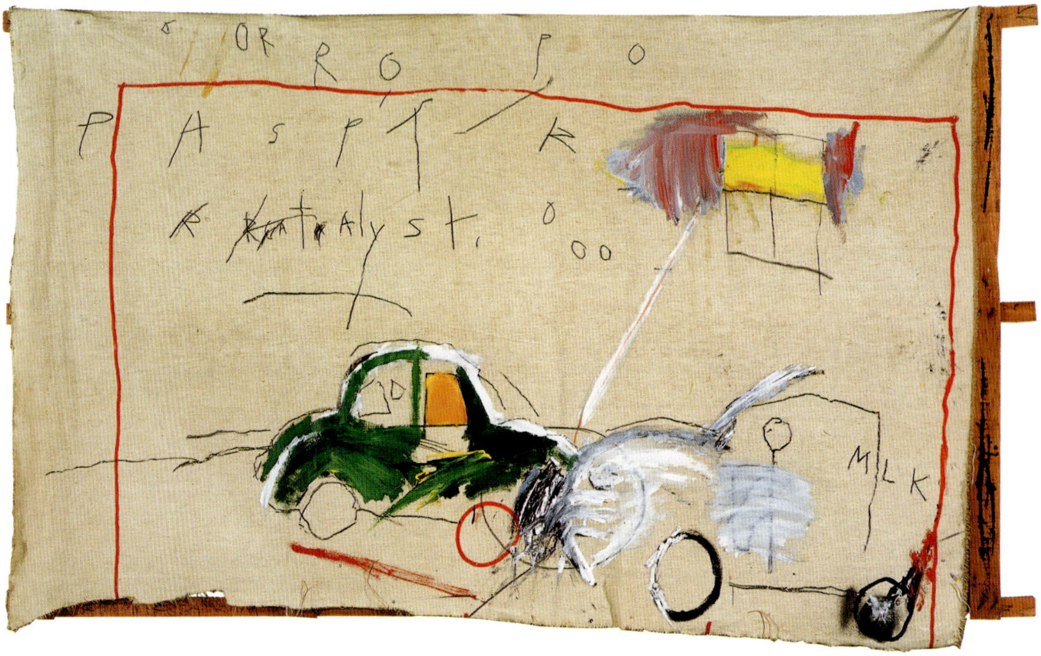

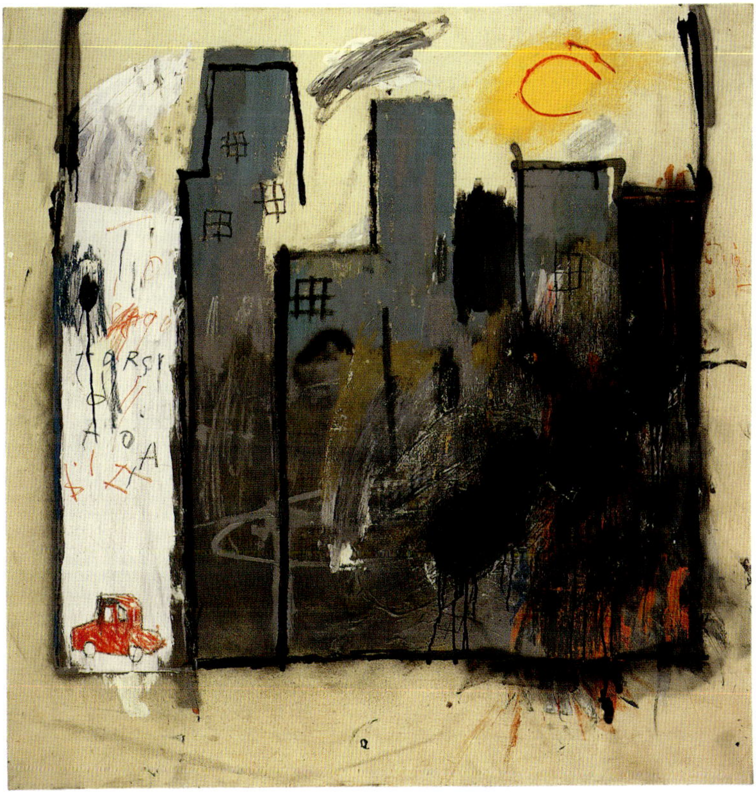

Sans titre

1980-1981

Acrylique, spray et crayon
gras sur toile
122 x 122 cm
The Estate of
Jean-Michel Basquiat

Sans titre
1981
Crayon gras, transfert
de couleur sur papier imprimé
et collage sur papier
88,9 x 76,2 cm
Collection Larry Gagosian

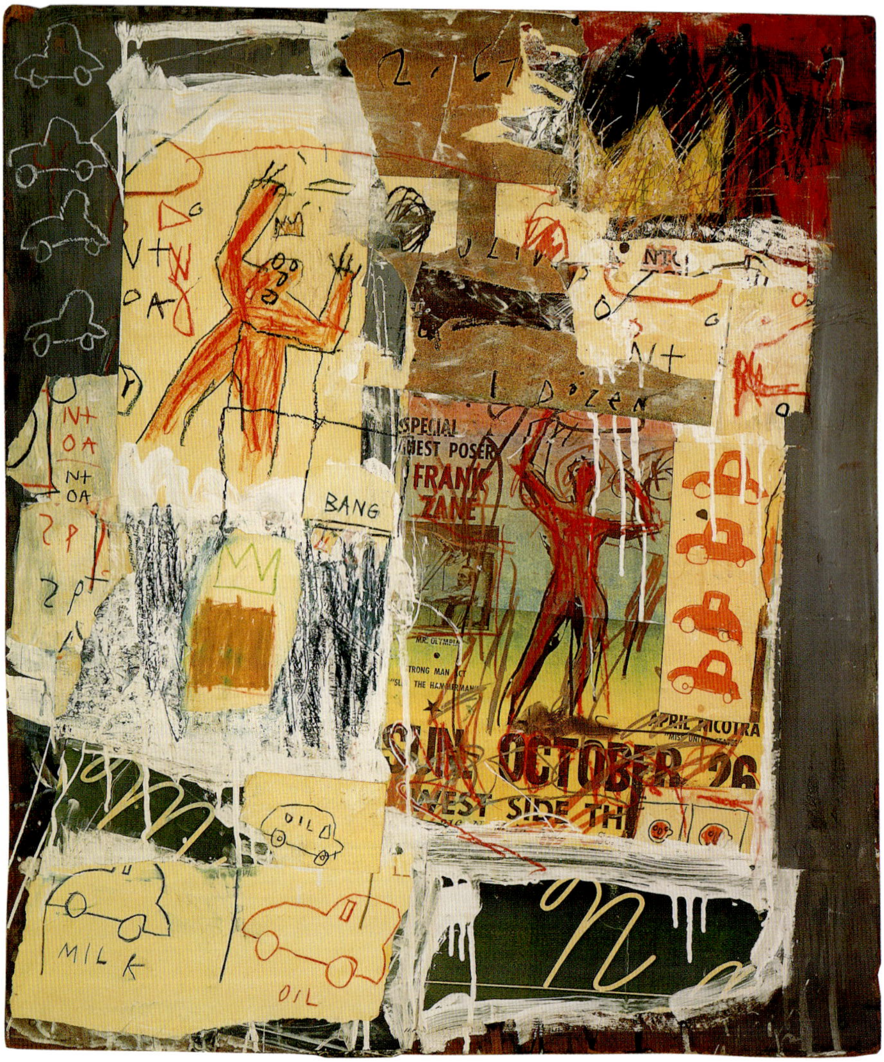

Sans titre
1981
Acrylique, marqueur, papier collé, crayon gras et crayon sur toile
123 x 157,5 cm
The Schorr Family Collection

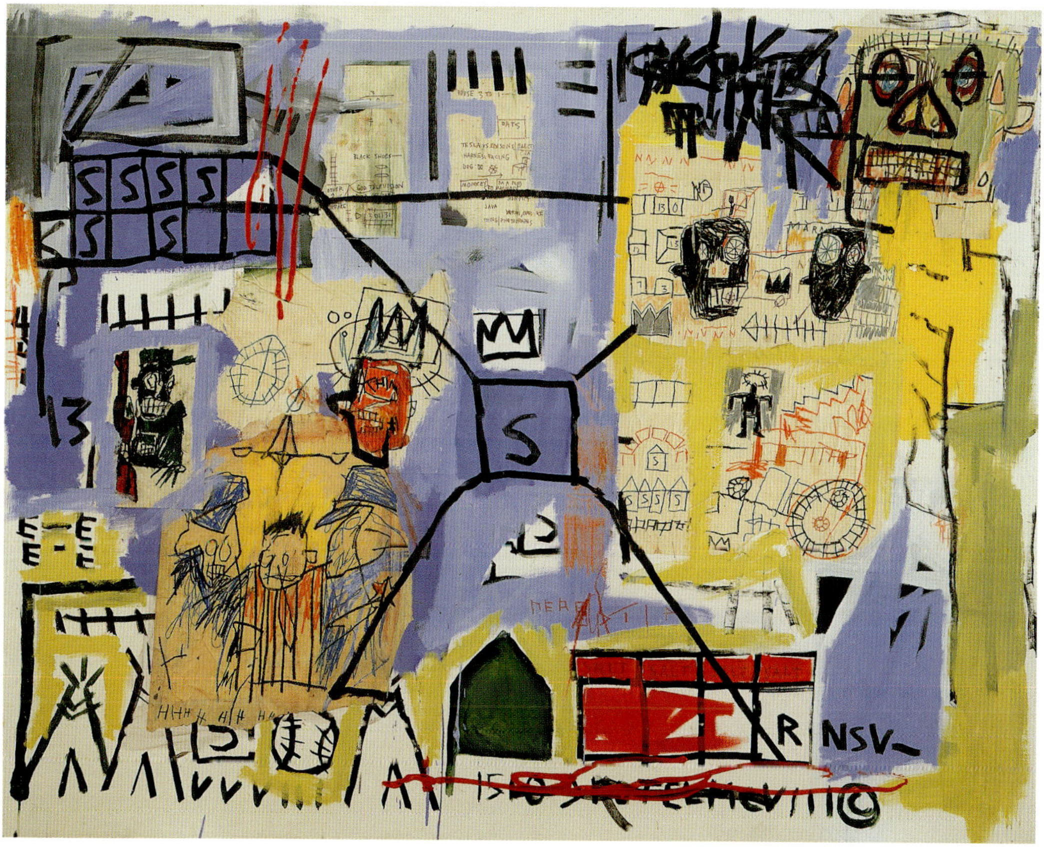

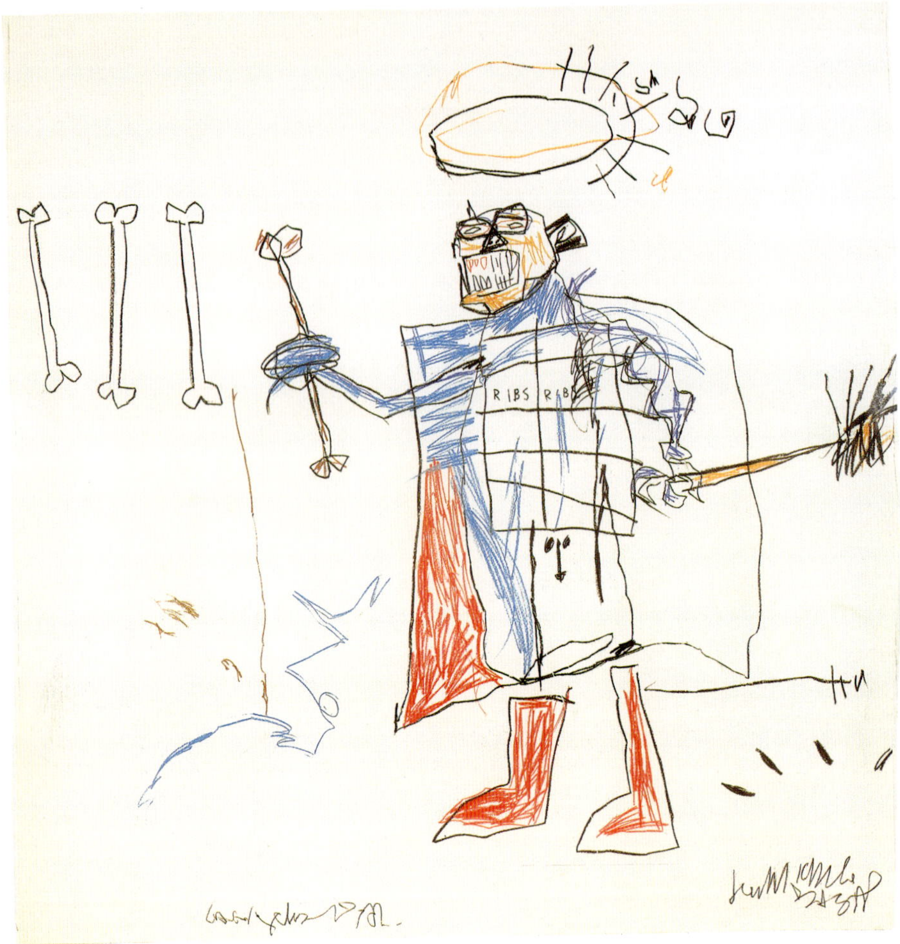

Ribs, Ribs

1982

Crayon gras sur papier
264 x 244 cm
The Stephanie and
Peter Brant Foundation,
Greenwich, Connecticut

Sans titre
(Helmet)
1981
Acrylique et crayon gras
22,8 x 20,3 x 33 cm
Collection Leo Malca

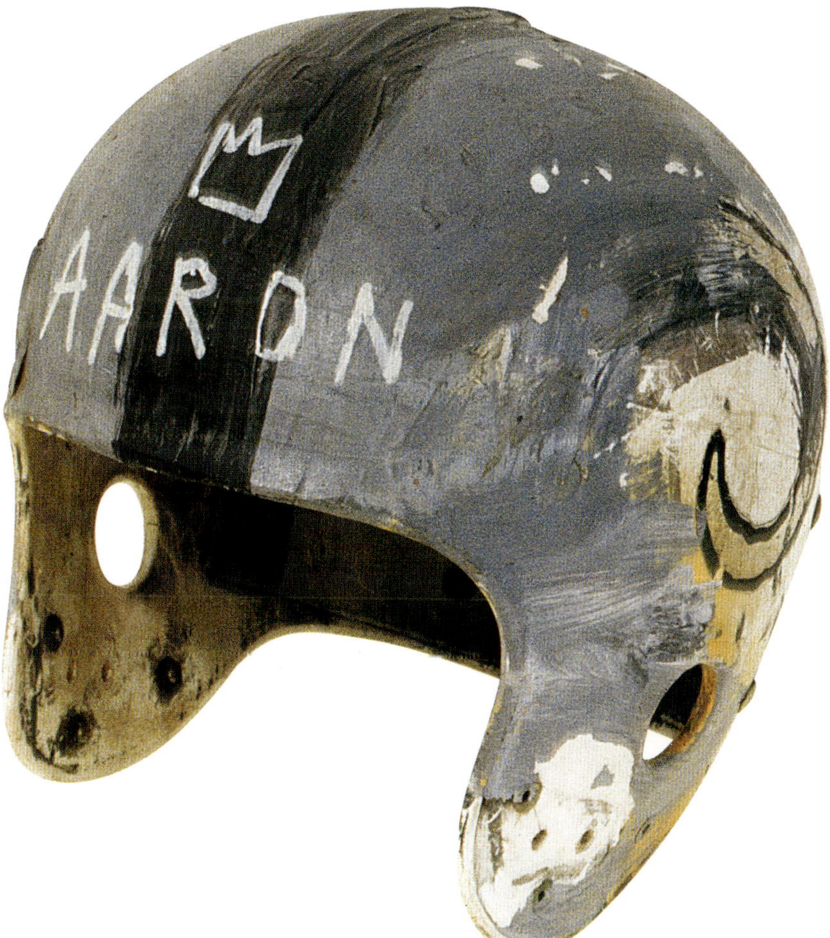

Sans titre
1981
Acrylique, huile, crayon gras
et feuille d'or sur fenêtre
96,5 x 87 x 5,5 cm
Collection Leo Malca

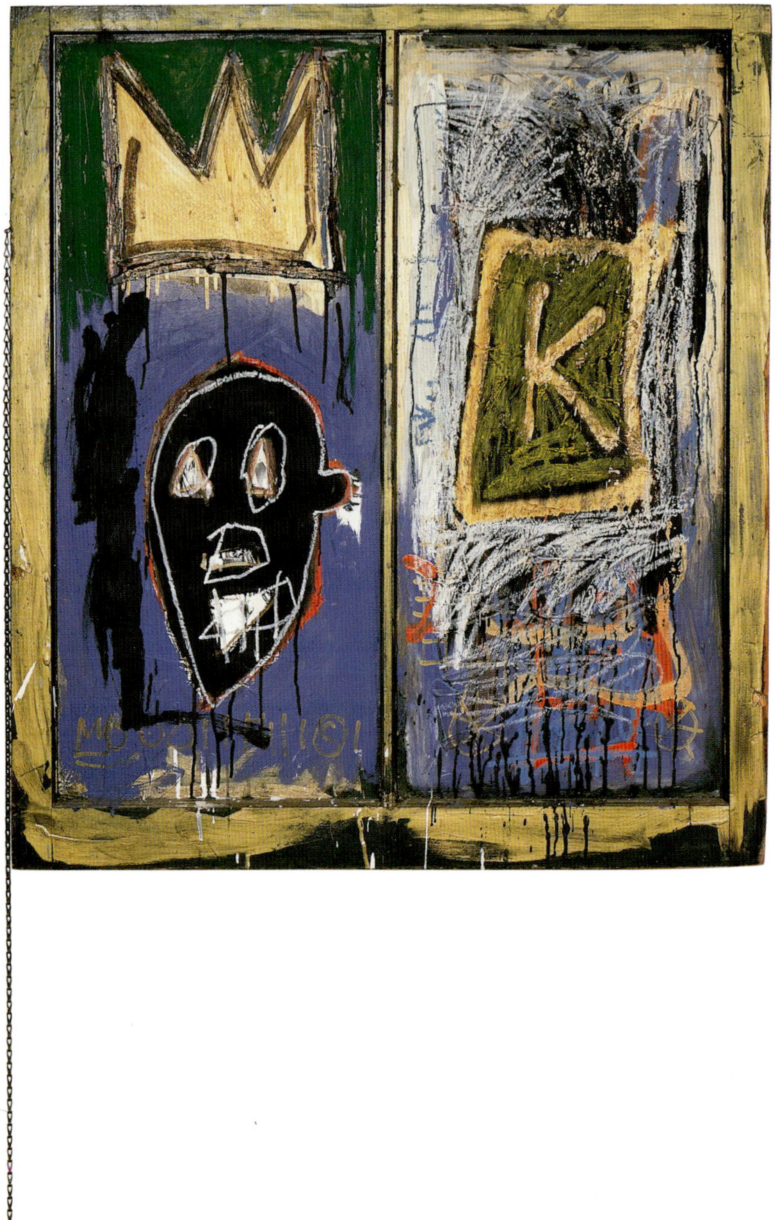

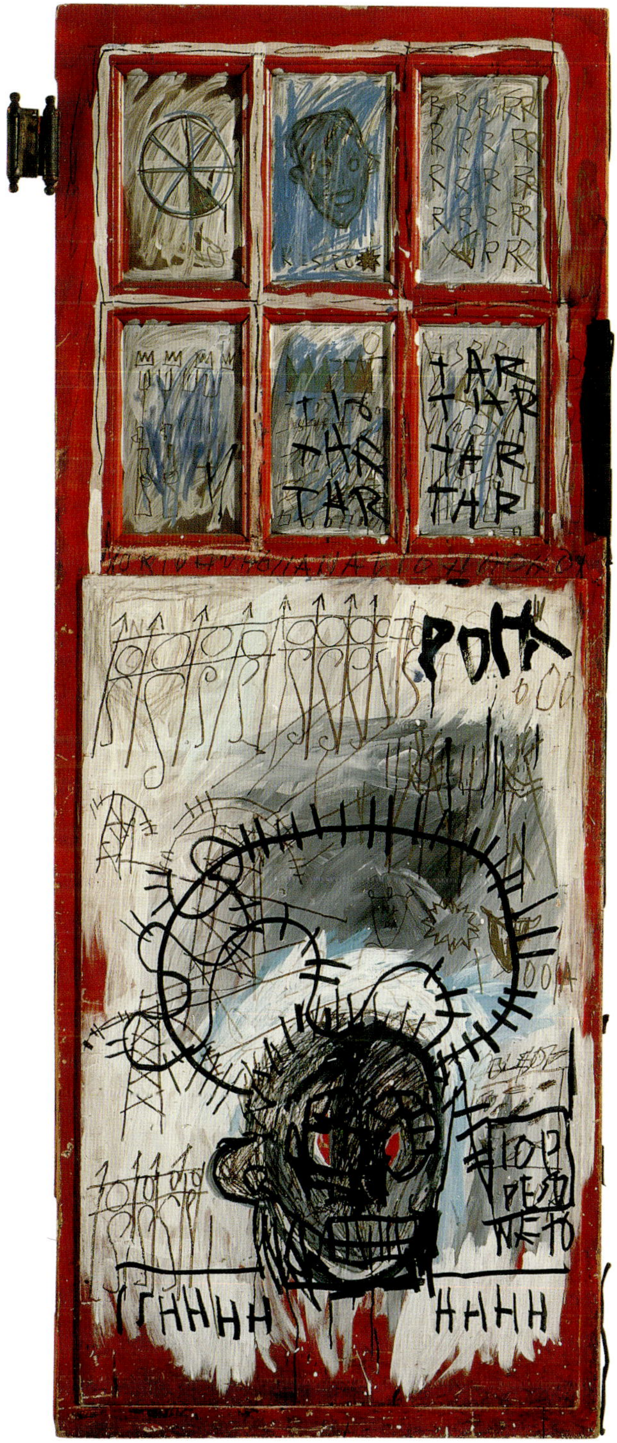

Pork
1981
Acrylique et crayon gras
sur porte
211 x 85,5 cm
Collection privée

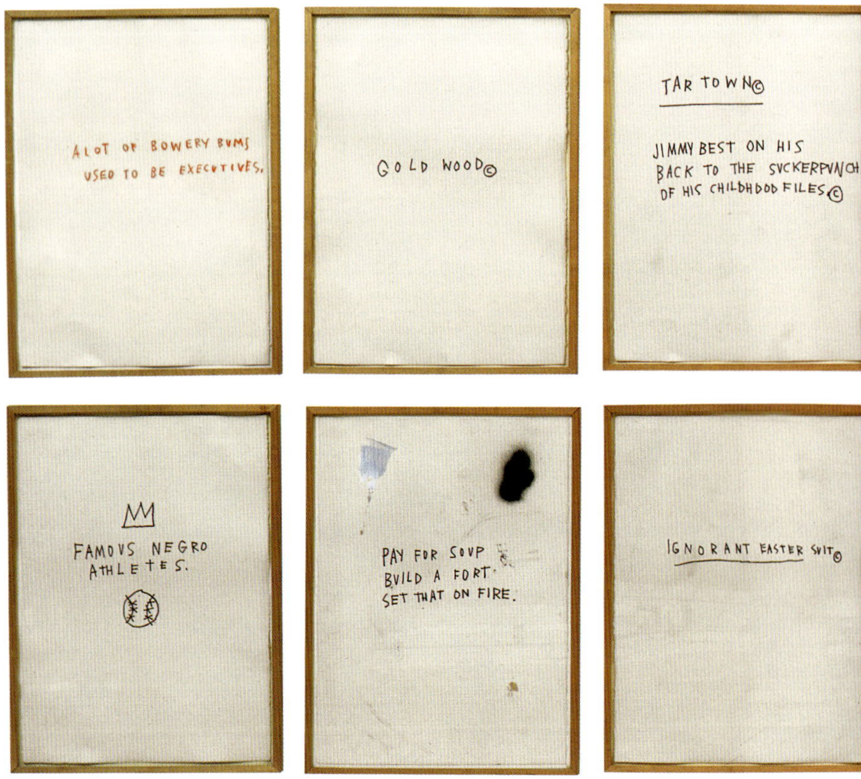
ALOT OF BOWERY BUMS
USED TO BE EXECUTIVES.
GOLD WOOD©
TAR TOWN©
JIMMY BEST ON HIS
BACK TO THE SVCKERPVNCH
OF HIS CHILDHOOD FILES©
FAMOVS NEGRO
ATHLETES.
PAY FOR SOVP
BVILD A FORT
SET THAT ON FIRE.
IGNORANT EASTER SVIT©

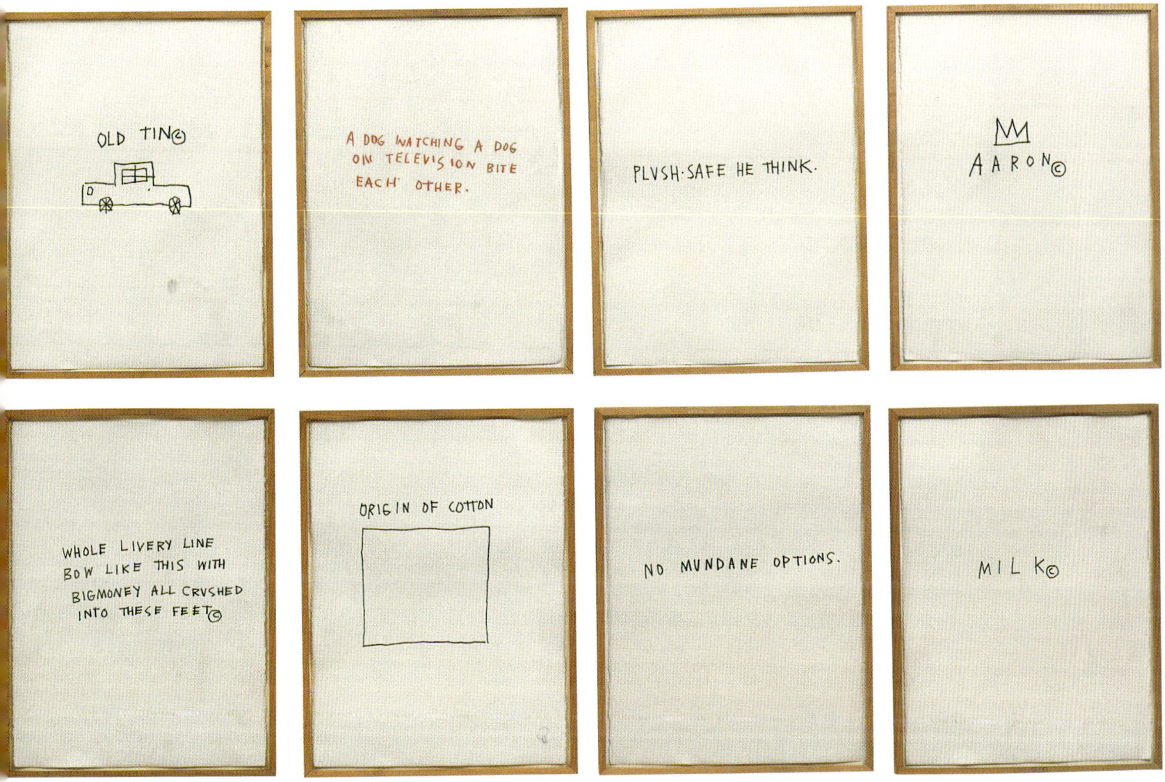

Sans titre (Suite of Fourteen Drawings)
1981
Encre, crayon de couleur et acrylique sur papier
76,2 x 55,9 cm
The Stephanie and Peter Brant Foundation, Greenwich, Connecticut

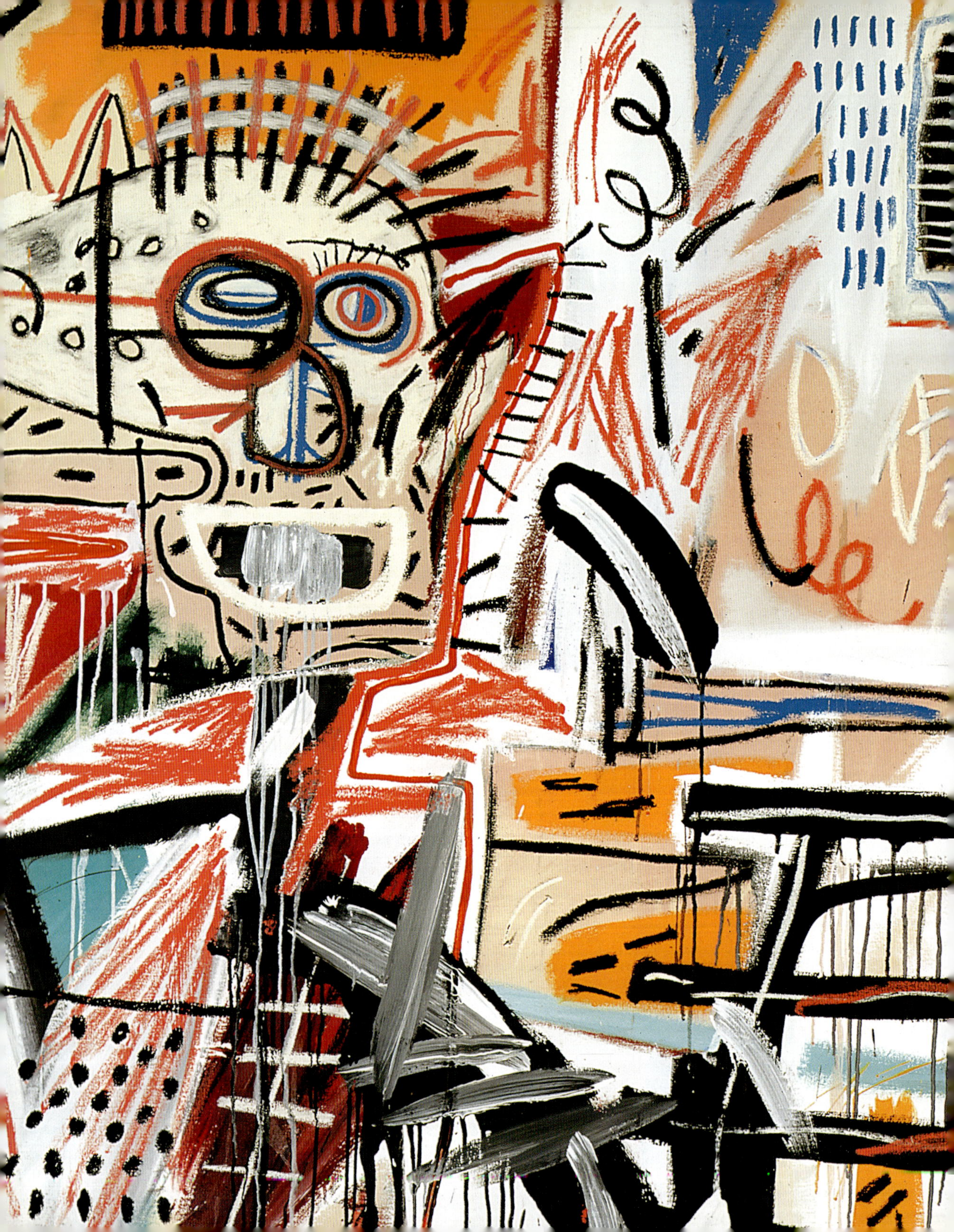

Philistines
1982
Acrylique et crayon gras
sur toile
183 x 312,5 cm
Collection M. et Mme Thomas
E. Worrell Jr.

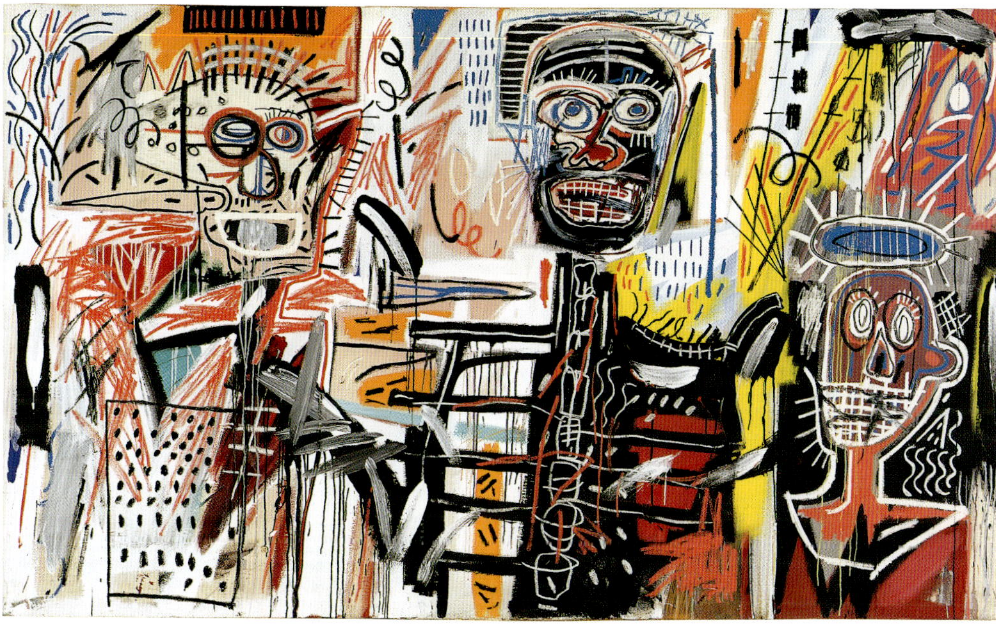

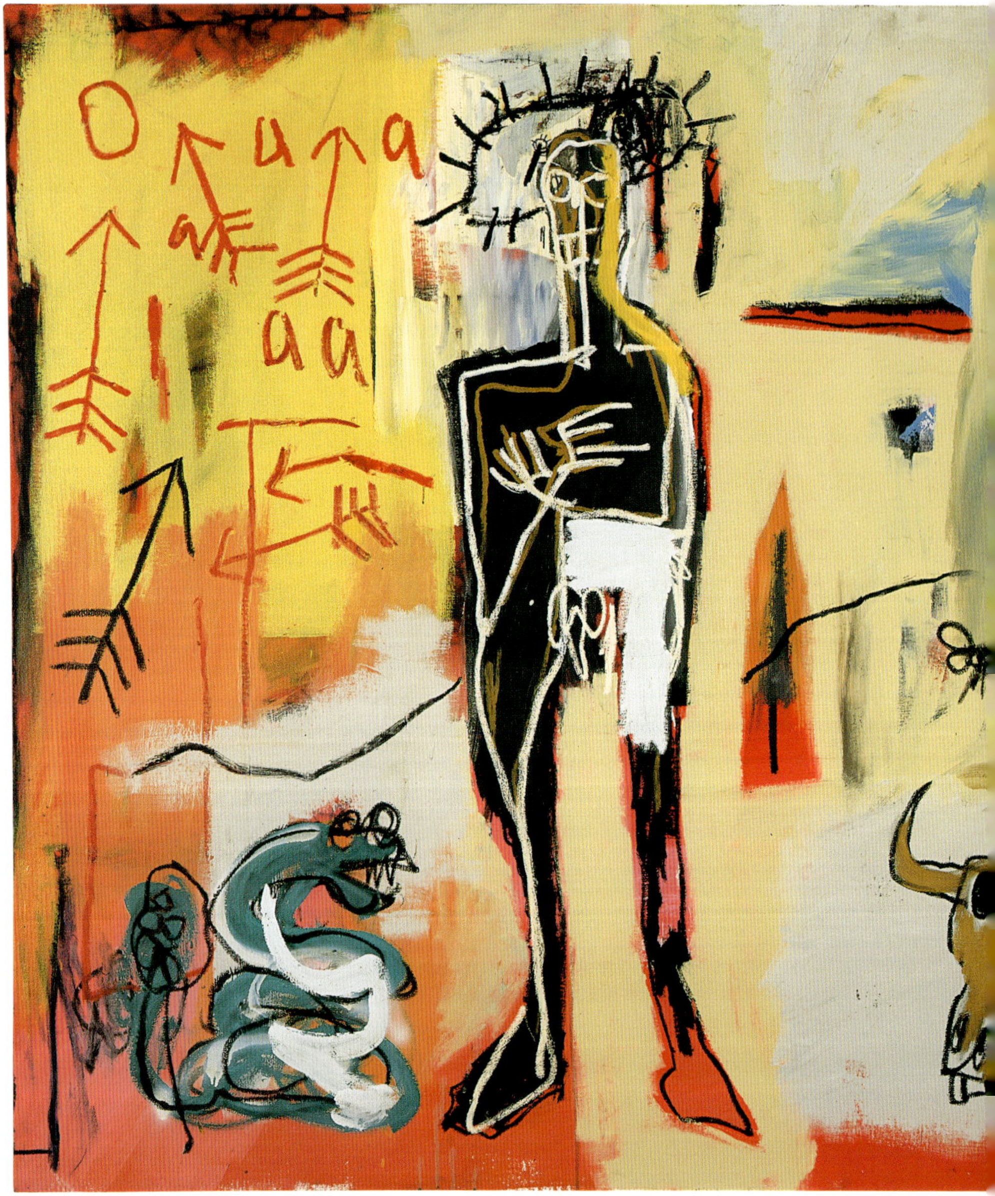

Acque Pericolose
1981
Acrylique, crayon gras
et spray sur toile
167,5 x 244 cm
The Schorr Family
Collection ; en dépôt
au Princeton University
Art Museum

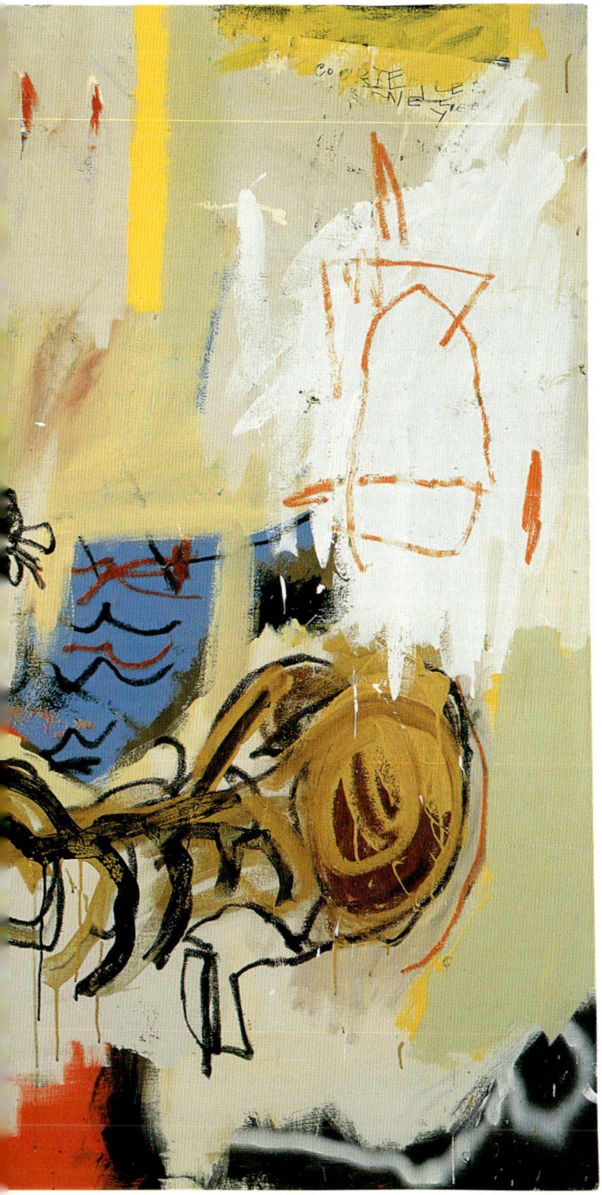

Per Capita
1981
Acrylique et crayon gras sur toile
203 x 381 cm
The Stephanie and
Peter Brant Foundation,
Greenwich, Connecticut

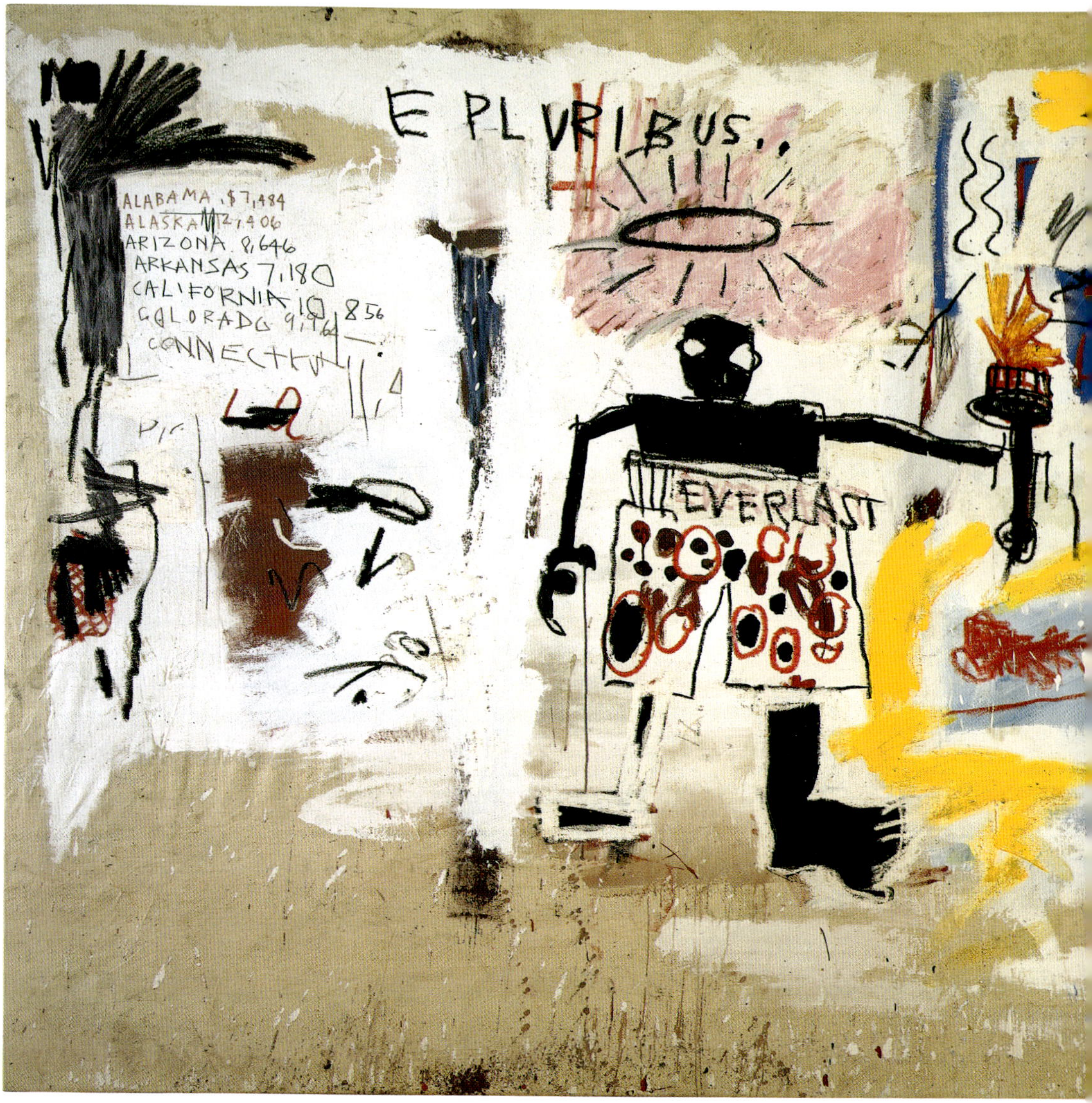

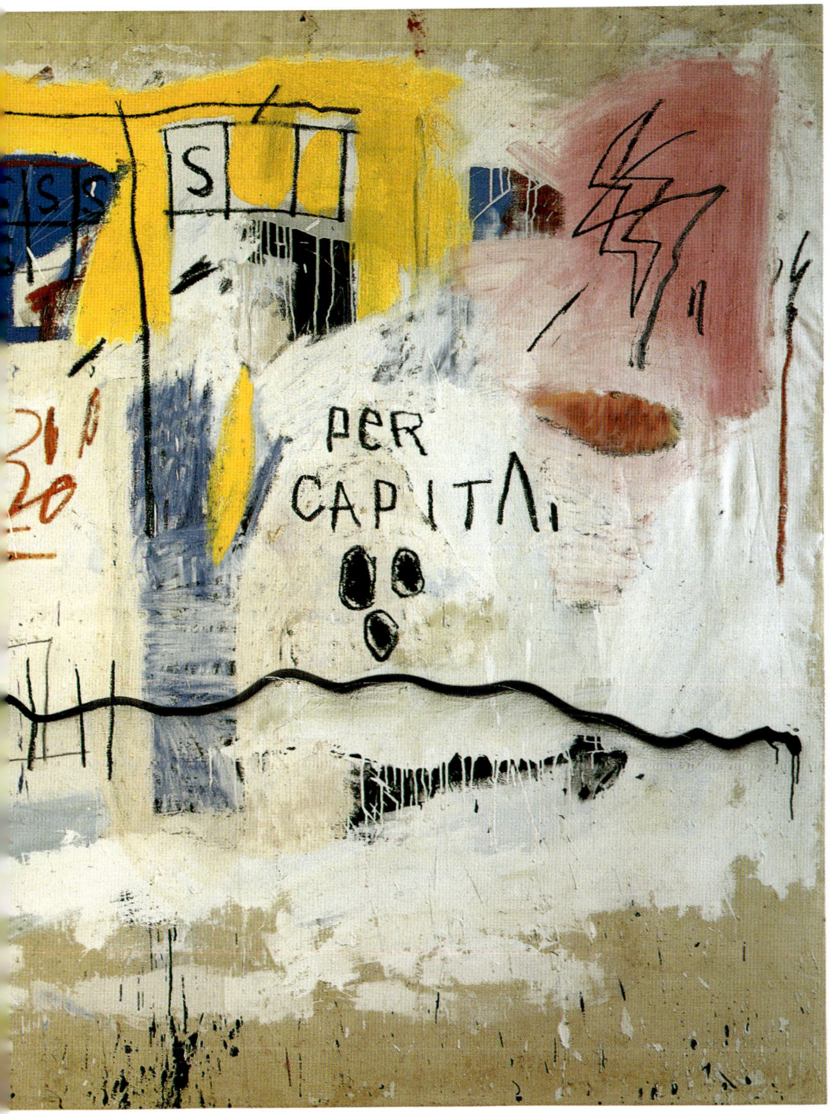
PER
CAPITA

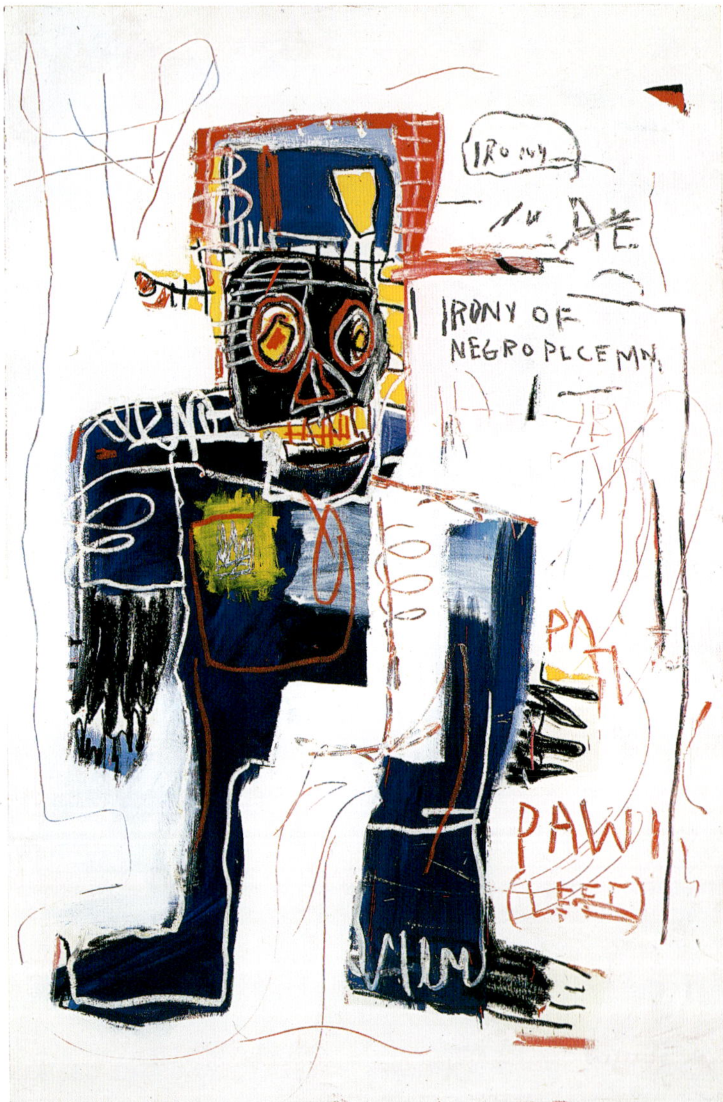

Irony of the Negro Policeman
1981
Acrylique et crayon gras sur bois
183 x 122 cm
Collection Dan et Jeanne Fauci

Arroz con Pollo
1981
Acrylique et crayon gras
sur toile
172,5 x 213,5 cm
The Stephanie and
Peter Brant Foundation,
Greenwich, Connecticut

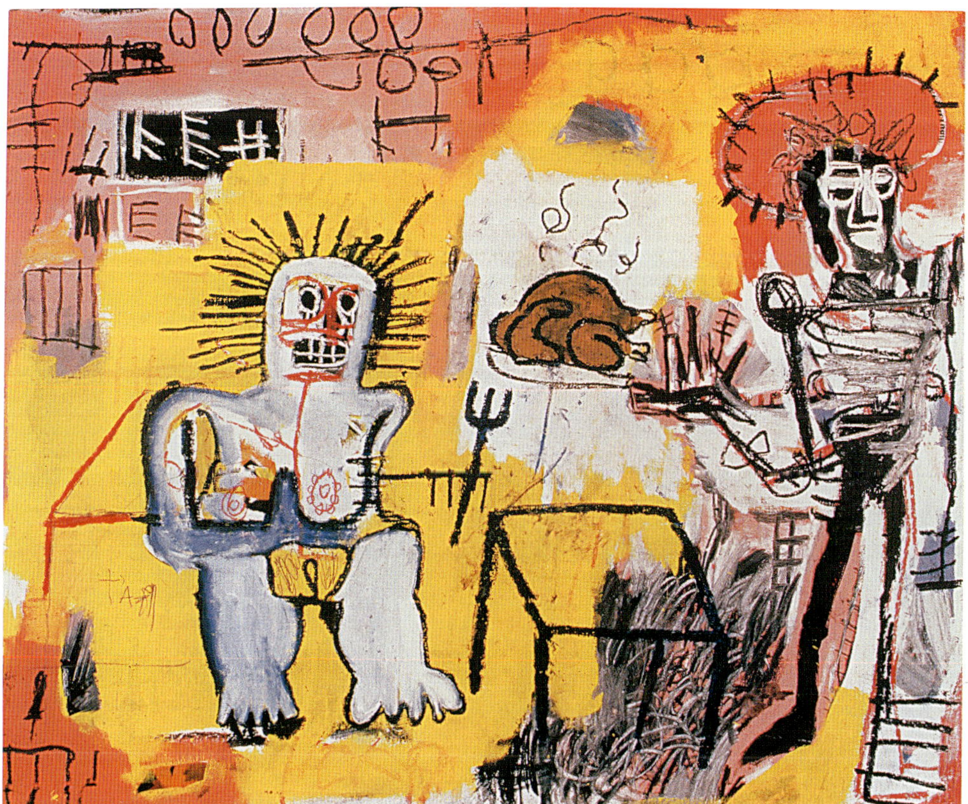

Peso Neto
1981
Acrylique, crayon gras
et papier collé sur toile
183 x 239 cm
Collection M. et Mme Thomas
E. Worrell Jr.

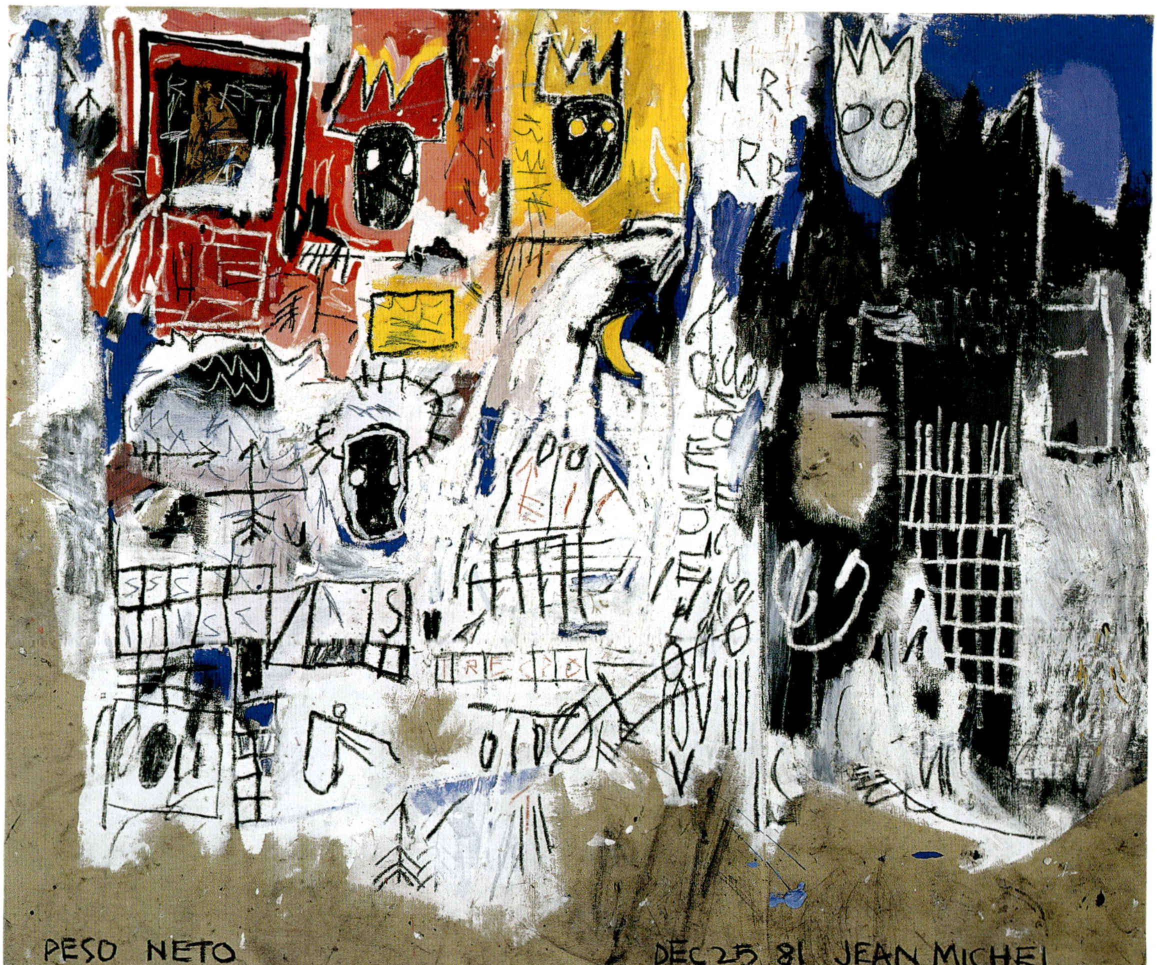

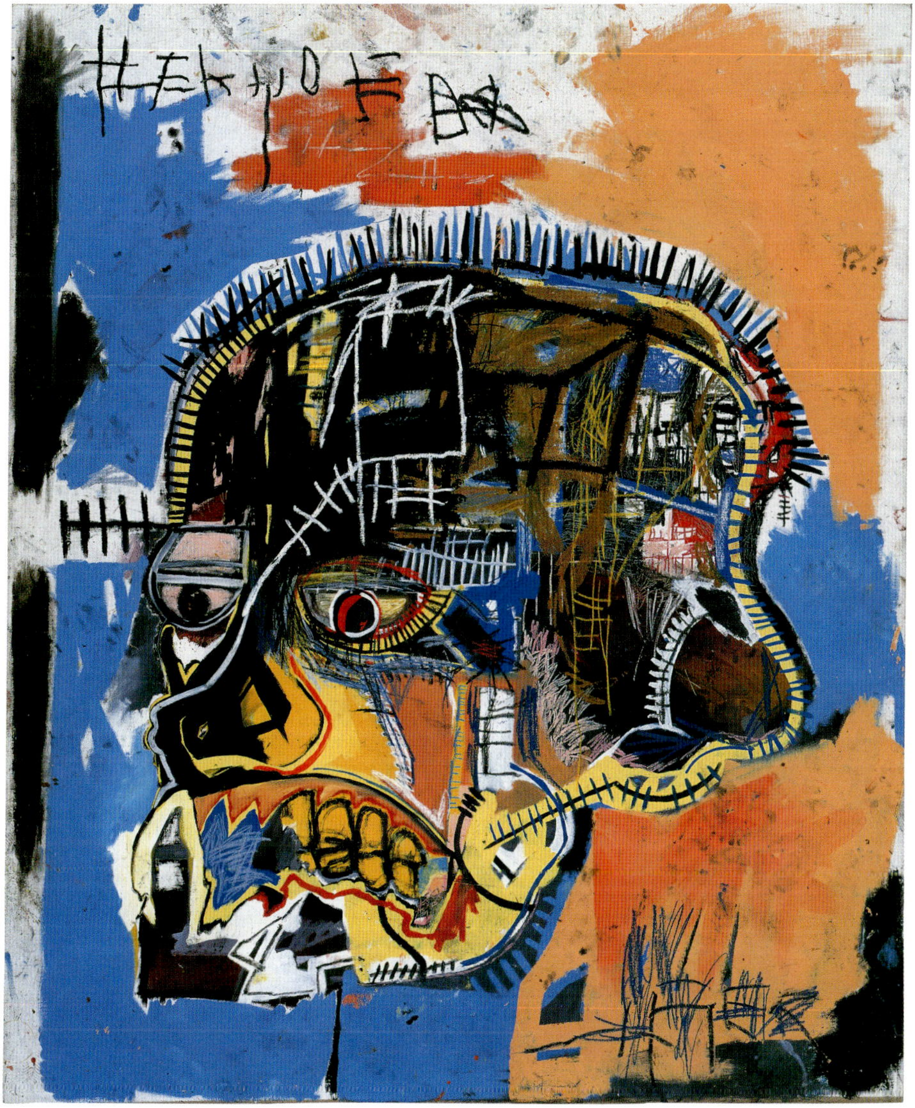

Sans titre
(Head)
1981
Acrylique et crayon gras
sur toile
207 x 175,9 cm
Collection Eli et Edythe L. Broad,
Los Angeles

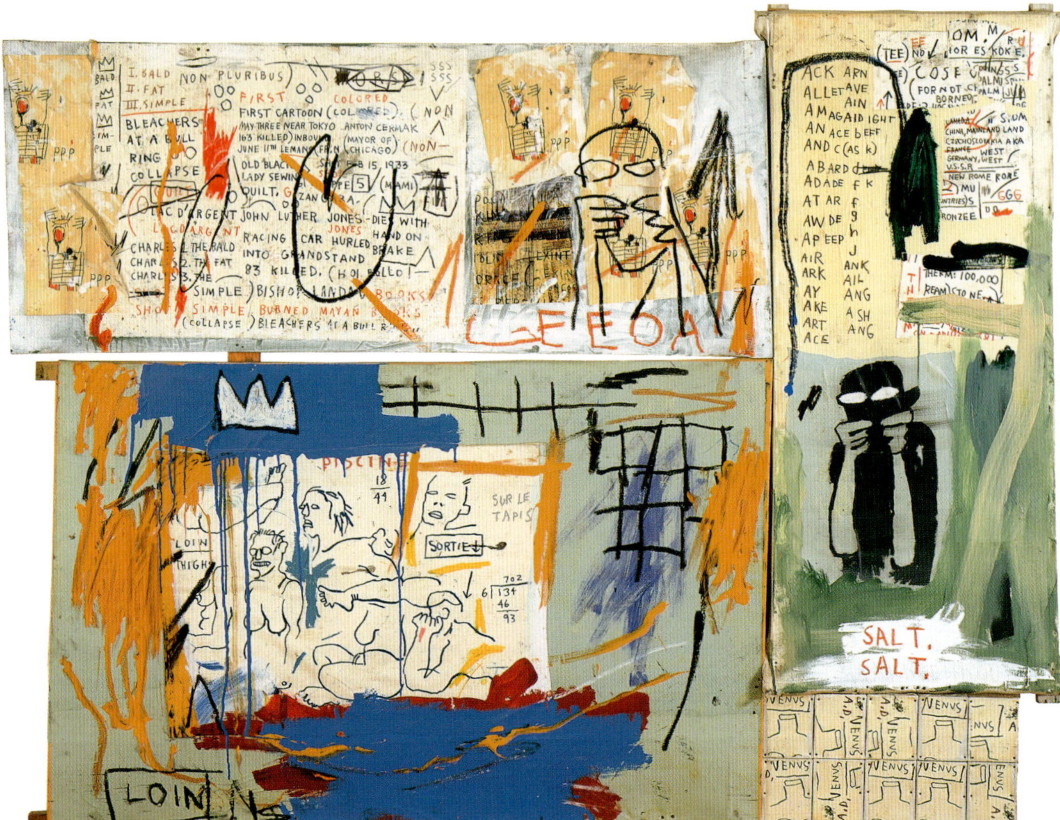

Piscine versus
the Best Hotels
1982
Acrylique, crayon gras
et collage de photocopie
sur toile,
quatre panneaux
162 x 210,5 cm
The Schorr Family Collection

Jawbone of an Ass
1982
Acrylique, crayon gras
et papier collé sur toile
montée sur châssis en croix
152,5 x 213,5 cm
The Estate of
Jean-Michel Basquiat

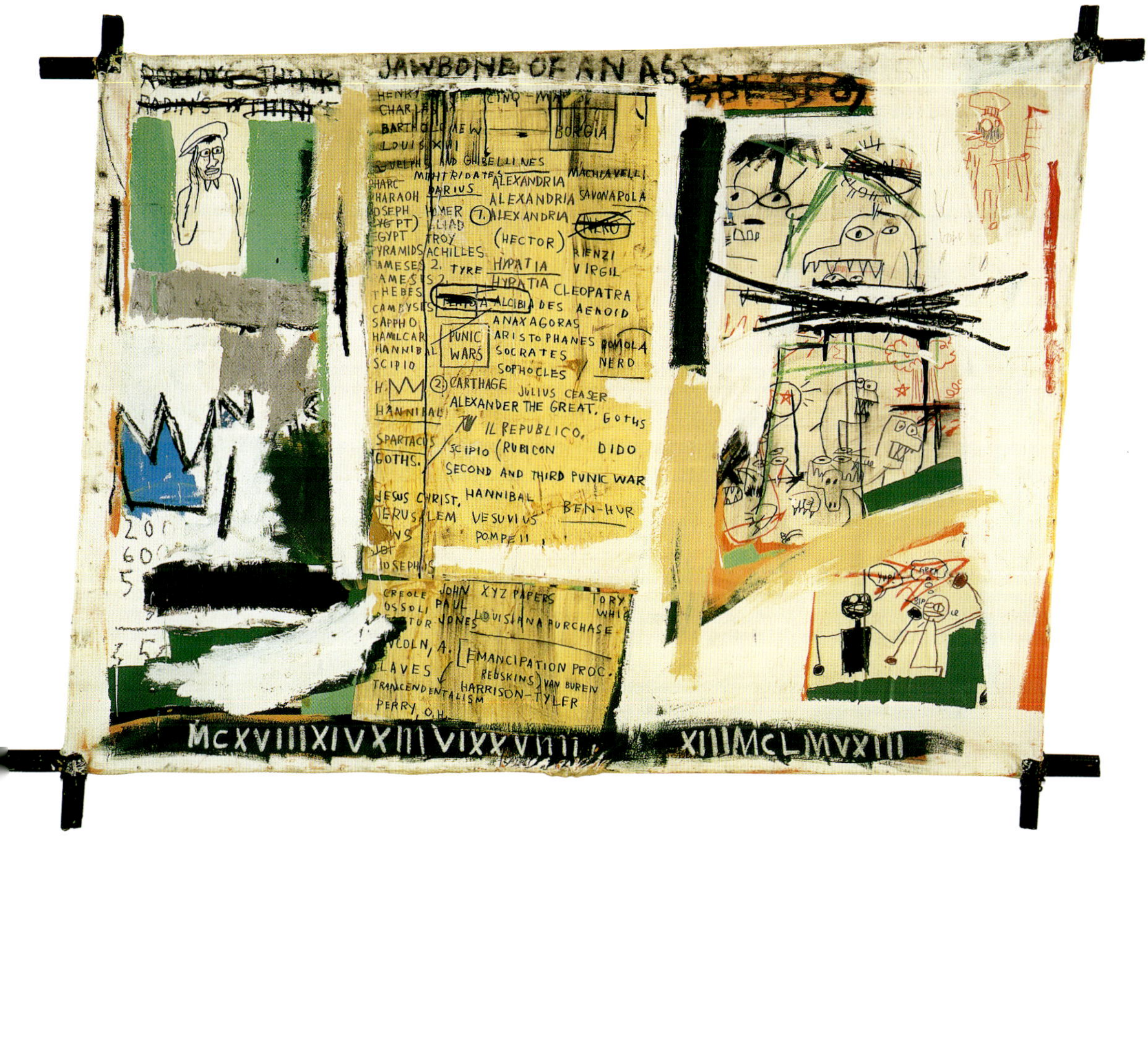

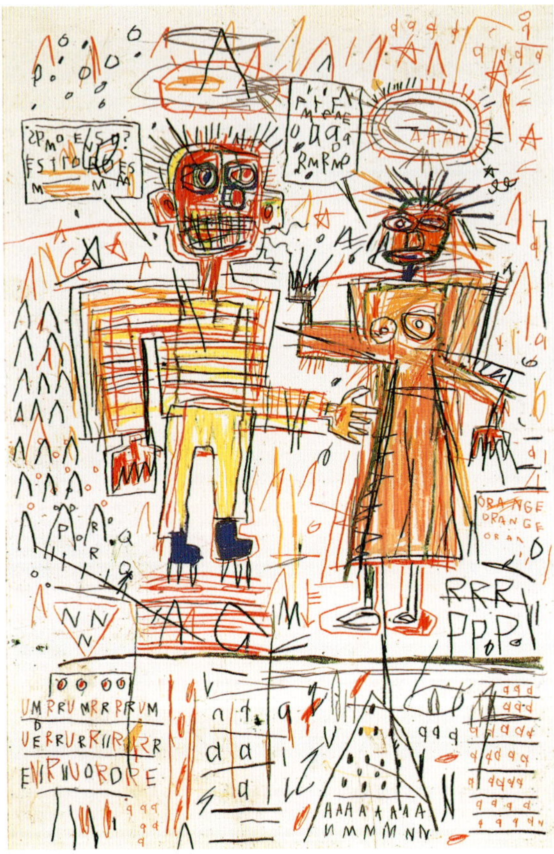

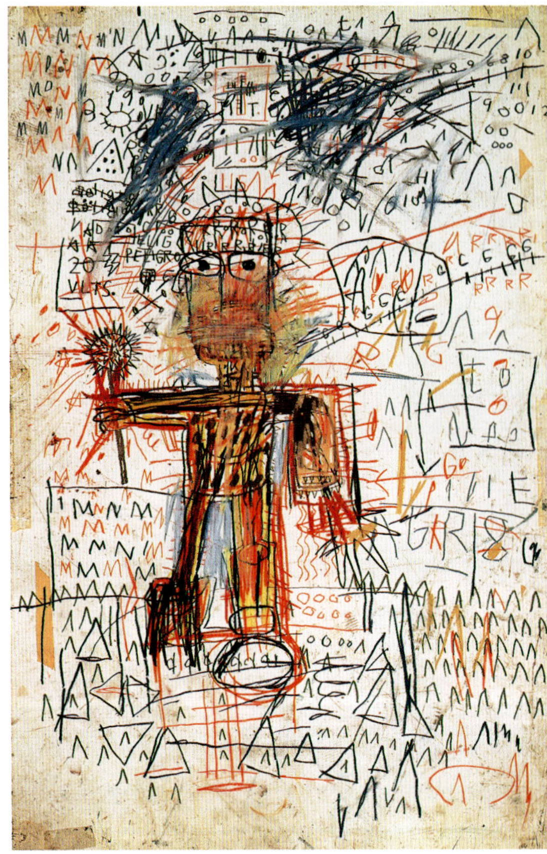

Self-Portrait
with Suzanne
1982
Crayon gras sur papier
152,4 x 101,6 cm
The Stephanie and
Peter Brant Foundation,
Greenwich, Connecticut

Sans titre
1982
Crayon gras et stylo à bille
sur papier
152,4 x 101,6 cm
The Stephanie and
Peter Brant Foundation,
Greenwich, Connecticut

Sans titre
1982
Crayon gras sur papier
152,4 x 101,6 cm
Collection Leo Malca

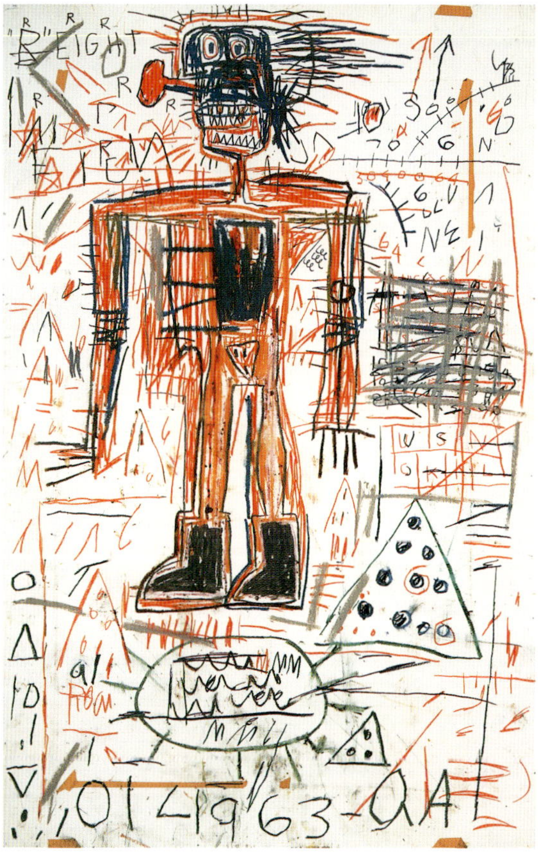

Sans titre
1982
Crayon gras sur papier
152,4 x 101,6 cm
The Schorr Family
Collection ; en dépôt au Princeton
University Art Museum

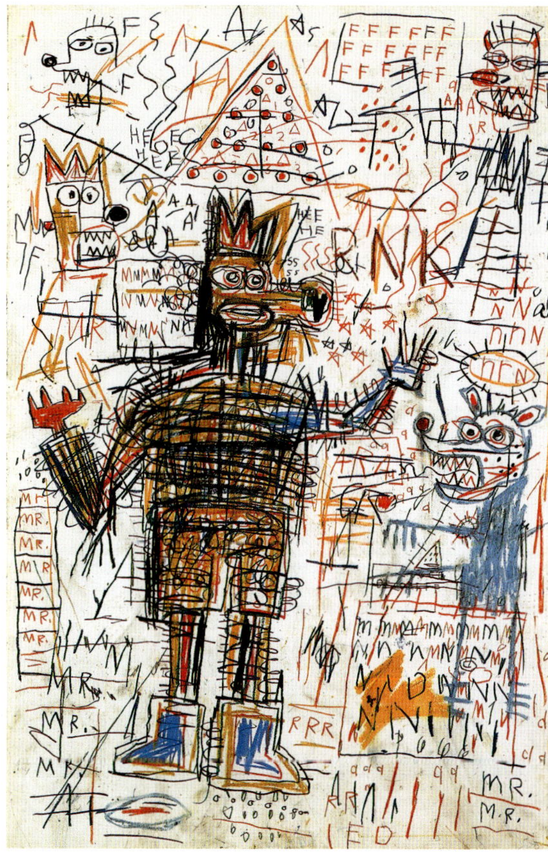

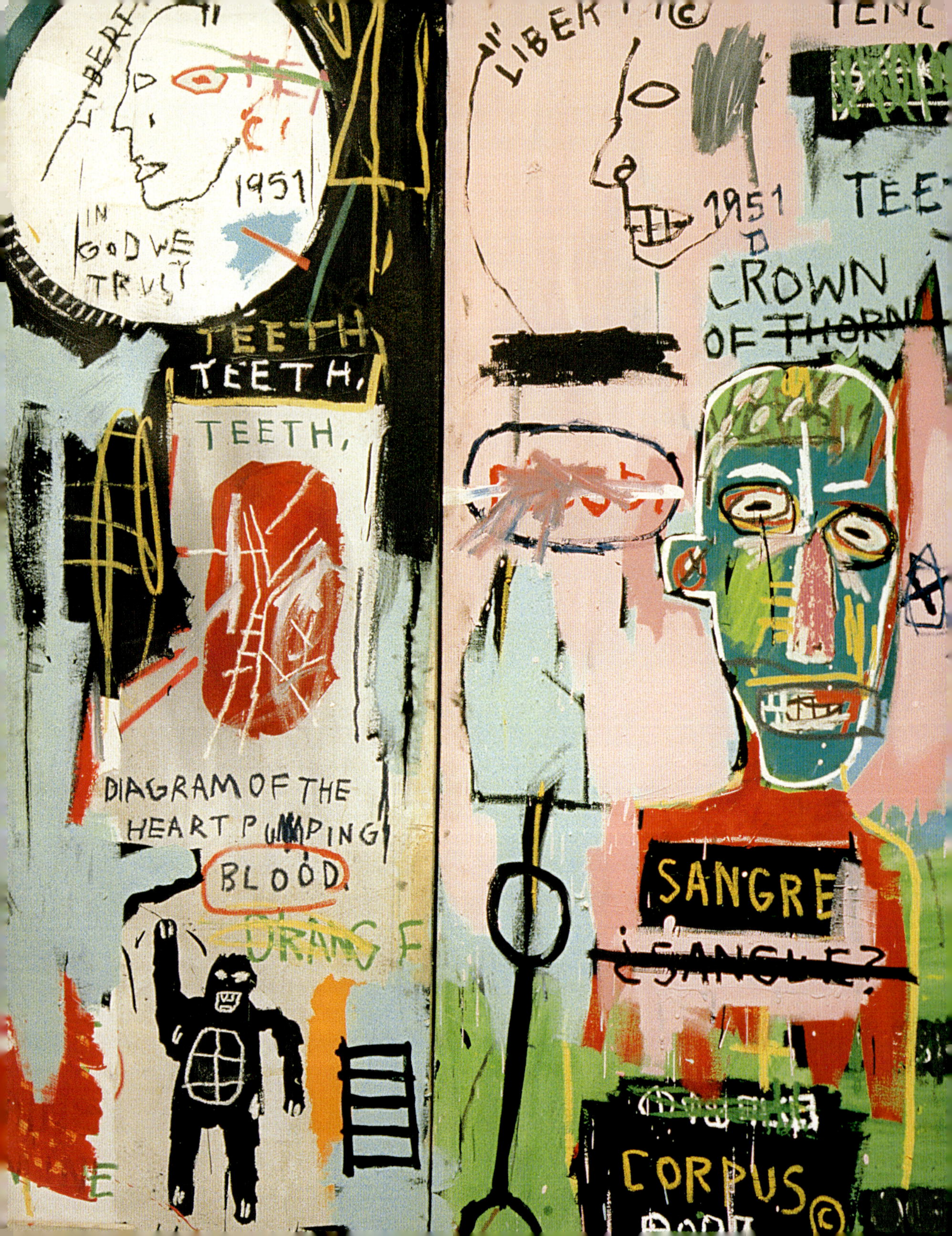
1951
IN
GOD WE
TRUST
TEETH
TEETH,
TEETH,
DIAGRAM OF THE
HEART PUMPING
BLOOD.
1951
TEE
CROWN
OF THORN
SANGRE
¿SANGUE?
CORPUS ©

« J'aimais les peintures idiotes, dessus de portes, décors, toiles de saltimbanques, enseignes, enluminures populaires ; la littérature démodée, latin d'église, livres érotiques sans orthographe, romans de nos aïeules, contes de fées, petits livres de l'enfance, opéras vieux, refrains niais, rythmes naïfs.

Je rêvais croisades, voyages de découvertes dont on n'a pas de relations, républiques sans histoires, guerres de religion étouffées, révolutions de mœurs, déplacements de races et de continents : je croyais à tous les enchantements. »

Arthur Rimbaud, Délires II, « Alchimie du verbe », *Une saison en enfer*, 1873

Basquiat : une perspective historique

Marc Mayer

À mesure que s'éloigne le XXe siècle, notre regard critique sur lui gagne en objectivité. Ce siècle fut, bien sûr, celui du modernisme qui allait progressivement envahir toutes les strates culturelles jusqu'à devenir un mode de pensée dominant. Du strict point de vue artistique, il s'ouvre sur la clameur irrationnelle de l'expressionnisme, mû par le désir nostalgique d'un monde radicalement simplifié, « primitif ».

Au lieu de se confronter au passé, à l'instar de leurs prédécesseurs, les modernes, issus des cœurs industriels de l'Europe d'abord, puis de l'Amérique, ont préféré puiser leur inspiration dans les cultures non occidentales dont les artefacts étaient exposés en masse dans ces sanctuaires de la colonisation qu'étaient alors les musées, les bibliothèques, les expositions universelles ou les grands magasins – avec une nette prédilection pour les sociétés dites tribales. Sans jamais quitter leurs villes confortables, ils ont écumé le monde, emplissant sans cesse leur besace d'idées fécondes. Puis l'art moderne a rapidement évolué vers des formes plus abstraites et cérébrales dont il a exploité la logique jusqu'à l'épuisement (soit un peu après le milieu du siècle), jusqu'à rencontrer sa propre fin devant un médium étrange, incorporant la dimension du temps : la vidéo.

Si, par certains aspects, l'œuvre de Jean-Michel Basquiat semble appartenir au modernisme, il est bon cependant de rappeler qu'il se situe à la fin du mouvement, non à son commencement. Et si l'idéologie moderniste conserve encore vers 1981 – date à laquelle débute le jeune artiste – un certain prestige social (corrélé à des prix élevés), sa légitimité culturelle a disparu, remplacée par un pragmatisme reposant à la fois sur l'ambition intellectuelle et sur l'autorité académique.

In Italian (détail), 1983 (p. 115)

Cette évolution est particulièrement manifeste à travers la dégradation du statut de l'objet artistique. Dans les années 1960, les objets du pop art se confondent délibérément avec ceux de la culture populaire ou de la société de consommation, sapant ainsi la hiérarchie établie par le modernisme. Dans la même veine mais sur un autre front, le féminisme refuse le « fétichisme du produit » véhiculé par les médias artistiques traditionnels (peinture ou sculpture), lui préférant l'efficacité de supports tels que la vidéo, l'affichage sauvage ou la performance, pour diffuser le plus largement possible son message. Le rôle de l'objet s'en trouve encore amoindri. Même les minimalistes et les conceptualistes, héritiers directs du modernisme, abandonnent quasiment la production physique (manuelle) au profit de solennelles méditations ontologiques parfaitement désincarnées. Lorsque s'achèvent les années 1970, il semble bien qu'il ne reste plus grand-chose de matériel dans cette culture pourtant matérialiste.

Parallèlement, le marxisme, fidèle compagnon de route de l'art moderne, s'acharne minutieusement, tout au long du siècle, à ruiner les valeurs attachées à l'objet d'art, perçu comme la manifestation la plus élitiste d'une « industrie culturelle » asservie au capitalisme triomphant.

C'est dans ce climat, et à ce moment précis de l'histoire de l'art, qu'un jeune poète de vingt ans délaisse les mélancoliques slogans bombés sur les murs du bas Manhattan pour peindre des tableaux qui seront vendus dans SoHo – et ces tableaux comptent parmi les plus ambitieux de sa génération.

LES ANNÉES 1980 SELON BASQUIAT

Portée par une économie qui retrouve son souffle après la dépression des années 1970 (avec ses villes en déréliction et ses crises pétrolières), bercée par une société douillettement installée dans le luxe et l'abondance, émerge une génération d'artistes que rebute l'austère logique du modernisme. Habiles et sages fabricants d'objets, ces artistes des années 1980 sont d'heureux « postmodernes » qui créent avec bonheur des produits commercialement fétichisables. Décidés à forger un univers qui leur soit propre, ils entendent établir avec le public une relation qui ne passe ni par les conservateurs ni par les marchands d'art – lesquels, pourtant, ne tardent pas à profiter de la manne. Ces artistes reviennent en masse à la peinture figurative, élaborent une abstraction artisanale sophistiquée, ou encore façonnent des objets aussi variés que fantaisistes. À grand bruit, le marché finit par se tourner vers ce nouvel art, attirant un nombre record de collectionneurs qui se battent à chaque vente pour acquérir autant d'œuvres que possible. D'où des résultats parfois ahurissants pour tel ou tel jeune artiste. Dans la mémoire collective, les années 1980 (unique décennie « professionnelle » de Basquiat) sont restées celles d'une expansion apparemment sans limites du monde de l'art dont New York est alors le centre commercial : expansion induite par l'extraordinaire diversité d'œuvres aisément accessibles grâce à la prolifération sans précédent de galeries et de publications spécialisées, mais aussi par des ressources financières qui semblent inépuisables.

Avec le déclin du modernisme, c'est toute l'histoire de l'art qui paraît au bord de sa fin. L'exaltation esthétique qui s'empare des années 1980 n'est peut-être que l'effet d'un affranchissement : artistes et amateurs d'art sont enfin dégagés de l'exigence de rigueur formelle léguée par un courant moribond. L'art donne le sentiment de pouvoir se réinventer et pille de nouveau allègrement, et en toute impunité, le passé. En raison même de ce libre réexamen des styles antérieurs, on a pu, à juste titre, parler de « décennie rétrospective ». Mais l'enthousiasme, l'optimisme, l'argent ne peuvent masquer le malaise d'un mouvement se nourrissant d'esthétiques défuntes et, comme tous les courants, voué à la disparition. À travers la nostalgique chronique qu'il propose, le postmodernisme fait étrangement revivre de fugitifs instants de l'histoire de l'art.

Artiste majeur de cette époque insolite, Jean-Michel Basquiat fut immédiatement reconnu comme un tenant du nouvel esprit, capable de survivre à la disparition du modernisme et de redonner du souffle à l'art. Dès la première exposition, au début des années 1980, son œuvre provoqua l'admiration et continua, bien après sa mort, à faire l'objet de transactions. Basquiat n'avait pas vingt-cinq ans et son nom circulait déjà dans toutes les communautés artistiques d'Amérique du Nord, d'Europe et du Japon. Son génie seul explique ce fulgurant succès, génie dont le monde de l'art était alors en attente. Pourtant, le jugement plus distancié et raisonné que nous portons aujourd'hui sur le XXe siècle nous permet de mieux saisir en quoi cet œuvre est unique, en quoi aussi il parut exemplaire en 1983.

fig. 1
Mitchell Crew
1983
Acrylique, crayon gras
et papier collé sur toile
montée sur châssis avec
raccords de bois apparents,
triptyque
181,6 x 349,9 cm
Collection privée

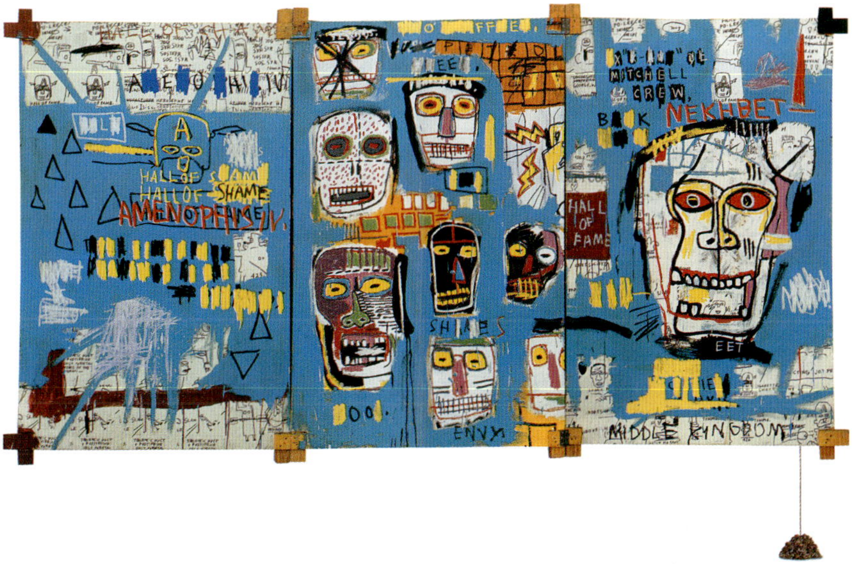

Considéré par beaucoup comme un représentant type des années 1980, Basquiat était en réalité un artiste atypique. C'était un autodidacte – à une époque où, dans les universités, fleurissaient les départements d'art animés par des membres prestigieux. Il est vrai aussi que les artistes américains pourvus d'une solide formation classique en dessin, en peinture ou en composition étaient de plus en plus rares (à moins qu'ils n'aient envisagé de devenir illustrateurs professionnels). Tous ces talents, Basquiat les possédait naturellement et les cultivait depuis l'enfance.

Pourtant, les années 1980 annoncent un retour à la figuration et à l'objet : le manque de savoir-faire est alors compensé par le recours à des supports mécaniques – projecteurs ou photographies. Ou bien, la fabrication est tout simplement sous-traitée, dans la lignée de la pratique des sculpteurs minimalistes Richard Serra ou Donald Judd. Mais le plus souvent les artistes se jettent à corps perdu dans la peinture sans nul souci de technique ou de talent. Innombrables sont de fait les toiles surgies sous le pinceau de peintres qui semblent s'être, le temps d'une nuit, improvisés tels. Rejetons choyés de la génération élevée pendant la Grande Dépression et la Seconde Guerre mondiale, les artistes des années 1980 sont en somme des généralistes plus que des spécialistes. À l'instar de beaucoup de ses amis, Basquiat eût pu continuer à pratiquer la poésie, la musique ou le jeu d'acteur, puisque aussi bien, en ces matières, on lui reconnaissait les dons requis. Et si sa première composition, mélange d'impudence et d'insouciance néo-expressionniste, porte la marque de l'inexpérience, rien en elle ne trahit cette impatience qui dénonce un amateurisme si fréquent à l'époque. En quelques mois, Basquiat va devenir un peintre remarquable.

LE DERNIER DES MODERNISTES

Basquiat possède en effet cette capacité rare d'allier la maîtrise du matériau à une exubérante spontanéité. Si la singularité de son style l'en distingue, l'esprit de son œuvre le rapproche du courant néo-expressionniste du début des années 1980. De toute la production pourtant abondante de l'époque, et en particulier aux États-Unis, ses toiles sont parmi les rares à avoir conservé toute leur force. En un sens, nous pourrions même dire qu'elles légitiment historiquement cette décennie, quoique aucune d'entre elles, en raison de leur extrême diversité, ne puisse l'une mieux que l'autre s'en révéler emblématique.

Il ne s'agit pas seulement d'un talent opportunément apparu au bon moment. L'artiste entendait explorer autant qu'accroître le champ de son savoir. Il s'est servi de l'art comme d'un mode à la fois d'assimilation et de découverte de l'Histoire, du patrimoine culturel de la diaspora africaine et plus spécifiquement antillaise (dont il est issu), ainsi que du combat des Afro-Américains. Il dresse l'inventaire iconographique de ses connaissances dans le domaine de la musique (notamment le jazz et le hip-hop, tout juste émergents à l'époque) et dans celui du sport (boxe et base-ball). Mais au-delà des références personnelles immédiates, ses tableaux les plus complexes abondent en informations livrées dans un tourbillon chaotique et qui témoignent de l'insatiable et vorace curiosité de l'artiste. Comme tous ceux qui se sont attachés à faire revivre ce médium, Basquiat a conscience du pouvoir talismanique que peut conférer la facture artisanale de la peinture : il célèbre donc les musiciens et les athlètes noirs qu'il admire, leur dédicaçant ses œuvres à la manière de fleurs fraîchement déposées sur leur tombe. L'artiste a sans nul doute acquis des notions en histoire de l'art au travers de la lecture de magazines ou de la fréquentation des nombreux musées de New York (sa ville natale) – et plus particulièrement du Brooklyn Museum, suffisamment doté pour qu'un gamin attiré par l'art puisse y acquérir une solide culture. Assez ironiquement (mais sans arrière-pensée de sa part), l'artiste éprouve une admiration manifeste pour le modernisme finissant. Nombreuses sont les toiles qui entretiennent un débat sous-jacent avec le passé, et ce débat est l'occasion de corrections, de défis, d'hommages ou simplement d'un étalage spectaculaire.

Basquiat n'est certes pas le seul à éprouver de l'intérêt pour le modernisme. Ce qu'on appelle alors « appropriation » désigne le principe d'imitation ou de copie pure d'œuvres modernes (voire plus anciennes) appliqué par des artistes comme Sherrie Levine, Mike Bidlo, Cindy Sherman ou encore Elaine Sturtevant. Cette démarche rétrospective peut être considérée comme une revanche prise sur l'hégémonie occidentale, le modernisme subissant à son tour la loi de l'emprunt qu'il avait exercée pour son compte sur les cultures non occidentales, non blanches, voire non patriarcales (motifs pris aux traditions décoratives développées par les femmes). Elle est aussi l'équivalent critique en peinture de l'historicisme en vogue à ce moment-là chez les architectes postmodernes : ces derniers renvoient le modernisme dans les limbes de l'Histoire en l'intégrant à un vocabulaire de styles équivalents ; par là même ils le relativisent, circonscrivant sa capacité de séduction et démasquant la neutralité ethnique sur laquelle ce courant avait autrefois fondé sa légitimité. Cependant, la relation des artistes des années 1980 à l'art moderne est ambivalente, ce en quoi elle se distingue des mouvements de renaissance qui traversent le XIXe siècle, à l'égal de l'Arts and Crafts qui s'inspire du gothique à des fins progressistes et sociales. Copier Jackson Pollock ou Walker Evans relève plutôt d'une stratégie passivement cynique dont les visées sont à la fois intellectuelles et commerciales.

L'appropriation est au modernisme ce que le pop art est à la culture populaire – une imitation si parfaite qu'il est difficile de distinguer la copie de l'original. Si Basquiat appartient à une génération qui s'est rebellée contre la logique essoufflée du modernisme dans le but de sauver l'art, il a fait le choix, contre la table rase, d'une révolte constructive. En fils respectueux, il a préféré porter l'entreprise moderne à son terme, résoudre les problèmes résiduels – en somme, préparer au vieil art une retraite honorable. La démarche de Basquiat, dans sa pratique comme dans son discours, s'apparente à l'appropriation, et pourtant elle s'en démarque irrémédiablement. Ainsi l'absence totale d'ironie savante distingue-t-elle son œuvre de celui de ses contemporains qui ont opté pour une stratégie infiniment plus culturelle. En revanche, son rejet de l'intellectualisme chaste et froid de la dernière période du modernisme est sans concession. Enfin, s'il revisite avec fougue le pseudo-primitivisme du premier modernisme – lui-même réaction à un académisme prétentieux –, l'artiste n'entend pas en perpétuer l'esprit de manière servile.

À vingt-deux ans (âge auquel son style atteint sa maturité), Jean-Michel Basquiat a su éviter l'amateurisme, l'historicisme, l'académisme, le cynisme et l'ironie – tous pièges esthétiques propres à son époque. Il est donc particulièrement étonnant qu'il n'ait, au cours de sa tentative de maintenir en vie l'esprit moderniste, succombé ni au sentimentalisme ni à la nostalgie. Sa réussite intellectuelle et esthétique, sa singularité aussi, reposent sur l'équilibre paradoxal d'une pratique simultanément moderniste et postmoderniste, confiante et gauche.

Son modernisme est donc authentique autant qu'original. Les valeurs, les centres d'intérêt, les lignes de force qui traversent son œuvre sont présents chez des artistes comme Pablo Picasso, Henri Matisse, Ernst Ludwig Kirchner, Jean Dubuffet, Robert Rauschenberg, Joan Miró, Willem De Kooning ou encore Andy Warhol – tous exposés au MoMA –, comme si le jeune homme avait imaginé ses toiles suspendues près des leurs, en un prolongement contemporain et personnel de la tradition. Dans le même temps, l'artiste a conscience de l'essoufflement du propos moderniste et de la nécessité pour l'art de s'atteler à de nouvelles tâches s'il entend aborder le XXIe siècle avec une certaine

fig. 2
Henri Matisse
(1869-1954)
La Négresse
1952
Papier collé sur toile
453,9 x 623,3 cm
National Gallery of Art,
Washington, D.C.
Ailsa Mellon Bruce Fund,
1973.6.1

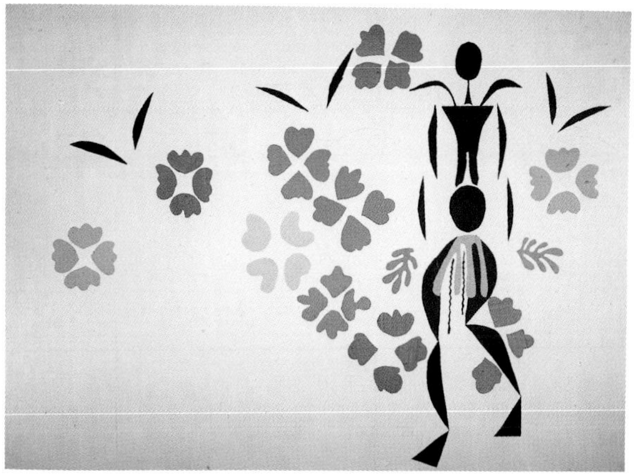

cohérence. La préoccupation majeure de Basquiat, compte tenu de ses origines, porte naturellement sur la représentation directe d'un héritage culturel africain enfermé dans la tradition artistique occidentale depuis trois siècles. Si au XXᵉ siècle la diaspora africaine a su imposer sa marque dans les domaines de la littérature, de la musique et de la danse, elle n'est en revanche présente qu'indirectement, comme par procuration, dans celui de la peinture. Enfin, comment résister en ces années 1980, à moins de se cloîtrer (ce que le sociable Basquiat n'aurait su faire), aux innombrables annonces de décès du modernisme, de rigueur dans toute inauguration et dans tout article de revue spécialisée ?

La ferveur de l'artiste n'est toutefois pas inconditionnelle ; son enthousiasme est réformateur, comme s'il entendait épargner les maux de la vieillesse au modernisme, qu'il respecte pour avoir sauvé l'art au début du siècle dernier. À la différence de tant de ses contemporains, Basquiat réagit non contre un mouvement en bout de course, mais bien plutôt en sa faveur. Il s'efforce de trouver une voix nouvelle, fût-elle le chant du cygne. Le modernisme n'aura pas rendu l'âme sans avoir en définitive produit un grand peintre noir, qui sut aussi s'imposer sur le marché.

LE PRIMITIVISME

Il eût été triste que, dans la veine de l'appropriation, Basquiat reprenne le « primitivisme » africanisant de Picasso, de Constantin Brancusi ou de Fernand Léger. Nous aurions eu droit alors, si ce jeune artiste noir talentueux s'était lancé dans le pastiche d'un pastiche, à une ennuyeuse satire fin de siècle. Mais il a su adroitement éviter le piège (sans doute le plus dangereux de tous) en forgeant son propre « primitivisme » à partir d'une iconographie personnelle nourrie de la vie américaine contemporaine et tournée vers une Afrique en grande partie imaginaire. Le regard que jette Basquiat du côté de l'expressionnisme est plus superficiel, quoique tout aussi réel.

L'artiste aimait à peindre de larges masques grotesques : inclination contre laquelle, avoue-t-il dans une interview, il s'est efforcé de lutter. Cependant, lorsque ces masques sont explicitement africains, comme dans *The Nile* (p. 106) ou *Mitchell Crew* (fig. 1), ils présentent une facture ludique de type bande dessinée et n'entretiennent finalement que peu de rapports avec leurs modèles, ni même avec les masques africains fantaisistes de Picasso. Le procédé eût été trop grossier pour un esprit aussi subtil que celui de Basquiat. Et puis il y a ses griots (poètes et sorciers d'Afrique de l'Ouest), personnages émaciés, scarifiés, quasi extra-terrestres. Effrayants fétiches se jouant du fantasme américain sur une Afrique trouble aux pratiques occultes. Ainsi *Flexible* (p. 140), qui appartient à une série, évoque-t-il un épouvantail cauchemardesque qui a visiblement diverti l'artiste, à en juger par les variantes auxquelles il a donné lieu.

En réalité, Basquiat n'eut pas à chercher loin la source de son inspiration primitiviste : le New York délabré de 1980 s'offrait à lui. L'art contestataire et omniprésent du graffiti appartient à sa génération, même si l'artiste fut plus un compagnon de route qu'un véritable acteur du mouvement. Adolescent, il préférait griffonner sur les murs ses poésies hermétiques et tourmentées, signées « SAMO © », plutôt que de recouvrir de monogrammes délirants les wagons du métro de Brooklyn. Non que le « tag » soit fruste, loin s'en faut : fruit d'une technique et d'une intention, il présente une spontanéité à la fois rusée et joyeuse qui l'apparente à une sorte de geste décoratif primordial. C'est donc la ville qui fournit à Basquiat la substance même de sa sensibilité *art brut*. À l'époque, de vastes zones sont dans un état d'abandon apocalyptique, les administrations fédérales successives se désintéressant des infrastructures urbaines. Des quartiers entiers, autrefois habités par les émigrants européens et les Afro-Américains venus du Sud, sont en ruine et leurs logements insalubres sont devenus le terrain privilégié des squatters que l'artiste fréquente brièvement. En un certain sens, nous pourrions parler d'un pseudo-art des cavernes.

Issu à la fois d'une intelligence aiguë et d'une technique assurée, le « primitivisme » de Basquiat possède la même puissance novatrice que les expérimentations des artistes européens quelque quatre-vingts ans auparavant. En tant que démarche, le « primitivisme » aura donc ouvert et clos le XXe siècle. Pour Matisse (fig. 2), il aura constitué un antidote précieux à l'oppressante et virtuose froideur des écoles et académies obstinément conservatrices. Et il est né de sa solidarité avec des prédécesseurs prestigieux : Gauguin d'abord, l'explorateur des îles exotiques, Van Gogh ensuite, le chrétien humble et torturé – deux modernes remarquables dont l'originalité n'a pas été reconnue de leur vivant. Pour Basquiat aussi, le primitivisme aura eu fonction d'antidote face à un modernisme qui avait perdu la radicalité de ses débuts, s'était détourné du patient travail manuel, fermé hermétiquement à toute émotion et désengagé irrémédiablement des affaires du monde. L'interprétation expressionniste qu'il en donne aboutit parfois à des tableaux d'une profondeur psychologique et d'une densité émotionnelle telles (voir *La Colomba*, p. 114) qu'ils semblent relever non plus de l'esthétique picturale mais du grand art théâtral. Pour Matisse comme pour Basquiat, il était temps, historiquement, d'affirmer que le seul savoir de l'artiste résidait dans le sentiment brut ; il était temps de rétablir le lien entre les sensations picturales primaires – couleur, forme, texture, ligne – et le fétiche originel pour créer des œuvres modestement artisanales et des visages troublants. Un tel programme ne pouvait, bien sûr, qu'aboutir à une grimaçante illusion. Après Matisse, Basquiat était trop lucide pour croire à l'authenticité de son primitivisme. Mais nous ne pouvons qu'être fascinés par l'audace de la tentative et l'honorabilité des intentions.

De fait, la découverte des cultures « tribales » sera, pour les modernes européens, un exemple formateur qui les incitera à revenir à leur propre culture nationale afin d'élaborer un art qui aboutira, en dernier ressort, à l'abstraction. Ainsi, les expressionnistes allemands de Die Brücke (fig. 3) exploiteront la rudesse du style décoratif rural traditionnel des pays du Nord. Cependant qu'à la génération suivante Dubuffet exprimera au travers de son *art brut* les teintes beiges singulières de l'Île-de-France. Brooklyn, enfin, trouvera son chantre en la personne de Basquiat.

LE FORMALISTE

La couleur est l'une des grandes forces de Basquiat. C'est en quoi il se distingue de ses pairs : la couleur n'est pas le trait dominant de notre culture esthétique, et courte est la liste des grands coloristes américains. John Singer Sargent est un remarquable technicien, bien qu'il soit rarement considéré comme tel. Georgia O'Keeffe et Stuart Davis sont parfois géniaux, cependant que les recherches de Mark Rothko, de Frank Stella et d'Ellsworth Kelly ne manquent pas d'intérêt. Comparé à ces artistes dont il diffère par ailleurs radicalement, Basquiat fait figure d'exception. Avec le talent d'un abstrait consommé, il utilise la couleur pure comme élément structurel mais en la mettant au service d'une démarche narrative et figurative exprimée par une touche à la fois directe et théâtralement maladroite. Ni travaillée en tant que telle comme chez Pollock ou Monet, ni lyrique comme chez Matisse ou Franz Marc, elle participe de l'architecture du tableau, soudant la composition à la manière d'un mortier teinté ou la matérialisant à la manière d'un plâtre opaque. Enfin, elle est ce qui lie les toiles entre elles, ce par quoi s'instaure un espace.

Le talent de l'artiste à tirer le maximum d'effet de la couleur – talent sans équivalent dans le New York de 1983 – est particulièrement visible dans *In Italian* (p. 115). Sans rien compromettre de son informalité caractéristique – faite de répétitions, de réévaluations, de ratures, de notations rapides et indéchiffrables –, Basquiat atteint à la perfection d'un grand Matisse, avec la hardiesse en plus. L'harmonie de la palette,

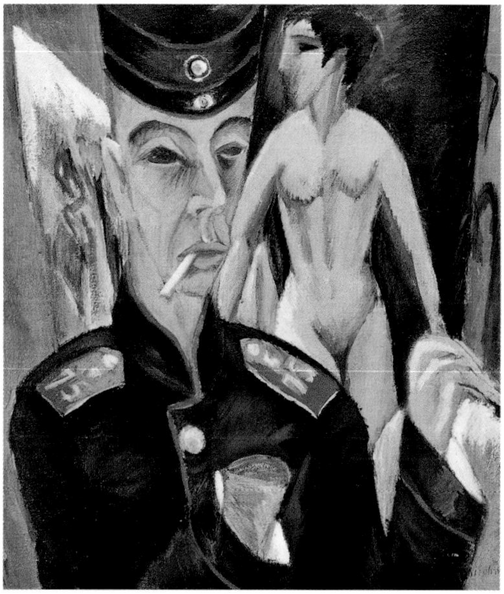

fig. 3
Ernst Ludwig Kirchner
(1880-1938)
Autoportrait en soldat
1915
Huile sur toile
69 x 61 cm
Allen Memorial Art Museum,
Oberlin College, Oberlin, Ohio.
Charles F. Olney Fund, 1950.29

aux teintes vives, saturées et subtropicales n'est certes pas le fait d'un amateur ; non plus que l'échelle, soit 225 x 203 cm d'audace.

Et pourtant, du strict point de vue pictural, *In Italian* est parfaitement incompréhensible. Essentiellement composé de griffonnages quasi aléatoires, le tableau affiche cette désinvolture systématique qui est au cœur du travail de l'artiste, véritable jubilation de gribouillis absurdes et de barbouillages idiots. Le jeune homme de vingt-deux ans qu'est alors Basquiat a su créer là la plus remarquable expression de l'impudence. Mais il y a plus encore. Les roses ensoleillés, les verts pomme, les jaunes espiègles et le bleu pastel transparent qui se font gaiement écho sont en réalité piégés par le fond, noir comme un tableau d'école, et dominés par un rouge sinistre que l'artiste qualifie explicitement en y inscrivant le mot BLOOD (sang) en trois langues. Ajoutant à l'atmosphère menaçante, le mot TEETH (dents) apparaît plusieurs fois, improbablement illustré par le profil de Franklin D. Roosevelt, lèvres retroussées sur sa propre dentition, qui figure sur deux pièces de dix cents rapidement esquissées. Pièces qui à leur tour convoquent le mot LIBERTY, frappé sur la monnaie américaine, à qui il joint le symbole du *copyright* (tous droits réservés). Basquiat nous offre là un morceau de bravoure particulièrement troublant.

L'une des caractéristiques déconcertantes de l'usage de la couleur chez Basquiat est l'absence de toute palette identifiable ; l'absence aussi de combinaisons favorites, tant l'artiste a la curiosité d'expérimenter de nouveaux rapports. S'il affectionne visiblement les tons vifs, son œuvre abonde aussi en teintes ténébreuses – contrastes que Basquiat sait exploiter avec efficacité, comme nous l'avons vu. Certaines compositions offrent un chromatisme séduisant, quelle que soit la palette choisie, d'autres sont d'une laideur réussie. Telle toile est saturée de bleu ciel (*Mitchell Crew*, fig. 1), telle autre (*Leonardo da Vinci's Greatest Hits*, p. 59) est envahie de dessins collés et de mots obscurs, tout juste traversée çà et là d'un ou de deux traits colorés. Basquiat ne considérait pas la couleur comme un élément fondamental du processus de composition ; certaines de ses œuvres les plus connues, comme *Santo versus Second Avenue* (p. 71), en sont assez peu concernées ; d'autres, comme *Pegasus* (p. 157), sont uniquement en noir et blanc. Il est donc remarquable qu'un artiste aussi jeune ait su faire preuve d'une semblable maîtrise de la couleur sans s'être exclusivement consacré à cet aspect pourtant réputé difficile de la peinture.

Basquiat comprenait la couleur mieux que personne, et l'employait avec une rare liberté. Mais c'était surtout un dessinateur. Il crayonnait sans cesse, réalisant des centaines de dessins. Et de fait, ses compositions sont graphiques autant que picturales. Des taches de couleur, impatiemment jetées sur la toile, voisinent avec des illustrations au trait rapide, sûr, linéaire ou, comme Matisse aimait à le faire, esquissées à même la peinture humide avec le manche du pinceau. Si Basquiat avait le génie de la couleur, pour autant il ne croyait pas nécessaire de consacrer beaucoup de temps à son application, cherchant à être dans l'action du dessin. Ce qu'aurait apprécié Ingres, cependant que Delacroix

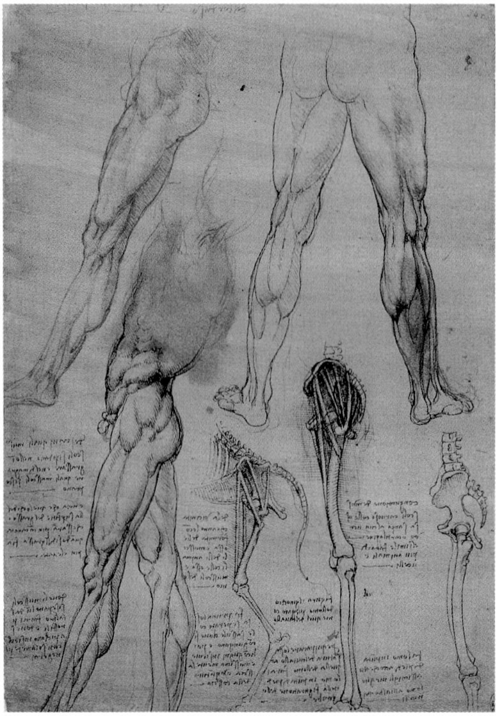

fig. 4
Léonard de Vinci
(1452-1519)
Étude pour les jambes d'un homme et les pattes d'un cheval
1506-1507
Plume, encre et sanguine sur papier
28,5 x 20,5 cm
Royal Library, Windsor Castle, RL 12625r.

n'aurait pas désavoué l'emploi qu'il était capable de faire, aussi, de la couleur.

L'habitude croissante que prend l'artiste de coller ses dessins (ou les multiples photocopies qu'il en fait) ne paraît jamais incongrue pour la simple raison qu'il continue à dessiner par-dessus et autour – avec de larges touches de peinture. Certaines compositions désorientent particulièrement le spectateur en appliquant ce principe à plus vaste échelle : dans *Grillo* (p. 142-143), les minuscules croquis étayent les parties peintes de grand format, par ailleurs parfaitement plates et dépourvues de perspective, l'usage du volume soulignant et matérialisant cette architecture sous-jacente. Dans le même esprit, Basquiat contribue de manière ingénieuse et originale au formalisme du premier modernisme en détournant la technique désormais symboliquement rattachée à Andy Warhol et au pop art : la sérigraphie. *Melting Point of Ice* (p. 117), qui appartient à une importante série de tableaux, est exemplaire à cet égard. En peignant à la fois sur et sous les motifs sérigraphiés, Basquiat parvient à unir deux aspects traditionnellement antagonistes – déclarant une sorte de trêve anachronique dans la rivalité qui opposait au XVIIe siècle partisans de Rubens (couleur) et disciples de Poussin (dessin). Et il produit, non sans ironie, une œuvre unique, artisanale, intégrant une forme de reproduction mécanique. La référence à Warhol est néanmoins mineure en ceci que Basquiat fonde sa composition uniquement sur ses propres dessins, et non sur une iconographie commerciale toute faite.

Non seulement l'artiste savait ce que dessiner voulait dire, mais il avait en outre conscience de la valeur du dessin en tant que technique fondamentale de l'art pictural. Outre la sérigraphie, son unique concession à la reproduction mécanique est la bonne vieille photocopieuse. Mais aucun de ces procédés n'affecte directement son dessin du point de vue formel. Ils servent plutôt d'extension à sa main, qu'ils démultiplient à l'infini. Les nombreuses compositions littéralement recouvertes de ces réseaux denses de croquis pourraient faire songer aux plaques de Carl Andre – si ces plaques avaient été des clichés typographiques –, ou à un Mondrian dont la stricte linéarité aurait subi un soudain accès de glossolalie. En remplissant ses toiles d'esquisses aussi obsédantes que prolixes, Basquiat valorise le rôle traditionnel de l'ébauche préparatoire, depuis les brouillons jusqu'au dessin définitif. Ce que souligne en outre son recours de plus en plus fréquent à des dessins uniques de grande dimension collés sur la toile, contrastant avec un fond construit à partir de petites esquisses.

Alors que le collage cubiste (synthétique) s'est efforcé de brouiller les limites entre l'art et le monde en réordonnant, à l'intérieur de compositions mélancoliques et abstraites, les objets de la vie moderne, Basquiat, lui, a préféré créer un système hermétiquement clos en usant d'un procédé analogue. Recouvrant de papier toutes les voix à l'exception de la sienne, il opère un contrôle halluciné sur chacune des informations qu'il s'approprie, comme s'il était

fig. 5
Cy Twombly
(né en 1928)
The Italians
1961
Peinture à l'huile et crayon sur toile
199,5 x 259,6 cm
The Museum of Modern Art, New York. Blanchette Rockefeller Fund, 504.69

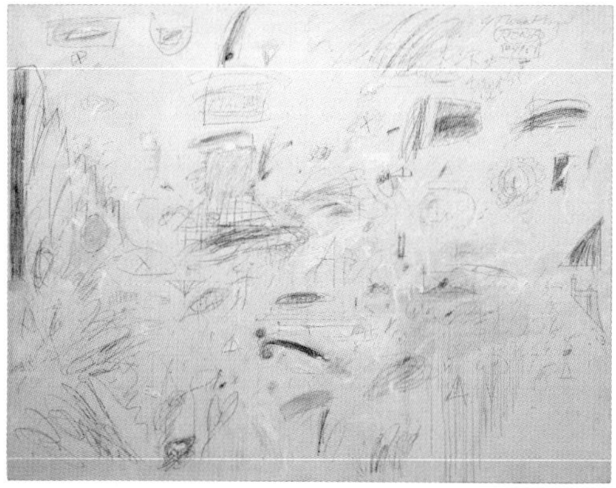

l'auteur du moindre élément transcrit – diagramme, formule, personnage caricaturé –, allant jusqu'à apposer le symbole du *copyright* aux innombrables artefacts culturels évoqués, empêchant à jamais les images du réel d'échapper au seul univers autorisé – le sien. En « revisitant » de la sorte le collage cubiste, Basquiat semble avoir mis au jour une vérité piégée au cœur d'un modernisme progressivement aveuglé : le rôle de l'art est de ne laisser aucune chance à la réalité de s'exprimer par elle-même.

Basquiat admirait les grands dessinateurs : Léonard de Vinci (fig. 4), comme en témoignent les nombreuses copies d'études anatomiques, dessinées d'abord, puis photocopiées et artificiellement vieillies en marchant dessus (selon Fred Hoffman), ou la reprise caricaturée de la *Mona Lisa* (clin d'œil à Marcel Duchamp) ; mais aussi, Cy Twombly (fig. 5), dont l'influence est relativement nette dans les premières œuvres de l'artiste. L'indifférence de Basquiat à prouver sa virtuosité, à l'égal d'un Picasso et en dépit d'une pratique assidue du dessin, paraît avoir été légitimée par le travail de Twombly. Par ailleurs, les plus grands modernes n'ont eu de cesse de dissimuler cette virtuosité. Bien avant que Twombly ne s'essaie à faire surgir le sublime de griffonnages et de gribouillis, Picasso (fils prodige d'un professeur de dessin) et Matisse (qui dessinait chaque jour ou presque) ont avec constance affecté une manière naïve et maladroite. S'il est un spectacle que nous a donné le modernisme, c'est sans doute celui d'un art ancestral repartant de zéro. La force de séduction de Basquiat comme de ses prédécesseurs se fonde sur l'illusion que l'artiste est dépourvu de tout talent classique, et son œuvre n'aurait eu aucun sens s'il avait sophistiqué sa technique. De même que Kirchner, et pour des raisons similaires, Basquiat propose un art dépourvu de toute affectation, un art brut, personnel.

SIGNIFICATION

Quoiqu'il soit habituellement rattaché à la sensibilité néo-expressionniste de son époque, confiner Basquiat à ce mouvement paraît extrêmement réducteur. Si son art est effectivement brut et personnel, il est aussi inexplicable – ce que n'est généralement pas l'expressionnisme. La dimension impénétrable de son œuvre, les éléments picturaux incongrus des toiles les plus complexes, avec leurs interminables catalogues et leur iconographie énigmatique, sont à mon sens beaucoup plus proches du surréalisme dernière manière. Les surréalistes exploraient – exploitaient serait plus juste – l'inconscient, le hasard, le primaire, la folie à des fins esthétiques certes, mais aussi dans une visée freudienne qui était de saisir l'humanité fondamentale enfouie sous la culture et l'Histoire. C'est le surréalisme plus que l'expressionnisme qui inspire l'occulte processus de réminiscence à l'œuvre chez Basquiat. Pour cette raison très précisément, il me semble qu'une analyse minutieuse des symboles et des signes serait un piège qui nous éloignerait de leur portée abstraite et onirique. Ces signes ne forment pas tant une iconologie offerte au déchiffrement, qu'ils ne cherchent à nous troubler et, simultanément, à nous désarmer par leur prodigieuse vivacité discursive. Comme les dessins sérigraphiés et photocopiés, ils sont interchangeables : l'artiste s'en sert comme d'autant d'éléments décoratifs recyclés, ordonnés selon une logique plus formelle qu'allégorique.

Basquiat est loquace, tout en esquivant, tel un matador, le choc de l'intelligibilité. Ses tableaux se laissent lire aisément – mots, images, couleurs,

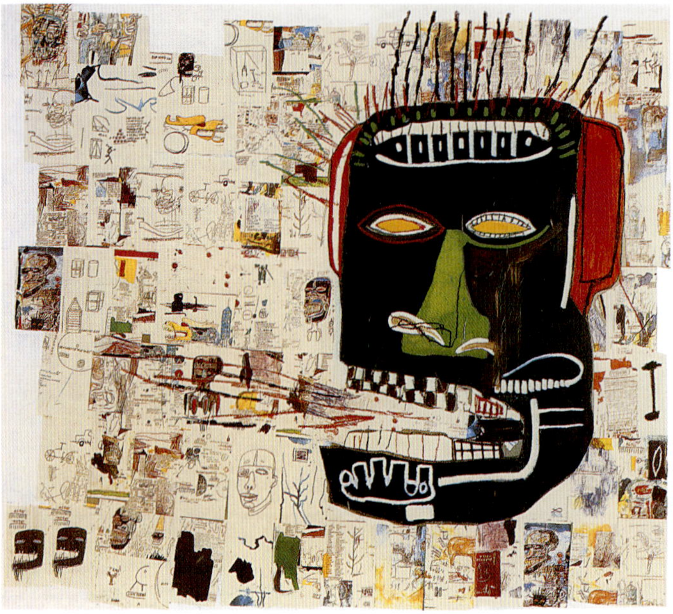

fig. 6
Glenn
1984
Acrylique, crayon gras, et papier collé sur toile
254 x 289,6 cm
Collection privée

construction –, mais il est nous est difficile de comprendre ce qu'ils vocifèrent. Cet état intermédiaire de mystère-dans-la-familiarité, dans lequel Basquiat nous maintient, est au cœur même de sa démarche depuis les graffitis poétiques signés SAMO. Pour l'apprécier, il nous faut éviter toute analyse trop méticuleuse. Tenter de mesurer le savoir encyclopédique que renferment ces toiles aboutirait sans doute à un inventaire intéressant mais non pertinent au regard d'œuvres qui requièrent d'être comprises hors du seul champ de l'iconographie. Nous pouvons par ailleurs supposer que l'artiste lui-même ne s'intéressait pas tant au sens du détail qu'à la visée globale voulue et consciente de son travail : mots sans cesse biffés, réécrits, effacés, changement subit de thématique, le tout unifié par un masque grimaçant. Cette indétermination raffinée – et non le style naturellement brut de l'artiste – est l'équivalent chez Basquiat du « primitivisme » étudié de Picasso ou de Matisse : inlassablement, il la travaille pour lui donner sa consistance dense et harmonieuse. En d'autres termes, l'artiste peint une incohérence calculée, dosant précisément le mystère de la signification ultime de ces tableaux en apparence surchargés d'informations.

Pour ma part, je décèle chez Basquiat, qu'il peigne ou qu'il dessine, deux grandes catégories de toiles que je qualifierai respectivement et rapidement d'« icônes » et d'« incantations ». La première évoque le panthéon personnel de l'artiste, athlètes ou musiciens décédés, dont le nom est arbitrairement rattaché à des personnages schématiques ou à des masques rudimentaires. Il s'agit en quelque sorte d'ex-voto extrêmement familiers, rapidement croqués et le plus souvent monocolores. Une toile cependant fait figure d'exception : dans *St. Joe Louis Surrounded by Snakes* (p. 76), le personnage est aisément reconnaissable quoique sommairement rendu d'un trait linéaire. Certaines icônes ne valent que pour elles-mêmes, vastes têtes monstrueuses et sophistiquées, comme *Glenn* (fig. 6), le lugubre *Eyes and Eggs* (p. 64), ou encore l'effrayant *In This Case* (fig. 7). Elles peuvent être réellement inquiétantes, ou pathétiques, mais aucune n'est à proprement parler humoristique. Nombre de personnages schématiques ou de masques noirs sont des autoportraits, qu'ils soient intitulés comme tel ou non ; nous y reconnaissons l'artiste à sa coiffure ébouriffée caractéristique. Mais l'absence de modèle dans la plupart des cas laisse supposer que ces icônes ont une valeur surtout existentielle en ce que l'homme noir y apparaît comme la figure universelle de l'humanité : figure dont l'enjeu pictural ou discursif importe moins que l'exaltation exacerbée dont elle est l'objet, soulignée par la présence d'une couronne ou d'une auréole.

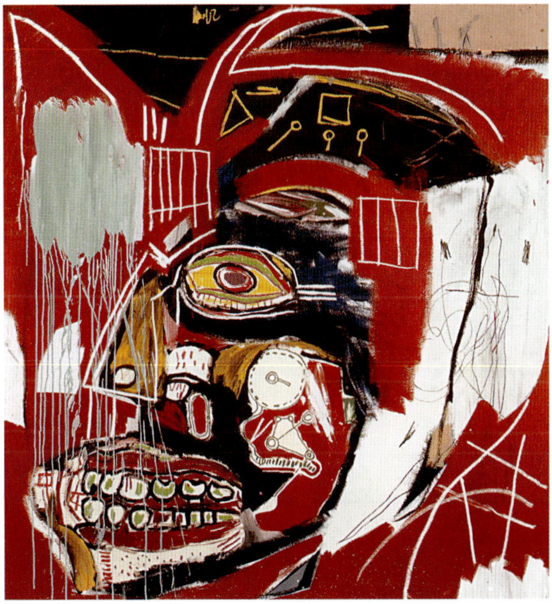

fig. 7
In This Case
1983
Acrylique et crayon gras
sur toile
196,2 x 188 cm
Collection privée

Les « icônes » de Basquiat, et notamment les plus complexes, semblent le fruit d'une improvisation – à la manière d'une invocation ou d'un graffiti. On peut songer également à l'état de création semi-consciente recherché par le surréalisme, ou les courants abstraits qui en sont issus et se développent à Paris et à New York dans les années 1950. Ces toiles présentent souvent une dimension rituelle qui n'est pas sans rappeler celle des sculptures et des masques que Basquiat collectionne à chacun de ses voyages en Afrique de l'Ouest, celle également des figurines de la santéria et du vaudou antillais (elles-mêmes issues de l'art africain), ou des icônes et statuettes religieuses occidentales. Anges, couronnes, auréoles, diables, saints et martyrs abondent chez Basquiat, mais leur signification outrepasse largement (en même temps qu'elle s'en libère) celle que leur assigne la culture catholique hispanique de l'artiste. L'art chrétien s'est développé à partir d'une mission morale – châtier, instruire, exalter ; par-delà les rigueurs du modernisme et l'ironie bavarde du postmodernisme, Basquiat reproduit cette aberration constitutive en la portant à une puissance quasi absurde. Tant qu'une telle entreprise pouvait encore avoir du sens, puisant dans l'iconographie complexe née de sa culture hybride, il s'est efforcé d'incorporer Charlie Parker, Jackie Robinson et Joe Louis à un panthéon religieux aujourd'hui chancelant.

Il n'est pas plus étrange de voir Basquiat évoluer à l'intérieur de l'héritage chrétien que dans celui du modernisme. C'est un enfant issu de la classe moyenne d'origine africaine de Brooklyn, quartier multilingue et multi-ethnique de New York, et dont la mère était portoricaine et le père haïtien. Nombreuses sont donc les traditions iconographiques qu'il peut à bon droit manipuler ou explorer, de Léonard de Vinci à *Gray's Anatomy*, en passant par les signes graphiques des zonards puisés dans le *Symbol Sourcebook* de Henry Dreyfuss. En tant qu'acteur d'un univers libre et démocratique, et en tant que consommateur de savoirs et producteur d'artefacts, il a toute légitimité à s'approprier différentes cultures et sources d'information. C'est là, en un sens, un trait caractéristique du modernisme, qui trouve son origine dans l'*Encyclopédie* de Diderot, au siècle des Lumières, et dans la création des États-Unis d'Amérique.
La relation de Basquiat à la *signification* des références ou citations présentes dans son œuvre importe moins que sa compréhension de l'*usage-valeur* de cette signification sur le plan pictural – comme élément participant de la composition, comme technique introduisant une dimension étrangement familière, ou comme signe efficace. Dans la lignée de Paul Gauguin, pécheur impénitent travaillant parmi les croyants, en Bretagne ou à Tahiti (fig. 8 et 9),

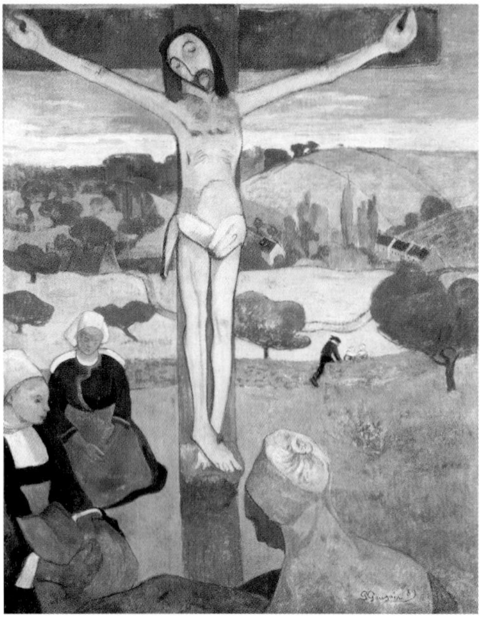

fig. 8
Paul Gauguin
(1848-1903)
Le Christ jaune
1889
Huile sur toile
92,1 x 73,4 cm
Albright-Knox Art Gallery, Buffalo. General Purchase Funds, 1946 : 4

Basquiat tente de retenir le pouvoir, sinon le sens, des cultes antiques et modernes, quelle que soit leur origine, les traduisant par des caricatures ou les assimilant à sa manière. Une œuvre aussi éblouissante que *Sans titre (Baptism)* [fig. 10] aura un sens pour quiconque a vu des peintures religieuses, à cette différence près, et parce qu'elle appartient à l'art moderne, qu'elle ne prétend guider ni nos pensées ni nos actes.

Hors le programme hagiographique et existentialiste des « icônes », qu'en est-il des tableaux historiques de Basquiat, de ses « incantations », comme je les ai à moitié sérieusement nommées ? Comment fonctionnent-ils et quelle est leur visée, s'ils en ont une ? Là encore, il s'agit d'abstraction. Pour descriptif que soit le titre – à l'exemple de *The Nile* (p. 106), *Undiscovered Genius of the Mississippi Delta* (p. 110-111) ou *Price of Gasoline in the Third World* (fig. 11) –, le contenu du tableau ne tient guère ses promesses. En faisant preuve d'imagination, peut-être pourrons-nous çà et là déceler une ou deux allusions vagues au sujet annoncé. Mais Basquiat entend à l'évidence décevoir tous ceux qui auraient pris les titres pour argent comptant : ces toiles sont essentiellement abstraites – et, incidemment, figuratives. Leur dimension incantatoire naît en partie du désarroi hypnotique qu'éprouve le spectateur face à des images lisibles mais inintelligibles. Cependant, par le mot « incantation », j'entends plus spécifiquement l'état de concentration de l'artiste, comme si du plus profond de ces œuvres déroutantes et infiniment fascinantes nous parvenait le chant psalmodié d'un homme en transe.

Qu'invoquent ces incantations, omniprésentes dans l'œuvre de Basquiat ? Parties de corps, éléments de machines, fragments de discours, personnages, groupes, caricatures, points d'exclamation, déclarations, sceaux officiels, animaux de ferme, rails, graphiques, chiffres, diagrammes scientifiques, formules, mots orphelins par dizaines... Un véritable chaos d'inscriptions votives vient bouleverser le monde des images. Comment ne pas se perdre alors parmi ces sortilèges bariolés manipulés avec dextérité par l'artiste devenu médium, régnant en maître dans ce labyrinthe d'originaux et de copies ? Le temps de la flânerie est révolu, quand nous pouvions encore déambuler dans l'idyllique univers tout en « Luxe, calme et volupté » de Matisse. Basquiat nous pousse dans les retranchements du temps, vers une apocalypse digne de l'enfer rimbaldien.

MOTS

La citation de Rimbaud que je mets en épigraphe n'est certes pas fortuite. Ce jeune poète présurréaliste a révolutionné la langue avant d'abandonner définitivement l'écriture à vingt et un ans. C'est à peu près l'âge auquel Basquiat délaisse les graffitis poétiques – et dès lors son langage devient paradoxalement novateur.

Conséquence de l'épuisement formel de l'art après un siècle et demi d'expérimentations modernistes, ou dédain marxiste envers la sur-commercialisation des œuvres, nombreux sont les artistes qui, dans les années

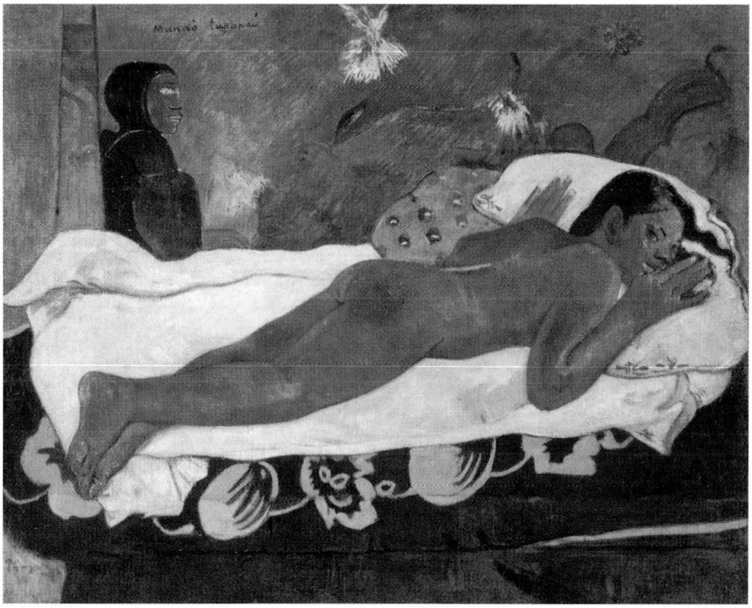

fig. 9
Paul Gauguin
(1848-1903)
L'esprit des morts veille
1892
Huile sur toile
72,4 x 92,4 cm
Albright-Knox Art Gallery, Buffalo. A. Conger Goodyear Collection, 1965 : 1

1960-1970, recourent au texte (comme à la performance ou au paysage avec le Earth Art) pour échapper au marché et au fétichisme de l'œuvre. Cet usage de l'écriture, parfois soutenu par de banales photographies documentaires, est l'une des caractéristiques de l'esthétique conceptuelle dissidente des années 1970, que le monde de l'art, sinon le marché, tolère parce qu'elle est celle d'artistes parmi les plus intéressants et les plus originaux de la période : Lawrence Weiner, Dan Graham, Vito Acconci, Alighiero e Boetti, Marcel Broodthaers, Douglas Huebler, ou encore Joseph Kosuth. Pour sa part, le poète que fut Basquiat a su détourner ce sévère intellectualisme vers une voie originale et néanmoins conforme à la nostalgie de son époque pour l'« artiste-fabricant célèbre de fétiches » : s'il est possible de créer un art froidement métaphysique sans image, alors il est possible de créer un art fruste et vigoureusement émotif avec du texte. Ce faisant, l'artiste met le doigt sur l'une des failles majeures de la démarche de ses prédécesseurs immédiats : l'abdication de leurs droits et privilèges de créateurs indépendants en faveur de la littérature.

Pour une période de féconde effervescence comme l'est celle des années 1980, austérité est devenu synonyme d'oppression. Par son usage de l'écriture, Basquiat opère un véritable détournement situationniste – retournant contre les autorités leur propre propagande. Un peu comme Gauguin travaillant à partir de la même thématique que ses rivaux conservateurs (les chrétiens pittoresques qu'étaient les Bretons), Basquiat se sert du mot, jusque-là considéré comme contraire à l'image, précisément pour restituer à l'art visuel contemporain son essence picturale.

Certaines des toiles les plus remarquables de Basquiat présentent autant de mots que d'images. D'autres ne sont constituées que de texte, à l'exemple des deux *Discography* (p. 84 et 85) – sortes de transcription semi-consciente, à la manière d'un rêve éveillé, de la couverture de ses deux albums de jazz favoris –, que l'on pourrait lire comme une amicale satire des tableaux noirs remplis de schémas de Joseph Beuys (fig. 12). D'un strict point de vue plastique, Basquiat parvient, avec plus de bonheur que d'autres artistes de sa génération, à intégrer texte et image, sans doute en raison de l'harmonieuse affinité de l'écriture et du dessin tracés par une même main. Ce qui est littéralement le plus parlant dans son œuvre, ce sont bien sûr ses mots – si nous le prenons au jeu de son pseudo-primitivisme et que nous l'imaginons, non se parlant à lui-même, mais déclamant un rôle. Et si ses répétitions échouent à nous convaincre qu'il n'est pas en pleine possession de ses moyens (à la différence d'un artiste « marginal » hurlant sa folie), elles réussissent en d'autres domaines. *Jawbone of an Ass,*

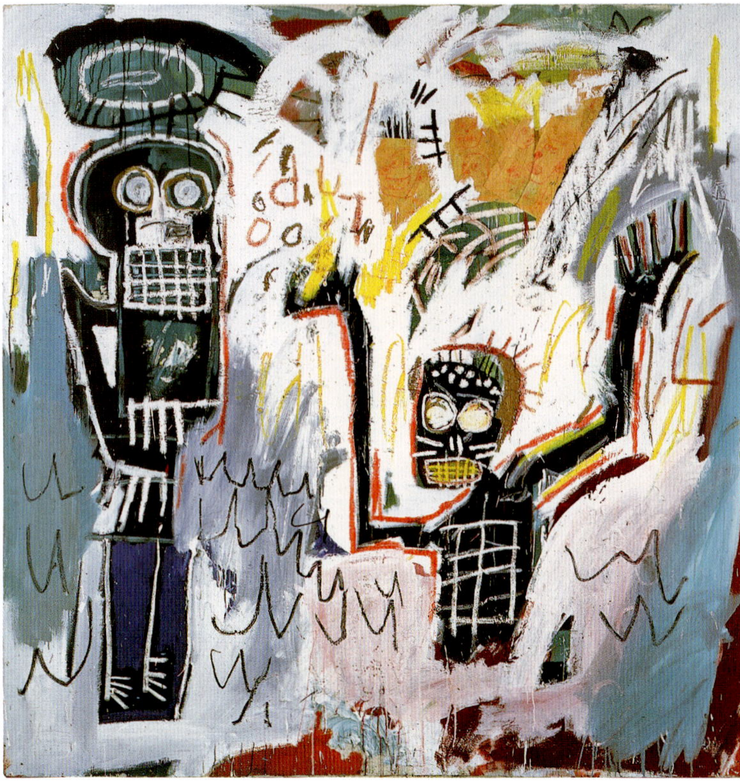

fig. 10
Sans titre (Baptism)
1982
Acrylique, crayon gras et papier collé sur toile
233,5 x 233,5 cm
Collection privée

Notary, Bird on Money (p. 37, 108-109 et 178) nous offrent un remarquable et splendide pseudo-charabia qui rappelle le scat, pratique vocale de ce jazz qu'aimait tant l'artiste – à l'exception des mots (et des dessins) identifiables. Ce charabia se veut un discours véritable et il en prend l'allure. Certaines toiles et nombre de dessins de Basquiat sont remplis de mots qui paraissent logiquement liés les uns aux autres et qui pourtant ne progressent jamais au-delà de l'état d'expression brute et d'invite allusive. Étrangement, on ne peut dire qu'il y ait absence de communication : l'artiste se tient toujours à la frontière de l'échange verbal, nous frustrant chaque fois délibérément de son accomplissement.

Le triptyque *Sans titre* de 1983 (p. 107) est un véritable maquis de mots, très certainement obtenus par associations libres, selon la technique psychanalytique exploitée par les surréalistes. Les références sont aussi improbables que variées : Néron, Marco Polo, Miles Davis, radium, étain, ailes en cire d'Icare... Cependant, elles tournent pour l'essentiel autour de l'anatomie humaine dont elles dressent la nomenclature illustrée par quatre visages et la moitié d'un corps emprunté aux *Demoiselles d'Avignon* de Picasso (fig. 13). Chiffres et couronnes abondent également. De nombreux mots sont biffés d'un trait, encadrés de flèches pointant vers eux ou s'en éloignant, chacune dans des directions différentes. Ces « traits rhétoriques » désarticulent le corps verbalement figuré au travers d'un minutieux inventaire de type litanique. Cette sorte de composition éclatée est très fréquente chez Basquiat, qui parvient pourtant à conserver un équilibre harmonieux, à quelques idées près à la fois du « dripping » de Jackson Pollock et du *Post-Partum Document* (1973-1979) de Mary Kelly.

L'artiste avait parfaitement conscience du fait que choisir le langage c'était priver l'art de son universalité – si les mots nous restent étrangers, quel sens peut avoir le tableau ? Ses toiles jouent parfois de plusieurs langues mais différemment d'un Lawrence Weiner, par exemple, dont le texte polyglotte, strictement identifié à l'œuvre, permet à un plus vaste public de comprendre le projet. Le plurilinguisme de Basquiat s'accorde

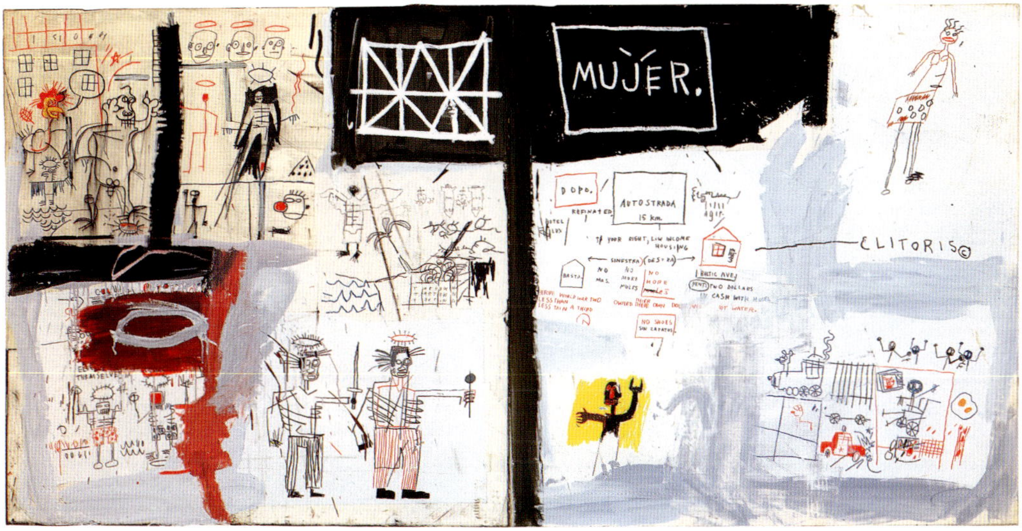

fig. 11
Price of Gasoline
in the Third World
1982
Acrylique, crayon gras et papier
collé sur toile, diptyque
152,5 x 305 cm
Collection privée

au principe d'inventaire de ses indéchiffrables peintures-livrets. Plus qu'un accès à l'univers de son œuvre (ce qui n'est pas, nous l'avons vu, l'objectif de l'artiste), il est le reflet de sa vie, de son identité et de sa découverte du monde au sortir de l'enfance à Brooklyn.

JEUNESSE

Rejeton ultime du modernisme, Basquiat fut aussi l'un des artistes les plus intéressants de la période postmoderniste et, fort ironiquement, postinternationaliste qui aboutira à une globalisation de l'art peu après sa mort. Cet intérêt ne tient pas seulement aux origines ethniques de l'artiste, à sa culture mixte et fondamentalement new-yorkaise ou à son goût pour le premier modernisme. Il vient aussi de ce qu'il a, à l'évidence, profondément compris son temps et la façon dont s'est constitué l'art des années 1980.

Le raffinement de son esthétique est extrême. Il eût pu réussir dans l'abstraction, comme en témoigne l'étrange beauté des nombreux passages abstraits de ses tableaux, s'il avait choisi de poursuivre dans cette voie et si le style avait été encore en vogue dans les années 1980. Il en maîtrisait parfaitement la technique, mais, surtout, il avait compris qu'elle était transposable à tous les arts, dans des contextes et avec des objectifs différents. Ainsi, son usage du langage prouve-t-il avec force que le texte n'est pas plastiquement neutre ; que le mot peut véhiculer *picturalement* des états émotionnels et psychiques, soit en tant qu'élément d'un ensemble plus largement figuratif, soit isolément, en tant qu'événement fortuit et paradoxalement muet surgissant d'une toile vierge. La chaotique kyrielle de mots à demi effacés, les phrases-slogans, le démembrement satirique du corps humain fonctionnent comme autant d'équivalents de la figure du guignol qui peuple ses tableaux. Cet univers clos a la force de la pureté, tout comme la carrière extravagante et prolifique de l'artiste a la fulgurance de l'évidence.

À l'instar de Rimbaud, Basquiat possédait cette vitalité charismatique et cette sagesse précoce que

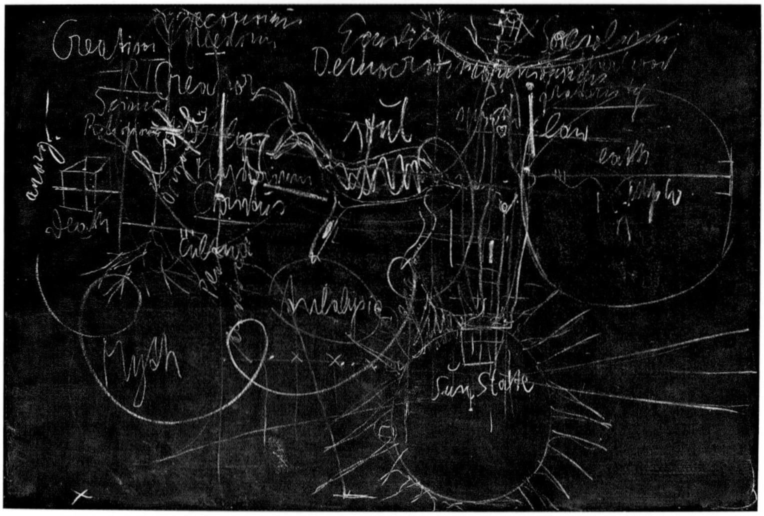

fig. 12
Joseph Beuys
(1921-1986)
Sans titre
(Sun State)
1974
Craie sur ardoise
120,7 x 183 cm
The Museum of Modern Art, New York. Don de Abby Aldrich Rockefeller, acquis grâce au Lillie P. Bliss Bequest (par échange), 369.84

d'aucuns ont aussitôt su reconnaître et admirer. Warhol – comme Verlaine avec le jeune poète – fut de ceux-là. Mais Basquiat était irrévocablement indépendant, comme le prouvent ses collaborations controversées avec le maître du pop art (fig. 14). Certes, ces collaborations constituent en quelque sorte une anomalie, diversement appréciée, dans le parcours respectif des artistes. Et pourtant, elles sont précieuses en ce qu'elles matérialisent la fragile charnière entre deux générations différentes, deux sensibilités irréconciliables, d'où la difficulté que nous éprouvons à regarder les œuvres qui en sont issues. Pour improbable qu'elle soit, leur existence même dit, à l'intérieur d'une histoire de l'art soigneusement compartimentée en écoles, en générations ou en nationalités, la différence entre les artistes et leur art, aussi bien que les affinités s'établissant entre des êtres qui ont fait le choix d'une même profession, et ce, indépendamment des incompatibilités liées à la nature de leur activité.

Il existe encore d'autres différences que la collaboration rend également explicites. Ainsi, l'œuvre de Basquiat paraît-il moins soumis au poids du temps que celui de Warhol (même si il l'est en réalité) : l'écart est flagrant quand les deux artistes travaillent la même surface, comme il l'était dans la relation entre Verlaine et Rimbaud, dont *Une saison en enfer* porte la marque – relation traversée par le rire frondeur d'un jeune poète se raillant d'un sympathique ancien. Cependant, Basquiat et Rimbaud ne se distinguent pas seulement par leur « mentor » respectif : ce sont aussi des *types* d'artistes dissemblables. Les références culturelles hétérogènes de Basquiat, l'étonnant éclectisme du contenu de son œuvre (comme si tout le savoir du monde y était rassemblé), l'imprévisibilité de sa quête le rendent difficile à appréhender en tant que « sujet » artistique. Il semble se mouvoir hors du cadre historique à l'intérieur duquel Warhol est si confortablement installé. Pourtant, il apparaît aussi comme le « voyeur vu », comme un acteur qui fascine autant par ce qu'il est que par son habileté à dresser le portrait d'autrui : d'où le malaise que nous éprouvons parfois devant des œuvres si parfaitement conscientes d'elles-mêmes, avec leurs innombrables dessins d'yeux, qui semblent savoir que nous regardons.

Cette ambivalence entre une présence élusive et l'inflexible expression de soi, qui parcourt le travail de l'artiste à différents niveaux, répond à l'ambition d'un humanisme moderne s'incarnant picturalement. En d'autres termes, l'être doué de sensibilité exerce la liberté qui est la sienne de percevoir, de savoir et de dire le monde *à travers* lui-même – passant tout par le tamis de ses propres mains –, sans tenir compte des hiérarchies culturelles, sans prendre le risque d'être

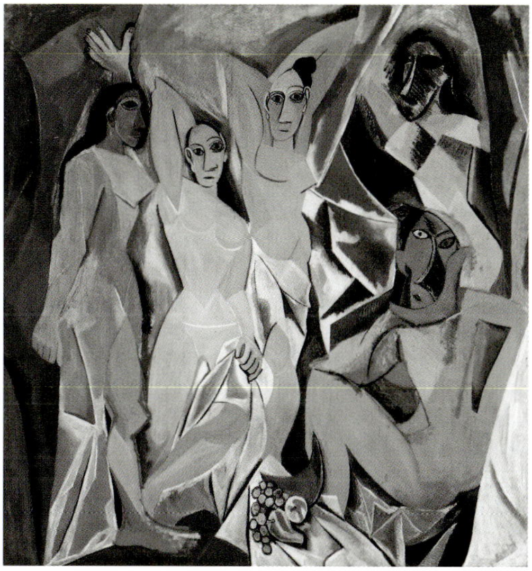

fig. 13
Pablo Picasso
(1881-1973)
Les Demoiselles d'Avignon
1907
Huile sur toile
243.9 x 233.7 cm
The Museum of Modern Art,
New York. Acquis grâce
au Lillie P. Bliss Estate, 333.39

fig. 14
Basquiat avec Andy Warhol, 1984

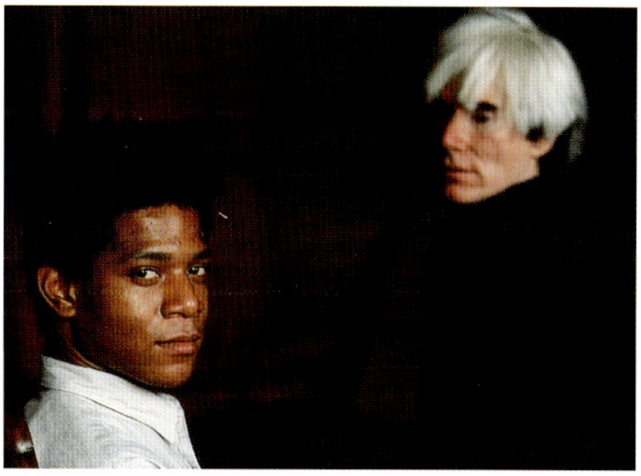

« parlé pour », c'est-à-dire censuré ; mais avec la conscience inquiète de la nouveauté, de la vulnérabilité de cette liberté et de ces droits, et, par conséquent, avec la nécessité de les clamer haut et fort. La démarche de Basquiat, qui consiste à faire surgir et reconnaître la subjectivité pour ensuite la détourner, peut se comprendre, de la part du descendant d'un peuple soumis par la force, puis asservi à l'héritage historique de cette soumission, comme une radicale déclaration d'indépendance, à la manière d'un fils repoussant l'empathie parentale d'un définitif « vous ne me connaissez pas mais moi je vous connais ».

Le vif-argent qu'était Basquiat restera sans doute dans les mémoires surtout pour sa jeunesse – et je ne mets là aucune sentimentalité. Certes, la mort l'a emporté tôt, mais il aurait pu continuer à être le chantre de la jeunesse sur la scène de l'art et rencontrer un succès croissant avant de s'installer dans une carrière qui aurait – ou qui n'aurait pas – suscité l'intérêt du monde de la culture. Nous pouvons spéculer sur le fait de savoir s'il eût conservé avec la maturité la même vigueur ; en revanche il nous est difficile d'imaginer un œuvre à venir plus étonnant que celui qu'il nous a légué. Artiste raffiné et profond, doué d'une intelligence plastique hors du commun et d'une mystérieuse prescience du mouvement de l'Histoire et de ses pièges, Jean-Michel Basquiat a été le porte-parole lucide et fécond de la jeunesse : d'une insatiable curiosité, d'une inépuisable inventivité, pratiquant l'innocente autodérision de celui qui n'a pas encore la sagesse de l'expérience, logiquement déçu par un monde dont il se moque pour s'en défendre, et pourtant plein de fervente admiration pour ses héros. Son œuvre apparaîtra sans doute longtemps encore comme l'incarnation moderne du génie et de la fougue juvéniles.

Jesse
1983
Acrylique, crayon gras, mine de plomb et papier collé sur toile montée sur châssis de bois
216 x 180,5 cm
Collection John McEnroe

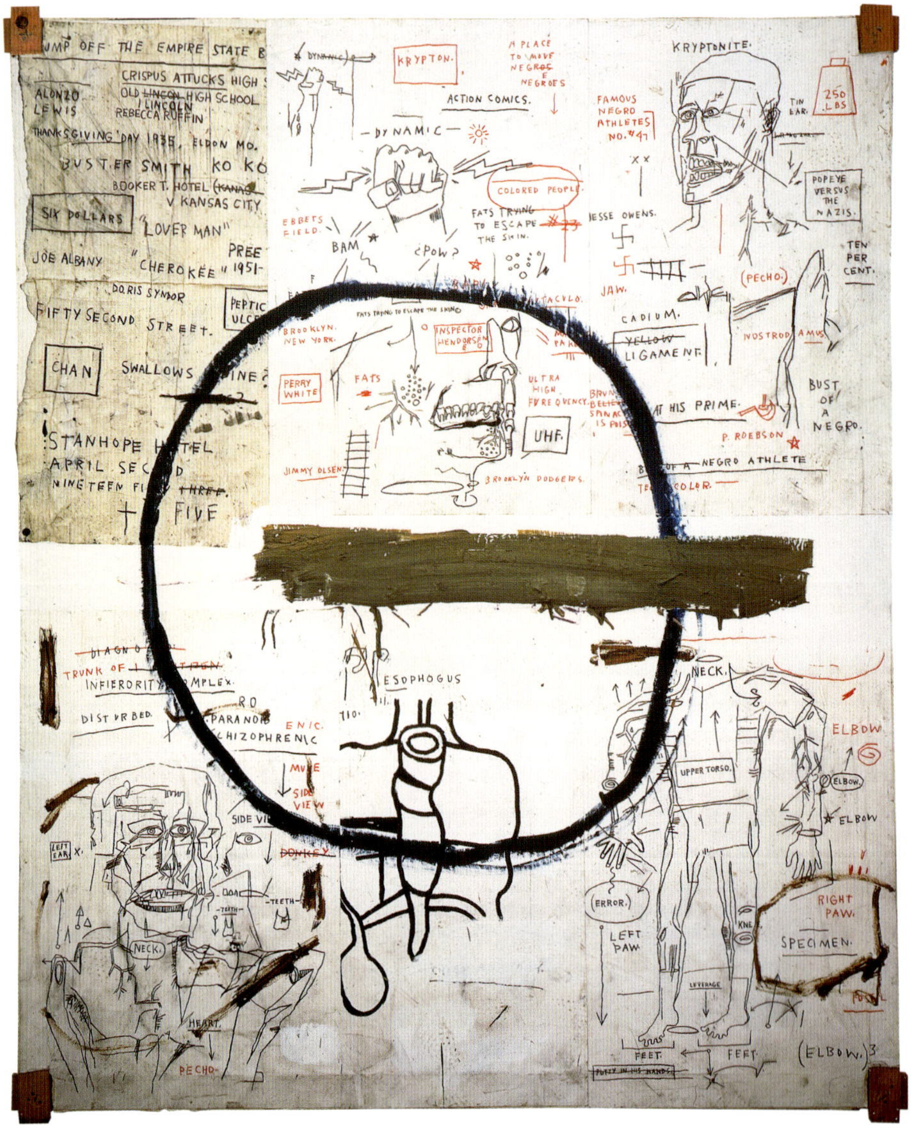

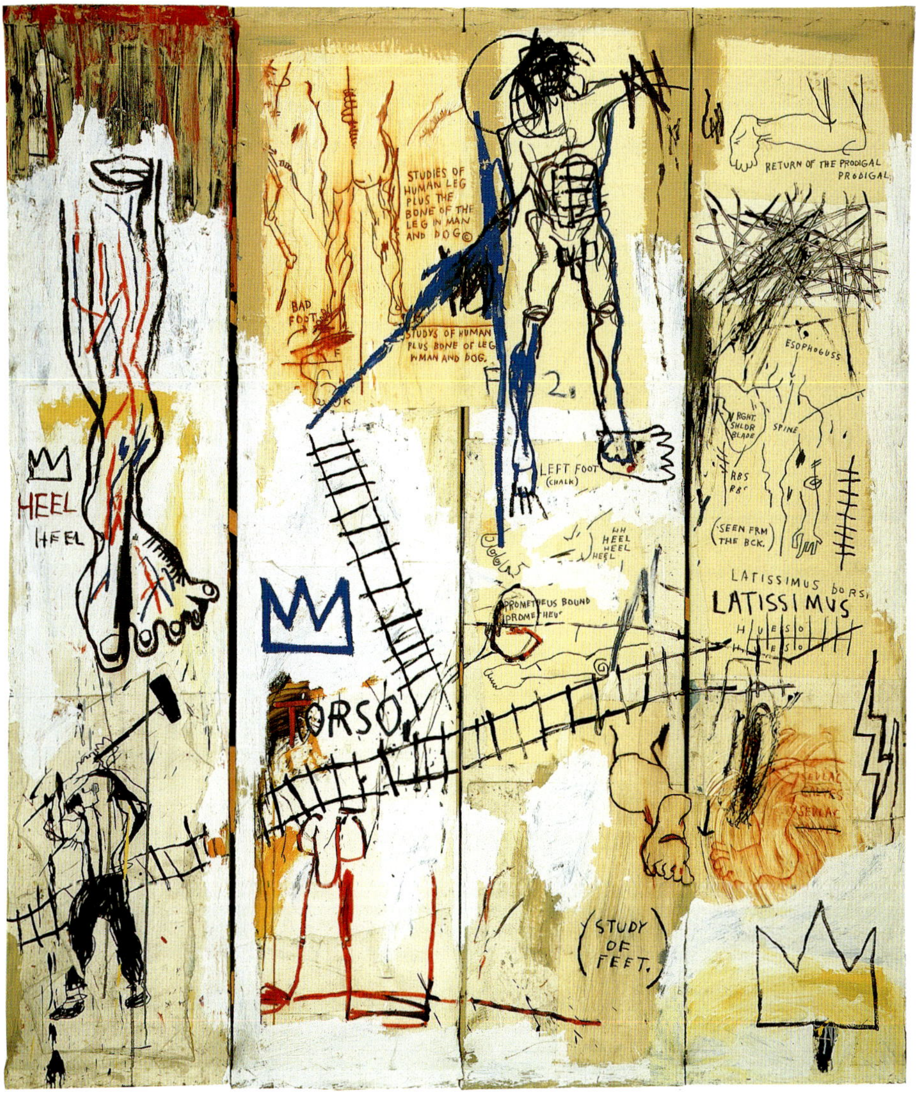

Leonardo da Vinci's Greatest Hits
1982
Acrylique, crayon gras et papier collé sur toile, quatre panneaux
213,4 x 198 cm
The Schorr Family Collection ; en dépôt au Princeton University Art Museum

Sans titre
1982
Crayon gras sur papier
109 x 79 cm
Collection Leo Malca

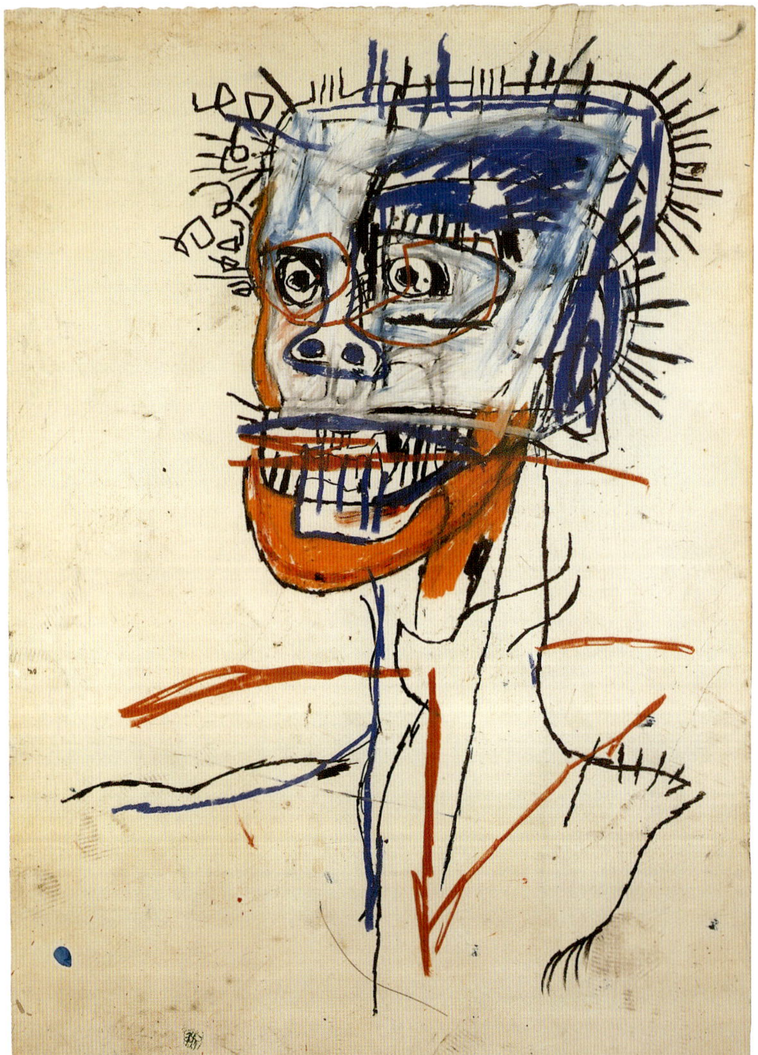

Sans titre
1982
Crayon gras sur papier
76,2 x 55,9 cm
Collection privée

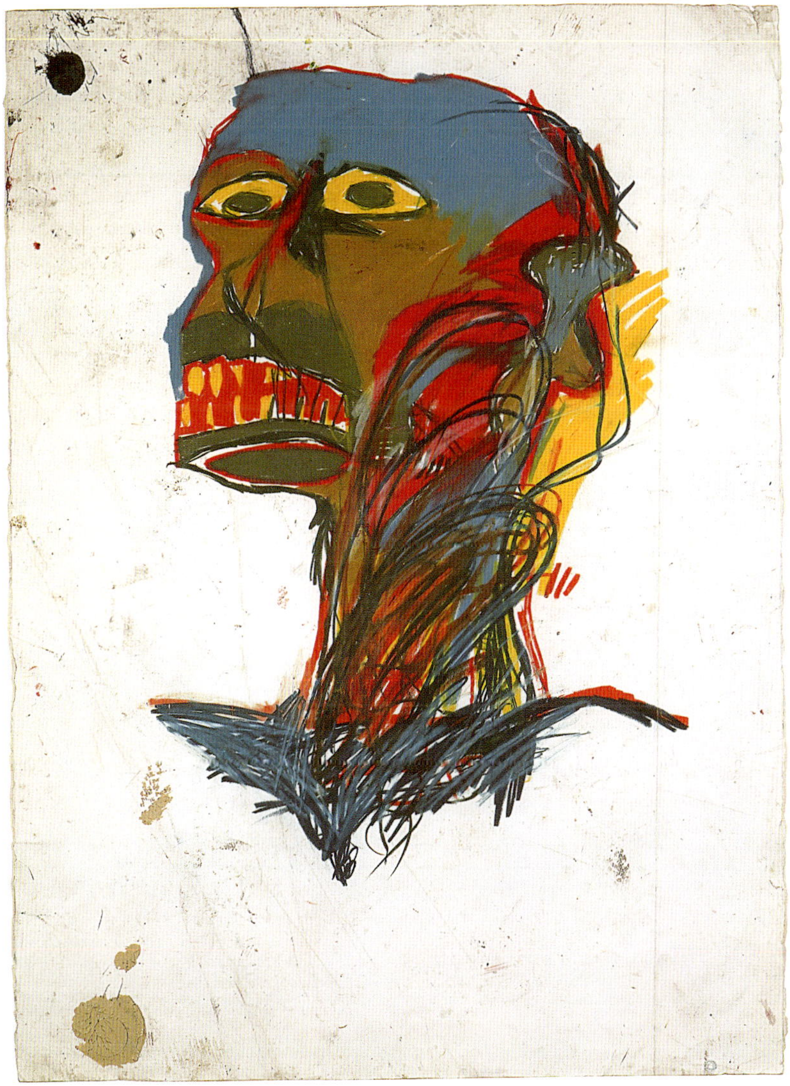

Three Quarters of Olympia Minus the Servant
1982
Acrylique, crayon gras, mine de plomb et papier collé sur toile montée sur châssis en croix
122 x 113 cm
The Estate of Jean-Michel Basquiat

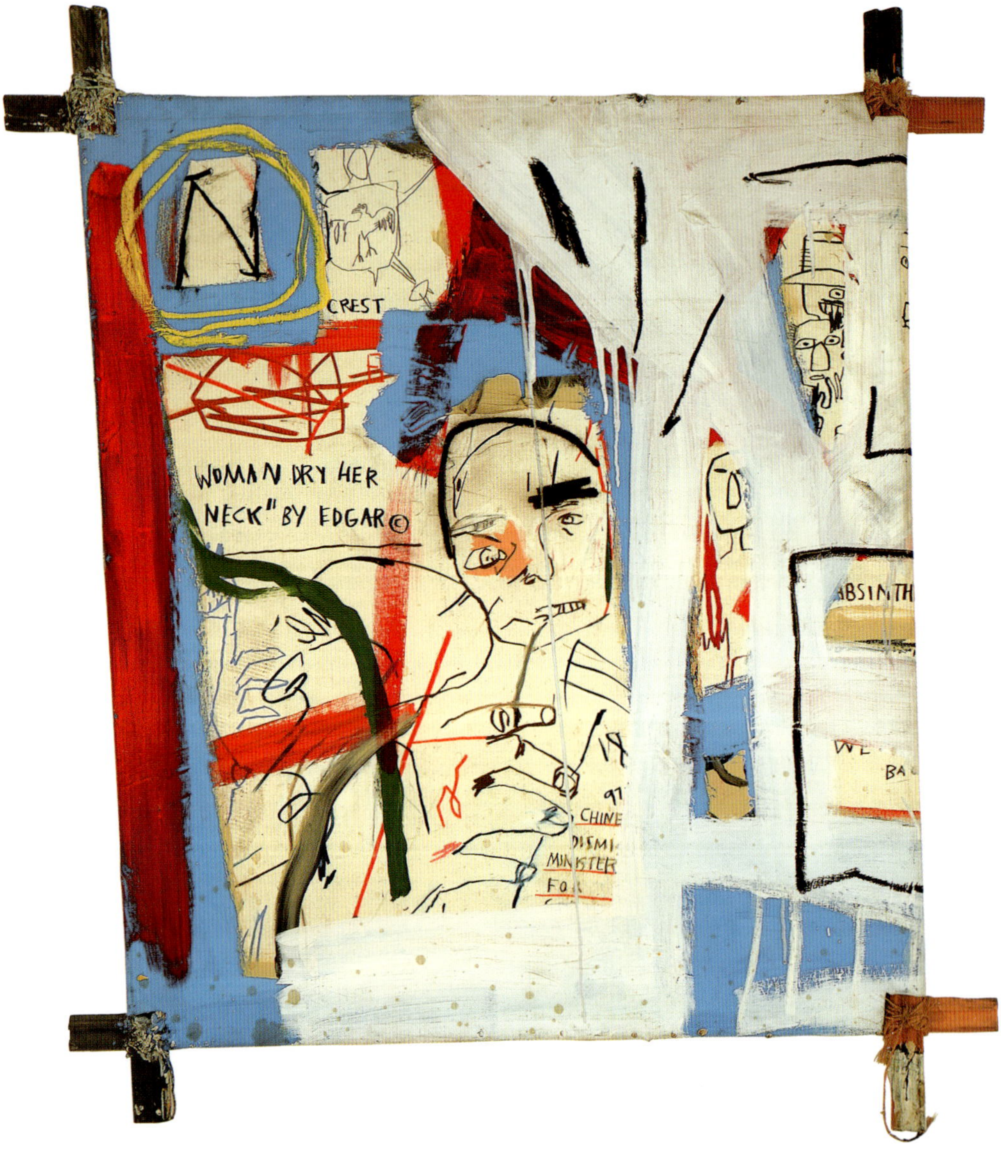

Sans titre
(Maid from Olympia)
1982
Acrylique, crayon gras
et papier collé sur toile
montée sur châssis
de bois en croix
122,5 x 76 cm
Collection privée

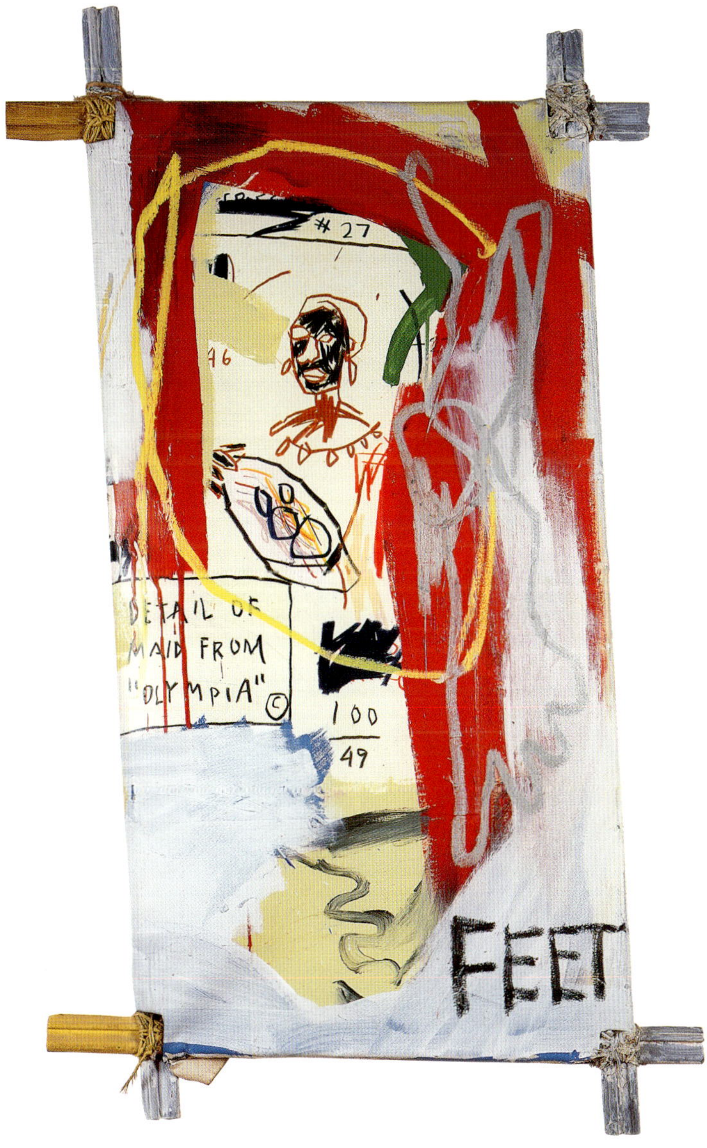

Eyes and Eggs
1983
Acrylique, crayon gras
et papier collé sur toile
de coton, diptyque
302,5 x 246,5 cm
The Eli and Edythe
L. Broad Collection,
Los Angeles

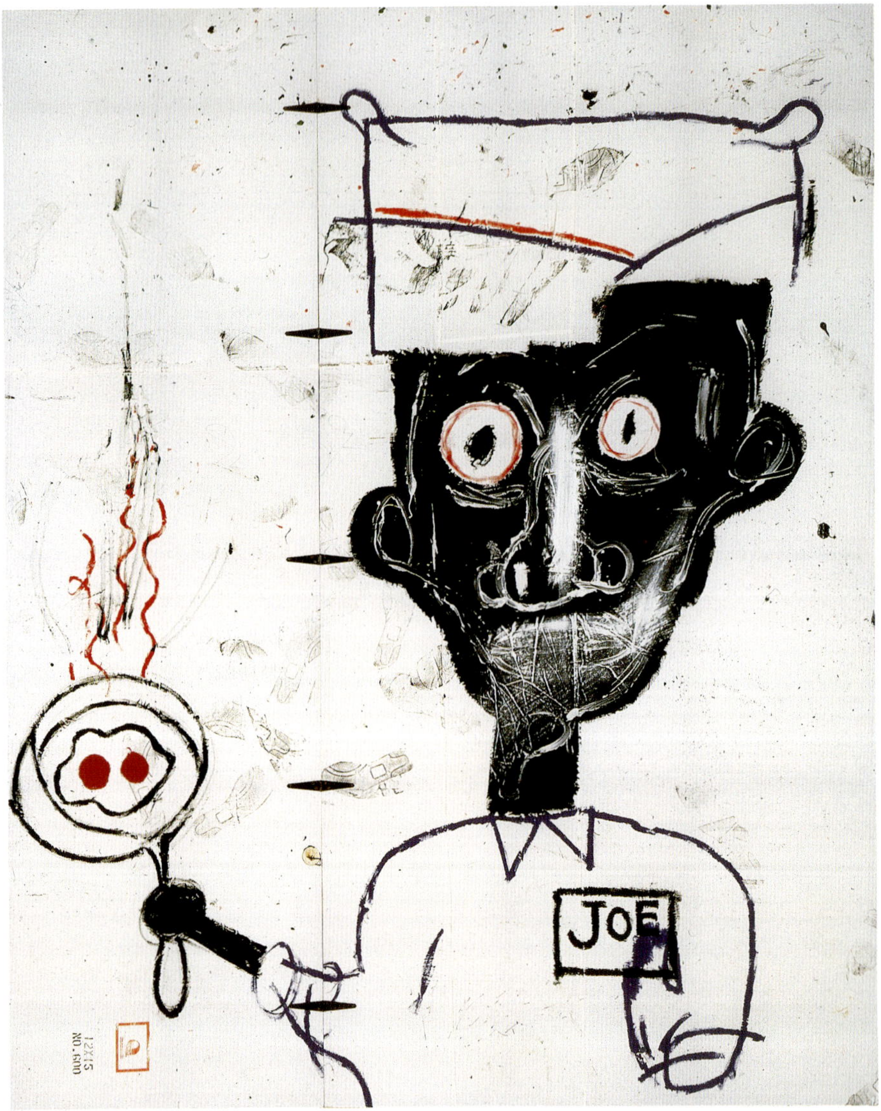

Obnoxious Liberals
1982
Acrylique et crayon gras
sur toile
172,7 x 259,1 cm
The Eli and Edythe
L. Broad Collection,
Los Angeles

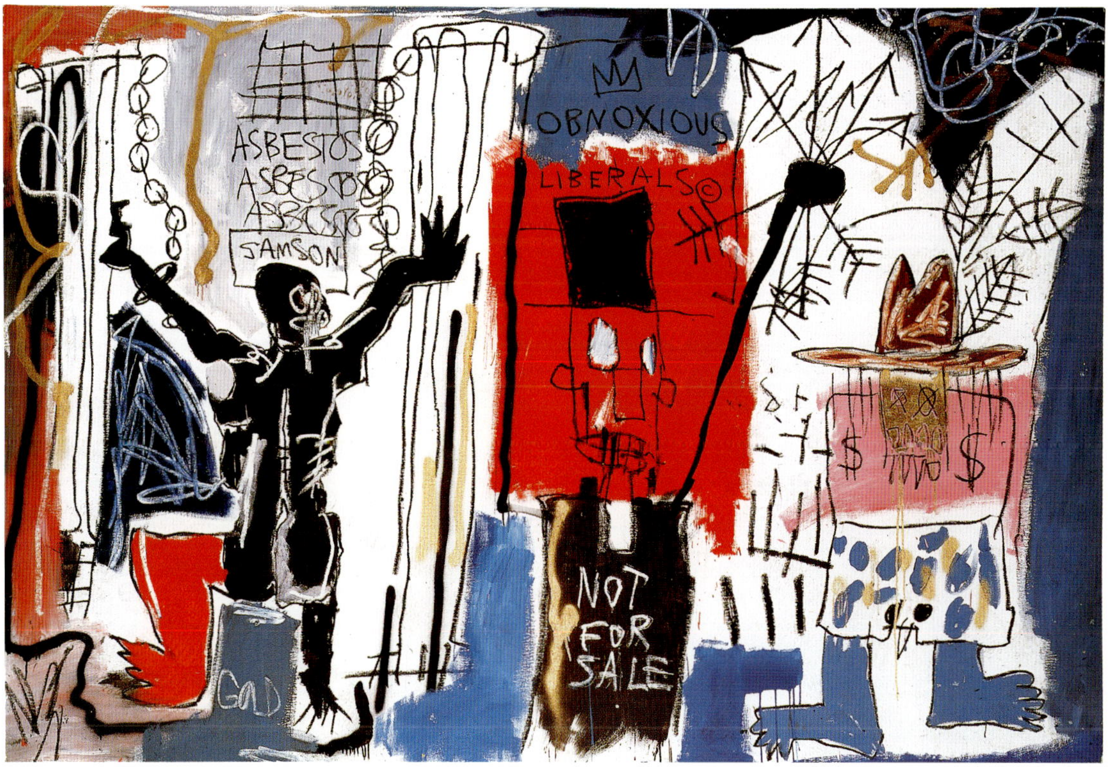

Sans titre
(Black Tar and
Feathers)
1982
Acrylique, spray,
crayon gras, goudron
et plume sur bois, diptyque
274 x 233,5 cm
Collection privée

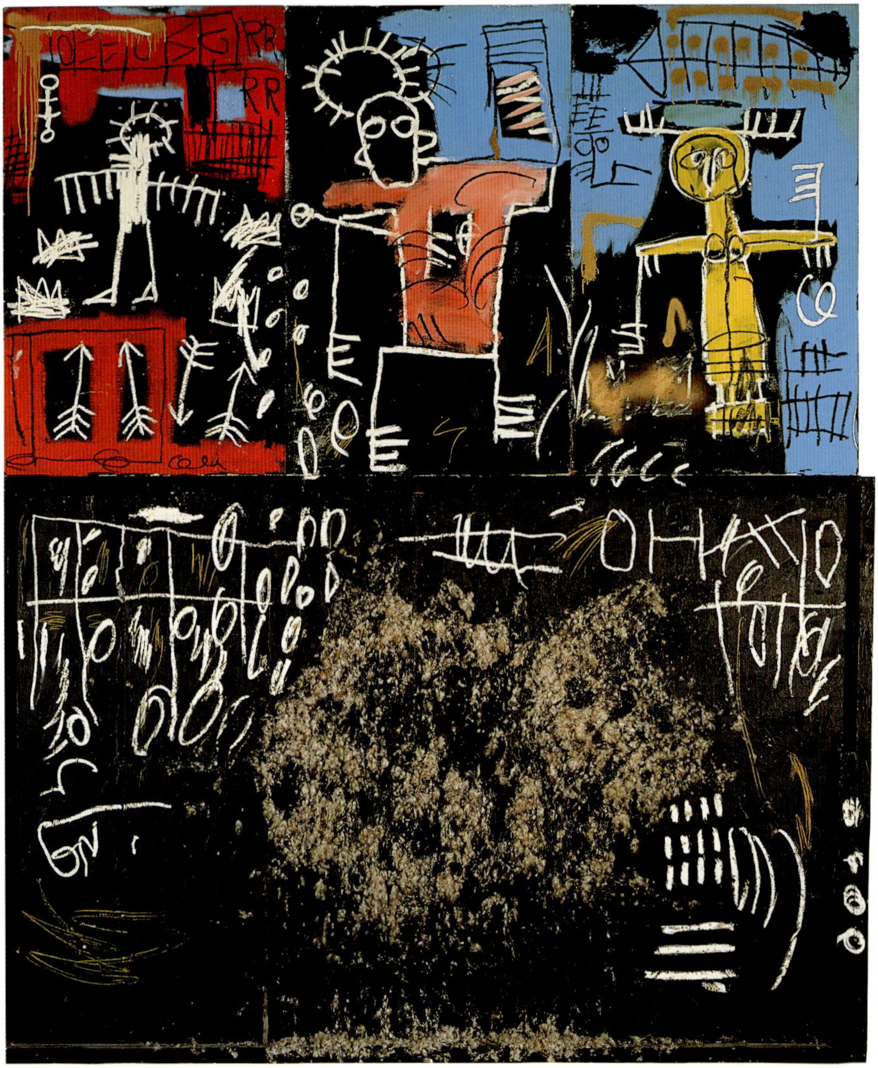

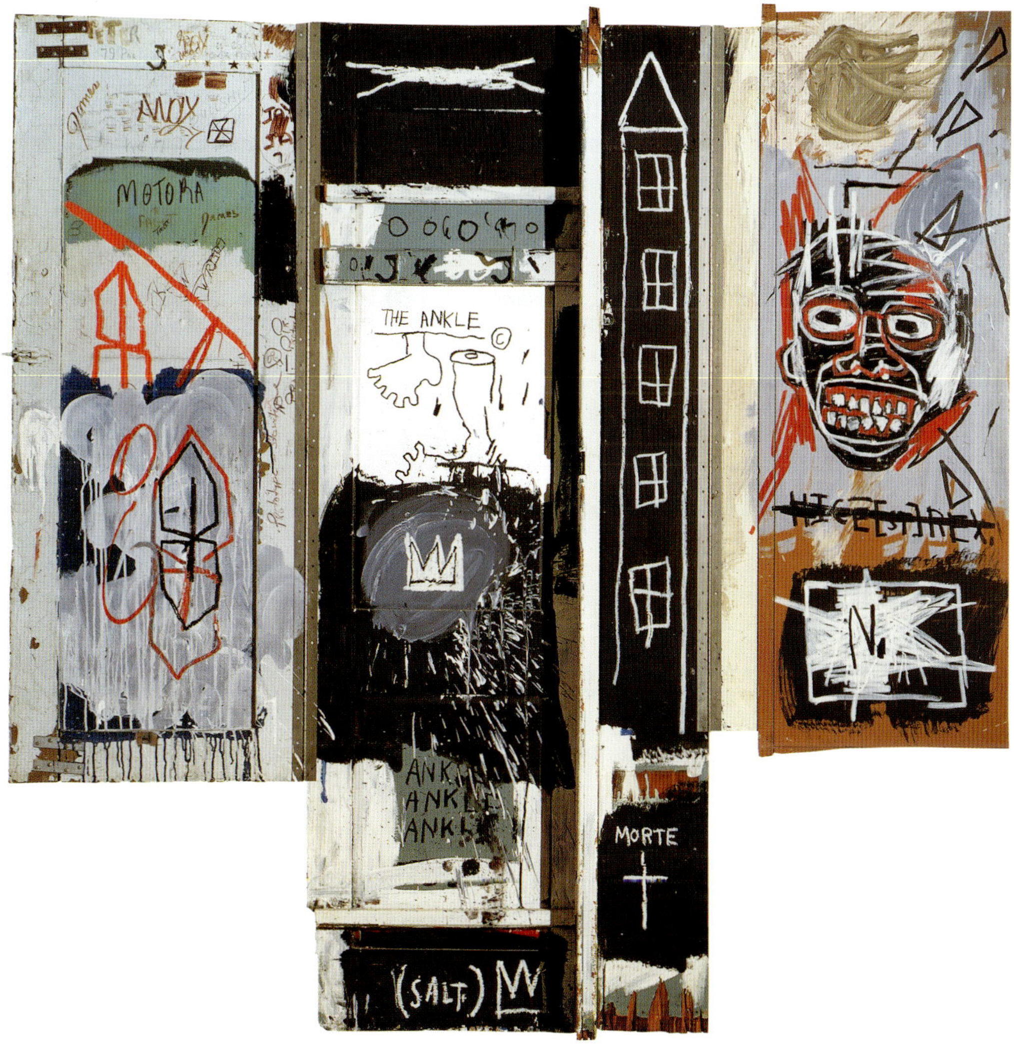

Portrait of the Artist as a Young Derelict
1982
Acrylique, huile, encre et crayon gras sur bois
204 x 208,5 cm
Collection privée

Native Carrying
Some Guns, Bibles,
Amorites on Safari
1982
Acrylique et crayon gras sur toile
montée sur châssis de bois
183 x 183 cm
Collection du Hermes Trust,
courtesy Francesco Pellizzi

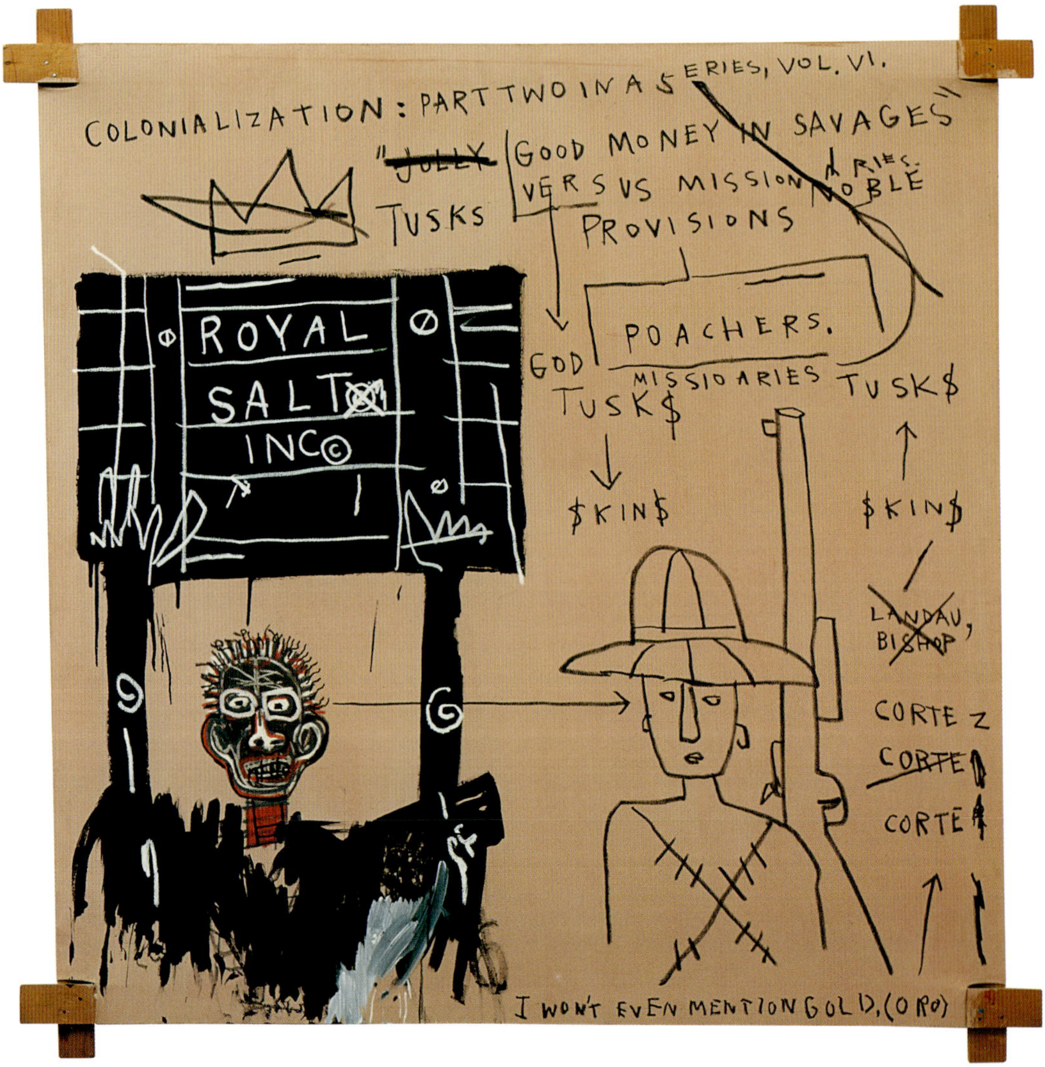

Hollywood Africans
1983
Acrylique et crayon
gras sur toile
213,4 x 213,4 cm
Whitney Museum of
American Art, New York.
Don de Douglas S. Cramer,
84.23

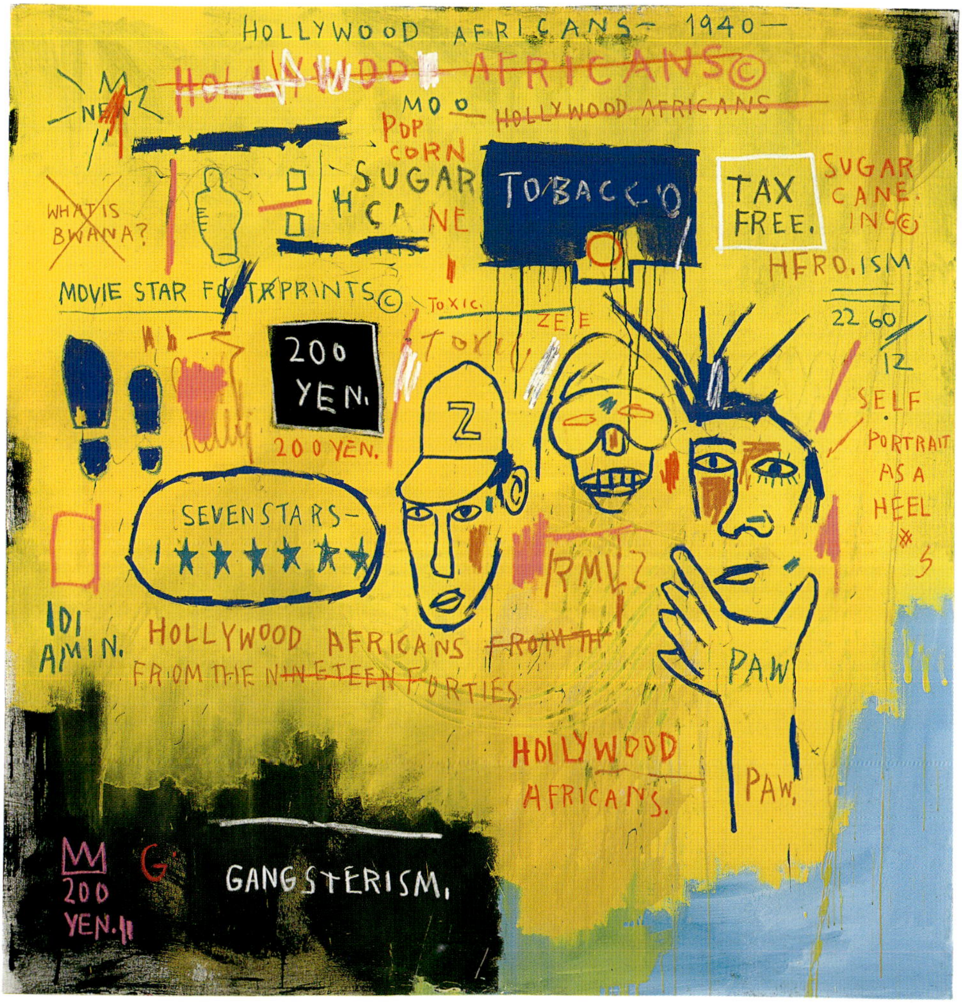

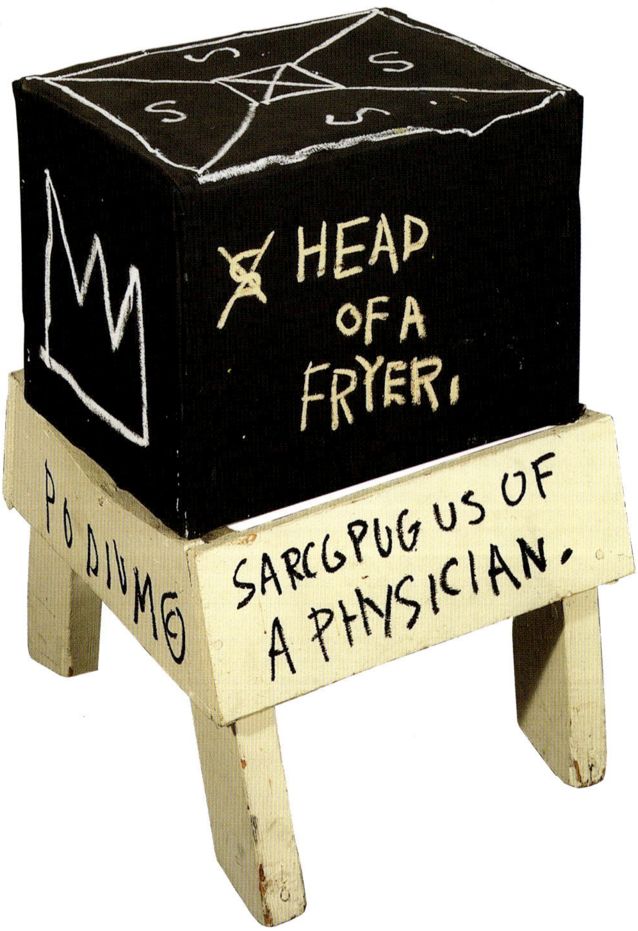

Head of a Fryer
1982
Acrylique et crayon gras
sur toile montée sur bois
61 x 44 x 45,5 cm
Collection privée

Santo versus
Second Avenue
1982
Acrylique, crayon gras
et papier collé sur toile montée
sur châssis en croix
137 x 106,5 cm
Collection Patrick
et Mia Demarchelier

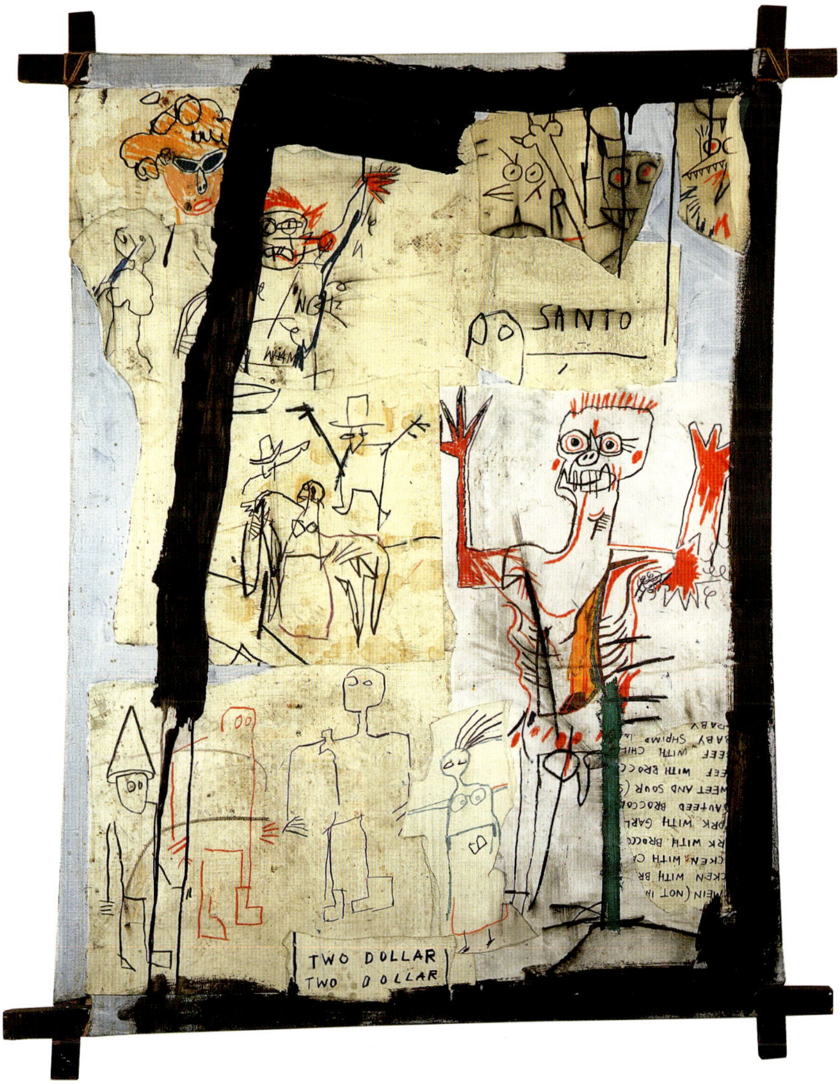

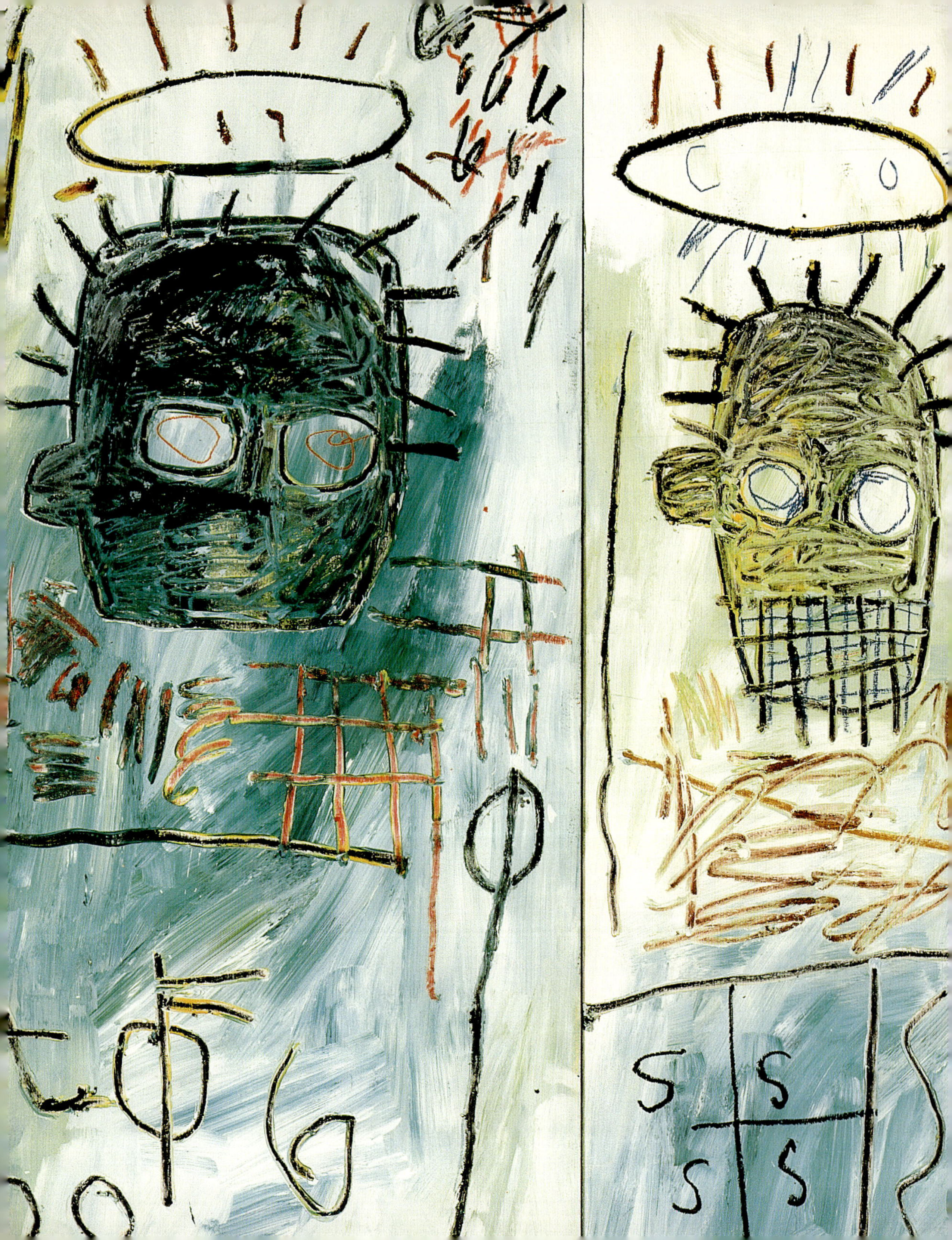
S S
S S

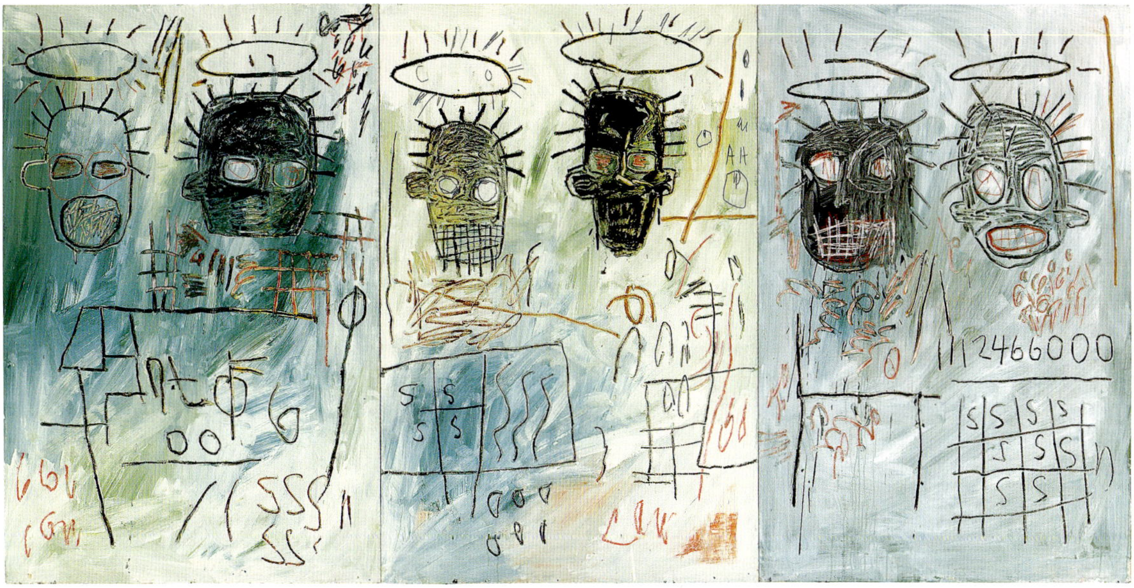

Six Crimee
1982
Acrylique et crayon gras
sur aggloméré, triptyque
178 x 366 cm
The Museum of Contemporary Art,
Los Angeles. The Scott
D.F. Spiegel Collection, 91.14A-C

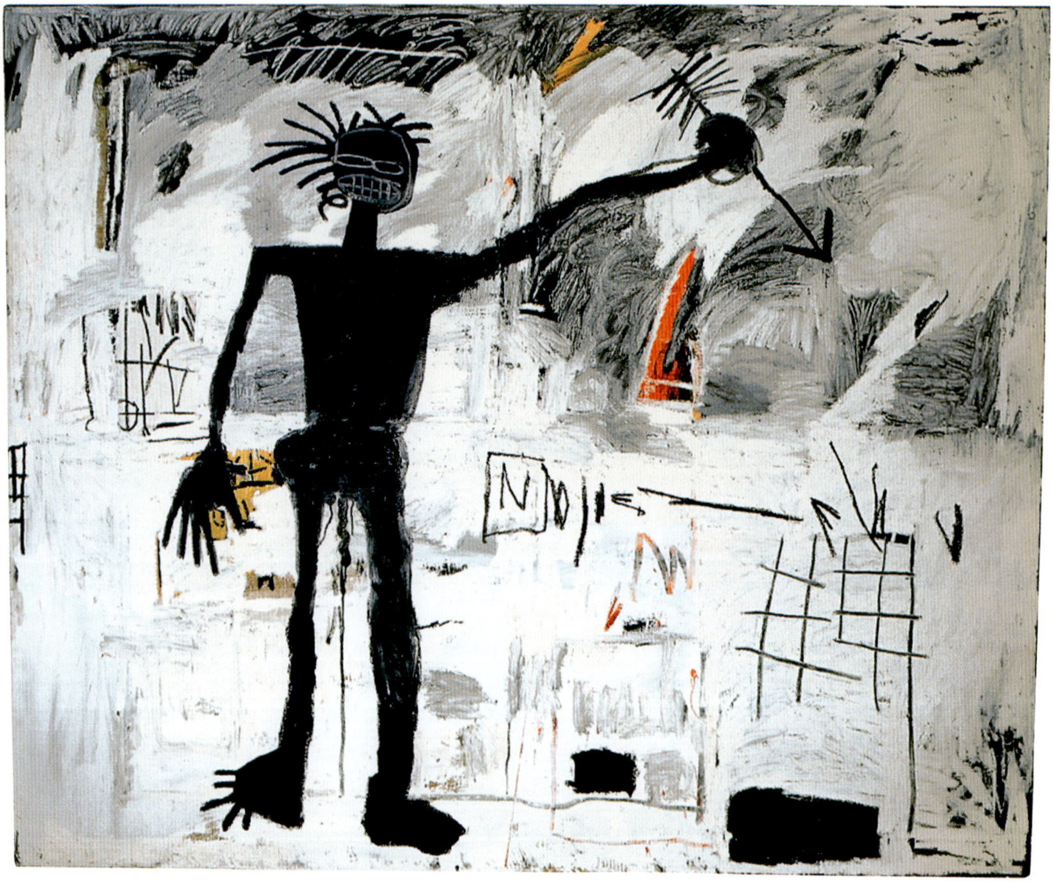

Sans titre (Self-Portrait)
1982
Acrylique et crayon
gras sur lin
193 x 239 cm
Collection privée

Boy and Dog
in a Johnnypump
1982
Acrylique, crayon gras
et spray sur toile
240 x 420,5 cm
The Stephanie and
Peter Brant Foundation,
Greenwich, Connecticut

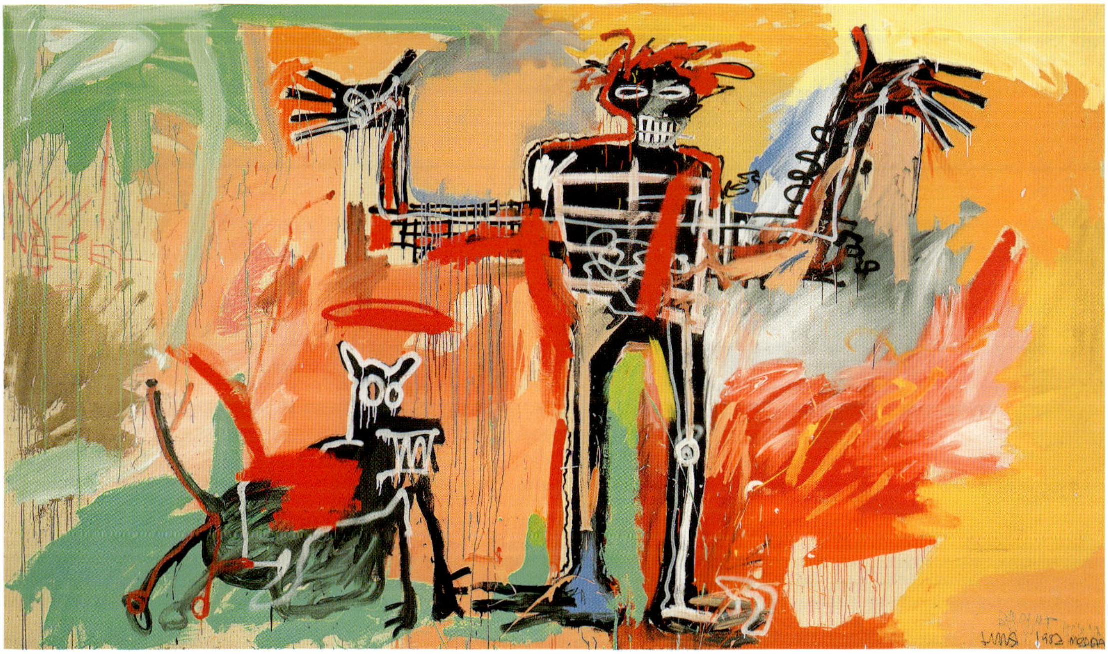

St. Joe Louis
Surrounded by Snakes
1982
Acrylique, crayon gras
et papier collé sur toile
101,5 x 101,5 cm
The Stephanie and
Peter Brant Foundation,
Greenwich, Connecticut

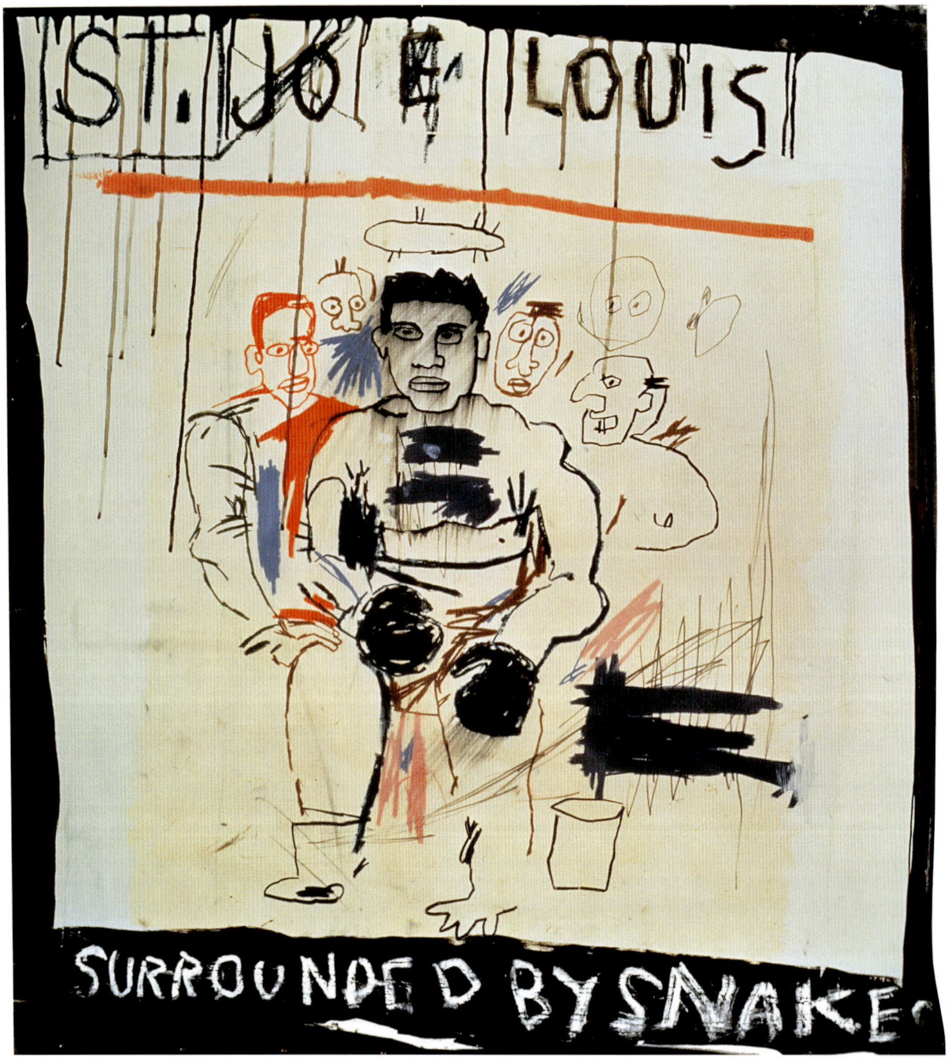

Sans titre
(Sugar Ray Robinson)
1982
Acrylique et crayon gras sur toile
106,5 x 106,5 x 11,5 cm
The Stephanie and Peter Brant Foundation, Greenwich, Connecticut

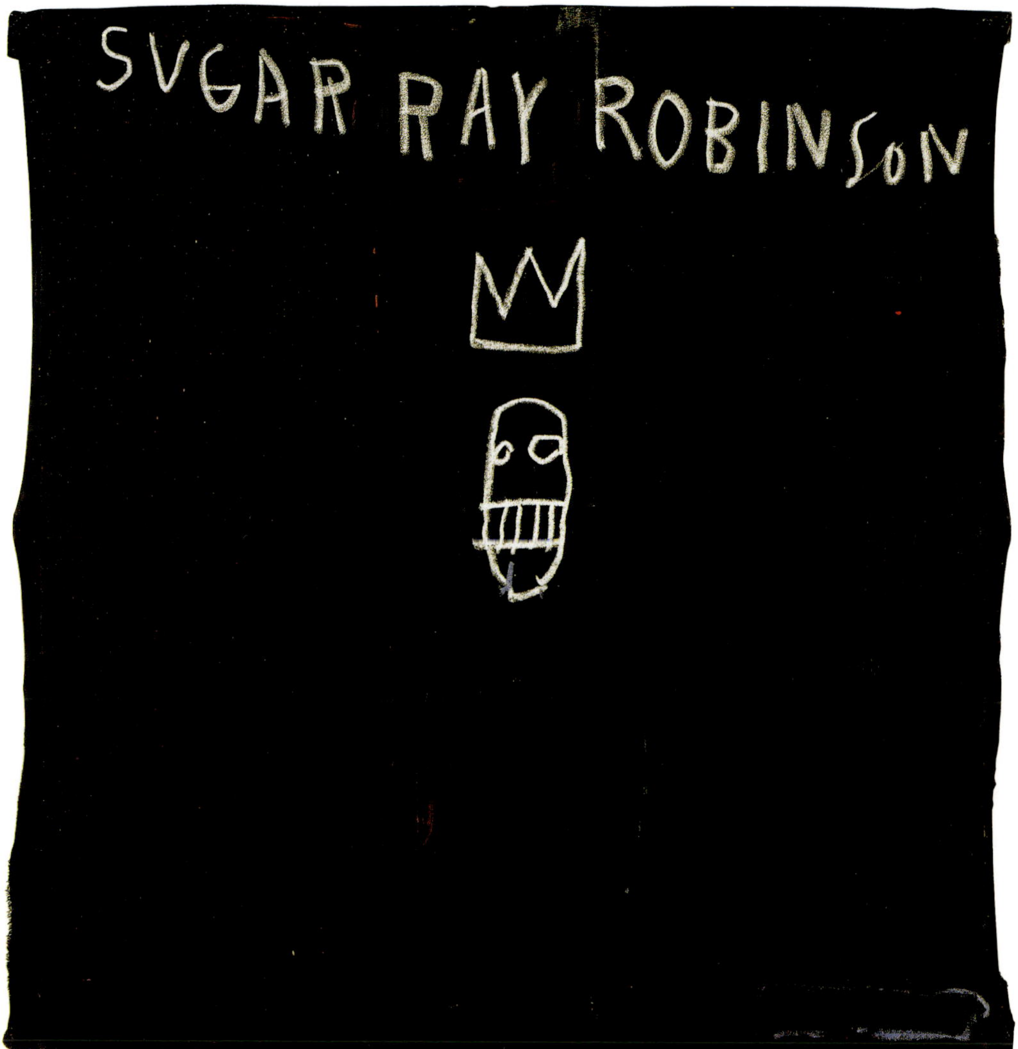

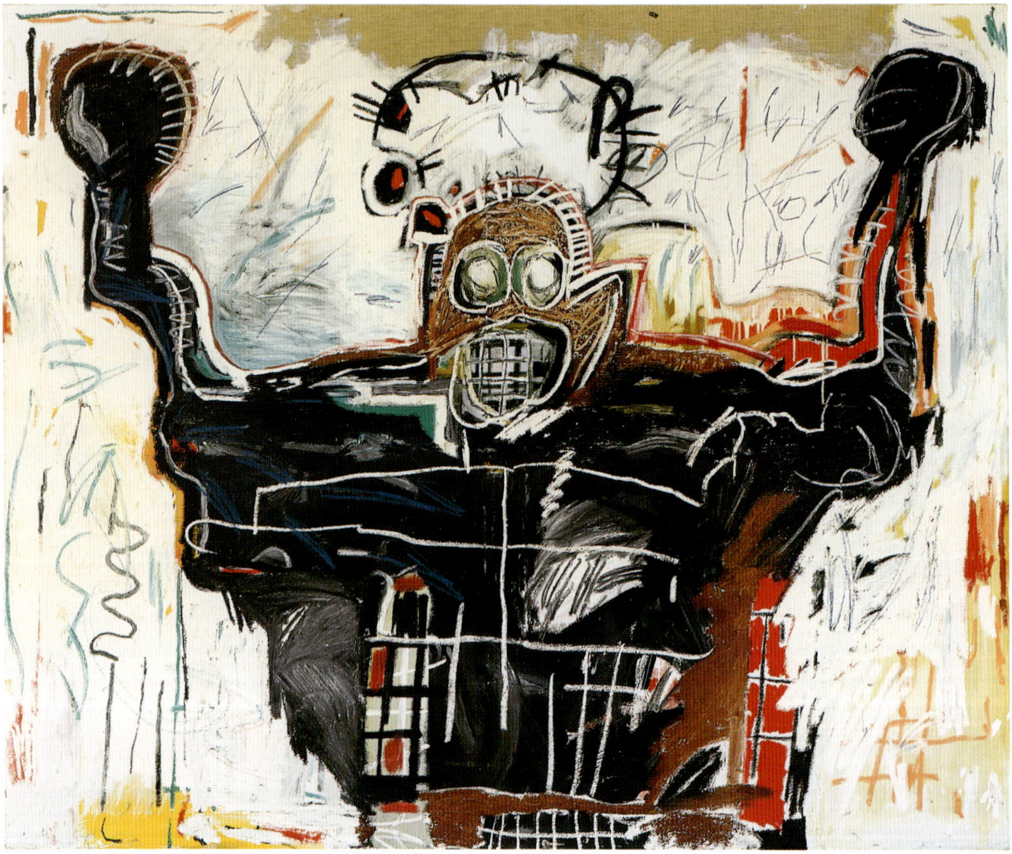

Sans titre (Boxer)
1982
Acrylique et crayon
gras sur lin
193 x 239 cm
Collection privée

Baby Boom
1982
Acrylique, crayon gras
et papier collé
sur toile montée
sur châssis en croix
124,5 x 213,5 cm
The Stephanie and
Peter Brant Foundation,
Greenwich, Connecticut

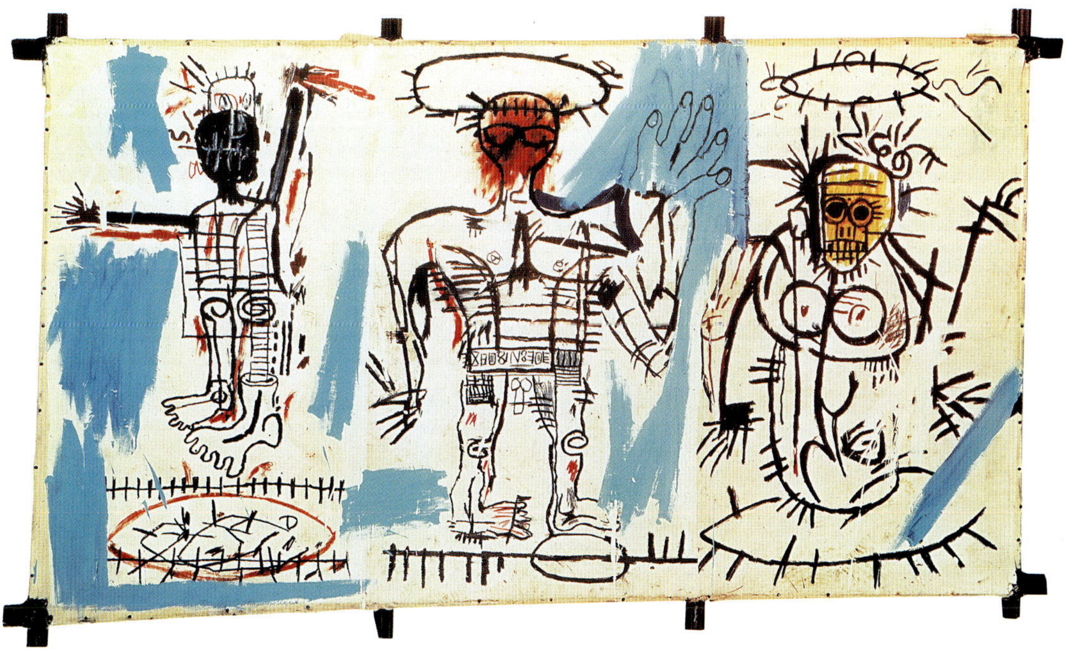

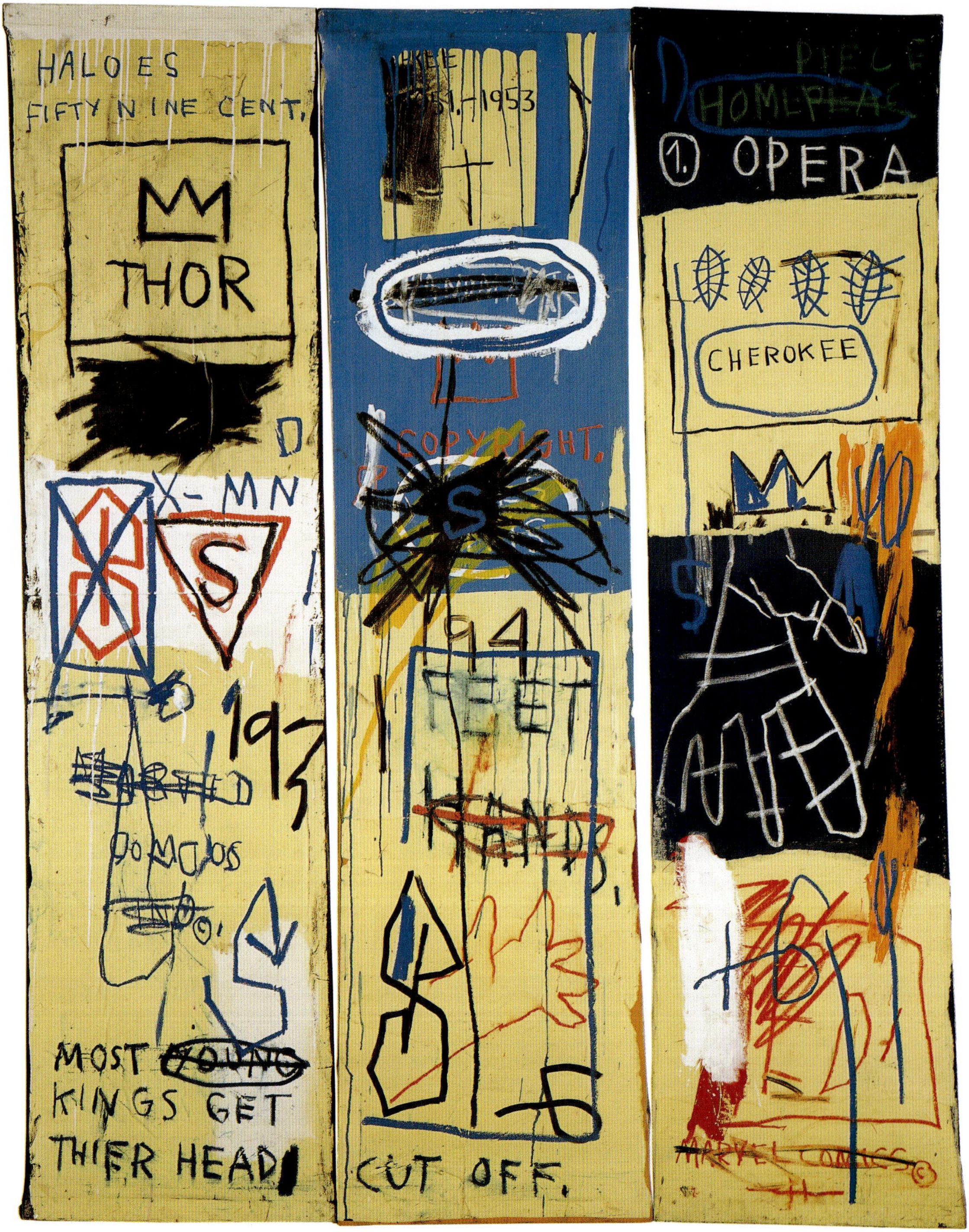
HALO ES
FIFTY NINE CENT,
THOR
X-MN
S
MOST YOUNG
KINGS GET
THIFR HEAD
COPYRIGHT,
S
CUT OFF.
1. OPERA
CHEROKEE
MARVEL COMICS ©

page de gauche
Charles the First
1982
Acrylique et crayon gras sur toile, triptyque
198 x 158 cm
The Estate of Jean-Michel Basquiat

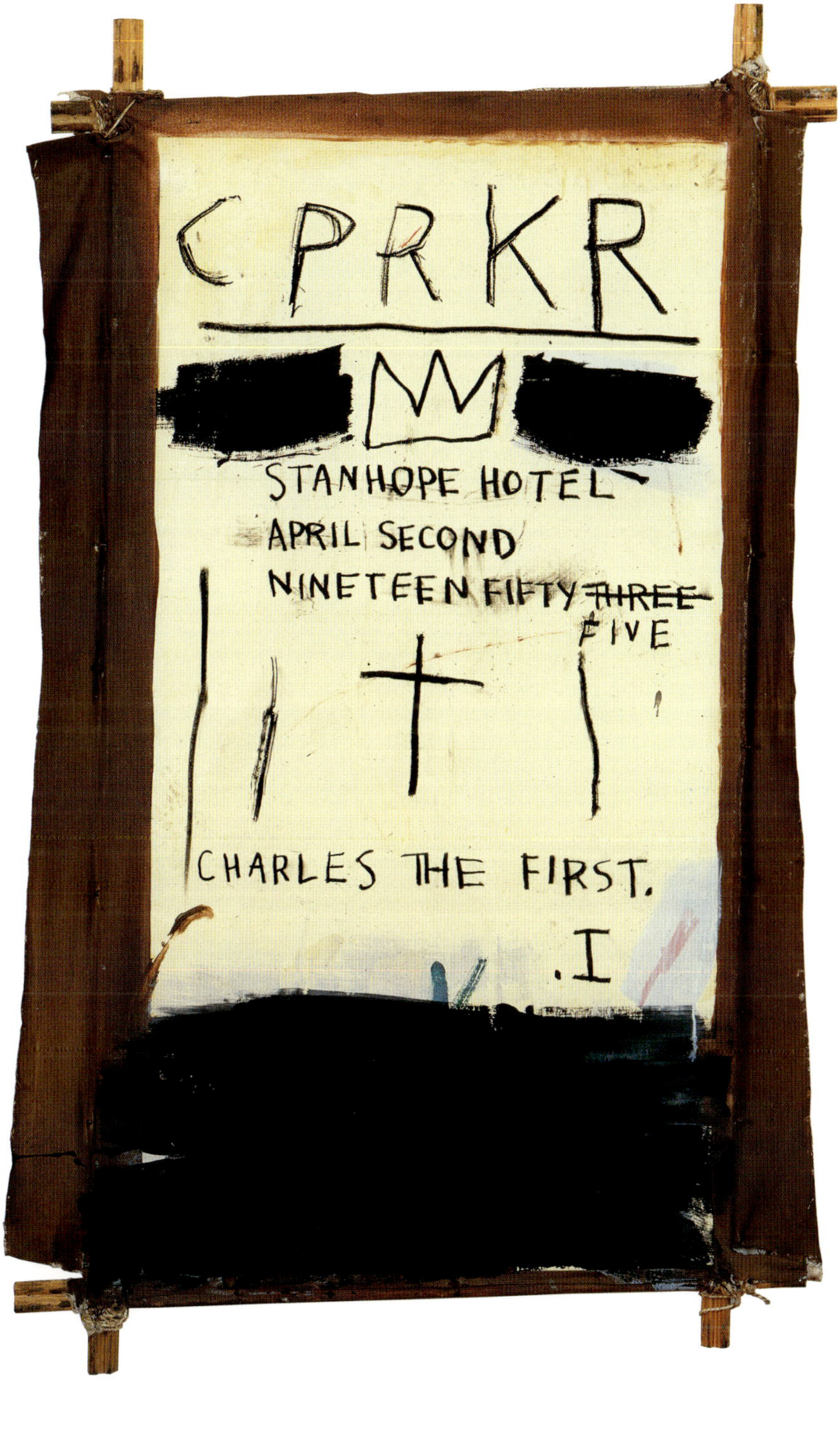

CPRKR
1982
Acrylique, crayon gras et papier collé sur toile montée sur châssis en croix
152,5 x 101,5 cm
Collection Donald Baechler

Trumpet
1984
Acrylique et crayon gras sur toile
152,4 x 152,4 cm
Collection privée ;
courtesy the Norton Museum of
Art, West Palm Beach, Floride

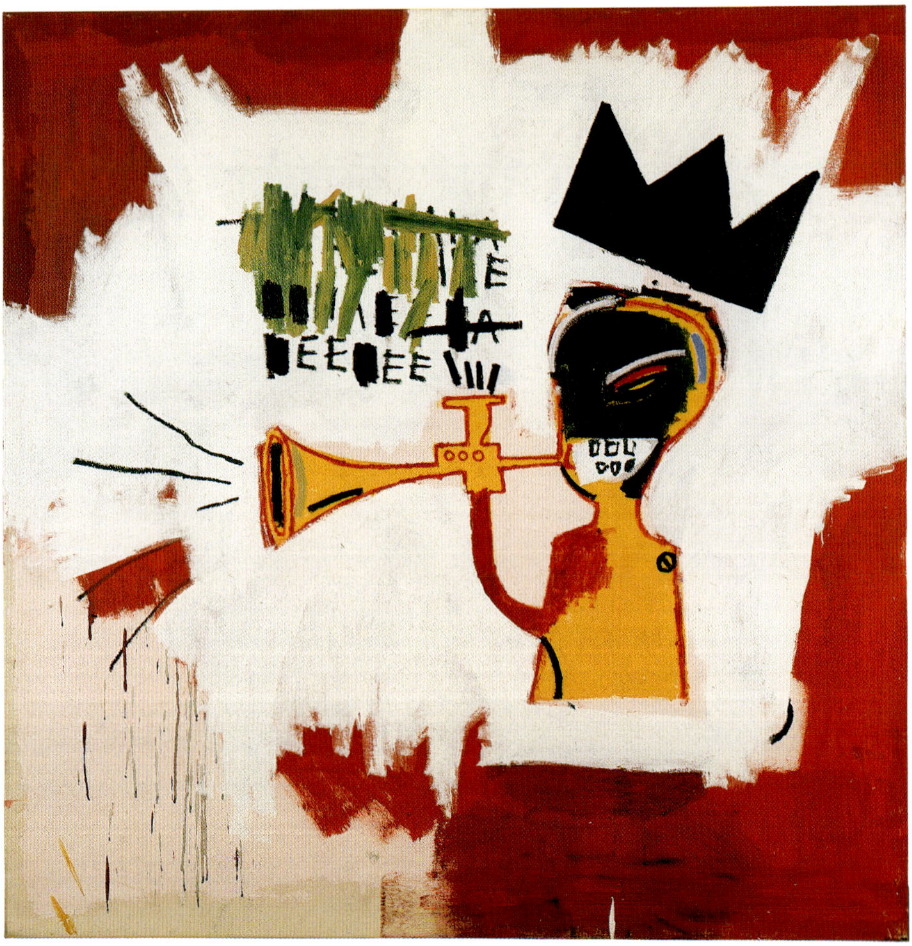

Max Roach
1984
Acrylique et crayon
gras sur toile
152,4 x 152,4 cm
Collection privée

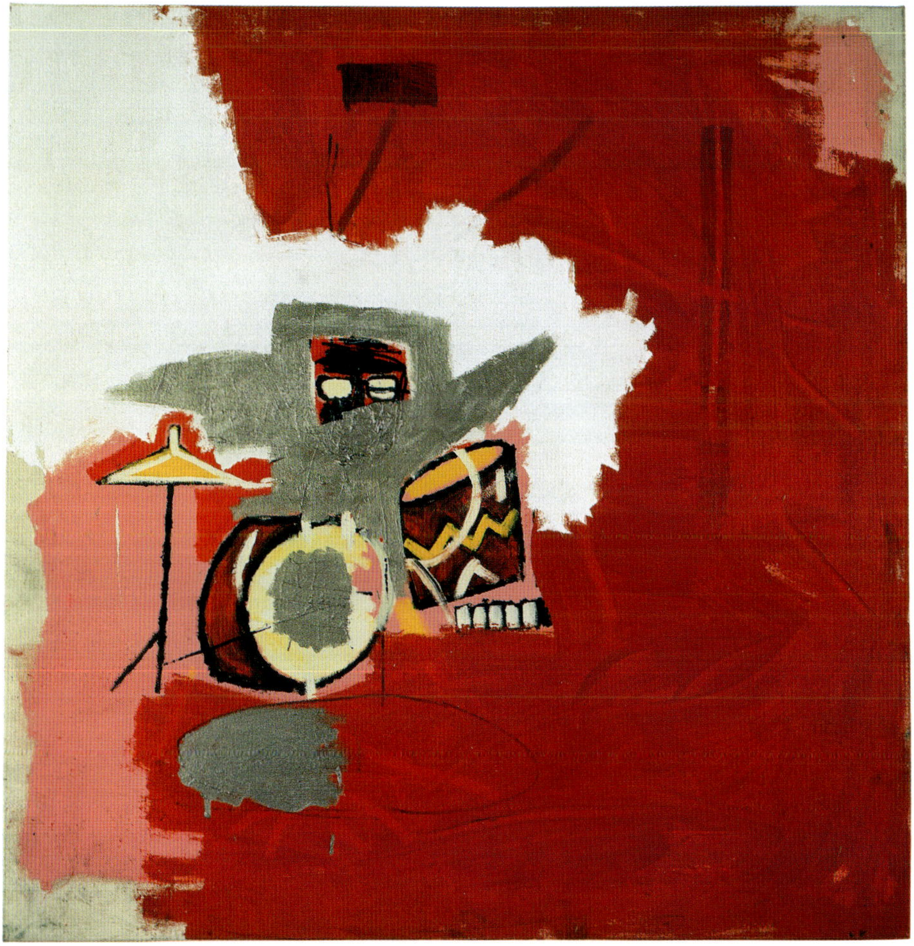

Discography (One)
1983
Acrylique et crayon
gras sur toile
167,6 x 152,4 cm
Collection privée

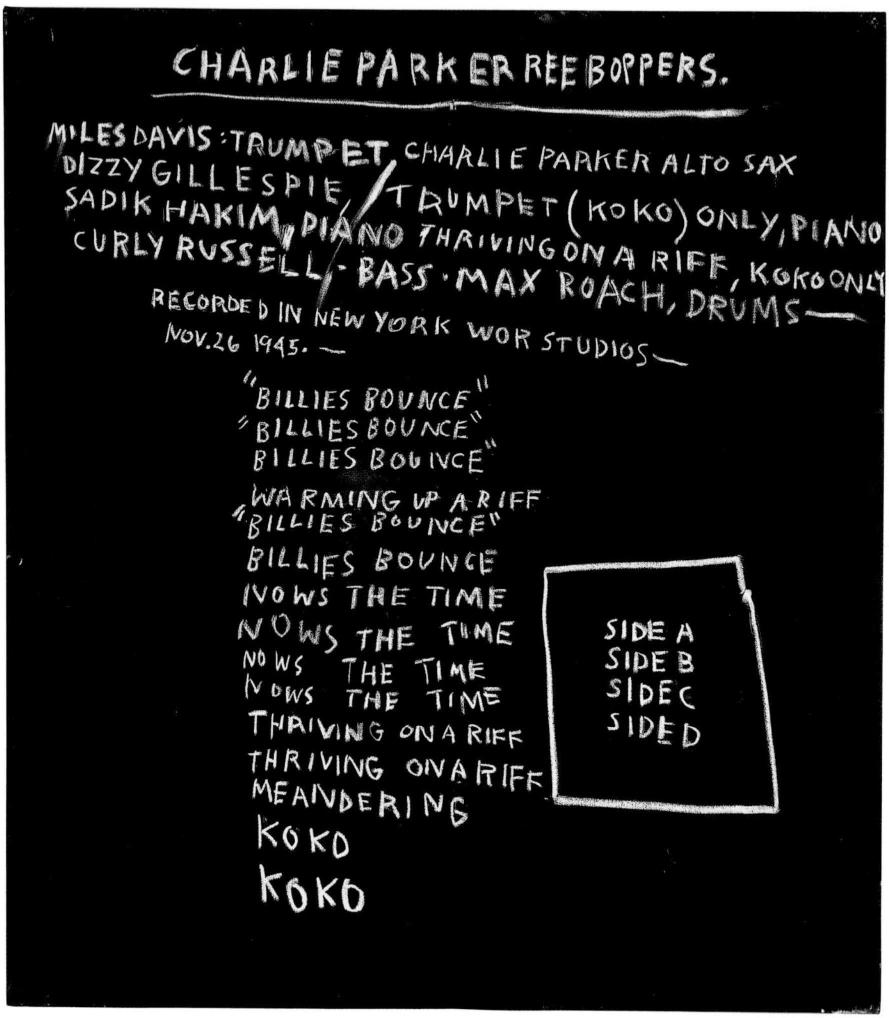

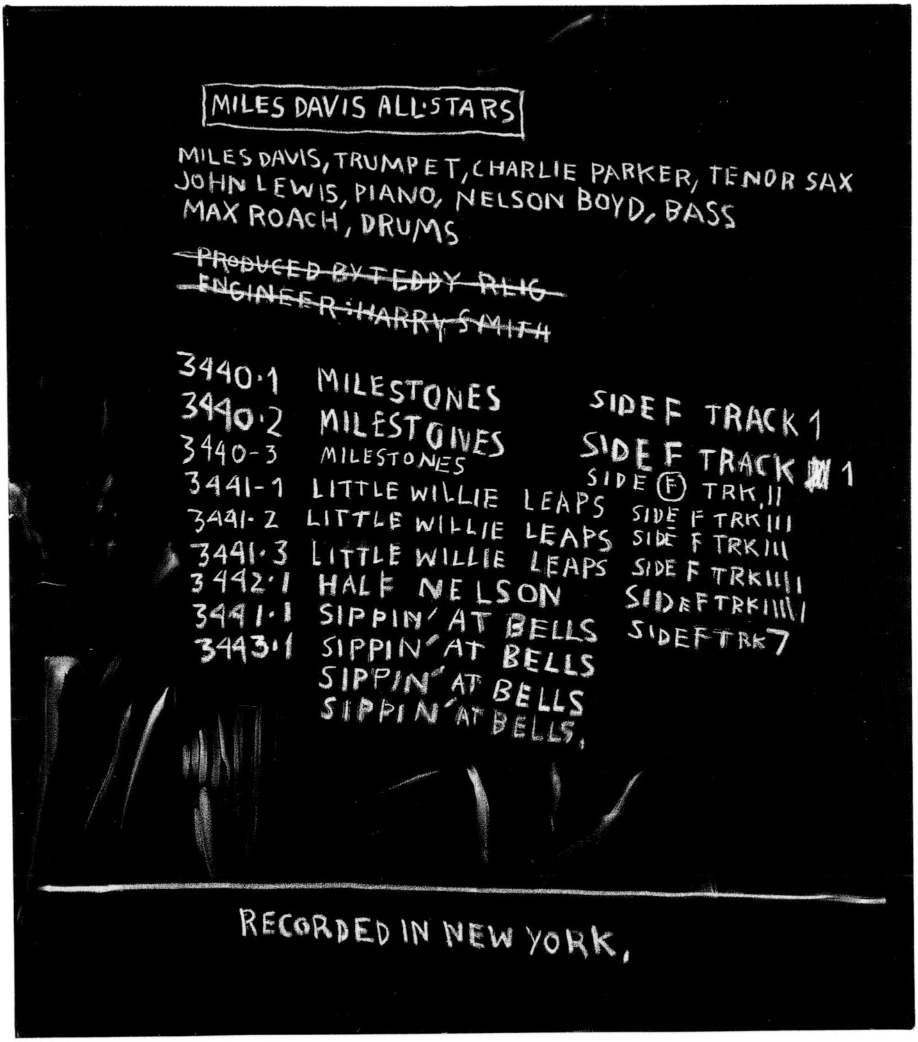

Discography (Two)
1983
Acrylique et crayon
gras sur toile
167,6 x 152,4 cm
Collection privée

Now's the Time
1985
Acrylique et crayon
gras sur bois
diamètre 235 cm
The Stephanie and
Peter Brant Foundation,
Greenwich, Connecticut

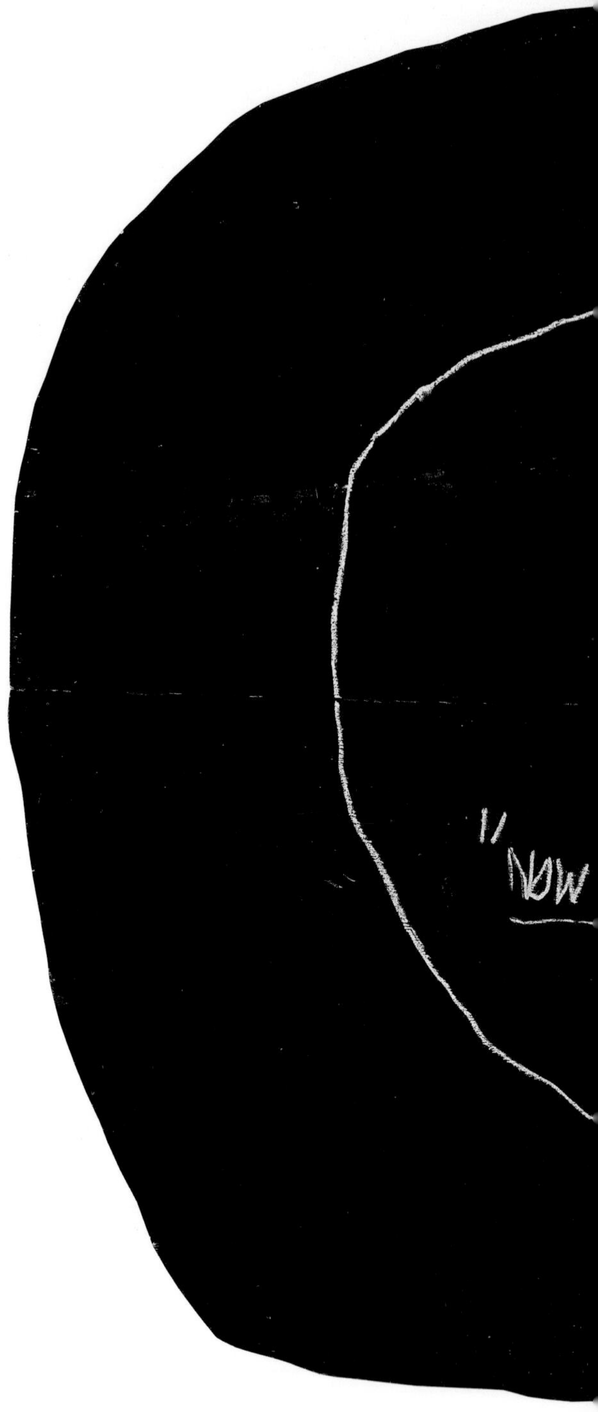

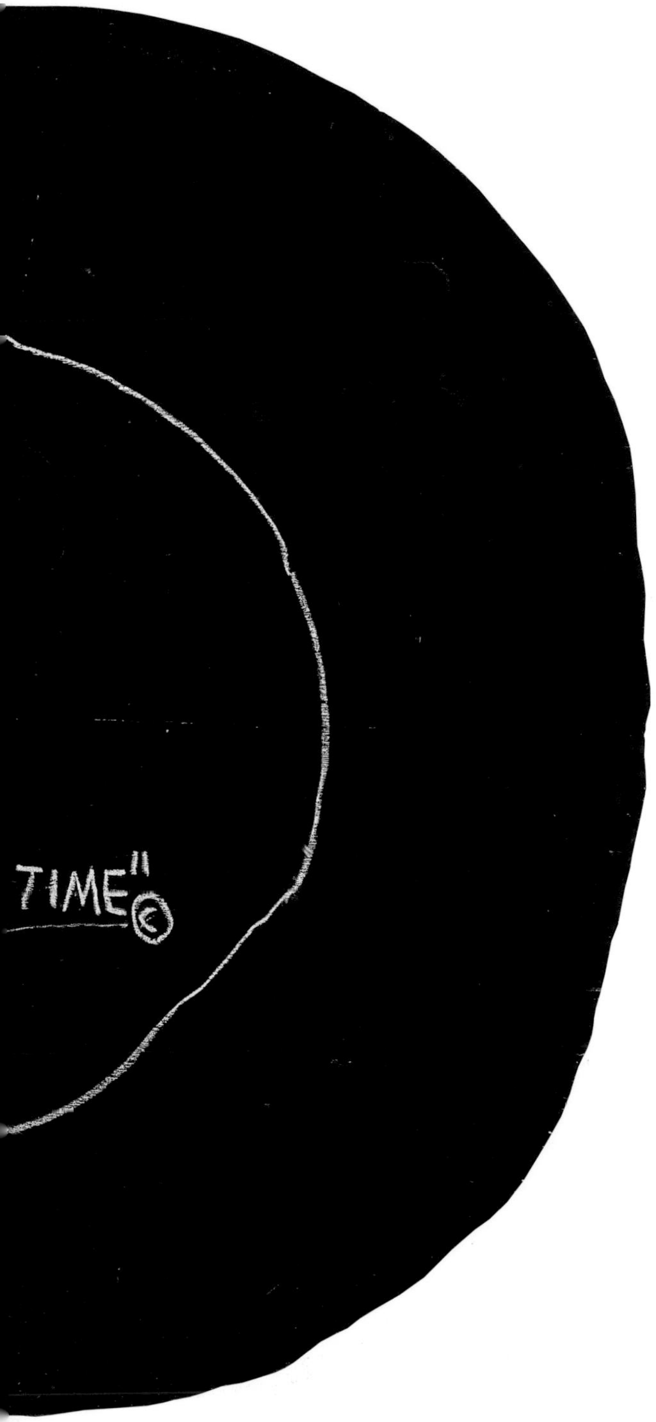
TIME" ©

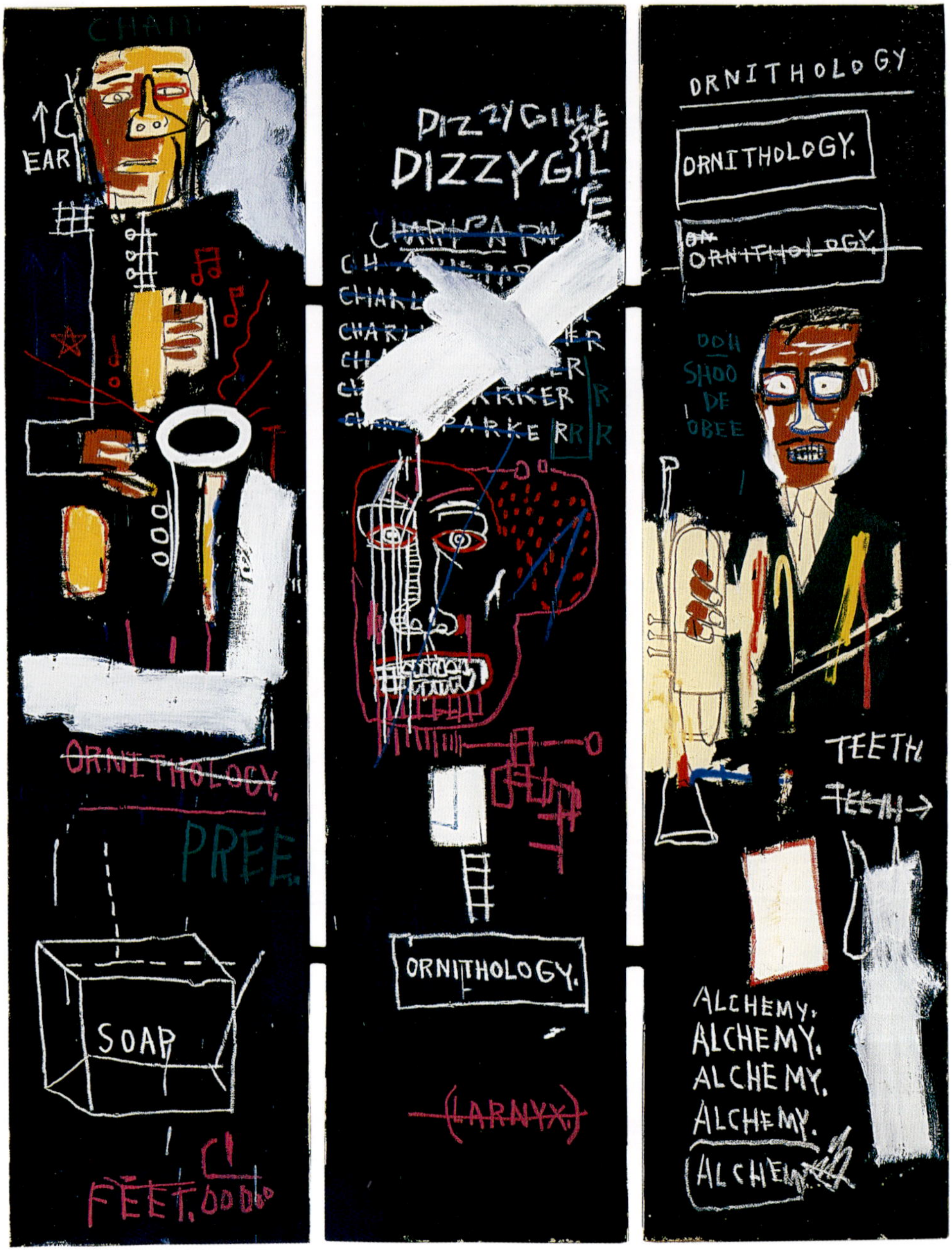
EAR
DIZZYGILLE SPI
DIZZYGIL
ORNITHOLOGY
ORNITHOLOGY.
ORNITHOLOGY.
OOH SHOO DE OBEE
ORNITHOLOGY
PREE
TEETH
SOAP
ORNITHOLOGY.
ALCHEMY.
ALCHEMY.
ALCHEMY.
ALCHEMY.
FEET

page de gauche
Horn Players
1983
Acrylique et crayon gras
sur toile montée sur châssis
de bois, triptyque
244 x 190,5 cm
The Broad Art Foundation,
Santa Monica, Californie

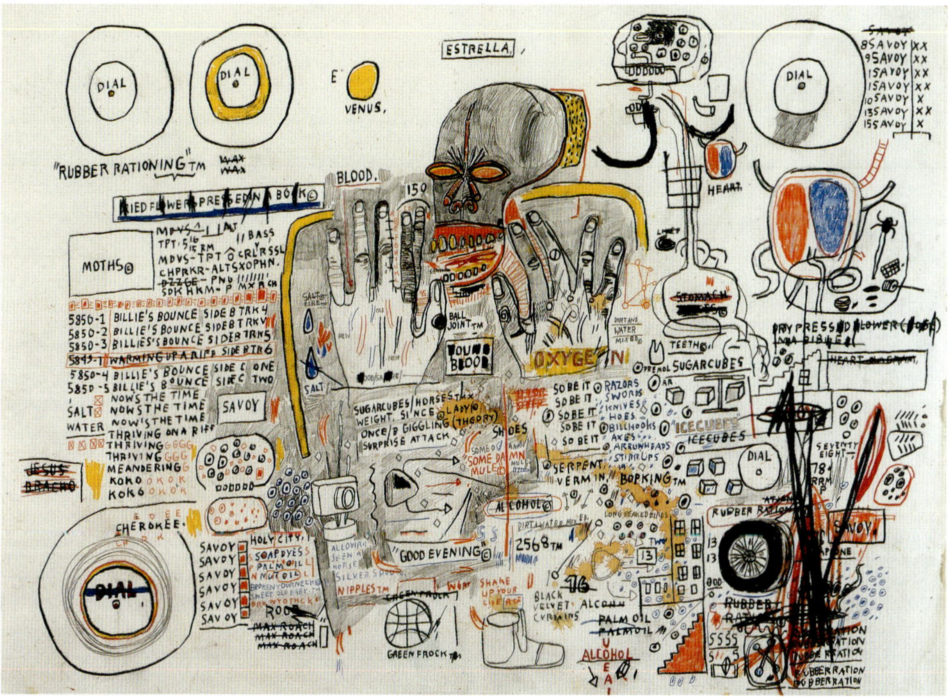

Sans titre
1985
Mine de plomb et crayon
de couleur sur papier
76,2 x 106,7 cm
The Schorr Family
Collection

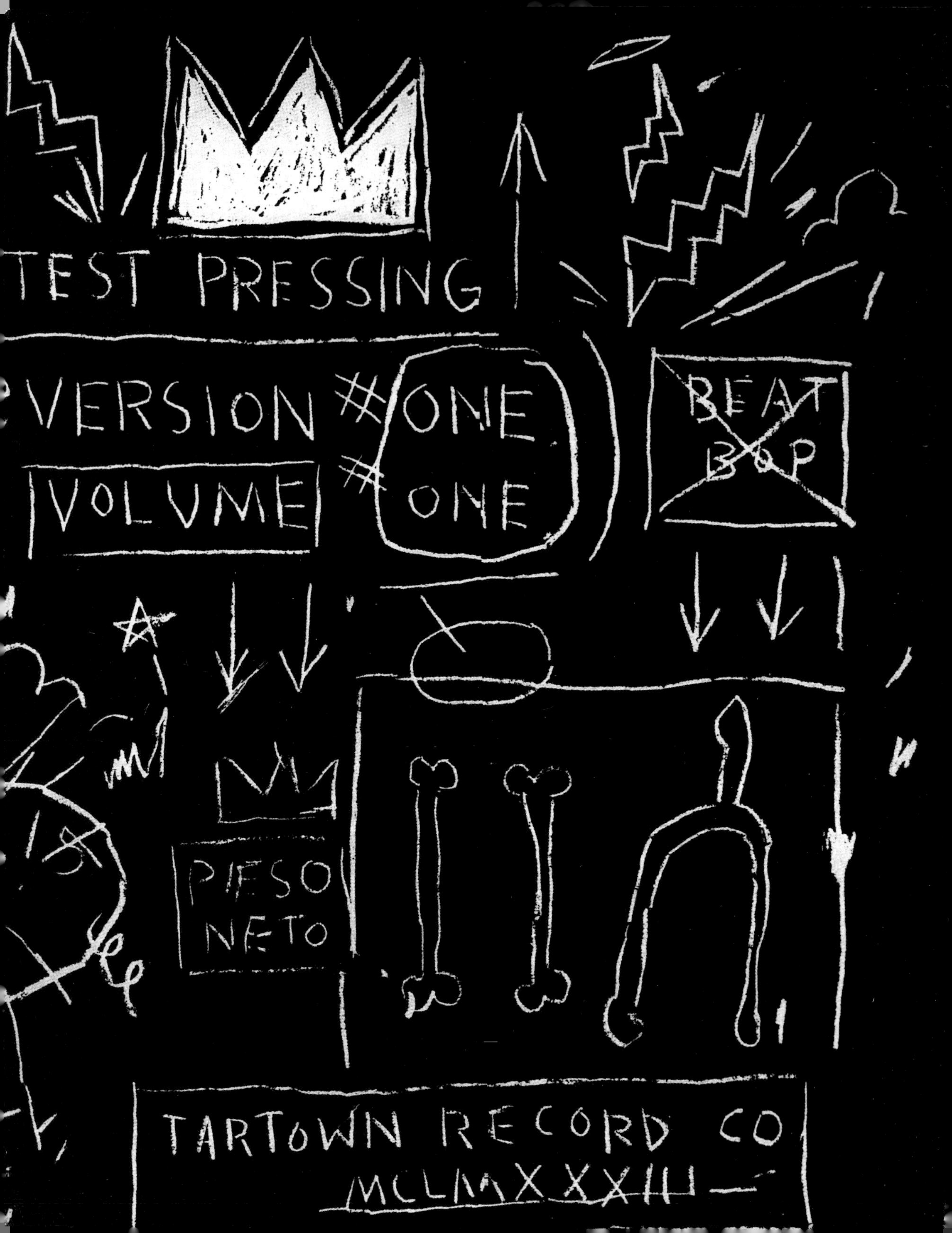
TEST PRESSING
VERSION #ONE
VOLUME #ONE
BEAT BOP
PESO NETO
TARTOWN RECORD CO
MCLMXXXIII

« La musique est notre témoin et notre alliée. Le rythme est la confession, qui reconnaît, altère et conquiert le temps. Ensuite l'histoire devient un habit que nous pouvons porter et partager, pas une cape où nous cacher ; et le temps devient un ami. »
James Baldwin [1]

« La musique vit dans le temps, se déploie dans le temps. Le rite fait de même. »
Evan Eisenberg [2]

« Parce que [Basquiat] tape dans la main du temps, le temps le lui rend bien. »
Robert Farris Thompson [3]

Dans le cipher

Basquiat et la culture hip-hop

Franklin Sirmans

Comme le suggèrent ces trois citations, Jean-Michel Basquiat est devenu l'ami du temps au sein de son art. Il y est parvenu en grande partie en incorporant dans ses peintures et ses dessins certaines idées propres à la musique et à la scène – des formes d'art temporelles. Ce n'est pourtant qu'un aspect de cet œuvre qui se révéla si important pour la croisée des univers artistiques et musicaux et pour l'histoire de l'art contemporain. Avec ses garçons filiformes aux yeux de rayons X, ses poètes et ses griots, son panthéon de héros et de truands, et cette singulière concentration sur les mots en image, l'œuvre de Basquiat est une attaque critique des idées conventionnelles sur la mort, sur l'histoire et sur l'impulsion créatrice. Entre 1978, année où il quitta le domicile familial de Brooklyn, et 1988, année de sa mort, l'art de Basquiat fut, avec son franchissement des limites, un témoin et un allié de l'une des périodes d'innovation les plus fructueuses de la culture américaine.

Ses débuts, en particulier, ont opéré la synthèse de la performance, de la musique et de l'art visuel d'une façon totalement inédite et, à ce jour, sans égale. Aucun artiste n'a si profondément incarné un mouvement culturel que Jean-Michel Basquiat lorsqu'il personnifie la culture hip-hop avant même la création du terme. Si vous comprenez ce que veut dire hip-hop, alors, même si vous ne possédez aucune des toiles de Basquiat, vous en avez sans doute une compréhension que les propriétaires n'ont pas.

Dans le hip-hop, nous n'avons pas encore le sens du sacré de notre musique. Le hip-hop est dans la plus pure forme de la tradition africaine, orale, et nous n'avons pas de livres susceptibles de dire ce qu'il faut ressentir. Notre éducation vient d'un monde extérieur

Détail de la couverture de « Beat Bop » (p. 103)

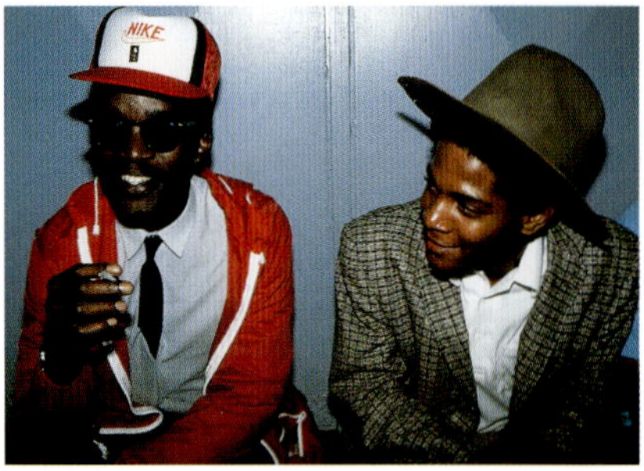

fig. 1
Fab 5 Freddy et Basquiat,
New York, 1980

à l'école, des danses aux peintures murales. Rien à faire de la chapelle Sixtine – on joue les pickpockets. Vous voyez ce que je veux dire ? On risque notre vie pour ça. Michel-Ange, on est avec toi – tu m'as compris ? Picasso, on est avec toi – tu m'as compris[4] *?*

Il ne s'agit pas de faire croire aux gogos que le hip-hop est l'un de ces phénomènes inexplicables, innés, proches de la magie noire, qui semblent surgir par le seul effet du hasard. Malgré tout, Basquiat a dû affronter cette perception, ce genre de réflexion qui a peut-être mené Peter Schjeldahl à déclarer : « Je ne me serais pas attendu à trouver chez un artiste noir cette façon dont Basquiat appréhende avec tant de sûreté l'esthétique new-yorkaise des toiles géantes – en général la présentation d'activités fondatrices en tant qu'images de soi dans un univers englobant... j'aurais imaginé un blanc bien éduqué derrière ces tableaux énigmatiques[5]. »

Bien que jouant certainement avec « l'esthétique new-yorkaise des toiles géantes », l'art de Basquiat – comme le meilleur hip-hop – démonte et reconstitue l'œuvre qui l'a précédé. Autrement dit, il démantèle ses précédents historiques en révélant sa maîtrise de leurs techniques et de leurs styles, puis il leur assigne d'autres usages, où le nouveau devient le produit fini venu recouvrir le passé. Dans ce cas, la multiplicité de ses sources regroupe toute l'histoire de la peinture occidentale, mais aussi l'art « primitif » ; et en se servant d'elles comme point de départ, il entreprend de représenter le présent, tant dans ses sujets (politique de décolonisation ou libération) que dans son style (néo-expressionnisme). En évaluant la manière dont Basquiat a transformé ses sources, les critiques oublient parfois que, comme l'écrit Michael Eric Dyson, « du sport à la mode, de la musique au film, les innovations de l'art américain ont une dette à l'égard de la créativité de la culture noire[6] ». Ainsi Roberta Smith écrivit dans *The Village Voice* – même si elle effectua ensuite un revirement complet – qu'elle ne voyait qu'une « imitation futée et une élégance graphique » de la part de Basquiat en 1982[7]. Pourtant, Fab 5 Freddy, alors âgé de vingt-quatre ans (fig. 1), interviewé par Suzi Gablik à l'automne 1982, proposa une vision plus instructive : avant toute chose, dit-il, « le travail de Jean-Michel Basquiat est une attaque directe des beaux-arts et se moque de toutes les écoles de l'art moderne[8] ». En d'autres termes, son travail n'est pas tant une imitation de l'art moderne qu'une critique acérée de celui-ci. Mais cette notion échappa parfois aux premiers commentateurs. David Bowie a bien caractérisé l'inanité d'une grande partie des premières critiques de Basquiat en disant que « tous les jeunes Noirs vivant dans un monde de Blancs en savent plus sur les Blancs que les Blancs sur les Noirs[9] ».

En lisant les premières peintures auxquelles Smith et Schjeldahl font référence, il faut considérer la généalogie métaphorique de Basquiat en tant que jeune homme noir d'origine à la fois haïtienne et portoricaine, et dont les peintures adoptent « une forme de critique déguisée qui remonte à l'esclavage », comme le dit Lydia Yee à propos de David Hammons[10].

La nature spécifique de la critique propre au hip-hop, telle qu'on la voit dans l'œuvre de Hammons et de Basquiat, est définie par Tricia Rose :

La musique de rap est, à bien des égards, une transcription cryptée. Entre autres choses, elle recourt à un langage masqué et à des codes culturels travestis pour commenter et défier les multiples aspects des inégalités de pouvoir actuelles. Le rap ne transcrit pas toujours directement une critique de toutes les formes de domination ; néanmoins, une composante aussi importante que significative du territoire discursif

fig. 2
Gringo Pilot (Anola Gay)
1981
Acrylique, crayon gras
et mine de plomb sur papier
205,7 x 261,6 cm
The Stephanie Seymour
Collection, courtesy
The Stephanie and
Peter Brant Foundation,
Greenwich, Connecticut

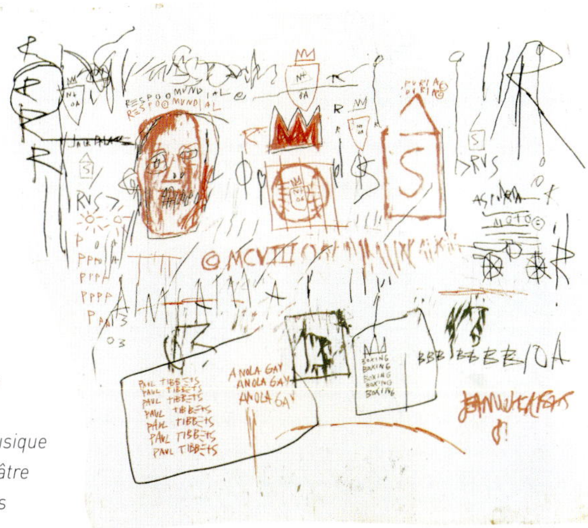

du rap est engagée dans une guerre symbolique et idéologique contre les institutions et les groupes qui oppriment symboliquement, idéologiquement et matériellement les Afro-Américains. Ainsi, la musique de rap est une scène contemporaine offerte au théâtre des exclus du pouvoir. Sur cette scène, les rappeurs jouent le renversement des positions hiérarchiques, racontent des histoires alternatives de contacts avec la police et le système éducatif et dessinent [à traits appuyés] des portraits du contact avec les groupes dominants où la transcription cryptée inverse/déstabilise la transcription dominante et publique. En proposant souvent une critique obsédante des diverses manifestations du pouvoir par l'intermédiaire de plaisanteries, histoires, gestes et chansons, le commentaire social du rap promulgue l'insubordination idéologique[11].

Le hip-hop est allé au-delà des spécificités du mouvement en produisant dans le meilleur des cas non seulement une musique et des textes, mais aussi une critique explosive et générale de la culture contemporaine. Comme l'a écrit Platon, « il est à redouter que le passage à un nouveau genre musical ne mette tout en danger. Jamais, en effet, on ne porte atteinte aux formes de la musique sans ébranler les plus grandes lois des cités[12] ».

Les carnets de Basquiat de la fin des années 1970 et les premières œuvres inachevées de 1980-1983 s'appuient et puisent dans la riche tradition de la poésie afro-américaine et dans le langage parlé, de l'appel ancestral et de la réponse des tambours aux chants rythmés de l'esclavage, des airs à douze mesures et du blues du début du XXe siècle aux ciphers (réunions) des jeunes rappeurs contemporains de la première production de Basquiat. De *Hollywood Africans* à *Undiscovered Genius of the Mississippi Delta* et à *Gold Griot* (p. 69, 110-111 et 146), les pourvoyeurs du monde sont béatifiés par la peinture et bien souvent couronnés. Autour de ces figures, s'étalent des listes de mots qui sont la marque de Basquiat, ces mots crachés en peinture, ces bégaiements visuels, répétés et souvent biffés, qu'il faut lire comme des incantations où sont ménagées les pauses nécessaires au souffle et à la réflexion : en d'autres termes, le rythme qui contrôle le flot de la composition.

Malgré ces autres affinités, c'est à la tradition classique du graffiti que de nombreux critiques cherchèrent à rattacher le nom de Basquiat. Alors que par son style et sa conception le graffiti constitue l'un des signes les plus anciens, mais aussi un élément intrinsèque, du hip-hop, l'importance que ses « auteurs » accordaient au trait et à la couleur en tant qu'élément abstrait était – et est encore souvent – plus proche des débats modernistes sur l'originalité et l'innovation formaliste. Comme l'a dit Fab en 1982, « le graffiti symbolise ce que les gens ont envie de faire, mais il n'y a pas de langage profane ni de déclaration politique. Ce ne sont que des noms. Si Jackson Pollock était encore là, il adorerait ça[13] ». Alors que les graffs du début des années 1980, avec leur décor souvent psychédélique et leur manque relatif d'intention politique, se rapprochaient plus d'un style pop, on ne pouvait se méprendre sur la double entreprise de la poésie de rue et des beaux-arts que Basquiat tentait de définir. René Ricard notait en 1981 le caractère distinctif de son projet : « Celui de Jean-Michel n'est pas comme les autres. Il n'a pas le panache du bombeur qui est la caractéristique première du graffeur. Et il manque

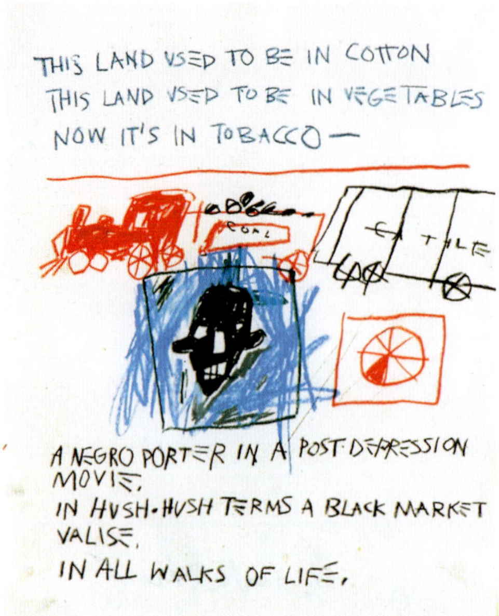

fig. 3
Sans titre
1981
Crayon gras
sur papier
61 x 44,5 cm
Collection privée

une touche de tai chi à sa griffe. Il ne se sert pas de bombe de peinture mais il a la pêche, et ce qu'il nous faut à nous, c'est l'information[14] ».

Œuvre de jeunesse, *Gringo Pilot (Anola Gay)* [fig. 2], l'une des premières de Basquiat à être exposées[15], montre bien son esprit critique. Cela ressemble à un fragment de mur déchiré, arraché du coin supérieur gauche vers le centre du papier, recouvert en partie d'acrylique et de bâton d'huile. Tous les premiers éléments subjectifs du peintre sont là : le titre est une référence évidente à un événement historique, et il donne le nom de l'avion, *Enola Gay*, qui lança la première bombe atomique sur Hiroshima pendant la Seconde Guerre mondiale ; le pilote « gringo » (blanc) du bombardier américain est identifié dans le coin inférieur gauche comme étant Paul Tibbets. Le mot BOXING est écrit ; l'image d'une balle de base-ball, un « s » dans une maison et plusieurs couronnes apparaissent également à côté des mots RESPO MUNDIAL (réponse mondiale). Comme *Le 3 mai 1808* de Goya (1814), *L'Exécution de Maximilien* de Manet (1867) et *Guernica* de Picasso (1937), *Gringo Pilot* dénonce avec force les horreurs de la guerre et expose l'atroce vérité tant par le texte que par l'image.

Comme le suggère *Gringo Pilot*, la poétique de Basquiat fait preuve d'une conscience politique aiguë et d'une franchise absolue dans son commentaire sur le colonialisme, sur le racisme et sur la lutte des classes. Des aphorismes spirituels peints sous le nom de SAMO – tels que SAMO © AS AN END TO BOOSH-WAH-ZEE FANTASIES, et THIRD WORLD TRICKED BY CHRISTIANITY, ou encore SAMO AS AN ALTERNATIVE 2 PLAYING ART WITH THE « RADICAL CHIC » SECT ON DADDY'S $ FUNDS – jusqu'à des dessins comme *Sans titre* en 1981 (fig. 3), le lyrisme visuel de Basquiat est projeté à coup de peinture et de feu métaphorique : A NEGRO PORTER IN A POST DEPRESSION MOVIE, IN HUSH-HUSH TERMS A BLACK MARKET VALISE IN ALL WALKS OF LIFE.

En plus du « lyrisme explicite » des peintures murales publiques et des premiers dessins, c'est l'esprit d'invention de Basquiat quand il marie texte et image – avec des mots coupés, recyclés, effacés et répétés – qui parle à l'innovation inhérente au mouvement hip-hop de la fin des années 1970. De même que le hip-hop n'utilisait que deux platines et un micro, Basquiat commença par employer des outils simples et facilement disponibles : du papier, des crayons et une photocopieuse. C'est ce contexte riche et discursif qui poussa Greg Tate à dire de Basquiat qu'il était « la plus grande contribution du hip-hop au modernisme (et *vice versa*) [16] ». Robert Farris Thompson écrivit quant à lui : « extraordinaire afro-atlantiste, [Basquiat] colorie l'énergie de l'art moderne (lui-même redevable envers l'Afrique) avec sa propre transmutation de l'impression et de la figuration sub-sahariennes et créoles noires. Il chante l'imprimé. Il chante le corps. Il les chante en de splendides répétitions[17] ».

Et, alors que le contenu linguistique de ses œuvres évoque les MC, les rappeurs et les griots auxquels ses tableaux ultérieurs allaient faire référence, Basquiat ressemblait plus à un scratcheur qui met ses récits en peinture. Basquiat a tout d'un DJ dans son approche de la création artistique : « Parce que son talent artistique naît de la combinaison de l'art d'autrui, parce que ses performances sont issues des performances

fig. 4
Sans titre
(Two Heads on Gold)
1982
Acrylique et crayon
gras sur toile
203 x 317,5 cm
Collection privée

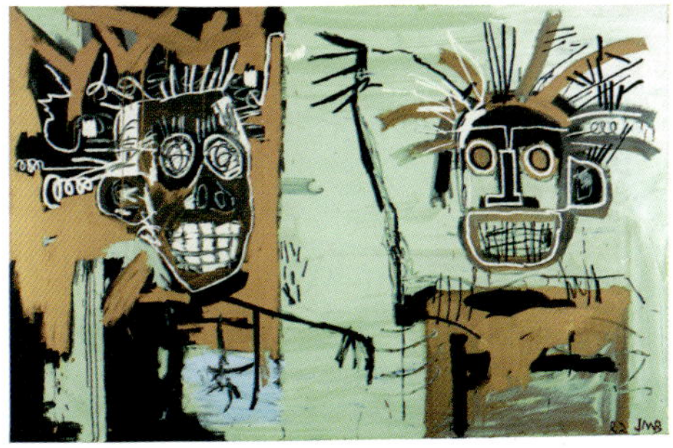

d'autres musiciens, le DJ est l'incarnation de l'artiste postmoderne. En un mot, l'art du DJ consiste à mélanger des choses [...] à prendre des idées et des formes déjà présentes et à les combiner de manière créatrice[18] ». Lydia Yee écrit à propos de Basquiat : « comme un DJ, il a de façon experte retravaillé le langage stéréotypé du geste, de la liberté et de l'angoisse propre au néo-expressionnisme et réorienté la stratégie d'appropriation du pop art pour produire un *corpus* d'œuvres qui célébraient la culture et l'histoire noires tout en en révélant la complexité et les contradictions[19] ».

L'œuvre de Basquiat incorpore les pierres de touche du hip-hop, décrit par Tate comme une

> *réaction historiquement consciente à l'usure urbaine, une sorte d'opération de récupération impliquant référencement et révision des matériaux, iconographie, histoire, futurisme, espace métropolitain, univers de la culture de masse ou pop et incarnation de l'inconscient de la population humaine. Dès lors, la question de savoir si le hip-hop a un visage humain consiste moins à trouver des objets représentatifs qu'à voir en lui une critique du conditionnement de l'existence et de la possibilité existentielle humaines. Quand nous choisissons de parler de hip-hop en termes plus nobles, plus pompeux, nous nous plaisons à agir comme si ce terme pouvait également passer pour une branche de la philosophie. L'art de Jean-Michel Basquiat refuse d'établir une distinction entre le vernaculaire et le cognitif, les rues cruelles et populeuses et la mansarde solitaire. Le hip-hop, comme Basquiat l'a montré avec tant d'éloquence, se veut une cartographie de l'inconscient urbain – de l'inconscient urbain de quiconque. Le hip-hop parle de l'africanisation et de la colonisation à rebours[20].*

Si Basquiat rappait dans ses premiers dessins, il fit du hip-hop dans les peintures qui suivirent, tout spécialement en 1982, quand il eut l'espace et l'argent nécessaires à la production de toiles grand format. Alors que nombre des œuvres plus grandes de 1981, par exemple les célèbres *Acque Pericolose*, *Arroz con Pollo* (p. 28-29 et 33) et *(Two Heads on Gold)* [fig. 4] – toutes présentées en mars 1982 dans le cadre de sa première exposition individuelle new-yorkaise chez Annina Nosei –, étaient les premières grandes peintures néo-expressionnistes et purement figuratives de l'artiste, c'est l'influent *Per Capita* (p. 30-31) qui montre le mieux la synergie du jeune artiste en matière d'appropriation, poésie, dessin et peinture. Dans *Per Capita*, Basquiat propose une grande partie de l'information qui va alimenter son œuvre pendant les cinq années suivantes : le mariage du texte et de l'image, de l'abstraction et de la figuration, et l'information historique mêlée au commentaire contemporain. Au centre de la toile, on voit un boxeur entouré d'un halo, identifié par son short Everlast, et qui brandit une torche entre les mots E PLURIBUS et PER CAPITA. Je ne peux la regarder sans penser à Muhammad Ali, même si elle a été peinte il y a vingt-quatre ans.

Plus tard, en 1982, Basquiat allait donner trois toiles consacrées au triumvirat de la boxe, Joe Louis, Sugar Ray Robinson et Cassius Clay (comme le fit Basquiat en commençant par signer SAMO, Clay prit le nom de Muhammad Ali pour différencier les diverses étapes de sa carrière). Alors que ces trois peintures aux dimensions assez semblables étaient des hommages évidents à des hommes qui dans un premier temps avaient tiré leur puissance de leur réussite sportive et de l'adulation de leurs supporters, elles symbolisaient aussi l'héroïsme dans les relations raciales américaines. Pour compléter son panthéon de héros, Basquiat peignit un portrait du grand photographe noir James Van Der Zee[21], alors que *Charles the First* et *CPRKR* (p. 80 et 81), tous deux dédiés au grand jazzman Charlie Parker[22], démontrent une fois de plus l'affinité de Basquiat avec la musique et les musiciens. De même le plaisir

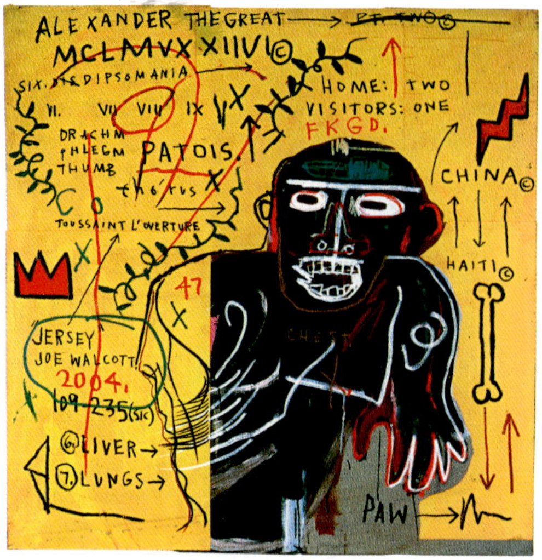

fig. 5
All Colored Cast (Part II)
1982
Acrylique et crayon gras sur toile
152,5 x 152,5 cm
Collection privée

qu'il éprouve à portraiturer des athlètes est indubitable, mais le choix qu'il fait de ces sujets a une autre motivation : ce sont tous des artistes de progrès, des Noirs qui, comme lui, vivent avec leur temps et l'affirmation de leur génie.

Vers la fin de l'année 1982, des représentations nerveuses d'injustices historiques comme *Native Carrying Some Guns, Bibles, Amorites on Safari* (p. 68) et *All Colored Cast (Parts II)* [fig. 5] montrèrent clairement d'où venait le jeune artiste. Dénonçant l'injustice et ses auteurs, les peintures de Basquiat étaient des attaques frontales contre les structures du pouvoir et les systèmes du racisme, autant de sujets communs aux rappeurs et aux MC qui faisaient alors le hip-hop.

Fondamentalement, Basquiat ne pouvait faire une mauvaise peinture en 1982. Dans un certain nombre d'œuvres produites de 1982 à fin 1984, le mariage dynamique de la musique et de l'art connut son apogée.

Charles the First (p. 80) date de 1982 : c'est le premier exemple de ce qui allait devenir la quasi-obsession d'une mort précoce. Basquiat y note les dates de la petite Pree Parker, la fille de Charlie, qui mourut de pneumonie à l'âge de trois ans et dont la perte initia une spirale descendante dans la vie de Parker (il ne devait d'ailleurs pas lui survivre longtemps).

Dans *Jawbone of an Ass* (p. 37), de la même année, la capacité de Basquiat à reconnaître le passé historique et à s'en amuser est plus qu'évidente dans cette représentation d'un Rodin pensif, qui apparaît au milieu de références textuelles à Carthage, Alexandre le Grand, Hannibal, Savonarole, Machiavel, Homère, Scipion, César et Cléopâtre. Les batailles auxquelles il fait allusion revêtent une forme contemporaine dans une partie du coin inférieur droit, où s'affrontent deux boxeurs classiques de Basquiat, un Blanc et un Noir, surmontés de bulles de bandes dessinées.

Comme s'il préparait le monde de l'art aux coups qu'il allait lui assener, l'embobinant pour mieux le soumettre, Basquiat réservait ses uppercuts pour plus tard. Pour l'heure, il était plus qu'arrivé. Son ascension était étourdissante. Même si tout va très vite à notre époque, il fut assez déconcertant de comparer la réussite obtenue à si peu de travail effectué. Imaginez ce que pouvait ressentir cet artiste de vingt et un ans au début de 1982. Après avoir explosé au *Times Square Show* de juin 1980, Basquiat confirma son statut en 1981 avec la célèbre exposition *New York/New Wave*, au PS 1 Institute fort Art. Sans avoir un MFA (diplôme qui fait prendre son détenteur au sérieux dans le monde de l'art), Basquiat eut sa première exposition individuelle européenne en mai 1981 avant de se tailler la part du lion au milieu d'artistes tels que Jenny Holzer, Barbara Kruger et son ami Keith Haring (fig. 6) à la galerie Annina Nosei en octobre de la même année. Ce pourrait être l'équivalent d'un musicien qui remporte cinq Grammy Awards deux ans de suite : en mars 1982, Basquiat eut sa première exposition individuelle à New York et sa première exposition en solo à Los Angeles – toutes deux accueillies par des critiques enthousiastes. En juin 1982, il fut admis à l'exposition *Documenta 7*, à Kassel, parmi des artistes de renom comme Joseph Beuys, Gerhard Richter, Cy Twombly et Andy Warhol. Basquiat avait réussi, et il le savait. En septembre, il eut sa première exposition individuelle à la galerie Bruno Bischofsberger, à Zurich. Il ne manquait plus qu'une chose : couronner le tout par un retour aux sources.

Ses peintures lui avaient valu une renommée internationale et une vie plus qu'aisée, mais c'étaient

fig. 6
Basquiat et Keith Haring, New York, 1987

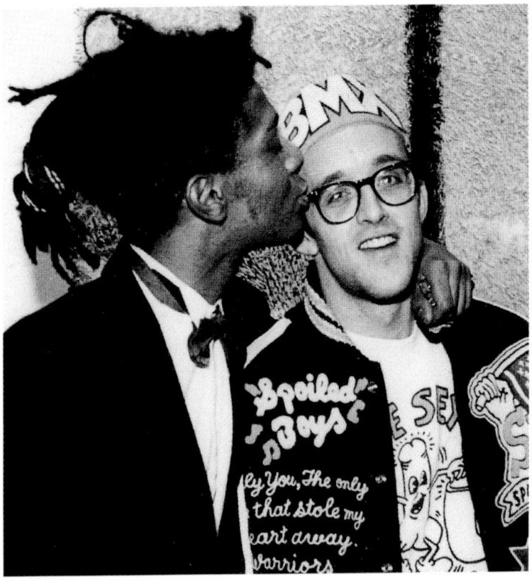

toujours ses racines new-yorkaises et populaires qui définissaient son œuvre. Ses toiles étaient rudes comme la ville, et non comme la campagne suisse. Leur rudesse se manifestait par la façon peu délicate dont il traitait la surface et le support : comme pour déprécier les valeurs de ceux qui adoraient son travail, il marchait sur les toiles, déchirait le papier de ses dessins et construisait des supports à partir de matériaux de récupération pour imprégner son art du souvenir d'une vie vécue avec le sang, la sueur et les larmes. Cette caractéristique est l'une des raisons pour lesquelles l'œuvre de Basquiat continue à occuper une place si importante dans la culture urbaine (il suffit de se promener sur St. Mark's Place à New York pour voir plusieurs imitateurs de son art au sein de la jeune génération). Il ne faut donc pas s'étonner si, au moment où la célébrité commençait de fondre sur lui, Basquiat alla retrouver une petite galerie du Lower East Side renommée pour ses réunions interculturelles, ses graffeurs et sa présence architecturale brute.

En novembre 1982, contre l'avis de Nosei, Basquiat exposa à New York à la Fun Gallery, petit espace alternatif du Lower East Side dirigé par Bill Stelling et Patti Astor, deux passionnés du mélange de l'art et de la musique, qu'ils soient *uptown* ou *downtown*. Lors de sa brève existence, la galerie invita Brathwaite, Haring, Kenny Scharf et Futura 2000. Parmi les œuvres présentées se trouvaient *Jawbone of an Ass*, *Three Quarters of Olympia Minus the Servant* et *Charles the First* (p. 37, 62 et 80), qui faisaient partie de ses préférées et qu'il gardait pour sa collection personnelle.

De fin 1982 à fin 1983, il créa des peintures qui incarnaient souvent les méthodes et les attitudes critiques du hip-hop. Alors que ces œuvres sont très affirmées et que nombre d'entre elles sont aussi astucieuses qu'exigeantes du point de vue politique, notons que Jean-Michel avait trouvé un créneau. Basquiat savait ce qui plaisait aux foules et ce que voulaient les collectionneurs. Le leur apporta-t-il ? Oui, mais toujours selon ses propres conditions. Comme le fit remarquer Haring, « les gens se font payer, ils gagnent de l'argent. À la consternation de certains, Jean-Michel n'était pas seulement un génie dans son travail, il était aussi très attentif à la vente de ses tableaux [23] ».

À ce moment, Basquiat a malgré tout pu penser : « Rien à gagner ici » (expression utilisée dans ses peintures), pour avoir compris que « le don et la malédiction » sont souvent la même chose. À propos de *Profit I* (fig. 7), Barry Michael Cooper a noté : « Le symbolisme écrasant (un halo byzantin autour de la figure grimaçante qui lui est chère ; un arrière-plan de symboles mathématiques entrecroisés, des apocryphes du Tic-Tac-Dough [jeu télévisé] ; les chiffres romains "1981") éveille les soupçons, et *Profit I* se lirait en fait "I, Profit" [moi, le profit], un féroce autoportrait. Comme si JMB avait tout compris [...] ceux qui vous [...] engraissent avec leur fric n'ont qu'une hâte, vous voir crever d'anémie spirituelle [24]. »

DE SAMO À « BEAT BOP »

En juin 1978, après plusieurs tentatives avortées, Basquiat quitta la demeure familiale. « Jean-Michel avait pour projet d'être célèbre », me dit son père en 1992 [25]. Dès 1977, Basquiat avait rencontré Andy Warhol et Henry Geldzahler au restaurant de SoHo WPA ; la boîte de Pandore de la vie nocturne new-yorkaise n'était pas encore ouverte [26].

En 1977, sous le pseudonyme de SAMO (fig. 8), Basquiat commença à inonder le quartier des clubs

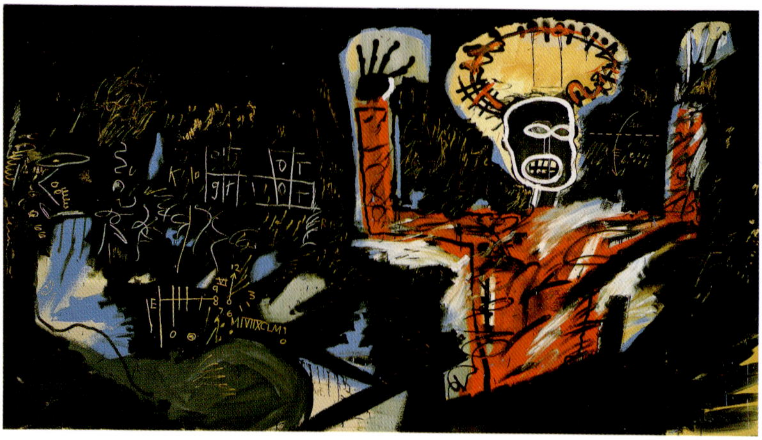

fig. 7
Profit I
1982
Acrylique et spray sur toile
220 x 400 cm
Collection privée

et des galeries du bas Manhattan de ses aphorismes à la bombe de peinture. Quelques années plus tard, Jeffrey Deitch mit le doigt sur la connexion entre art et musique en expliquant que « la poésie de rue décousue [de SAMO] ouvrit une route aux fervents de la culture art/rock underground[27] ». Bien qu'elle soit d'ordre général, la remarque de Deitch peut s'appliquer aux conséquences de la transition vécue par Basquiat, d'un gribouilleur simple et pur qui préfère ne pas aller à l'école à un artiste combinant le meilleur de la poésie pop (celle des MC) au caractère visuel de l'art contemporain. Signalés pour la première fois dans un célèbre article de *Village Voice* signé Philip Faflick, les producteurs des écrits de SAMO n'étaient identifiés que par leurs prénoms, Jean et son ami d'enfance Al (Diaz). « SAMO est le logo des plus ambitieux – et sentencieux – représentants de la nouvelle vague des Jérémie du feutre[28] », écrivit Faflick.

SAMO (pour « same old » ou « same old shit ») écrivait les pensées spirituelles d'un esprit adolescent précoce et matérialiste qui, déjà à cette époque, voyait le monde en nuances de gris, juxtaposant de façon téméraire les structures de la société de consommation au milieu social qu'il voulait pénétrer : le monde de l'art à prédominance blanche.

Grâce à sa petite amie, Jennifer Stein, Basquiat se retrouva le 29 avril 1979 au Canal Zone de Stan Peskett. Au 553 Canal Street, où vivait Jennifer, était situé le loft qu'habitait Peskett, qui « tentait d'enfermer la lumière dans une bouteille ». À son propos, Fab 5 Freddy a remarqué : « Il essayait de mettre sur pied une sorte de Factory à la Warhol et à la franchiser dans tout le pays pour devenir réellement célèbre[29] ». Ce soir-là, Basquiat se révéla être le producteur des omniprésents textes de SAMO et exécuta une pièce sur le mur.

Fab était là (il devint son grand ami et le présenta à Glenn O'Brien, qui dirigeait l'émission câblée *TV Party* ; fig. 9), mais Basquiat rencontra également Lee Quinones et Michael Holman (*alias* Wordman), qui filma l'événement. Ensuite, et sans que ni l'un ni l'autre ne sachent jouer d'un instrument, Holman et Basquiat décidèrent cette nuit-là de former un groupe. Baptisé dans un premier temps Channel 9, avec Shannon Dawson, puis Test Pattern, ce groupe finit par s'appeler Gray (fig. 10), avec pour autres membres Wayne Clifford, Nick Taylor et, parfois, Felice Rossen. Holman le reconnaît volontiers, « ce n'était pas pour la qualité du jeu, mais pour le son[30] », même si le mélange « bruyant » de sons électroniques et live remporta un certain succès en mêlant le chaos du punk aux impros du jazz. Cela correspondait parfaitement au *remix* de philosophie urbaine et de rue cher à Basquiat. Alors que Holman et Fab se situaient pleinement entre hip-hop et culture *downtown*, l'adhésion de Basquiat se fit plus lentement, quoique avec autant de passion. On a souvent évoqué la capacité de Basquiat à se laisser pénétrer par l'information. « Jean-Michel avait cette capacité d'absorber l'histoire des choses, parfois en quelques jours[31] », dira Fab. À la façon du hip-hop, il incorporait ce qui lui était nécessaire.

Le pont jeté entre le punk et le hip-hop n'échappa pas au producteur vedette Malcolm McLaren, qui déclara en 1982 : « Je pense que le punk-rock est à certains égards plus vivant à Harlem qu'il ne l'est à Bracknell[32] ». C'est Holman qui présenta McLaren à Afrika Bambaataa

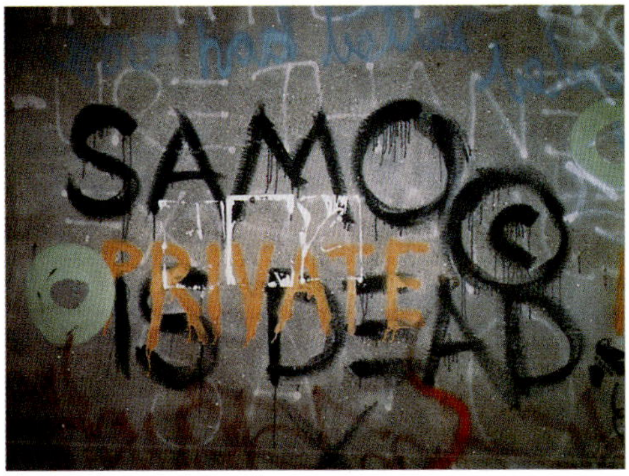

fig. 8
SAMO graffiti, New York, s. d.

fig. 9
Basquiat et Glenn O'Brien
sur le plateau de TV Party, 1979

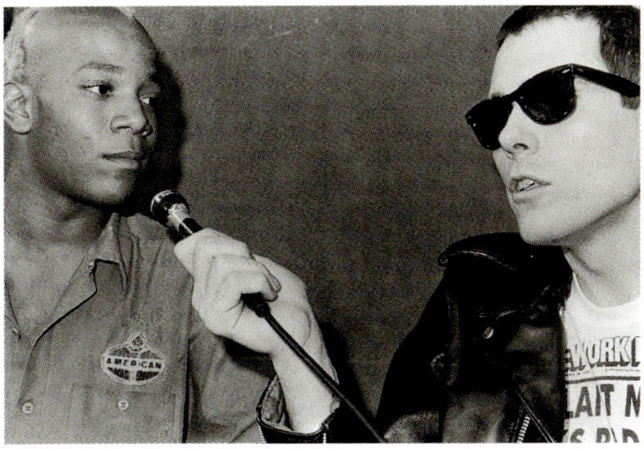

en 1981. Bien sûr, à ce moment-là, la popularité et le cachet culturel du punk cédaient la place au hip-hop en tant que musique de prédilection de la culture jeune.

Bambaataa, légende du hip-hop, avec ses *remix* de pop synthétique allemande, et McLaren, l'homme qui était derrière les Sex Pistols, signalèrent en commun le potentiel et l'unité de ce mouvement. Alors que Fab et Basquiat se souvenaient avoir été les seuls Noirs dans la salle du Mudd Club, c'était le plus souvent le contraire *uptown*. Fab dit : « Dans un premier temps, les gens ont foutu le camp quand ils ont vu les premiers rockers punk. Les Blacks et les Latinos les considéraient comme des cinglés [...] mais quand la musique se déchaînait, on voyait tout le monde lever son cul pour danser[33]. » Pour Dick Hebdige, « Basquiat avait autant le droit de nous foutre la trouille que le rappeur LL Cool J, dont la rage, selon l'expression de Barry Michael Cooper, "caricature la colère des adolescents noirs [... et] fait ressembler la fureur du punk-rock à Captain Kangaroo"[34] ».

De même que SAMO permit à Jean-Michel de passer de Brooklyn au Mudd Club et au Lower East Side, le groupe Gray fut le véhicule propre à amener public et popularité sur cette scène. Bien que le groupe n'existât qu'entre mai 1979 et août 1980 (juste après le *Times Square Show*), jouant au Mudd Club (où l'artiste devait rencontrer Madonna et sortir avec elle ; fig. 11), au Tier 3 et au Hurrah's, ce fut une composante importante de la vie de Basquiat. « On répétait quelque chose comme deux fois par semaine, mais on formait un groupe d'amis très uni, on ne se contentait pas de jouer ensemble[35] », a pu dire Holman.

Pourtant, c'est avec Fab que l'effet persistant de Basquiat sur la musique s'affirma réellement. Les deux hommes finirent par travailler ensemble pour *TV Party* de Glenn O'Brien, où Fab était cameraman et Basquiat fréquemment invité, puis sur le film *New York Beat* (fig. 12), tourné en décembre 1980-janvier 1981 et sorti en 2000 sous le titre *Downtown 81* (écrit par O'Brien, produit par Maripol et réalisé par Edo Bertoglio). C'est également Fab qui présenta Basquiat à Rammellzee, Toxic et A-One. Par l'intermédiaire d'O'Brien, ils rencontrèrent Debbie Harry qui, en 1981, intégra les deux artistes dans le clip classique et déterminant de Blondie, « Rapture ». « On traînait beaucoup avec Glenn après le tournage de *TV Party*, et c'est comme ça qu'on est entré en contact avec Blondie. Deborah Harry et Chris Stein devinrent nos protecteurs. Pendant cette période, on a en quelque sorte mis sur pied cet échange culturel[36] », déclara Fab.

Après l'exposition de 1982 à la Fun Gallery, Basquiat passa une bonne partie de l'hiver à Los Angeles au côté de Toxic et de Rammellzee, célébrés en 1983 dans les peintures *Hollywood Africans* (p. 69) et *Hollywood Africans in Front of the Chinese Theater with Footprints of Movie Stars* (fig. 13).
Alors que des musiciens et des chanteurs de jazz comme Miles Davis, Dizzy Gillesppie, Max Roach, Billie Holiday, Leon « Fats » Waller et surtout Charlie Parker occupaient une place constante dans les peintures de Basquiat de 1983 à 1985, c'est le thème du be-bop qui trouva une résonance toute particulière dans *Trumpet*, *Max Roach*, *Now's the Time* et *Horn Players* (p. 82, 83, 86-87 et 88). Consacrées à la génération d'artistes be-bop (encore un sujet où Basquiat et Fab s'impliquèrent), ces peintures donnent un aspect visuel à l'invention orale des maîtres du jazz. Ce n'est pas

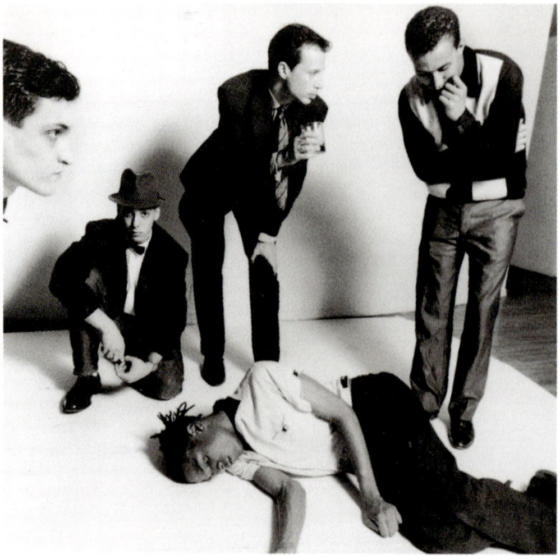

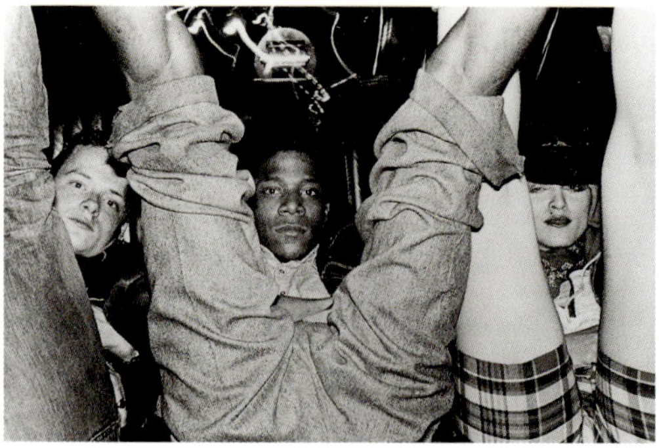

fig. 10
Le groupe Gray : Vincent Gallo, Justin Thyme, Nick Taylor, Michael Holman et (par terre) Basquiat, 1980

fig. 11
Martin Burgoyne, Basquiat et Madonna, 1983

une coïncidence si Basquiat appela « Beat Bop » son unique enregistrement musical (fig. 14).

En 1983, l'année même où Basquiat sortait « Beat Bop », Fab joua dans le film *Wild Style* – deux des productions hip-hop les plus samplées de ces deux dernières décennies. Toujours en 1983, le premier *single* de Run-DMC, « It's Like That », sortit chez Profile Records, et les Beastie Boys donnaient « Cooky Puss » ; les deux groupes allaient bientôt être repris par Def Jam, le label de Russell Simmons. Le reste n'est qu'histoire, et il suffit de dire que la musique connue sous le nom de hip-hop bascula en 1983 et 1984, quand musique et culture se transformèrent en grosses recettes. Ensuite, comme l'a peut-être senti une nouvelle fois Basquiat, il n'y eut « rien à gagner ici ».

« Beat Bop » est une conversation cauchemardesque, crachée, scandée et chantée par Rammellzee, dans le rôle d'une sorte de casseur branché, avec des paroles qui auraient pu être écrites aujourd'hui, et K-Rob, un jeune homme pensif qui essaie de résister aux tentations de la rue. Au texte dense, souvent nasal, se superpose un paysage sonore sombre, sinistre, industriel, fait de rythmes mélancoliques et de mélodies déstructurées. C'est un New York où la pauvreté, la violence et l'apathie se moquent des barrières de classes. Pourtant, comme dans « The Message » (1983) de Grandmaster Flash and the Furious Five, avec ce « rythme des profondeurs de l'enfer », la chanson témoigne des grondements souterrains d'une floraison créatrice telle que New York n'en reverra peut-être plus jamais. « "Beat Bop" [...] fut un classique prophétique – il prévoyait la juxtaposition d'un rap méditatif et violent et d'un accompagnement serré, ce que Public Enemy allait par la suite mener à la perfection [37] », note Greg Tate.

Rien de surprenant, donc, si dans cet univers Basquiat évoquait un sens de l'histoire, une conscience des éléments de la structure du génie noir. Sa liste de héros n'a rien de secret : les hommages abondent dans ses peintures. « Depuis l'âge de dix-sept ans, je me disais que je pourrais être une vedette. Je songeais à tous mes héros, Charlie Parker, Jimi Hendrix [...] j'avais une vision romantique de la façon dont tous ces gens étaient devenus célèbres », confia-t-il en 1985 à Cathleen McGuigan dans un article de fond du *New York Times Magazine* (voir fig. 15) [38]. En plus de ses propres déclarations, d'innombrables toiles se réfèrent à l'histoire et à la généalogie de personnages noirs, tragiques et héroïques. De Toussaint Louverture à Charlie Parker, les appels de Basquiat vers un passé dans lequel il se reconnaît semblent infinis.

Rick Powell a noté : « Dans son pamphlet publié à compte d'auteur, *Black Is a Color* (vers 1980), l'artiste Raymond Saunders s'en prend violemment aux "critiques *uptown*" et aux "politico-sociologues" qui, dans cette époque où la conscience noire est la plus vive, accablent les artistes afro-américains d'histoires de bataille pour les droits civils, de pessimisme et de questions qui ne mènent à rien [39]. » C'était une théorie (aveugle) de la couleur édifiée sur une prémisse, bien entendu.

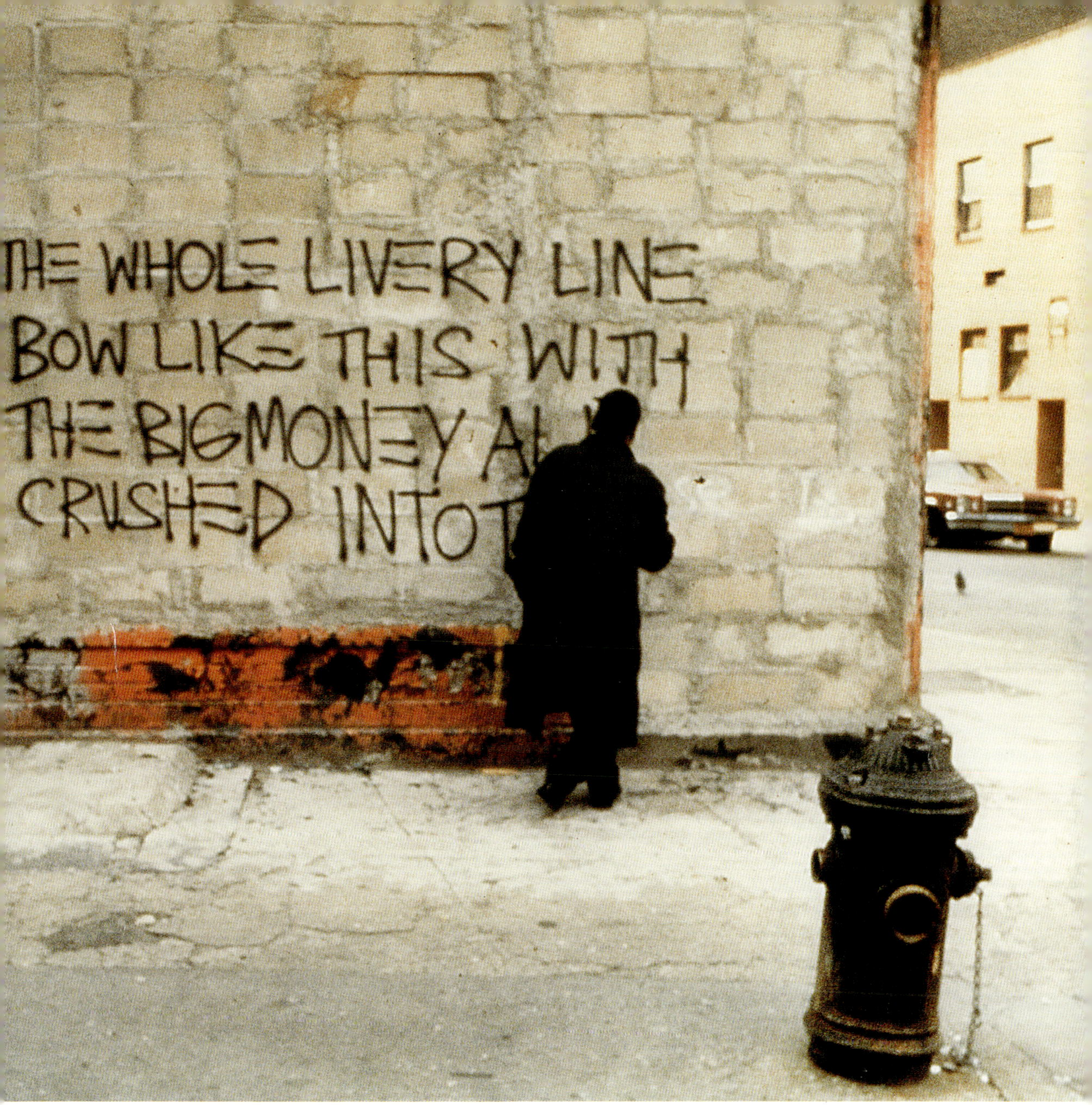

fig. 12
Basquiat faisant un graffiti dans le film *Downtown 81* (New York Beat), 1980-1981, réalisé par Edo Bertoglio

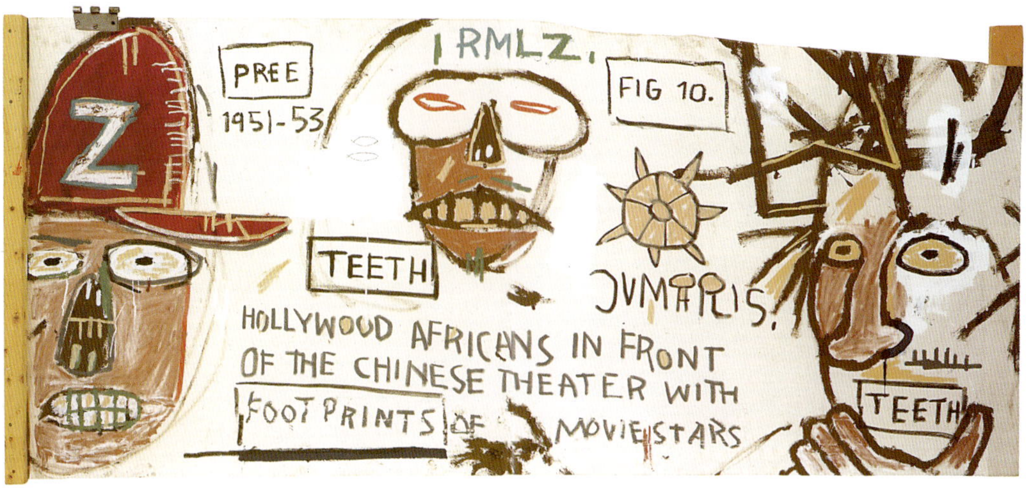

Les propres peintures de Saunders présentaient ce que bien des gens appelleraient une tendance esthétique noire. Comme Jean-Michel Basquiat après lui, et bien plus que les représentations lisses de Romare Bearden, les collages de Saunders font appel au sampling et à la juxtaposition ambiguë de peinture et de matériaux de récupération – en un mot, des détritus. Quelqu'un pourrait invoquer l'influence de l'Arte Povera, un autre pourrait mettre en avant les cultures soul et créole. Ce *remix* culturel est prophétique de ce que Basquiat accomplit dans son œuvre en quelque dix ans.

Nombre des dernières peintures de Basquiat datant de 1987 et 1988 incluent des extraits de texte, marquant ainsi un retour aux phrases exactes de sa carrière underground menée sous le nom de SAMO. Par exemple, THE WHOLE LIVERY LINE BOW LIKE THIS WITH THE BIG MONEY ALL CRUSHED INTO THESE FEET, que l'on trouve dans *Light Blue Movers* (fig. 16). La poésie de ces mots et d'autres plus politiques est assez effrayante quand on considère qu'il nous quitta moins d'un an plus tard. Les phrases COWARDS WILL GIVE TO GET RID OF YOU et NOTHING TO BE GAINED HERE apparaissent dans *Riddle Me This, Batman* (p. 151), et une silhouette noire d'aspect sinistre est assise au volant d'une grosse voiture rouge qui vient de perdre un pneu dans un tableau sombre, sans texte, de 1987, *Sans titre* (p. 173). Il y a aussi *Exu* (p. 160-161), gardien du carrefour entre humain et divin. *Eroica II* (p. 159) [40], avec le texte MAN DIES, écrit sur le côté gauche du tableau, juxtaposé à une grande liste de pensées à droite, est particulièrement significatif.

Au risque du cliché, je suis convaincu que lorsque Basquiat peignit *Riding with Death* (p. 153), il a voulu exprimer quelque chose, faire quelque chose, qui aurait été l'étape ultime. Pour moi, cela veut dire qu'il aurait pris son temps, comme ses amis de Blondie qui attendirent seize ans entre deux albums, ou Maripol et Edo, qui attendirent vingt ans pour sortir le film *New York Beat* sous son nouveau titre, *Downtown 81*. Comme Fab, il aurait peut-être dit au monde de l'art d'aller se faire voir ailleurs et serait devenu un ambassadeur international du hip-hop, avec un © sur l'autorisation de tout matériau visuel nouveau accompagnant une nouvelle musique. La bouffonnerie n'aurait plus droit de cité dans le hip-hop et nous lui en serions tous reconnaissants. Jean-Michel trempait souvent dans la caricature enfantine ou de style BD, mais on n'aurait jamais pu traiter ces personnages de pantins. Les rayons X de ses héros filiformes peuvent vous transpercer l'âme, les dents serrées peuvent vous dévorer, mais c'est toujours un jeu qui se reconnaît comme tel, et c'est toujours réalisé avec une dignité consciente de la mort.

Quand Henry Geldzahler demanda à Jean-Michel en 1983 : « Aujourd'hui, il y a de la colère dans ton œuvre ? », il répondit : « Il y a à peu près 80 % de colère. » « Mais il y aussi de l'humour », ajouta Geldzahler avec optimisme. Ce à quoi Basquiat répondit : « Les gens rient quand on tombe sur le cul. C'est quoi, l'humour[41] ? »

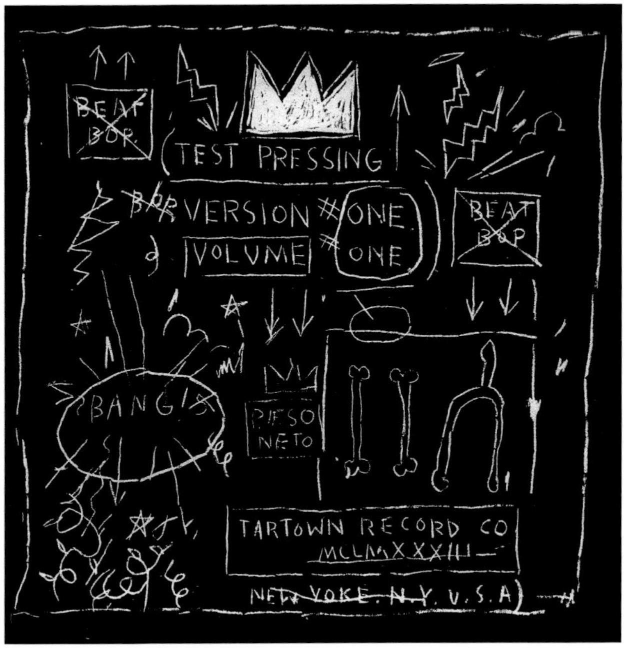

fig. 13
Hollywood Africans in Front of the Chinese Theater with Footprints of Movie Stars
1983
Acrylique et crayon gras sur toile montée sur châssis de bois
90 x 207 cm
The Estate of Jean-Michel Basquiat

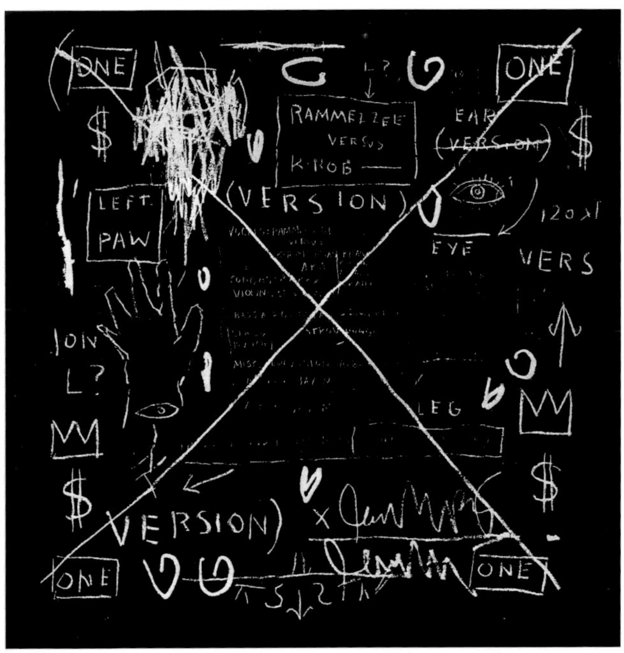

fig. 14
Couverture et dos créés par Basquiat pour « Beat Bop », 1983, enregistrement qu'il a réalisé et produit

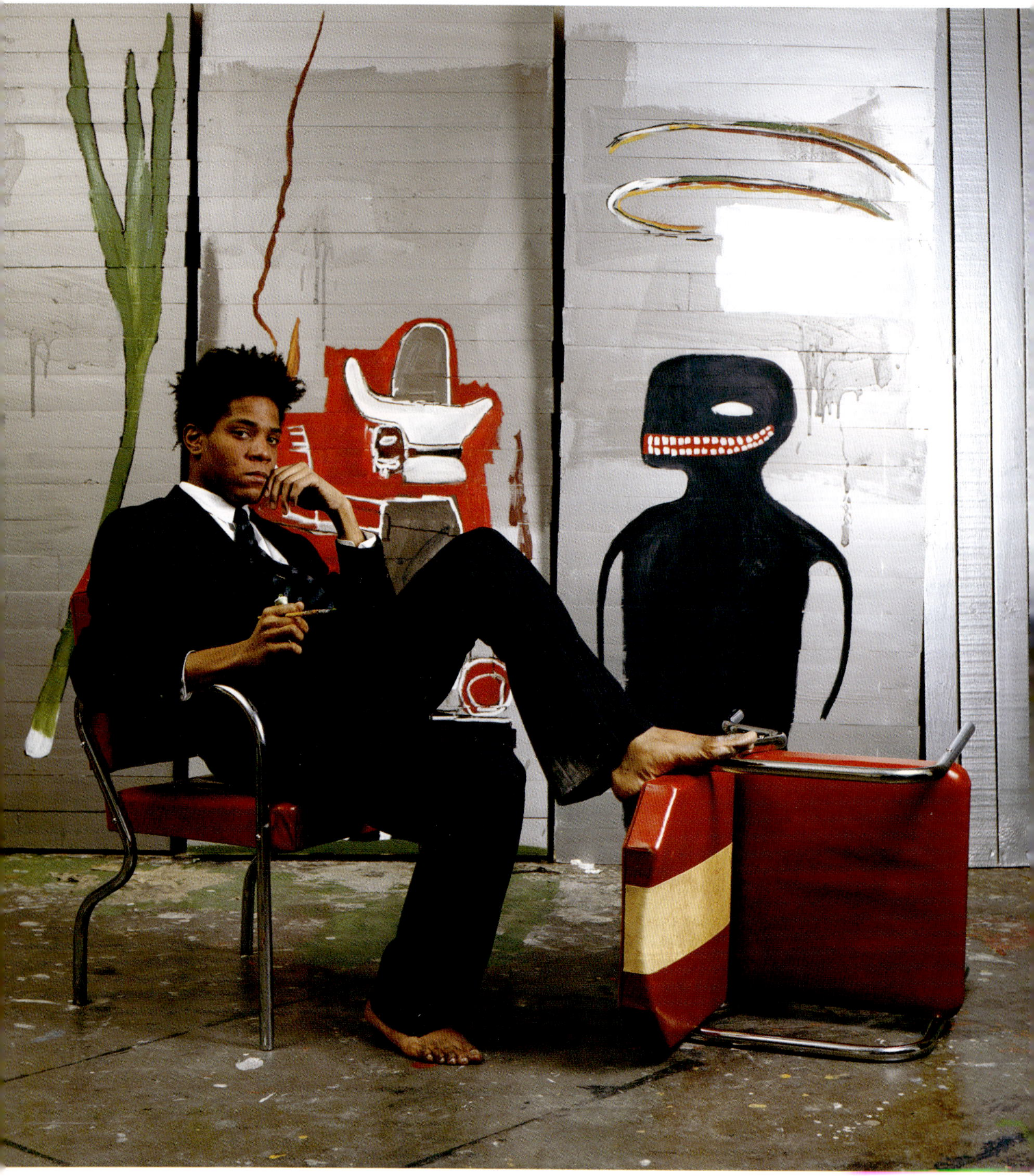

fig. 15
Basquiat dans son atelier, 1985.
Une image quasiment identique de la même photo est parue dans *The New York Times Magazine*, 10 février 1985.

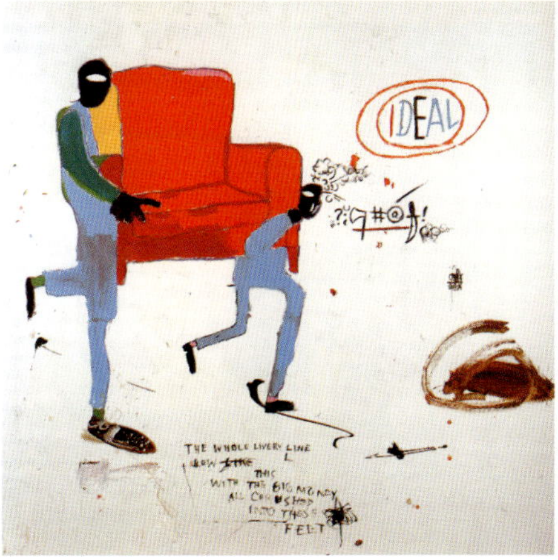

fig. 16
Light Blue Movers
1987
Acrylique et crayon gras sur toile
274 x 285 cm
Collection privée

NOTES

Pour JP et la famille. Merci pour l'idée : MAD, WC, TG, GS, KJ, GT et FB.

1. Baldwin, cité in James Campbell, *Talking at the Gates: A Life of James Baldwin*, Berkeley, University of California Press, 2002.
2. Evan Eisenberg, cité in Bill Brewster et Frank Broughton, *Last Night a DJ Saved My Life: The History of the Disc Jockey*, New York, Grove Press, 1999, p. 4.
3. Robert Farris Thompson, « Activating Heaven: The Incantatory Art of Jean-Michel Basquiat », in *Jean-Michel Basquiat*, New York, Mary Boone-Michael Werner Gallery, 1985.
4. Greg Tate, conversation avec le producteur Djindi Brown, « In Praise of Shadow Boxers: The Crises of Originality and Authority in African-American Visual Art vs. The Wu-Tang Clan », in *Other Narratives*, Houston, Contemporary Arts Museum, 1999, p. 39.
5. Peter Schjeldahl, « Paint the Right Thing », *Elle*, novembre 1989, p. 214-216.
6. Michael Eric Dyson, « We Never Were What We Used to Be: Black Youth, Pop Culture, and the Politics of Nostalgia », dans son livre *Race Rules: Navigating the Color Line*, New York, Vintage, 1997, p. 115.
7. Roberta Smith, « Mass Productions », *The Village Voice* n° 23, mars 1982, p. 84. Cité in Lorraine O'Grady, « A Day at the Races: Basquiat and the Black Art World », *Artforum* n° 31, avril 1993, p. 10-12.
8. Fred Brathwaite (Fab 5 Freddy), cité in Suzi Gablik, « Report from New York: The Graffiti Question », *Art in America* n° 70, octobre 1982, p. 36.
9. David Bowie, « Basquiat's Wave », *Modern Painters* n° 9, printemps 1996, p. 46.
10. Lydia Yee, « Breaking and Entering », in *One Planet under a Groove: Hip Hop and Contemporary Art*, New York, Bronx Museum of the Arts, 2001, p. 18.
11. Tricia Rose, cité in Yee, « Breaking and Entering », art. cité, p. 18.
12. Platon, *La République*, livre IV (§ 424), traduction R. Baccou, Paris, Cornier, 1966. Cité in Brewster et Broughton, *Last Night a DJ Saved My Life*, *op. cit.*, p. 362.
13. Fred Brathwaite, cité in Gablik, « Report from New York: The Graffiti Question », art. cité, p. 39. De même, en 2001, écrivant pour *The Village Voice* à propos de la rétrospective Jackson Pollock au Museum of Modern Art, Richard Goldstein évoque cette exposition avec la légende du graff, Case 2, dont l'image et la conversation occupent une place centrale dans l'article.
14. René Ricard, « Radiant Child », *Artforum* n° 20, décembre 1981, p. 41.
15. Première publication *ibid.*, p. 35.
16. Tate, « In Praise of Shadow Boxers », art. cité, p. 40.
17. Thompson, « Activating Heaven », art. cité.
18. Brewster et Broughton, *Last Night a DJ Saved My Life*, *op. cit.*, p. 14.
19. Yee, « Breaking and Entering », art. cité, p. 19.
20. Greg Tate, « Graf Rulers/Graf Untrained », in *One Planet under a Groove*, *op. cit.*, p. 38.
21. Grâce à Diego Cortez.
Les photographies de Van Der Zee par Basquiat accompagnaient l'interview de Henry Geldzahler avec Basquiat (« Art: From Subways to SoHo, Jean-Michel Basquiat », *Interview* n° 13, janvier 1983, p. 44-46).
Voir M. Franklin Sirmans, « Chronology », in Richard Marshall *et al.*, *Jean-Michael Basquiat*, New York, Whitney Museum of American Art, 1992, p. 241.
22. La peinture *Charles the First* ne fait pas référence au roi Charles Ier d'Angleterre, comme l'affirme Mark Francis, de la Fruitmarket Gallery (voir *Jean-Michel Basquiat: Paintings, 1981-1984*, Édimbourg, The Fruitmarket Gallery, 1984, n.p.), mais plutôt à Charlie Parker.
23. Keith Haring, « Remembering Basquiat », in Franklin Sirmans éd., *Basquiat*, New York, Tony Shafrazi Gallery, 1999, p. 58.
24. Barry Michael Cooper, « Larry Scott Paints New Life into Hip Hop's Dead », envoyé le 8 janvier 2004, *Africana.com/reviews/arts*.
25. Gérard Basquiat, interview avec l'auteur, 4 février 1992.
26. Henry Geldzahler, interview avec l'auteur, 16 mars 1992.
27. Jeffrey Deitch, « Jean-Michel Basquiat », *Flash Art* n° 16, mai 1982, p. 49.
28. Philip Faflick, « SAMO © Graffiti: Boosh-Wah or CIA? », *The Village Voice* n° 11, décembre 1978, p. 41.
29. Fred Brathwaite, interview avec l'auteur, août 1999.
30. Michael Holman, interview avec l'auteur, 30 janvier 1992.
31. Fred Brathwaite, interview avec l'auteur, août 1999.
32. Malcolm McLaren, cité in Brewster et Broughton, *Last Night a DJ Saved My Life*, *op. cit.*, p. 248.
33. *Ibid.*, p. 252.
34. Dick Hebdige, « Welcome to the Terrordome: Jean-Michel Basquiat and the "Dark" Side of Hybridity », in Marshall *et al.*, *Jean-Michel Basquiat*, *op. cit.*, p. 64-65. Le doux rappeur LL Cool J a eu son propre sitcom et a joué dans de nombreux films populaires.
35. Michael Holman, interview avec l'auteur, 30 janvier 1992.
36. Fred Brathwaite, interview avec l'auteur, août 1999.
37. Greg Tate, « Black Like B. », in Marshall *et al.*, *Jean-Michel Basquiat*, *op. cit.*, p. 58.
38. Cathleen McGuigan, « New Art, New Money: The Marketing of an American Artist », *The New York Times Magazine*, 10 février 1985, p. 29.
39. Richard J. Powell, *Black Art and Culture in the 20th Century*, New York et Londres, Thames & Hudson, 1996, p. 125.
40. Au début de sa surdité et avant de composer sa *Troisième Symphonie « Héroïque »*, en 1804, Beethoven expliqua que c'était uniquement pour exploiter tout son potentiel artistique qu'il ne s'était pas suicidé.
41. Henry Geldzahler, « Jean-Michel Basquiat » (1983), reproduit in Geldzahler, *Making It New: Essays, Interviews, and Talks*, New York, Turtle Point Press, 1994, p. 205

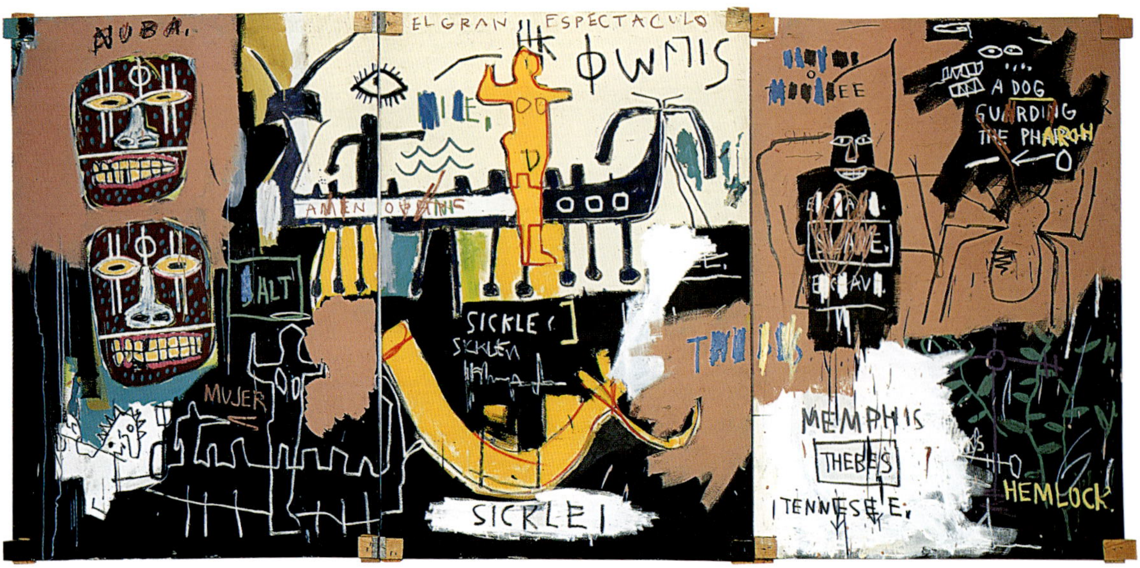

The Nile
1983
Acrylique et crayon gras
sur toile montée sur châssis
de bois, triptyque
172,5 x 358 cm
Collection privée,
courtesy Enrico Navarra

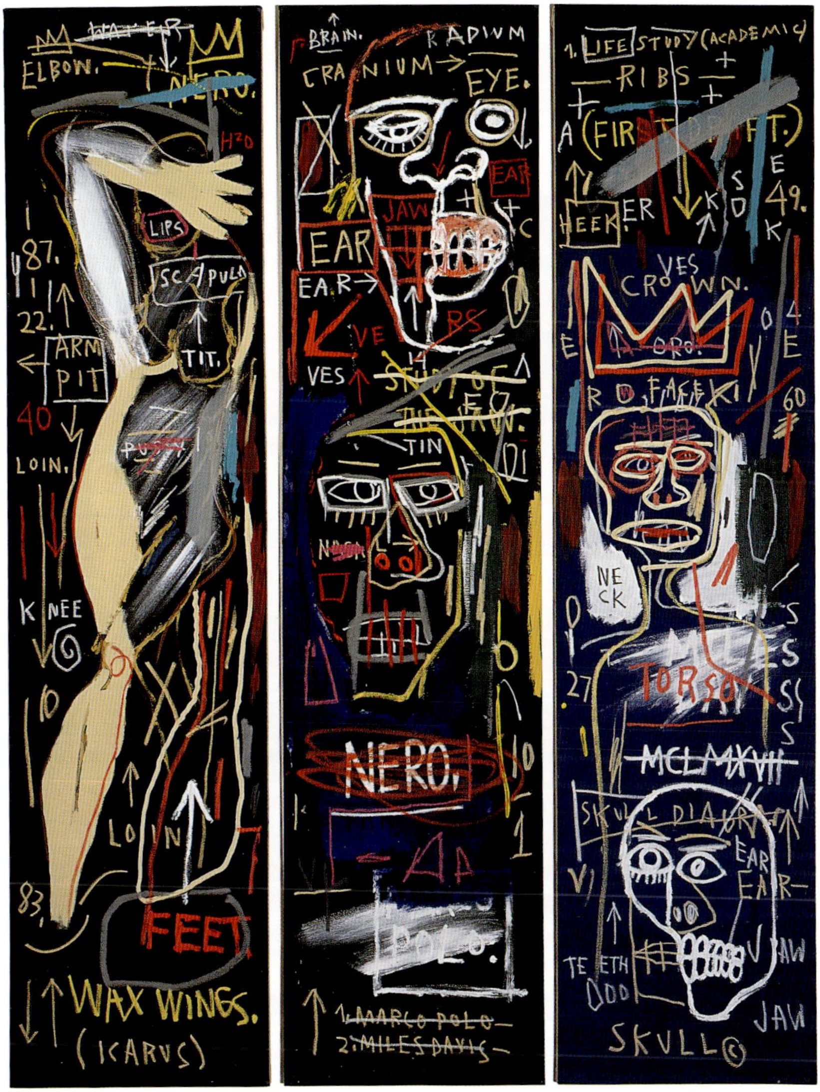

Sans titre
1983
Acrylique et crayon gras sur toile montée sur châssis de bois, triptyque
243,8 x 182,9 cm
Collection Anette et Udo Brandhorst

Notary
1983
Acrylique, crayon gras et papier collé sur toile montée sur châssis de bois, triptyque
180,5 x 401,5 cm
The Schorr Family Collection ; dépôt au Princeton University Art Museum

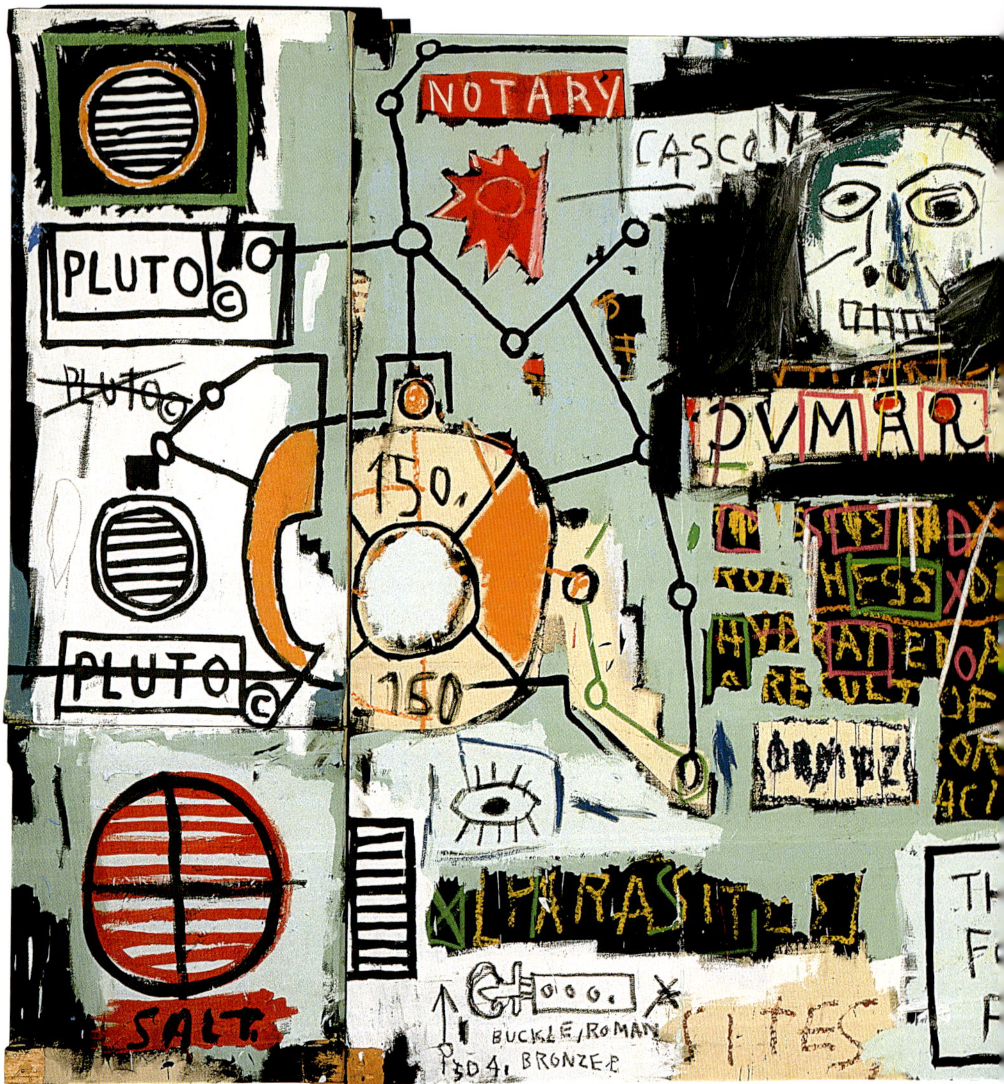

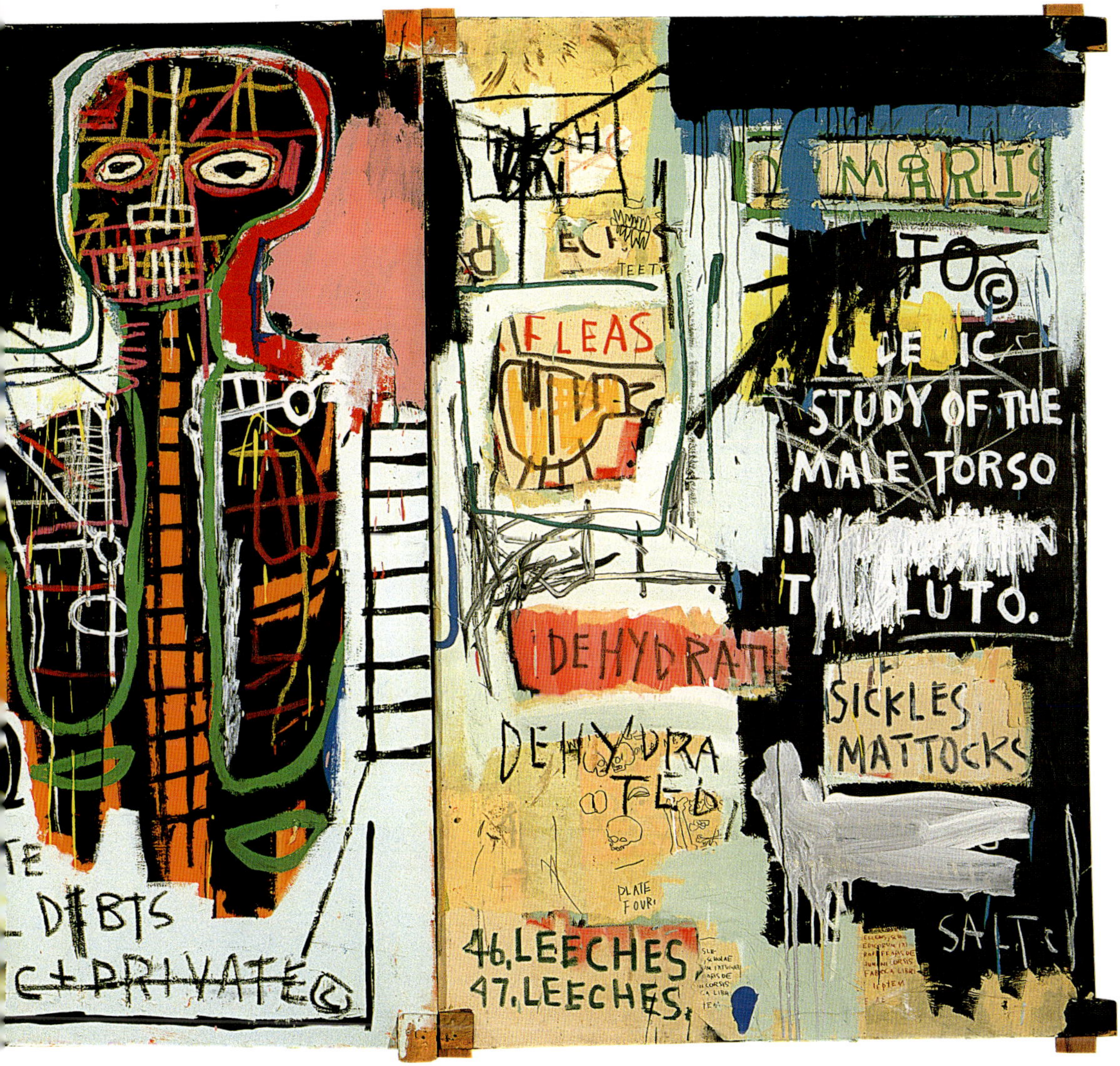

MARIS
FLEAS
STUDY OF THE
MALE TORSO
LUTO.
SICKLES
MATTOCKS
DEHYDRATED
PLATE FOUR
46. LEECHES,
47. LEECHES,
PRIVATE©

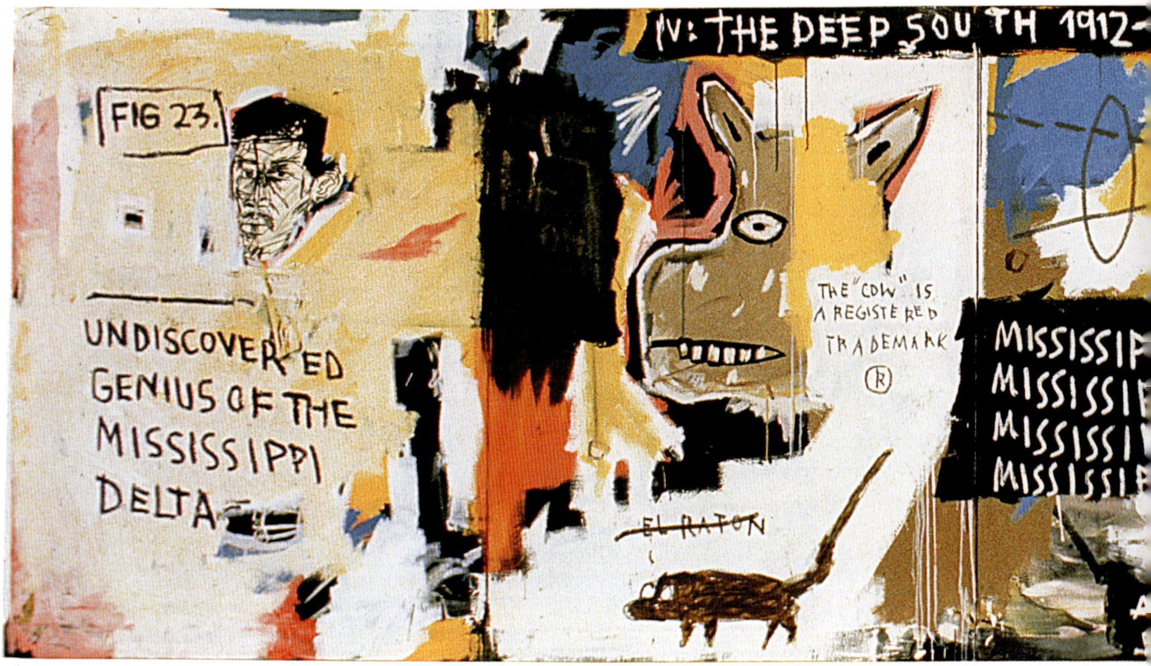

Undiscovered Genius of the Mississippi Delta
1983
Acrylique, crayon gras
et papier collé sur toile,
cinq panneaux
121,9 x 467,4 cm
The Stephanie and
Peter Brant Foundation,
Greenwich, Connecticut

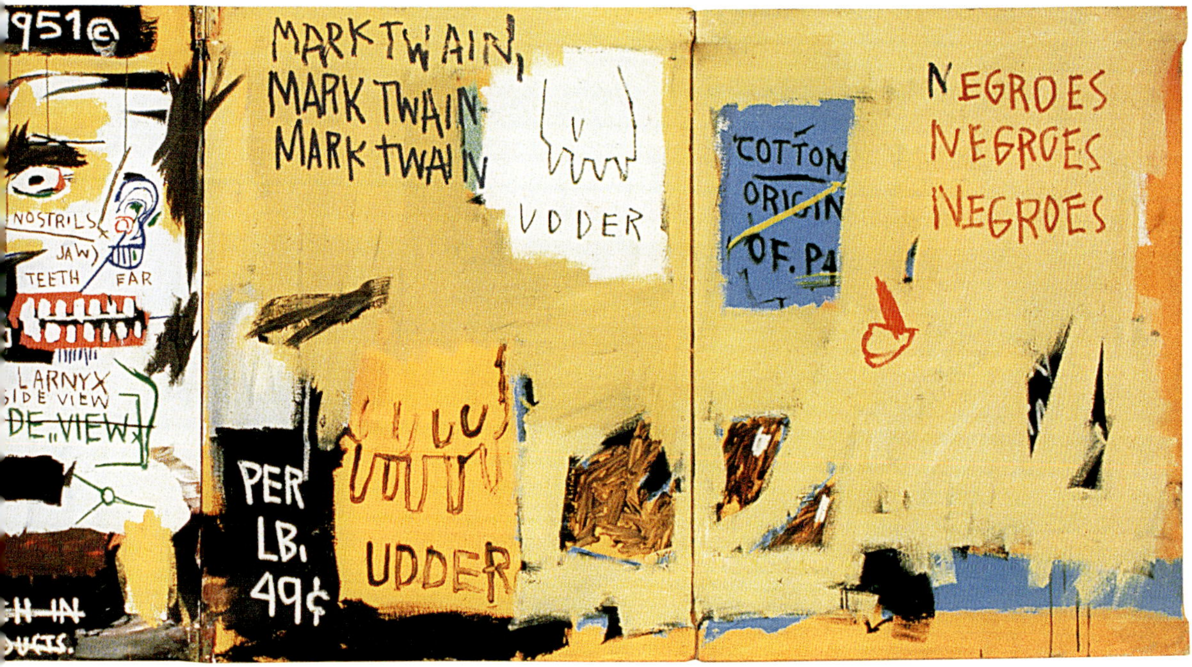

951©
MARK TWAIN,
MARK TWAIN
MARK TWAIN
UDDER
NOSTRILS
JAW
TEETH
EAR
LARNYX
PER
LB.
49¢
UDDER
COTTON
NEGROES
NEGROES
NEGROES

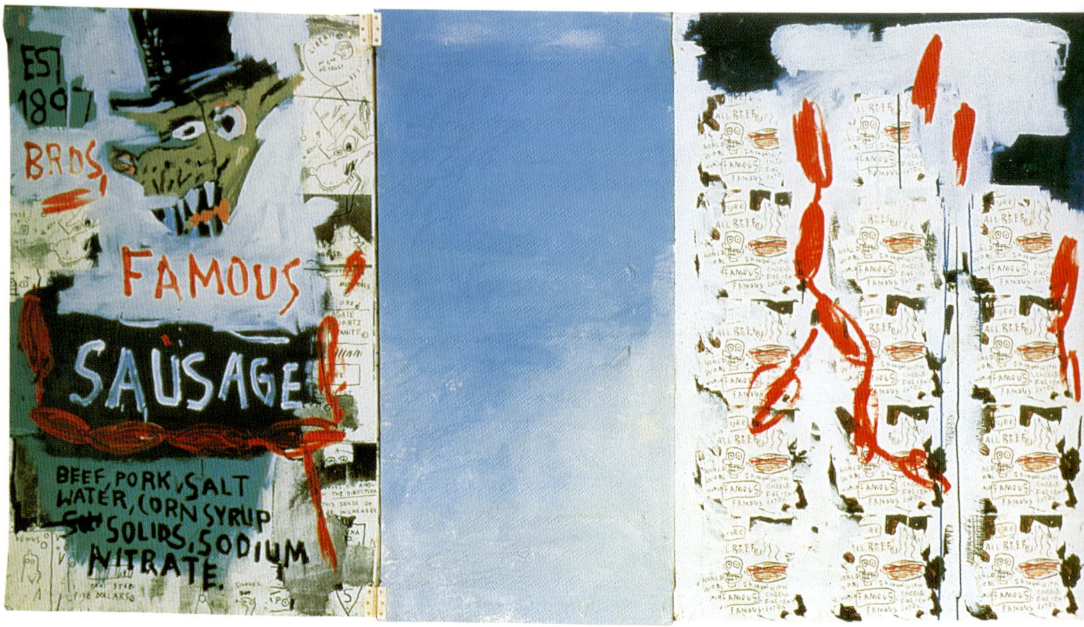

Brother's Sausage
1983
Acrylique, crayon gras
et photocopie collée
sur toile, six panneaux
121,9 x 584,2 cm
The Stephanie and
Peter Brant Foundation,
Greenwich, Connecticut

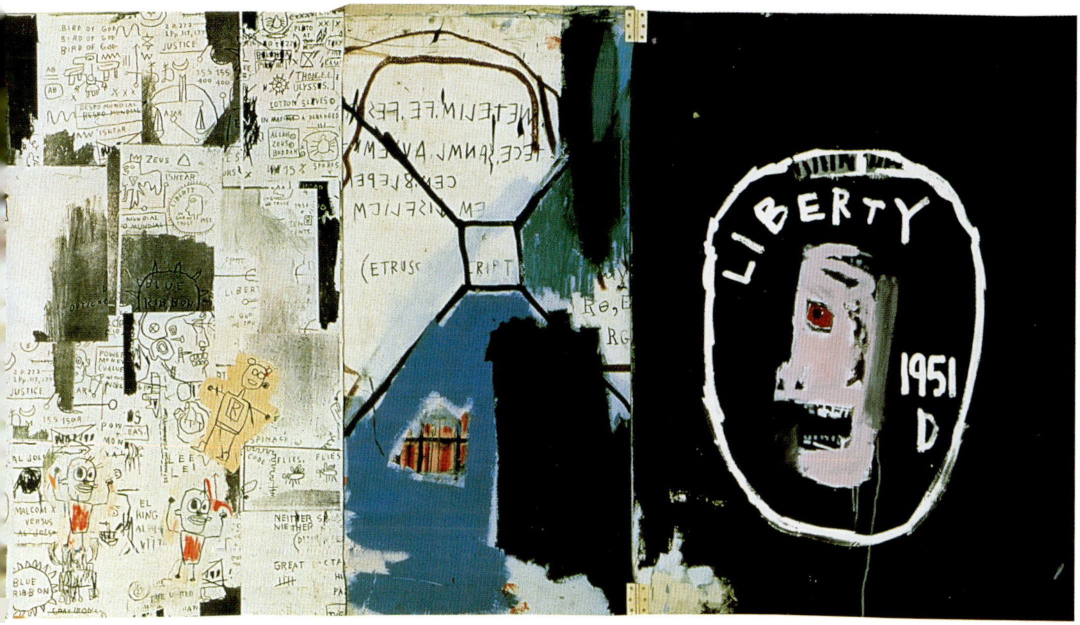
LIBERTY
1951
D

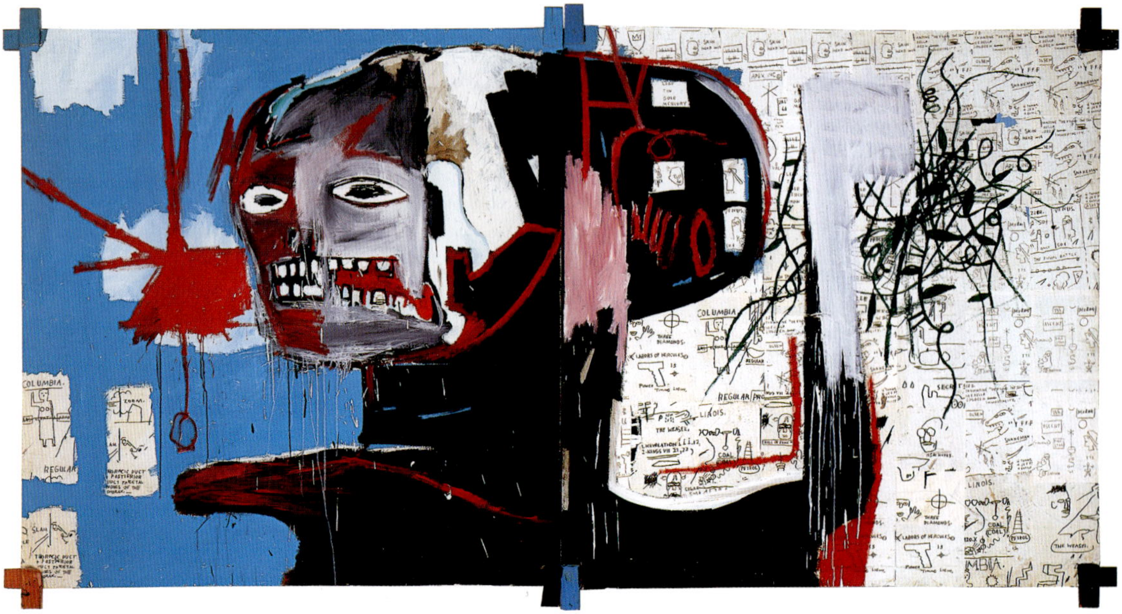

La Colomba
1983
Acrylique, crayon gras
et photocopie collée sur toile
montée sur châssis de bois,
diptyque
183 x 366 cm
Collection Arthur et Jeanne Cohen

In Italian
1983
Acrylique, crayon gras et marqueur sur toile montée sur châssis de bois, diptyque
225 x 203 cm
The Stephanie and Peter Brant Foundation, Greenwich, Connecticut

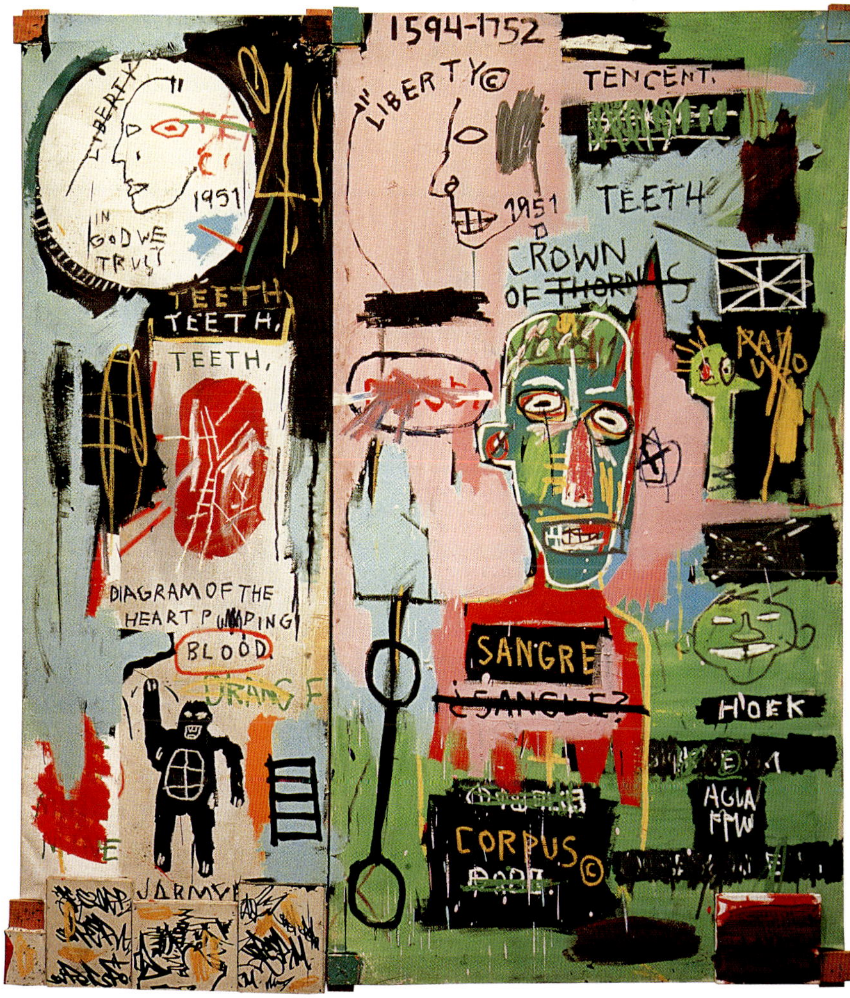

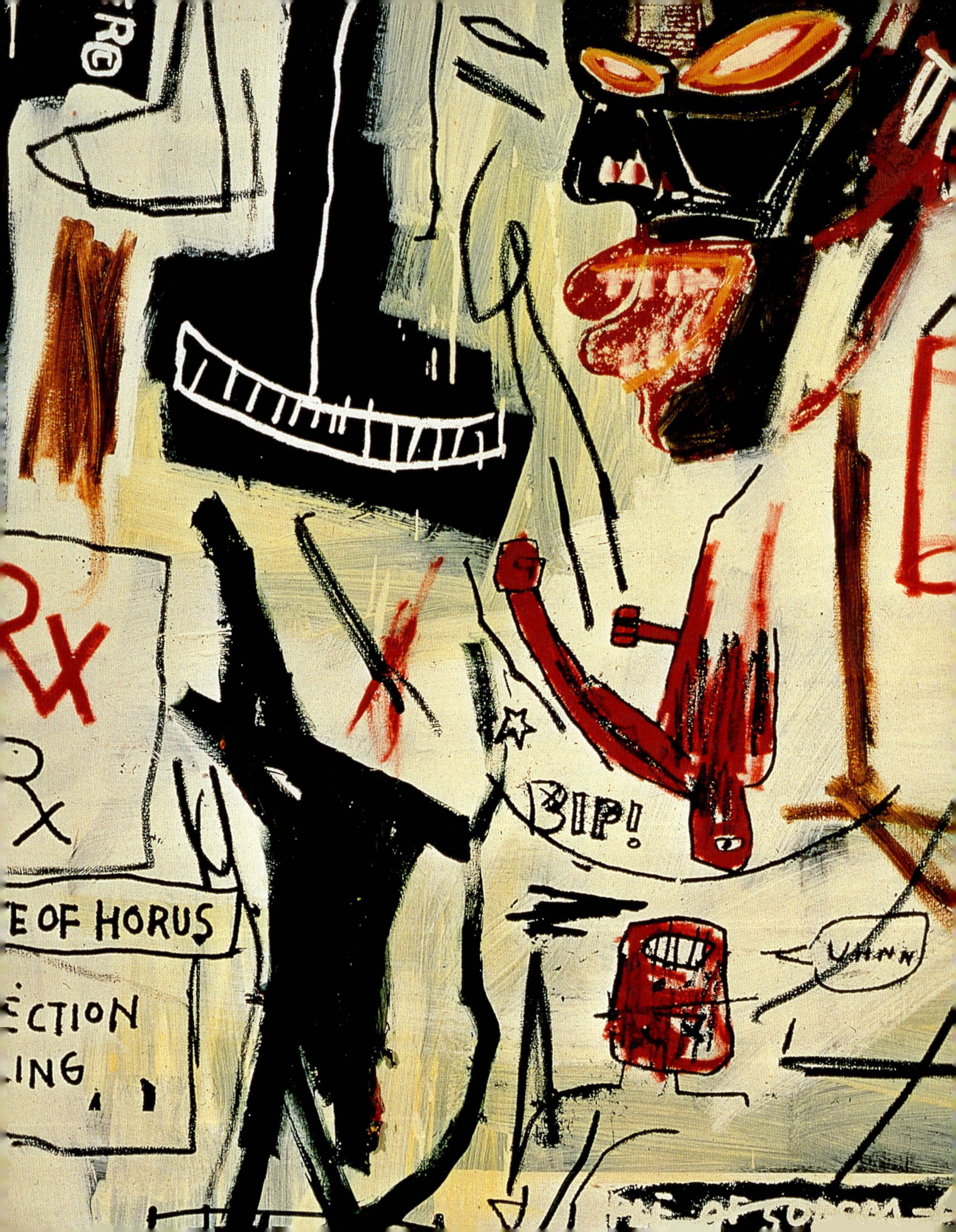
Rx
Rx
E OF HORUS
ECTION
ING
BIP!
UHNN

Melting Point of Ice
1984
Acrylique, crayon gras
et sérigraphie sur toile
218,5 x 172,5 cm
The Broad Art Foundation,
Santa Monica, Californie

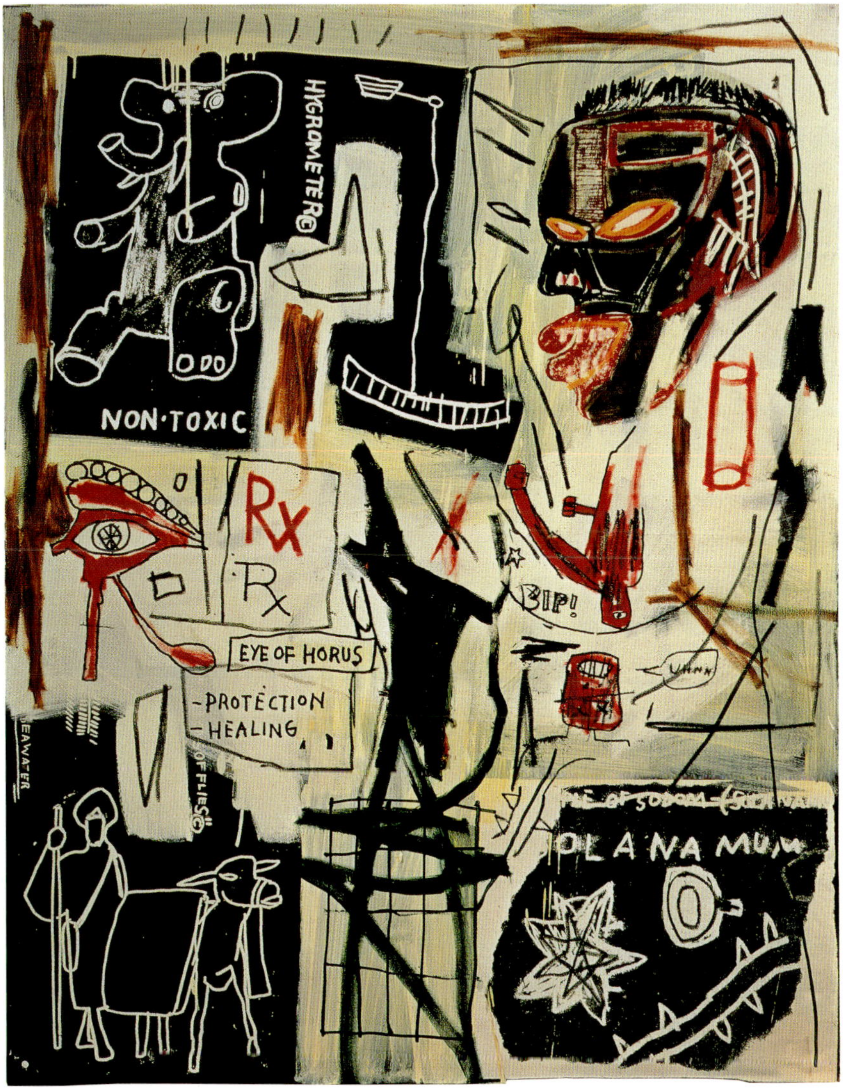

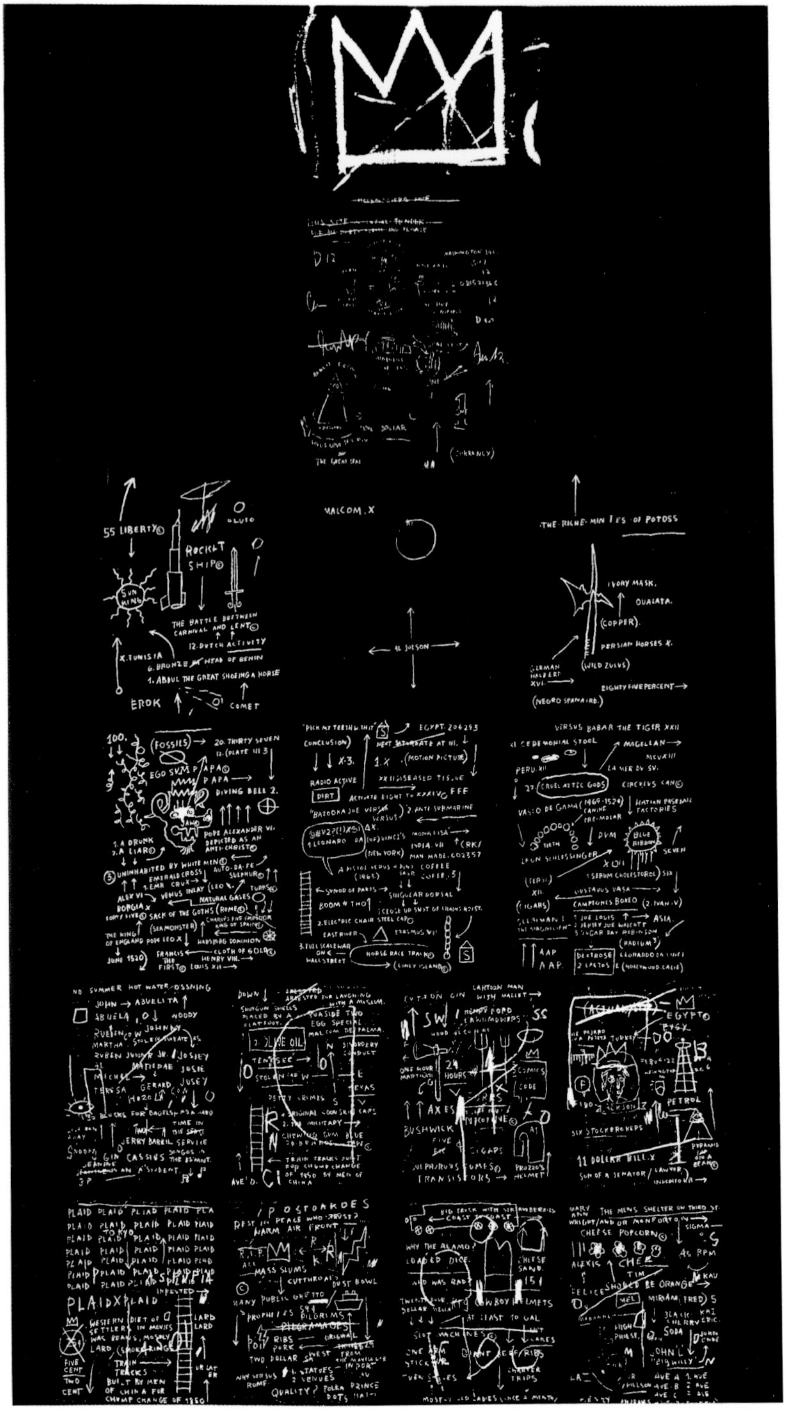

Tuxedo

1982

Sérigraphie sur toile
260,8 x 151,8 cm
10 exemplaires
Courtesy Tony Shafrazi
Gallery, New York

Sans titre (Crown)
1983
Acrylique, encre et papier
collé sur papier
50,8 x 73,7 cm
Collection Leo Malca

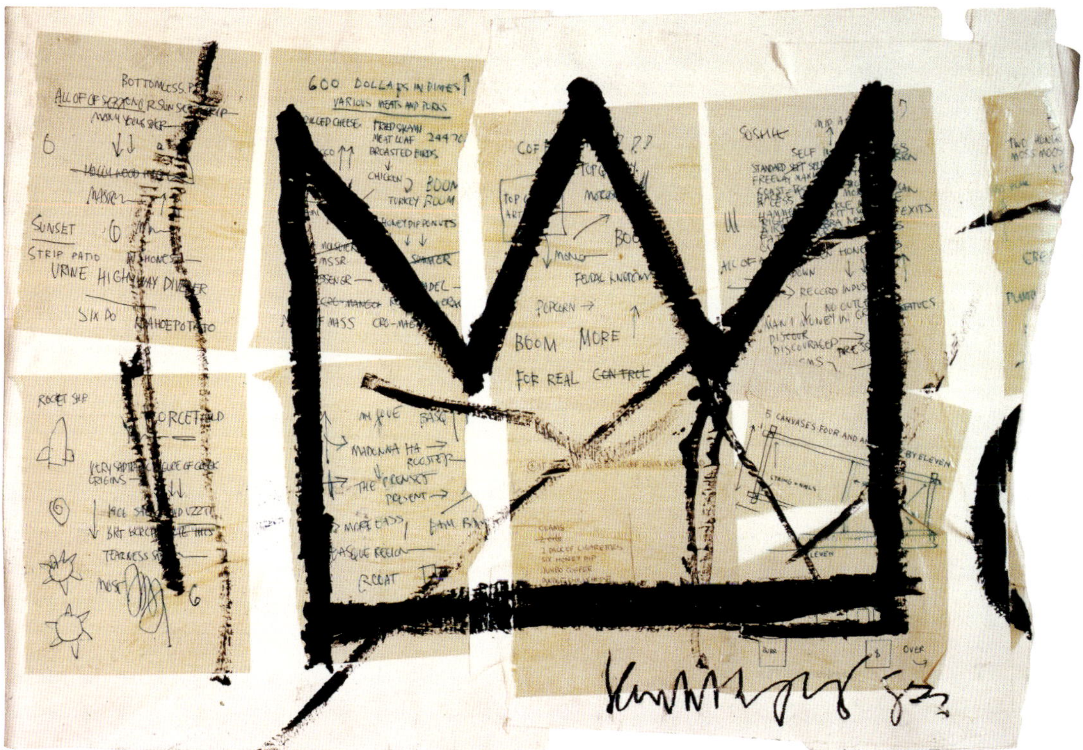

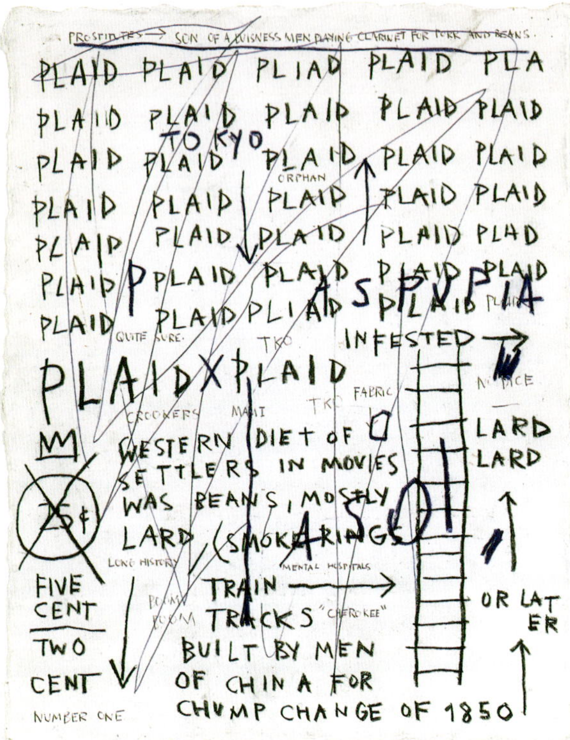

Sans titre
(Plaid)
1982
Crayon gras et encre
sur papier
49,8 x 39,4 cm
Whitney Museum of
American Art, New York.
Acquis grâce à Mrs. William
A. Marsteller, The Norman
and Rosita Winston Foundation,
Inc., et The Drawing Committee,
91.15

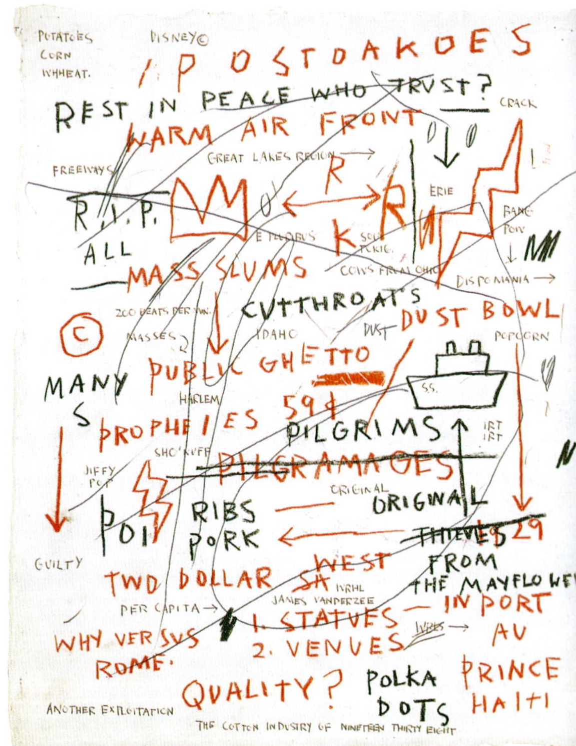

Sans titre
(Quality)
1982
Crayon gras et encre
sur papier
49,5 x 39,4 cm
Whitney Museum of
American Art, New York.
Acquis grâce à Mrs. William
A. Marsteller, The Norman
and Rosita Winston Foundation,
Inc., et The Drawing Committee, 91.16

Sans titre
(Mostly Old Ladies)
1982
Crayon gras et stylo
à bille sur papier
50,8 x 40,6 cm
The Stephanie and
Peter Brant Foundation,
Greenwich, Connecticut

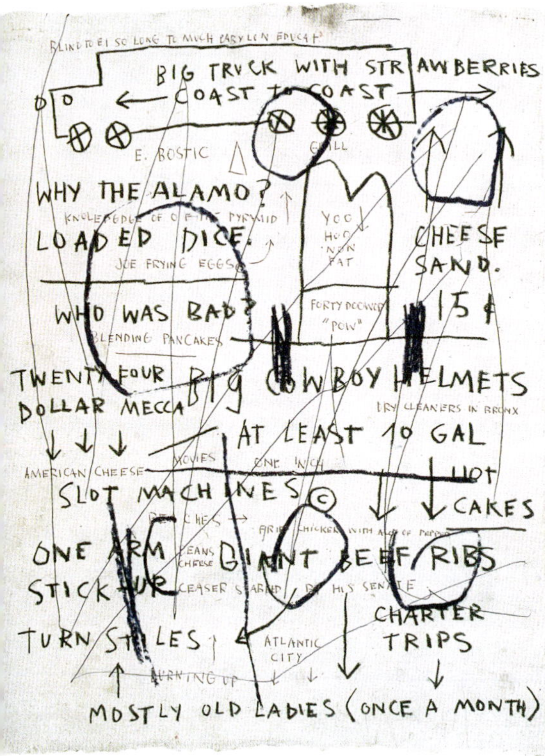

Sans titre
(Cheese Popcorn)
1982
Crayon gras et stylo
à bille sur papier
50,8 x 40,6 cm
The Stephanie and
Peter Brant Foundation,
Greenwich, Connecticut

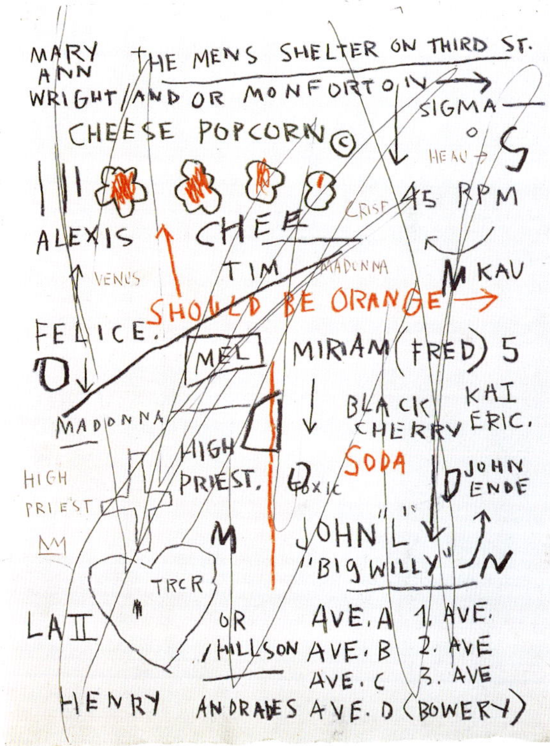

Sans titre
(Jackson)
1982
Crayon gras et stylo
à bille sur papier
50,8 x 40,6 cm
The Stephanie and
Peter Brant Foundation,
Greenwich, Connecticut

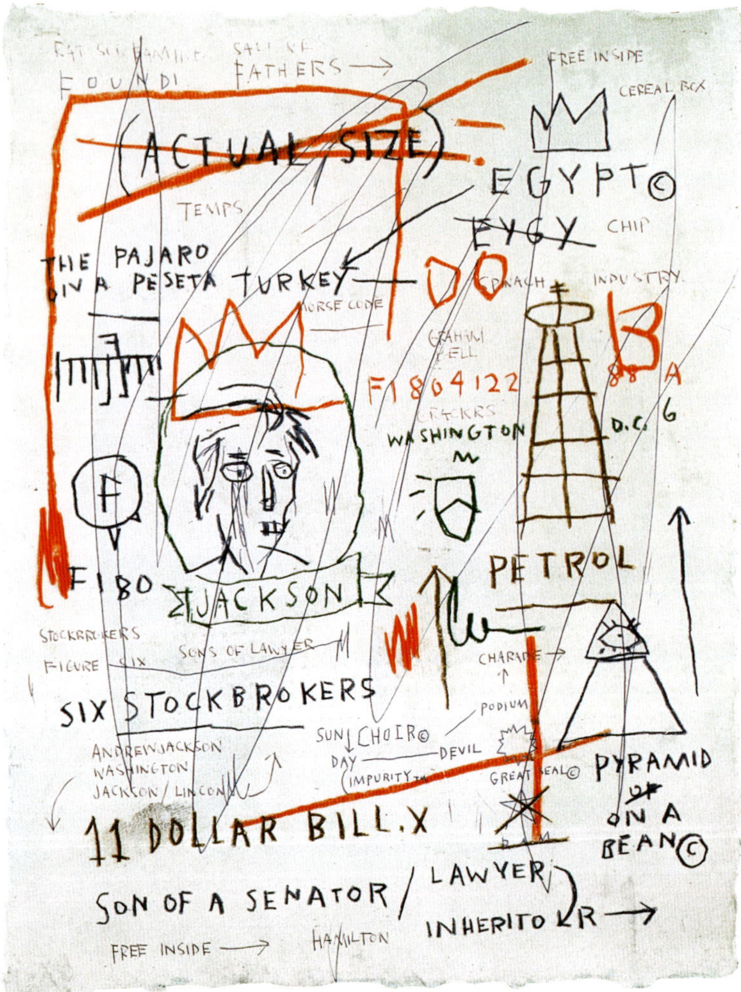

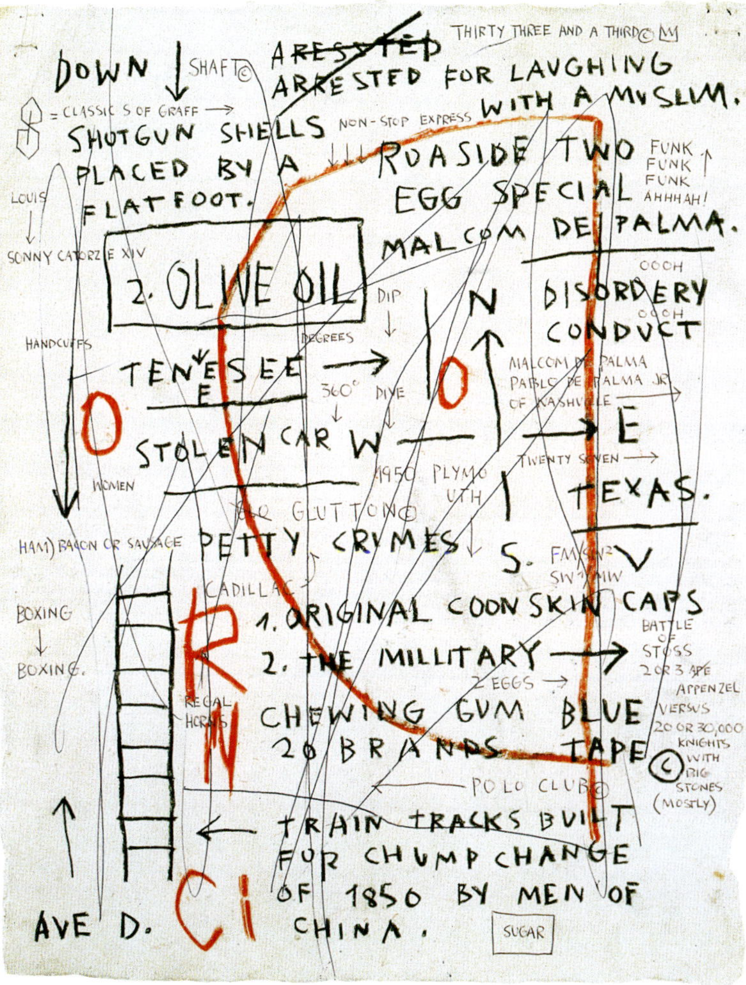

Sans titre
(Olive Oil)
1982
Crayon gras et stylo
à bille sur papier
50,8 x 40,6 cm
The Stephanie and
Peter Brant Foundation,
Greenwich, Connecticut

Sans titre (tiré de la série *Blue Ribbon*)
1984
Acrylique et sérigraphie
sur toile
167,6 x 152,4 cm
The Schorr Family Collection

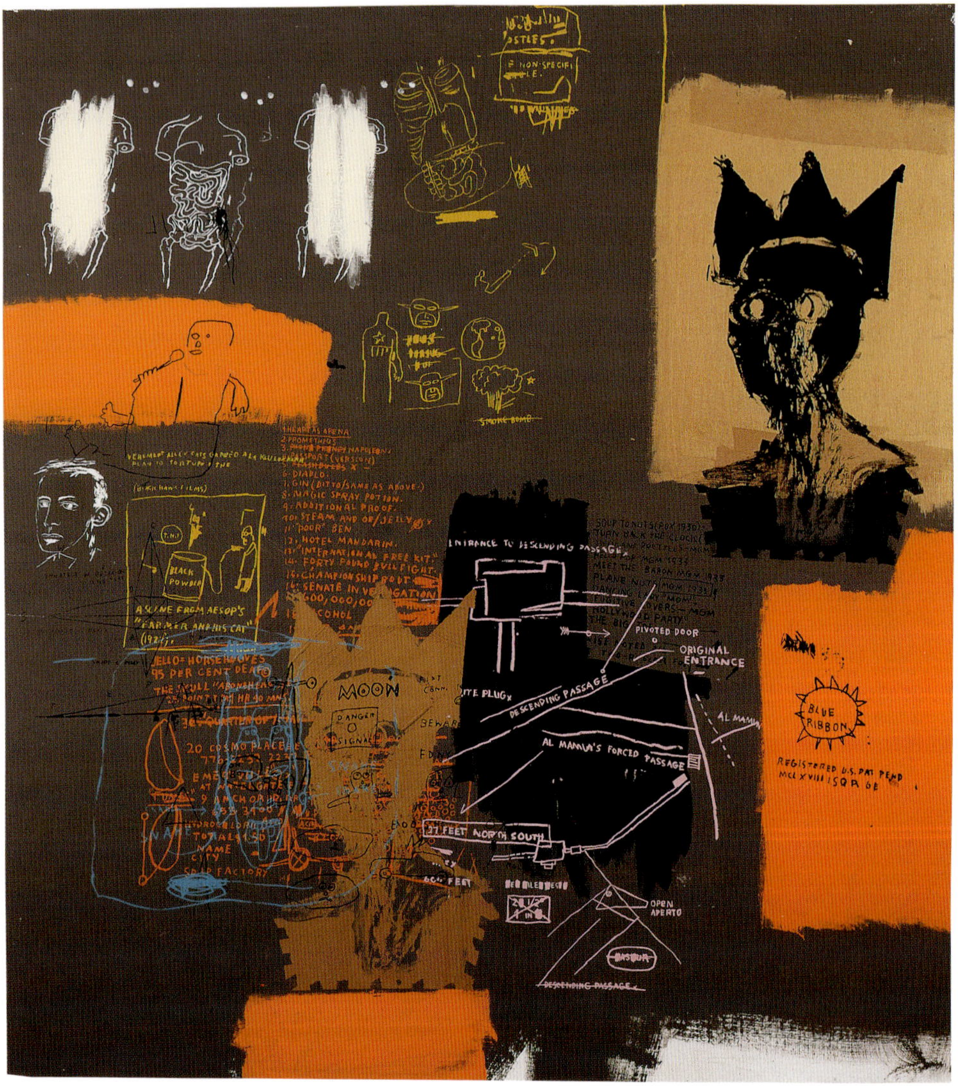

Sans titre (tiré de la série *Blue Ribbon*)
1984
Acrylique et sérigraphie sur toile
167,6 x 152,4 cm
The Schorr Family Collection

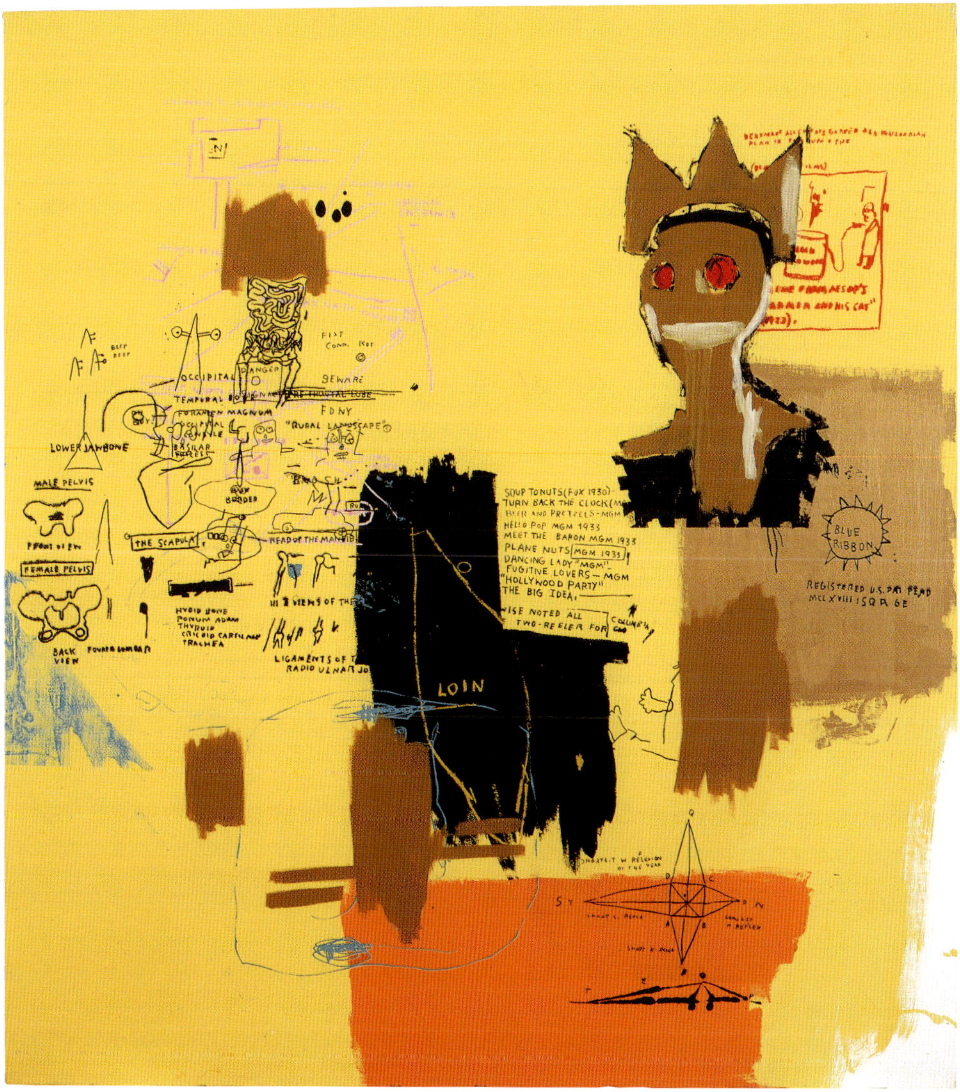

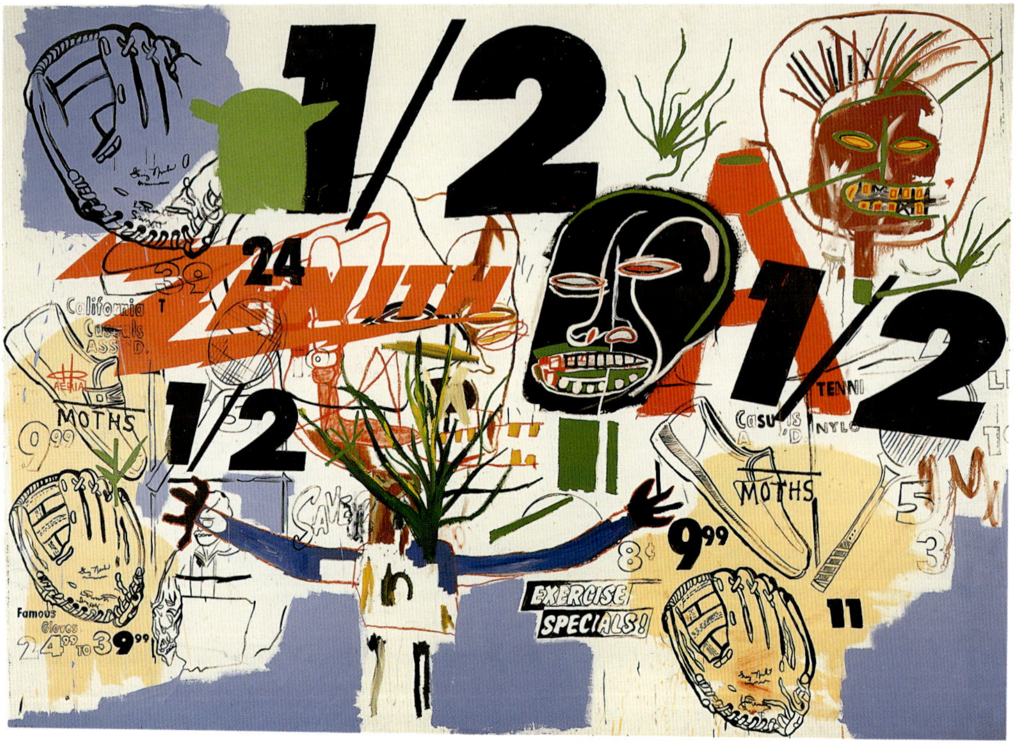

Sans titre (collaboration avec Andy Warhol)
1984
Sérigraphie et crayon gras sur toile
294,5 x 420,3 cm
The Estate of Jean-Michel Basquiat

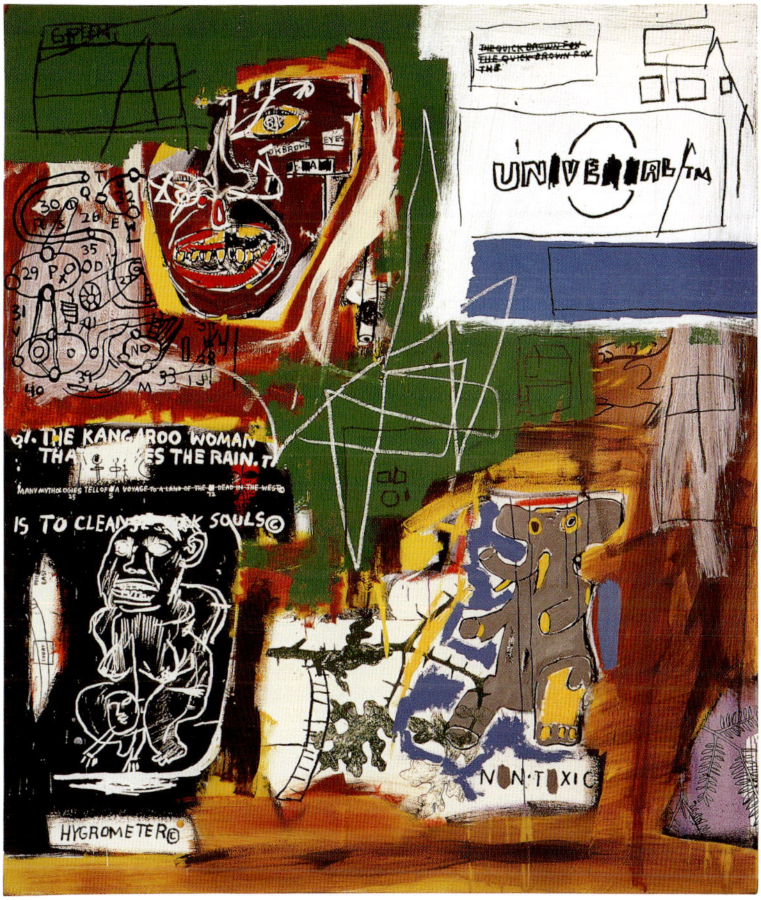

Sienna
1984
Acrylique et huile
sur toile
223,4 x 195,6 cm
Collection privée

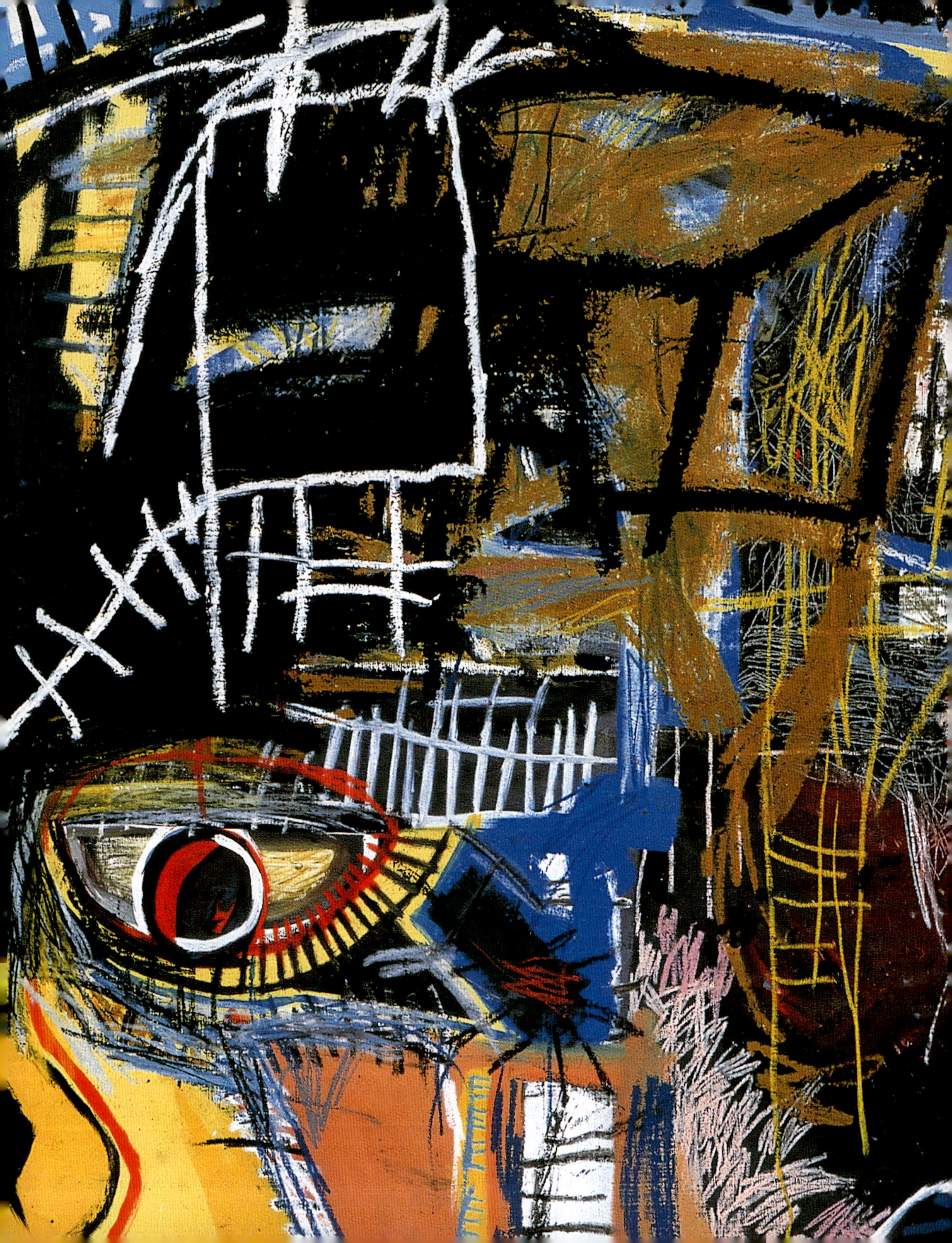

« L'idée que l'âme connaîtra la grande extase
Pour la seule raison que le corps se décompose,
Tout cela n'est que fantasme.
Ce qu'on trouve aujourd'hui, on le trouvera alors.
Celui qui ne trouve rien ici-bas
Devra se contenter d'un appartement dans la Cité de la Mort. »

Kabir [1]

Les années déterminantes

Notes sur cinq chefs-d'œuvre

Fred Hoffman

Jean-Michel Basquiat se voyait comme un artiste, mais cela dissimulait sa capacité profonde à agir comme une sorte d'oracle, qui distillait sa perception du monde extérieur jusqu'à en tirer la quintessence avant de la projeter à nouveau par le biais de ses créations. La prise de conscience de ce rôle se manifesta tout d'abord dans la rue quand, sous le nom de SAMO, il transformait ses propres observations en messages cryptés qu'il inscrivait sur les édifices de son environnement urbain. Cet effort devint rapidement le fondement de sa première production artistique, au milieu de laquelle on trouve une série de dessins avec images et textes exécutés au début de 1981 (p. 24-25). Ne contenant qu'un seul mot, une courte phrase ou une simple image faisant référence à une personne, à un événement ou à une récente observation, chaque dessin raffinait à l'extrême une perception externe.

Quand il exposa dans des galeries, Basquiat fut guidé par le même processus de distillation – que ce soit dans le contenu de son œuvre ou dans sa stratégie stylistique. Ses peintures proclamaient l'existence d'une vérité plus fondamentale cachée au cœur d'une pensée ou d'un événement donné. Tout au long de sa carrière, le jeune artiste fit preuve, à l'égard des aspects émotionnels et spirituels de sa propre personnalité, de cette acuité d'observation qu'il réservait précédemment à son environnement.

Dès la première moitié de 1981, âgé d'à peine vingt ans, Basquiat vécut ce qui allait devenir une étape déterminante de sa carrière. Examinant ses propres expériences, il y découvrit la possibilité, riche quoique implicite, d'aborder des préoccupations humaines plus vastes, et il produisit en dix-huit mois cinq œuvres clés : *Sans titre (Head)* (1981), *Acque Pericolose* (1981), *Per Capita* (1981), *Notary* (1983)

Sans titre (Head) [détail], 1981 (p. 35)

et *La Colomba* (1983). Ces œuvres ne se contentent pas d'éclairer cette période de la carrière de Basquiat, elles révèlent aussi la profondeur de l'intérêt qu'il porte à la représentation de l'expérience spirituelle. On a beaucoup écrit sur la personnalité quasi mythique de cet artiste et sur son rôle dans la renaissance du monde artistique new-yorkais au début des années 1980, mais on s'est moins intéressé au pouvoir irréfutable de ces œuvres, celui de transcender l'individuel pour aborder des problèmes plus amples et des thèmes universels. On peut voir dans ces œuvres clés et dans leur manière d'aborder le dualisme – c'est-à-dire des idées ou des systèmes philosophiques totalement opposés – la véritable stratégie picturale de l'artiste. À cet égard, je citerai le dessin de 1981 montrant deux plateaux d'une balance bien équilibrés sous lesquels sont inscrits les mots GOD et LAW (Dieu et la Loi) [fig. 1]. Pour Basquiat, ce dessin révélait la dichotomie existant entre la liberté d'expression exigée par sa propre activité créatrice et les nécessités de la responsabilité sociétale.

Nombre des dualités évoquées dans son œuvre naissent de la reconnaissance de la situation difficile qui est la sienne, celle d'un jeune Noir dans un monde artistique blanc. Pour avoir étroitement travaillé avec l'artiste à la production de ses sérigraphies numérotées mais aussi à ses premières peintures utilisant l'imagerie générée par la sérigraphie, j'ai pris conscience du réel souci qu'avait Basquiat d'incorporer la dichotomie noir/blanc au contenu et aux stratégies de sa production artistique. On en a un premier exemple avec la volonté délibérée de passer du noir au blanc caractéristique de cette sérigraphie sur toile non titrée datant de 1983 [2] : dans l'œuvre originale [3], l'artiste représentait une tête noire posée sur une accumulation de textes et d'images. Mais la sérigraphie inverse l'imagerie et les textes positifs, transformant en blanc tout ce qui était noir à l'origine et en noir tout ce qui était blanc. Tout au long de sa carrière, Basquiat s'intéressa à d'autres dichotomies suggestives : richesse et pauvreté, intégration et ségrégation, ou encore expérience intérieure et expérience extérieure. L'examen de ces cinq œuvres déterminantes montrera comment la façon dont Basquiat utilisa ces dichotomies en vint à définir son travail.

SANS TITRE (HEAD)

Début 1981, Basquiat entreprit une peinture représentant une tête démesurée qui occupait tout l'espace pictural, une image sans précédent dans ses ébauches, dessins et peintures antérieurs. Dédaignant la précision des traits ou la ressemblance individuelle, il choisit de mettre en valeur les qualités expressives de cette tête. La présentation publique de cette peinture marqua l'émergence de Basquiat en tant que voix nouvelle et authentique dans l'univers de l'art contemporain.

Contrairement à nombre de ses peintures plus tardives, *Sans titre (Head)* [p. 128] fut commencée puis mise de côté pendant plusieurs mois [4], avant d'être enfin reprise [5]. On ne peut que spéculer quant aux raisons de cette hésitation, mais plusieurs proches de Basquiat – dont moi-même et Annina Nosei, alors marchande de ses œuvres – pensent que le jeune artiste encore inexpérimenté craignait de terminer cette œuvre parce qu'il était déstabilisé, voire terrorisé par la puissance et l'énergie que dégageait cette image inattendue. D'autres eurent une réaction comparable quand l'œuvre fut exposée pour la première fois.

Pour la première exposition de l'artiste à New York, en 1982, cette peinture fut présentée sous le nom de *Sans titre* ; quelques mois plus tard, quand elle entra dans la collection de ses propriétaires actuels, le mot « Skull » (crâne) fut ajouté à *Sans titre* ; depuis, dans toutes les expositions, il accompagne cette peinture [6]. Cette dénomination constitue une interprétation erronée que l'on peut attribuer à la fois au caractère unique

fig. 1
Sans titre (God/Law)
1981
Crayon gras sur papier
27,3 x 21,6 cm
Collection Leo Malca

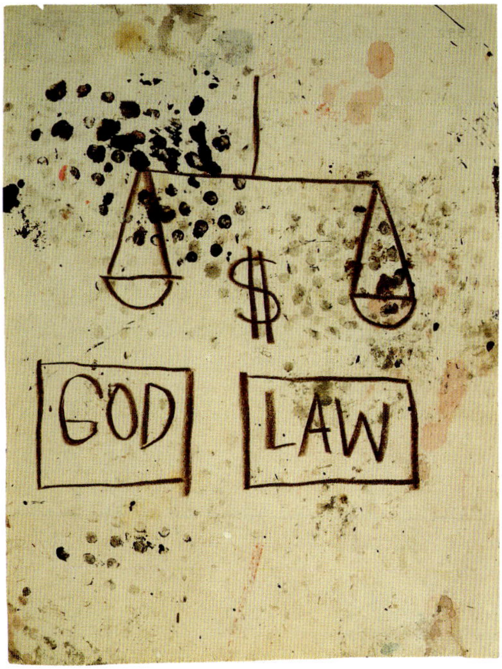

du sujet et à la façon dont il est présenté. Plus probablement, le changement de titre fut le résultat d'une confusion entre cette œuvre et l'iconographie plus traditionnelle des vanités, ou *memento mori*, où le crâne est synonyme de mort. La tête de Basquiat n'a pas – ou très peu – de précédents dans l'histoire de l'art moderne, elle exige donc une analyse plus attentive. Un examen poussé révèle que cette tête, contrairement à un crâne, est vivante et réagit aux stimuli extérieurs ; ainsi elle semble avoir conscience de notre monde tout en nous permettant de pénétrer ses aspects psychospirituels. La représentation par Basquiat d'une tête unique et hypertrophiée constitue une véritable innovation. L'information visuelle qu'elle recèle donne un aperçu des stratégies de la dichotomie auxquelles l'artiste allait recourir au cours des dix-huit mois suivants.

Sans titre (Head) montre les dents supérieures et inférieures gauches, ce qui explique peut-être que certains y ont vu un crâne. La peinture montre aussi, et de manière très claire, des caractéristiques faciales : l'oreille gauche, les deux yeux, le nez. Les cheveux sont même suggérés. Il est difficile de prétendre que ces éléments sont traités de manière réaliste, mais ils ne sont ni grossièrement déformés ni dénaturés. Leur représentation révèle plutôt l'intention de l'artiste : montrer un être pleinement interactif disposant des moyens de traiter les *stimuli* extérieurs. Le peintre révèle aussi des aspects moins tangibles de la tête, comme le subtil réseau neural établissant la connexion entre les organes sensoriels et leur processeur interne. Cet intérêt pour l'activité sensorielle et cognitive dément toute interprétation qui ne voit dans cette tête qu'un crâne inanimé. En fin de compte, cette œuvre rend parfaitement la fluidité entre extérieur et intérieur – ces processus complexes et vivants qui réunissent la vue et l'ouïe, l'odorat et la connaissance.

Sans titre (Head) montre que, dès le début, Basquiat fut fasciné par une réalité plus vaste que celle perçue par l'œil humain. Cette œuvre introduit la vision aux rayons X à laquelle étaient soumis ses sujets. Son travail semble casser la dichotomie entre intérieur et extérieur, pressentant et révélant les aspects les plus intimes de la vie psychique. De cette manière, l'artiste développe l'intérêt que les expressionnistes abstraits manifestaient quarante ans plus tôt pour les vérités spirituelles. Cette génération formatrice d'artistes américains cherchait à saisir la nature inhérente de l'homme et à traiter de la question de l'identité en réaffirmant « le désir naturel de l'homme pour ce qui est le plus haut, cet intérêt pour nos relations portées à l'émotion absolue... Nous nous libérons des entraves de la mémoire, de l'association, de la nostalgie, de la légende, du mythe... L'image que nous produisons est celle évidente de la révélation [7] ». Des artistes riches de ces aspirations, tels Mark Rothko, Clyfford Still, Jackson Pollock et Barnett Newman, tentèrent de représenter un monde situé au-delà de ce qui ne s'identifie qu'à la seule expérience physique. Même si Basquiat était issu d'un milieu social et d'un contexte historique entièrement différents, il était engagé comme eux dans la quête des vérités fondamentales. En revanche, il n'eut pas recours à l'abstraction, mais à des possibilités de représentation récemment découvertes. En menant à bien ses activités créatrices, le jeune peintre reconnaissait que ses innovations se feraient en relation directe avec sa capacité à pénétrer intuitivement la façade des formes et des apparences matérielles, mais aussi à autoriser l'émergence d'autres formes et d'autres réalités.

ACQUE PERICOLOSE

Si *Sans titre (Head)* annonçait l'arrivée de Basquiat, l'importance de l'événement fut encore amplifiée par la réalisation de deux autres œuvres en quelques semaines. La première fut *Acque Pericolose* (p. 28-29). Avec sa représentation d'un unique homme noir (sujet qui allait réapparaître dans tout l'œuvre de Basquiat), c'était la première fois que l'artiste abordait un sujet narratif aussi complexe. Au centre, un personnage masculin nu et en pied croise les bras sur sa poitrine ; il se situe dans un paysage vaguement défini, à mi-chemin entre un serpent lové et une vache apparemment en décomposition dont le crâne est survolé par deux mouches. La tête, les bras et les mains du personnage révèlent une simplification inspirée du cubisme, moyen d'organiser et de consolider l'information inhérente au sujet.

Le mystère et la puissance de cette silhouette fantomatique sont renforcés par le riche paysage où elle est placée. À droite du personnage central, de multiples touches de ciel et de subtiles modulations tonales suggérant des effets atmosphériques invitent à entrer dans cet espace accueillant et riche de plaisirs sensuels. Par contraste, les tons agressifs rouges, orange et jaunes, présents de l'autre côté du personnage, font allusion à autre chose que le réalisme. Les couleurs ne sont pas employées pour leur crédibilité référentielle, mais pour leur pouvoir expressif et leurs associations symboliques : alors que par la couleur l'artiste semble en appeler à la sensualité, peut-être même ouvrir la voie aux plaisirs terrestres, son intensité chromatique renvoie à un monde apocalyptique marqué par le feu et le chaos.

Le pinceau et le traitement du trait proposent une dualité comparable. Les restes squelettiques de la vache sont représentés par une demi-douzaine de coups de pinceau saturés de noir au côté de rares traits tracés au bâton à l'huile. Des coups de pinceau sépia suggèrent l'existence d'une masse corpulente, mais on ne sait finalement pas trop si l'animal est mort ou vivant. Alors que la modélisation subtile de l'artiste semble désigner la vie, son usage tout aussi habile du trait suggère un moment de transition de la vie à la mort. Le serpent lové et les mouches font penser à une mort imminente, lecture à laquelle fait écho l'inclusion des symboles grecs alpha et oméga au côté de flèches dirigées vers la terre et le ciel. L'utilisation de ces symboles dichotomiques, employés ici en toute cohérence par rapport à leur riche histoire iconographique, rappelle « le commencement et la fin » (Apocalypse 1, 8) tels que les expriment les traditions et les textes religieux ou spirituels.

Acque Pericolose (ou *Poison Oasis*, nom souvent donné à cette œuvre)[8] fait allusion au caractère mortel de l'être. L'image de cette figure masculine nue et dressée – avec ses dreadlocks qui, par endroits, se mêlent au halo et peuvent donc ce confondre avec lui – correspond à la représentation par l'artiste d'une transcendance de l'immortalité de la chair humaine, mais elle révèle aussi, par ses détails, les moyens qui, selon lui, permettent d'accéder à un tel état. Dans ce tableau où l'on peut voir le premier grand autoportrait de Basquiat, l'artiste s'est représenté misérable mais empreint de fierté et d'autorité[9]. Ainsi, les bras de l'homme croisés sur la poitrine sont associés symboliquement à l'apaisement, même si l'environnement n'est que mort et chaos.

L'harmonie intérieure est attestée par le halo placé au-dessus de la tête du personnage[10]. La prépondérance du halo ou de la couronne dans l'œuvre de Basquiat lui donne un aspect spirituel, mais la signification spécifique de ce symbolisme n'a guère reçu d'explication. Il ne faut pas oublier que le recours à un tel symbolisme a évolué avec le temps. En 1982, Basquiat avait plus ou moins remplacé le halo par l'image stylisée d'une couronne à trois pointes (une marque de fabrique, en quelque sorte). Si la couronne accompagne souvent une figure, elle apparaît aussi seule. Le dessein d'un tel symbole nous est révélé dans une sérigraphie sur toile datant de 1982, *Tuxedo* (p. 118), où une couronne domine une accumulation de textes et d'images rappelant divers événements politiques, historiques, sociaux et culturels. La couronne qui surmonte ces manifestations du monde temporel et matériel représente la transcendance, comme le suggèrent les innombrables échelles et flèches tendues vers elle[11].

Dans *Acque Pericolose*, la juxtaposition d'une tête et d'un globe rayonnant laisse supposer une réflexion tournée vers l'intérieur – le personnage étant consumé par une force ou un pouvoir capable de le transformer. Cette lecture est renforcée par l'inclusion d'une petite lampe-torche allumée et placée verticalement le long de la tête. Par cette image, Basquiat affirme le rôle central de l'esprit dans la prise de conscience de soi [12]. Cette compréhension simple mais profonde du rôle de l'esprit est à la base de toute quête spirituelle. Dans le cas de Basquiat, l'usage de références de cette sorte était entièrement intuitif et ne faisait pas appel à une doctrine religieuse donnée. Toutefois, son rapport symbolique à l'esprit correspond vaguement, par exemple, à la réponse que fit le Christ à Marie-Madeleine (telle que la rapportent certaines sources apocryphes) ; Marie-Madeleine demande « comment celui qui a une vision sait-il qu'elle est vraie – par le biais de l'âme ou par celui de l'esprit ? Le Sauveur lui répondit : on ne voit pas grâce à l'âme ou à l'esprit, mais à l'intelligence qui se situe entre les deux : c'est cela qui a la vision [13] ». Dans cette optique, la façon dont Basquiat se décrit – seul et nu au carrefour de la vie et de la mort – trouve sa place auprès des innombrables représentations de saints et de personnages historiques à l'heure de leur accomplissement.

Qu'un homme de moins de vingt et un ans ait pu saisir de manière convaincante son propre caractère mortel est en soi remarquable. Qu'il ait donné à son sujet une telle crédibilité et, en même temps, qu'il ait reconnu le rôle lumineux de l'âme l'est encore plus.

PER CAPITA

La figure masculine et isolée qu'annonçait *Acque Pericolose* au milieu de l'année 1981 connut une mutation riche de sens au cours des douze mois suivants. D'abord représenté sous la forme d'un jeune homme modeste pleinement exposé, ce sujet iconique se métamorphosa rapidement au cours d'une série de peintures. Dans chacune d'elles, une figure masculine en pleine maturité occupe une part importante du champ pictural ; elle s'accompagne de tout un ensemble de références symboliques. Révélatrices d'une puissance nouvellement découverte et d'une identité émergente, ces œuvres furent pour Basquiat la déclaration d'indépendance de l'expression artistique. En assimilant le texte, le personnage et les références symboliques au sein d'un contenu narratif convaincant, ce groupe d'œuvres explique en grande partie la reconnaissance publique de l'artiste.

Per Capita (p. 30-31) est la troisième grande œuvre datée de 1981. Un unique personnage masculin porte un short de boxeur Everlast ; il est situé à mi-chemin entre un paysage urbain vaguement défini et un champ pictural aux effets atmosphériques abstraits. Ce tableau naquit d'un groupe plus ancien d'œuvres sans titre auxquelles je me réfère sous le nom de « Paysages urbains » – les premières que Basquiat réalisa dans le cadre strict d'un atelier [14]. Chacun de ces « Paysages urbains » contient des aspects de l'imagerie et des techniques picturales précédemment utilisées dans les graffitis exécutés en 1979 et 1980 sous le nom de SAMO. Produite au moment de sa reconnaissance publique (d'abord dans le cadre du *Times Square Show* de Diego Cortez, puis à travers le rôle tenu par Basquiat dans *New York Beat*, de Glenn O'Brien), *Per Capita* introduit l'iconographie des boxeurs, des guerriers en rouge et noir et des autres figures masculines dont l'attitude héroïque, voire exaltée, caractérisera quelques-unes de ses peintures les plus célèbres, dont *Sans titre (Self-Portrait)* [16], *Boy and Dog in a Johnnypump, Sans titre (Boxer)* et *Profit I* (p. 74, 75, 78 et 98) – toutes quatre réalisées en 1982.

Les innovations iconographiques de *Per Capita* furent le résultat de la recherche que faisait l'artiste de stratégies picturales spécifiques. Dans le cadre de cet intérêt nouveau pour le contenu thématique, Basquiat mit en application deux techniques qui allaient devenir des constantes de son vocabulaire pictural. En plus d'explorer l'intégration de l'image et du texte, il découvrit des moyens plus complexes, plus élaborés, lui permettant de « stratifier », dans une composition unifiée, des plans distincts de l'illusion d'espace créés par la forme, la couleur, le trait et les effets atmosphériques. Ces stratégies occupèrent une place de choix quand il recourut au collage, directement sur la toile, de dessins originaux et photocopiés. Alors qu'il n'y a pas de collage de dessins dans *Per Capita*, cette œuvre fit découvrir à l'artiste la possibilité d'introduire de nouveaux matériaux dans sa quête de l'unification du texte et de l'image. L'introduction ultérieure d'un collage de fond facilita l'union de l'image et du texte et permit l'intégration plus harmonieuse d'un monde « extérieur » dans le domaine pictural fictif. Basquiat réaffirma ce qu'il avait déjà avancé dans *Acque Pericolose* – en appliquant des couleurs peu épaisses et subtilement modulées, il obtenait de riches effets atmosphériques, créant ainsi une arène où ses personnages pouvaient respirer et interagir. L'intégration texte-image et la stratification allaient ainsi de concert. Renforcées par son expérience de tagueur et de graffeur – il avait alors

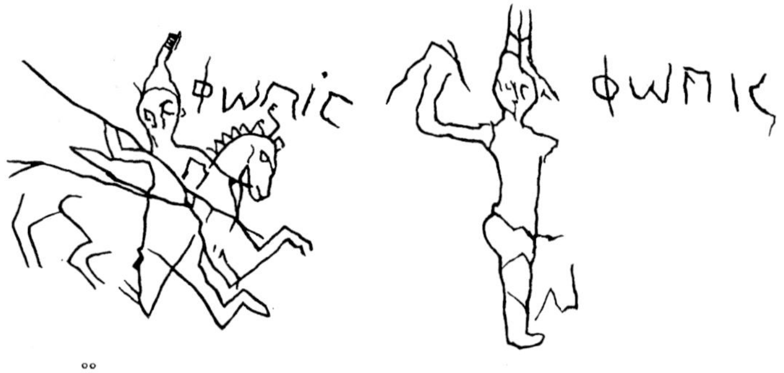

fig. 2
Illustration extraite de *African Rock Art* de Burchard Brentjes (1970)

mis en valeur les qualités picturales des murs recouverts de couches d'histoire (y compris les mots que Basquiat en personne inscrivait) –, ces nouvelles découvertes artistiques atteignirent leur première phase de résolution avec *Per Capita*.

Ayant synthétisé ses moyens d'expression, Basquiat se sentit à l'aise pour adapter à son iconographie personnelle un certain nombre d'événements bien connus, pour ne pas dire populaires [16]. Dans *Per Capita*, les mots latins E PLURIBUS – empruntés à la devise *E pluribus unum* (« un à partir de plusieurs ») – sont inscrits dans la partie supérieure du tableau. Ces termes sont souvent associés à l'image d'une main tenant un bouquet de fleurs et on les trouve sur le Grand Sceau des États-Unis, où ils font référence à l'unification historique des treize colonies ; ils figurent aussi sur la monnaie américaine. En incluant en haut à gauche E PLURIBUS à côté d'une liste alphabétique partielle des États de l'Union et de leurs revenus respectifs par habitant, Basquiat met le doigt sur les inégalités de la distribution monétaire entre les riches (CALIFORNIA 10 856 $) et les pauvres (ALABAMA 7 484 $) – nouvelle dichotomie. *Per Capita* montre une fois encore l'intérêt que l'artiste porte aux gens du peuple et à leurs souffrances, intérêt que l'on remarque dans ses premières peintures, telle cette œuvre sans titre (1981 ; The Museum of Contemporary Art, Los Angeles), où un détenu affublé d'un matricule tient un râteau ou un balai.

Tout au long de sa carrière, le commentaire social et financier servit à Basquiat de tremplin vers des vérités plus profondes. Ainsi, dans *Per Capita*, le halo éclatant visible au-dessus de la tête du boxeur qui brandit une torche embrasée semble reprendre un thème universel. Le commentaire politico-social est indéniable, mais il ne reflète pas précisément l'intégralité de l'œuvre. De même, l'inclusion d'une torche allumée – qui remplace le bouquet plus traditionnel du *E pluribus unum* – peut aussi faire référence à la torche venue d'Olympie pour marquer l'inauguration des Jeux olympiques. Avec la peinture intitulée *Cassius Clay* (1982) et plusieurs autres consacrées au même sujet, il ne serait pas exagéré de conclure que le personnage de *Per Capita* rend hommage au légendaire champion de boxe olympique, qui pour beaucoup fut un modèle. Plus important encore, le halo et la torche de *Per Capita* font allusion à ce que Joseph Campbell, spécialiste des mythes, appelait « une unité qui existe déjà [18] », un ensemble sous-jacent de vérités qui unit tous les peuples de toutes les époques. Vu ainsi, l'homme noir de Basquiat – qui apparaît pour la première fois dans *Acque Pericolose*, trouve sa définition et son explication dans *Per Capita* et se voit ensuite développer dans des œuvres comme *Sans titre (Self-Portrait)*, *Sans titre (Boxer)* et *Profit I* (p. 74, 78 et 98) – proclame le droit fondamental de toute l'humanité : l'idée qu'à chaque individu revient sa part « *per capita* » de responsabilités et de droits accordés par Dieu. C'est cet idéal démocratique que revendique le champion de Basquiat au moment où il pénètre dans le stade de la prise de conscience de soi.

NOTARY

Au printemps 1983, Basquiat travailla à plusieurs peintures très complexes utilisant les stratégies et les thèmes picturaux développés au cours des dix-huit mois précédents. La plus importantes de toutes est *Notary* (p. 108-109), achevée à New York en mars 1983.

Indicateur précis de la façon dont Basquiat se considérait au sommet de sa carrière [19], *Notary* est un riche ensemble de références et d'imagerie figuratives qu'accompagne toute une gamme de références textuelles à la mythologie grecque, à l'histoire romaine, à la culture tribale africaine, aux systèmes d'échange monétaire et aux matières premières naturelles, mais aussi à la santé et au bien-être. Les images et les textes sont présentés comme faisant partie d'un grand réseau librement unifié. Certes, on peut voir dans *Notary* un résumé de l'intérêt que l'artiste porte à l'intégration de l'image et du texte, mais aussi de la peinture et du dessin. De plus, l'œuvre met en lumière la lente et méthodique élaboration de la surface de l'image avec ses couches superposées – tantôt l'artiste peint sur une image, tantôt il la raye ; par endroits, il laisse des traces de collage de sérigraphies apparaître sous la surface de l'image [20].

Après plusieurs autres œuvres clés de cette période, *Notary* recourt à un système de châssis assez inhabituel : le support de la toile passe derrière les montants du châssis à l'endroit où ceux-ci se croisent. Les montants dépassent aux coins du tableau mais aussi en haut et en bas, là où se rejoignent les trois toiles individuelles. Cette méthode nouvelle encadre le contenu de l'œuvre comme pour affirmer que la vision fugitive que l'artiste nous permet d'avoir sur sa psyché exige de la patience. Alors que les raccords physiques et les transitions demeurent cachés, l'œuvre ne révèle sa signification qu'après la mise à l'épreuve des théories que l'on peut échafauder : un ensemble complet de conclusions voit alors le jour.

La double inscription du mot DUMARIUS [21] dans *Notary* suggère que Basquiat éprouvait une sorte d'obligation qui s'imposait à lui : celle de nous guider à travers son portrait psychique. Ce mot, qui apparaît aussi dans *The Nile* (p. 106), exécuté à la même époque, est dérivé d'une inscription grecque associée à la reproduction d'une peinture rupestre africaine dans l'ouvrage de Burchard Brentjes consacré à ce sujet [22]. Le passage sur les Blémyens, des nomades de l'est du Sahara, inclut une image de saint Georges accompagnée de cette inscription grecque (fig. 2). Comme le note Brentjes, les images disparates gravées sur les rochers par les Blémyens – dieux égyptiens, bœufs aux cornes décorées à la mode libyenne, chameaux bédouins, vieux autels arabes, tous présentés les uns à côté des autres – permettaient aux membres de la tribu de signaler aux futurs voyageurs leur passage en un lieu donné. Par leur essence même, ces images avaient la même fonction qu'un sceau : elles affirmaient la présence – à la fois physique et spirituelle – des Blémyens. On ignore la raison pour laquelle Basquiat a inclus une telle référence, mais, fidèle à l'image d'oracle qu'il avait de lui-même – l'oracle étant celui qui permet d'accéder à une vérité supérieure –, il est probable, selon nous, qu'il trouva dans les coutumes d'une culture noire primitive non seulement l'affirmation de son propre voyage nomadique, mais aussi la validation de ses activités artistiques, avec l'idée que les marques et les gestes d'un individu peuvent jouer un rôle déterminant quand il s'agit d'associer une personne à une autre ou de guider ses semblables.

On peut donc voir dans *Notary* le résumé de la vision que Basquiat avait de lui-même alors qu'il fusionnait ses réalisations créatrices. Ayant maîtrisé nombre de ses stratégies formelles et développé sa capacité à aborder une expérience psychologique approfondie, il révéla la profondeur de son propre *pathos*. *Notary* incite le spectateur à pénétrer visuellement au cœur du système nerveux du personnage central, suggérant ainsi l'introspection d'un individu confronté à la douleur et à la souffrance. Bien que le texte fasse référence aux LEECHES, FLEAS et PARASITES (sangsues, puces et parasites) destinés à DEHYDRATE (déshydrater) et à diminuer la chair de ce torse masculin (FLESH, MALE TORSO), il montre aussi la vitalité et l'énergie de l'artiste constamment défiées par des organismes dévoreurs de vie. *Notary* s'intéresse en outre aux aspects plus profonds de l'expérience humaine, comme le suggère à quatre reprises la référence au dieu romain des Enfers, Pluton. Le tableau révèle l'itinéraire spirituel de l'artiste, mais il expose aussi la détresse et les écueils rencontrés en chemin. On peut voir dans cette œuvre la description du désarroi intérieur de Basquiat – la façon dont il appréhende les contradictions entre la découverte de réalités intérieures profondes et les responsabilités associées à la notoriété publique – au moment même où son art est pleinement reconnu, au point d'acquérir une certaine valeur sur le marché. D'où l'inscription ambiguë, peut-être même contrite, empruntée à la monnaie américaine : THIS NOTE FOR ALL DEBTS PUBLIC + PRIVATE (ce billet est destiné à toute transaction, publique comme privée).

LA COLOMBA

Peinte à la même époque que *Notary*, *La Colomba* (p. 114) est tout aussi révélatrice de l'angoisse de l'artiste à ce stade de sa carrière. Avec cette œuvre, Basquiat revient à la représentation d'une tête surdimensionnée, comparable à celle qui, dix-huit mois plus tôt, avait annoncé ses débuts. Toutefois, et contrairement à *Sans titre (Head)*, *La Colomba* montre aussi le haut du torse, y compris une partie des bras, et se distingue encore plus dans sa distorsion du corps humain.

Ce qu'il y a de particulièrement remarquable dans cette œuvre est la forme de la tête. En termes naturalistes, la longueur de la tête, de l'avant à l'arrière, semble faire plus du double de sa hauteur ; et le cou, assez massif pour soutenir deux têtes, a un air plutôt étrange. La tête paraît avoir subi une certaine distorsion, peut-être même une déformation. Mais au lieu de penser que cette distorsion a pour unique but de suggérer son contenu psychologique, il est préférable d'examiner cette image à la lumière de la présentation simultanée de deux points de vue différents dans une œuvre aussi importante que *Jeune Fille devant un miroir* de Picasso (fig. 3). Chez Picasso, le personnage féminin qui occupe la partie gauche du tableau fait contraste avec l'image de la femme âgée que renvoie le miroir, à droite. On a vu dans cette dualité une représentation de la maturation ou du passage du temps. Chez Basquiat, les moitiés gauche et droite de la composition sembleraient montrer deux visions différentes de cette tête, avec une rencontre au centre de l'œuvre. L'artiste n'a cependant pas eu recours à cette disposition pour représenter le passage du temps, mais pour distinguer les caractéristiques faciales tournées vers l'extérieur (à gauche) du fonctionnement intérieur de l'esprit (à droite).

Comme dans *Sans titre (Head)*, les caractéristiques faciales de *La Colomba* marquent le portail de la perception sensorielle, qui admet les *stimuli* extérieurs, tandis que l'intérieur de la tête suggère la capacité de l'esprit à traiter la totalité de l'expérience. Cependant, réalisée dix-huit mois après, *La Colomba* insiste sur le drame qui se déroule entre intérieur et extérieur. Les dégoulinures de la bouche, les traînées rouges sur le visage et le fait que le bras droit du personnage paraît avoir été amputé contribuent à exposer un état émotionnel intense.

De telles caractéristiques associent cette œuvre au *pathos* personnel exprimé dans *Notary*, mais ici la suggestion de la douleur et de la souffrance physiques est reléguée au second plan au profit du travail de l'esprit. Faisant contraste avec le bras amputé, on peut voir dans le coup de pinceau blanc qui prolonge plus ou moins l'autre bras une sorte de drapeau blanc qu'on brandit. Contrairement à la colère et à la fureur impuissante qui dévorent les sens tournés vers l'extérieur (sur la gauche de l'image), le membre dressé de droite – associé à l'esprit – semble annoncer la reddition devant une chose que nous ne voyons pas. Révélateur, le titre renvoie à « la colombe [23] », en italien, et tandis que le symbolisme traditionnellement accolé à cet oiseau fait référence à la résolution pacifique d'un conflit ou à de bonnes nouvelles, on peut aussi y voir un acte de délivrance couronné de succès. Ainsi, par le biais de cette notion de délivrance, il serait possible d'établir un lien entre cette œuvre et les personnages noirs et héroïques de l'artiste.

Pour étayer cette conclusion, prêtons attention à l'un des nombreux dessins-textes photocopiés participant au collage présent sur cette peinture. Sous la portion noire de la tête, Basquiat fait référence à deux passages bibliques, REVELATION (Apocalypse) 1, 11, 12 et KINGS (Livre des Rois) 7, 21, 22. La citation du chapitre 7 du Premier Livre des Rois est particulièrement utile au déchiffrement de *La Colomba* en ce qu'elle décrit la construction du Temple du roi Salomon. Les versets 21 et 22 évoquent la construction des piliers gauche et droit du porche du temple ; on lit au verset 22 : « Au sommet des colonnes était un ouvrage en forme de lis. Ainsi fut achevé le travail des colonnes. » Cela peut expliquer le travail floral visible sur la droite de la tête de *La Colomba* [24], mais nous pouvons nous demander pourquoi l'artiste s'est arrêté sur un tel passage des Saintes Écritures. Comme nous l'avons mentionné,

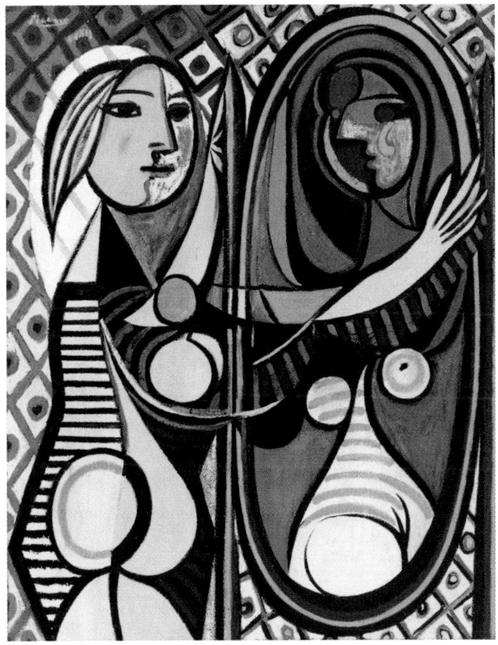

fig. 3
Pablo Picasso
(1881-1973)
Jeune Fille devant le miroir
1932
Huile sur toile
162,3 x 130,2 cm
The Museum of Modern Art, New York. Don de Mrs. Simon Guggenheim, 2.38

il s'intéressait rarement à une pratique religieuse donnée ou à ses offrandes scripturales. Néanmoins, cette citation atteste sa consommation constante de tout matériau susceptible de valider et de renforcer des découvertes spirituelles plus intuitives. Dans les formes architecturales symboliques du Livre des Rois et dans leur connotation florale, Basquiat a trouvé une expression de sa propre tentative d'unification des aspects apparemment conflictuels de l'expérience extérieure (traits du visage angoissés, bras coupé) et de la compréhension intérieure (drapeau blanc de la reddition).

Il semble douteux que le jeune peintre se soit intéressé à l'architecture d'un temple historique, mais peut-être son imagination fut-elle séduite par sa dualité, matérialisée par ces deux piliers surmontés de lis. En se référant au symbolisme de ce passage des Saintes Écritures, Basquiat est parvenu à représenter la dualité d'un monde extérieur dévoré par la douleur et la souffrance, mais équilibré par la reddition et une réalité interne tout aussi accessible.

L'autre inscription scripturale de *La Colomba*, Apocalypse 1, 11 (précédée de 1, 8), décrit elle aussi une sorte de dualité : « Je suis l'alpha et l'oméga, le commencement et la fin... Ce que tu vas voir, écris-le dans un livre et envoie-le aux sept Églises... » Quelque dix-huit mois après que *Acque Pericolose* a fait référence à l'union du commencement et de la fin (l'alpha et l'oméga), Basquiat revient à ces symboles, peut-être pour illustrer sa propre transcendance de la douleur et de la souffrance. Au-dessus de la tête de *La Colomba* on voit une petite couronne, signe identifié par l'artiste au halo du domaine spirituel. Dans le contexte de l'iconographie personnelle de Basquiat, et de façon cohérente avec le symbolisme de la couronne présent dans d'autres représentations de la vie intérieure, ce couronnement fait allusion au rôle central du roi, celui par qui se résolvent les conflits. Car, par son essence, le roi apporte la sécurité et la paix (résolution ou absence de conflit), ou encore, à tort ou à raison, fait croire à ses sujets qu'elles leur sont accessibles.

La Colomba capte des fragments du sentiment qui habite Basquiat, celui de sa diminution, voire de sa disparition, mais ce qui élève cette œuvre c'est la compréhension par l'artiste des moyens permettant de franchir le territoire instable de l'expérience de la vie. Rappelons-nous la façon dont il rayait des mots et des images dans des œuvres comme *Notary* : nous comprenons qu'en niant certaines références, il déclarait qu'il n'était « ni ceci ni cela ». Ce faisant, il refusait de s'identifier à la nature transitoire et contraignante de sa propre expérience. Cette pratique est proche de celle des hommes qui, comme le dit le moine et lettré bouddhiste Bhante Henepola Gunaratana, « choisissent arbitrairement un fagot de perceptions, les retranchent du flux de l'expérience et les conceptualisent sous forme d'entités durables et indépendantes[25] ». Conscient du poids de ce « fagot de perceptions », Basquiat affirme la capacité de l'esprit à aller au-delà de la perception elle-même. Dans un tel état, le tout devient un, l'unité devient la totalité ; c'en est fini des distinctions et des différenciations. Ayant négocié ce virage artistique et spirituel, Basquiat était en paix avec le monde.

NOTES

J'aimerais remercier un certain nombre de personnes qui m'ont aidé à travailler sur cet artiste. Je dois citer, entre autres, ma femme, Winter, pour son assistance éditoriale ; Paul Schimmel, conservateur en chef au Museum for Contemporary Art de Los Angeles, pour l'orientation qu'il souhaita donner à ce texte ; Lisa Mark, directrice des publications au Museum for Contemporary Art de Los Angeles, pour la perspicacité de son assistance éditoriale ; et Larry Gagosian qui, il y a bien longtemps, m'a fait découvrir l'œuvre de Jean-Michel Basquiat.

1. Extrait du poème de Kabir « Think While You Are Alive », in Robert Bly, *The Winged Energy of Delight: Selected Translations*, New York, Harper Collins, 2004, p. 48.
2. *Sans titre (Head)*, 1983, sérigraphie sur toile, 146,1 x 190,5 cm), dix exemplaires publiés par New City Editions, Venice, Californie ; reproduite pour la première fois in Kynaston McHine, éd., *An International Survey of Recent Painting and Sculpture*, New York, The Museum of Modern Art, 1984, p. 48.
3. *Sans titre*, 1982, graphite, crayon et gouache sur papier monté sur toile, 243,8 x 320 cm, collection Fred Hoffman ; reproduit dans Richard Marshall *et al.*, *Jean-Michel Basquiat*, New York, Whitney Museum of American Art, 1992, p. 144.
4. Annina Nosei, conversation avec l'auteur, 10 novembre 2003, New York.
5. La datation de cette œuvre a posé un certain nombre de questions. La plupart des sources donnent l'année 1981. Cependant, la facture délivrée en 1982 aux propriétaires actuels par la galerie Gagosian de Los Angeles indique 1982. Mais si l'on s'appuie sur la documentation de la galerie Annina Nosei, où elle fut exposée pour la première fois en mars 1982, sur les propres souvenirs de cette galeriste et ceux des personnes ayant vu l'œuvre à la galerie, ainsi que sur une analyse stylistique, l'œuvre doit être datée de 1981.
6. La plupart des ouvrages, y compris le catalogue de la dernière rétrospective américaine (Marshall *et al.*, *Jean-Michel Basquiat*), se réfère à cette œuvre sous l'intitulé de *Sans titre (Skull)*. Le catalogue de la rétrospective du Whitney Museum of Art a certainement repris le sous-titre entre parenthèses qu'indiquait le formulaire de prêt rempli par le propriétaire. En janvier-avril 2004, une minutieuse étude du registre du propriétaire nous a permis de déterminer que le titre *Sans titre (Skull)* reprend celui donné lors de l'achat, en 1982. Le sous-titre « *Skull* » (crâne) pose un problème évident : il suffit pour cela de considérer une toute récente interprétation de l'œuvre. Alain Jouffroy écrit ainsi : « Moins de têtes de mort au début des années quatre-vingt, sauf cette magnifique peinture de 1981 qu'est *Skull*, où le crâne garde les yeux ouverts comme une tête vivante » (Alain Jouffroy, « Le grand journal de guerre de Jean-Michel Basquiat », in *Jean-Michel Basquiat : histoire d'une œuvre*, Paris, Fondation Dina Vierny-Musée Maillol, 2003, p. 27).
7. Barnett Newman, « The Sublime is Now » (1948), in *Barnett Newman: Selected Writings and Interviews*, éd. John P. O'Neill, New York, Knopf, 1990, p. 173.
8. Le titre de l'œuvre, *Acque Pericolose*, fut inscrit au dos de la toile par l'artiste. Le sous-titre, *Poison Oasis*, n'est pas dû à l'artiste mais il accompagne l'œuvre depuis son exécution. Même s'il ne s'agit pas d'une interprétation erronée de la peinture, ce n'est pas une traduction littérale du titre donné par l'artiste : celle-ci serait plutôt « Dangerous Waters ».
9. On a conclu que l'image était un autoportrait en comparant cette figure à celle représentée dans une autre œuvre datant exactement de la même époque : *Arroz con Pollo* (p. 33) représente l'artiste en compagnie de sa petite amie du moment, Suzanne Mallouk. Dans *Arroz con Pollo* et *Acque Pericolose*, la figure masculine est vue comme aux rayons X, révélant à la fois le volume du corps et la structure du squelette. *Arroz con Pollo* est l'une des deux seules œuvres où l'artiste peint un couple masculin/féminin. L'identité des figures est confirmée par un dessin de 1982, *Self-Portrait with Suzanne* (p. 38), seconde œuvre où Basquiat représente un couple masculin/féminin.
10. Une analyse des nombreuses représentations de têtes de personnages masculins surmontées par une forme oblongue ou circulaire d'où partent des traits, ou dont la circonférence est coupée transversalement par d'autres traits, montre bien que le propos de l'artiste était la description d'un halo ou d'un nimbe et non pas, comme on a pu le suggérer, d'une couronne d'épines. En fait, il n'y a pas d'exemple irréfutable de l'utilisation d'une couronne d'épines symbolique. S'il existe un exemple d'un nimbe assurant une double fonction, dont la représentation d'une couronne d'épines, on peut peut-être le trouver dans le contemporain *Arroz con Pollo*, où l'artiste s'est dessiné offrant les fruits de son travail à sa compagne, laquelle lui tend en retour son sein nourricier.
11. Une lecture attentive de *Tuxedo* (p. 118) montre que, dans l'entassement de textes et d'images, l'artiste ne cesse d'inclure des références à une ascension vers un point ultime (la couronne). Plus particulièrement, des échelles sont placées sur chacun des trois étages inférieurs de l'ensemble textes-images. On a une preuve supplémentaire de l'association spécifique de la couronne à la transcendance spirituelle avec la sérigraphie *Back of the Neck* (1983, 146,1 x 261,6 cm), vingt-quatre exemplaires publiés par New City Editions (Venice, Californie) ; reproduite in *Jean-Michel Basquiat* (New York, Vrej Baghoomian, 1989, pl. 69), où une couronne en or peinte à la main plane au-dessus du torse du personnage : l'inclusion des mots BACK OF THE NECK (l'arrière du cou) ne se réfère pas simplement à l'anatomie humaine, mais aussi, comme l'a noté Carlo Pedretti – spécialiste de Léonard de Vinci –, au « siège de l'âme » (conversation avec Annina Nosei, 17 novembre 2003, à propos de l'intérêt que Basquiat portait à Léonard).
12. L'auteur souhaiterait remercier Lenore Scherr dont les commentaires lui ont permis d'aboutir à cette conclusion. Herbert et Lenore Scherr ont acquis cette œuvre auprès de l'artiste peu après qu'elle fut

achevée. Quand je lui ai demandé si elle avait déjà reconnu et interprété l'image de la lampe-torche, Lenore Scherr a admis qu'elle n'y avait jamais songé. À la réflexion, elle reconnut elle aussi une lampe-torche et en donna l'interprétation suivante : la compréhension par l'artiste de l'importance de l'esprit. Puis elle a ajouté : « Pour Jean, tout ce qui avait de la valeur était dans l'esprit » (conversation avec l'auteur, 9 décembre 2003).

13. Cité dans Elaine Pagels, *Beyond Belief: The Secret Gospel of Thomas*, New York, Random Hosue, 2003.

14. Le regroupement sous le vocable « Cityscapes » (paysages urbains) de plusieurs œuvres datant de 1981 est le fait de l'auteur. Parmi elles, *Sans titre*, 1981 (p. 12), *Sans titre*, 1981 (p. 13) et *Sans titre*, 1981, acrylique et bombe sur toile, 203 x 203 cm, collection Herbert et Lenore Scherr.

15. L'artiste n'a pas donné de titre à cette œuvre. Le sous-titre *Self-Portrait* lui fut donné par Annina Nosei, qui en a assuré la vente.

16. L'auteur s'appuie sur Leonhard Emmerling (*Basquiat*, Cologne-Paris, Taschen, 2003, p. 54) et sur les commentaires d'Annina Nosei lors de conversations avec l'auteur en novembre 2003, janvier 2004 et mars 2004.

17. Cassius Clay a changé son nom en Muhammad Ali en 1964. L'intérêt de l'artiste pour le sujet du boxeur noir et, par extension, pour les « Famous Negro Athletes », se retrouve dans les peintures *St. Joe Louis Surrounded by Snakes*, *Sans titre (Sugar Ray Robinson)* (p. 76 et 77) et *Jersey Joe Walcott* (1982).

18. Joseph Campbell, *Thou Art That: Transforming Religious Metaphor*, éd. Eugene Kennedy, Novato (Californie), New World Library, 2001, p. 7.

19. L'auteur a tenu compte de l'étude de cette œuvre dans Emmerling, *Basquiat*, *op. cit.*, p. 38 et 41.

20. *Notary* contient deux feuilles de la sérigraphie en cinq parties *Sans titre (From Leonardo)*, lesquelles ont été collées sur la toile. Cette sérigraphie en cinq parties (chaque feuille mesurant 87,6 x 74,9 cm), tirée à quarante exemplaires sur papier de riz Okawara, a été publiée en 1983 par New City Editions (Venice, Californie). On ignore si l'artiste a collé des épreuves non signées ou des tirages signés et numérotés.

21. Richard Marshall *et al.*, (*Jean-Michel Basquiat*, *op. cit.*, p. 23) fut le premier auteur à identifier la source de l'utilisation de ce mot par l'artiste. Emmerling se montre assez pertinent quand il dit que *Notary* fait référence à la nouvelle position de l'artiste en tant que créateur vulnérable et quasi impuissant de sa valeur financière ; le reste de son argument est en revanche moins convaincant.

22. Burchard Brentjes, *African Rock Art*, trad. Anthony Dent, New York, J.M. Dent & Sons, 1970, p. 88 et 89.

23. Vu le travail et le séjour de l'artiste en Italie en 1981, mais aussi ses nombreux voyages en Europe tout au long de sa vie d'adulte, il n'y a rien d'étonnant à ce qu'il ait donné à cette œuvre un titre italien. Une autre peinture datée exactement de la même époque a pour titre *In Italian*, ce qui confirme l'intérêt de l'artiste à donner à son œuvre un titre italien.

24. On retrouve le même motif floral dans *The Nile* (p. 106), peint exactement à la même époque.

25. Bhante Henepola Gunaratana, *Mindfulness in Plain English*, Boston, Wisdom Publications, 1993, p. 144-145.

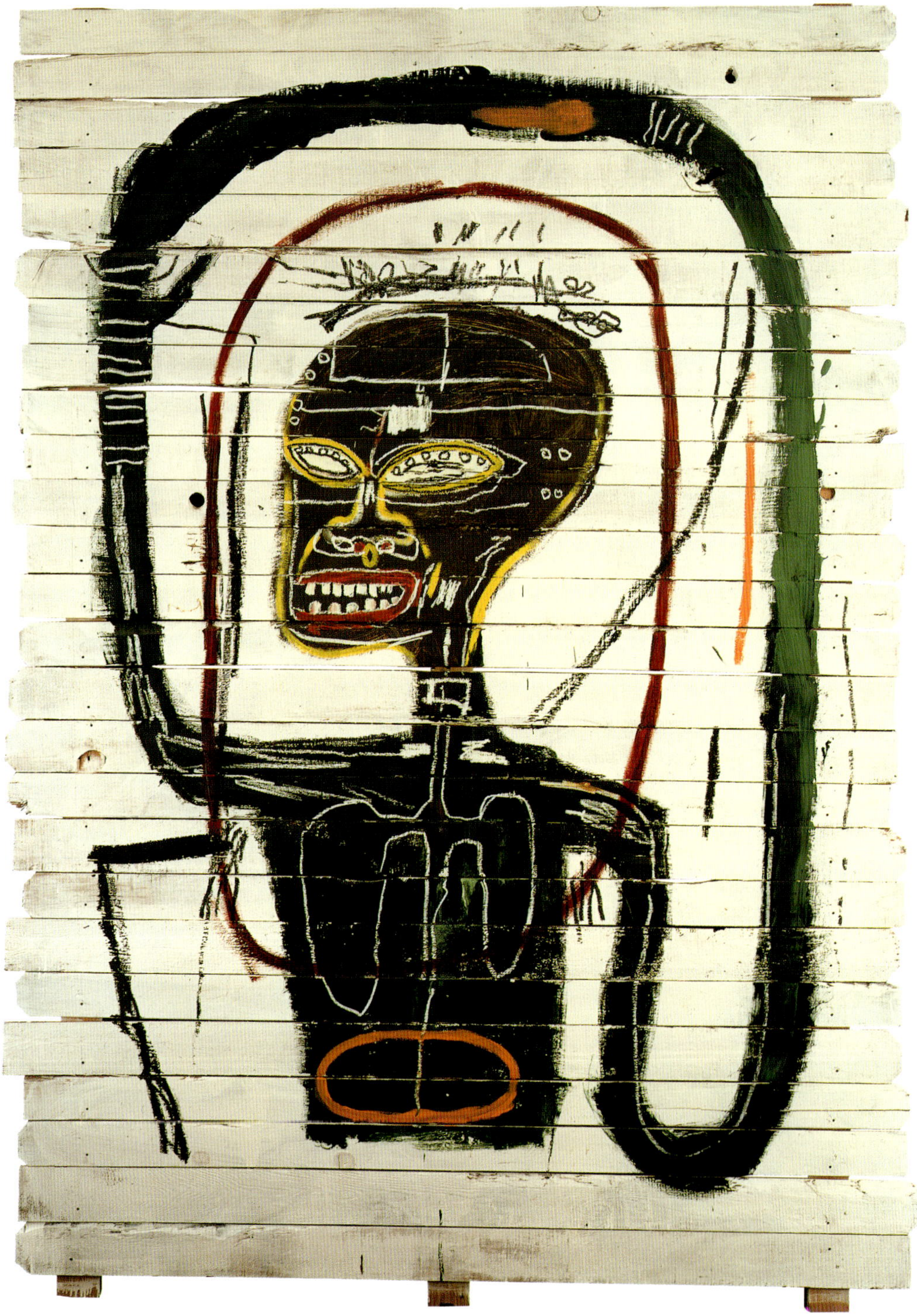

page de gauche
Flexible
1984
Acrylique et crayon gras sur bois
259 x 190,5 cm
The Estate of Jean-Michel Basquiat

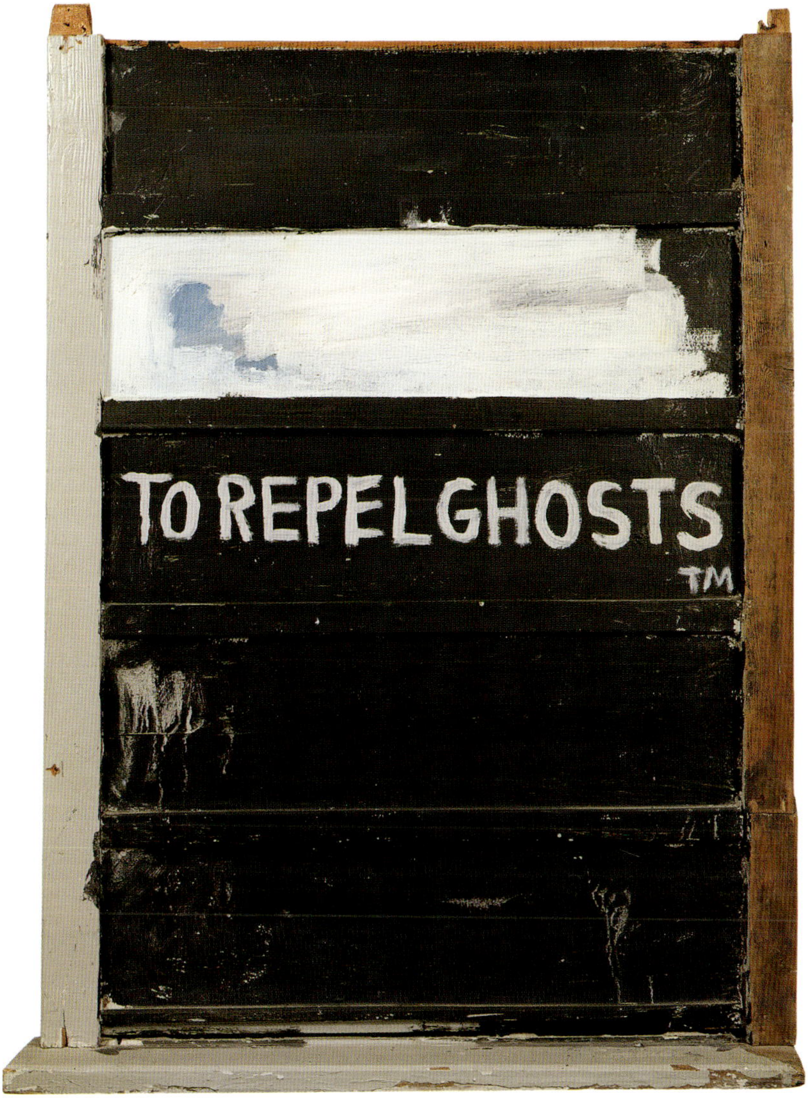

To Repel Ghosts
1986
Acrylique sur bois
112 x 83 x 10 cm
Collection Pierre Cornette de Saint-Cyr

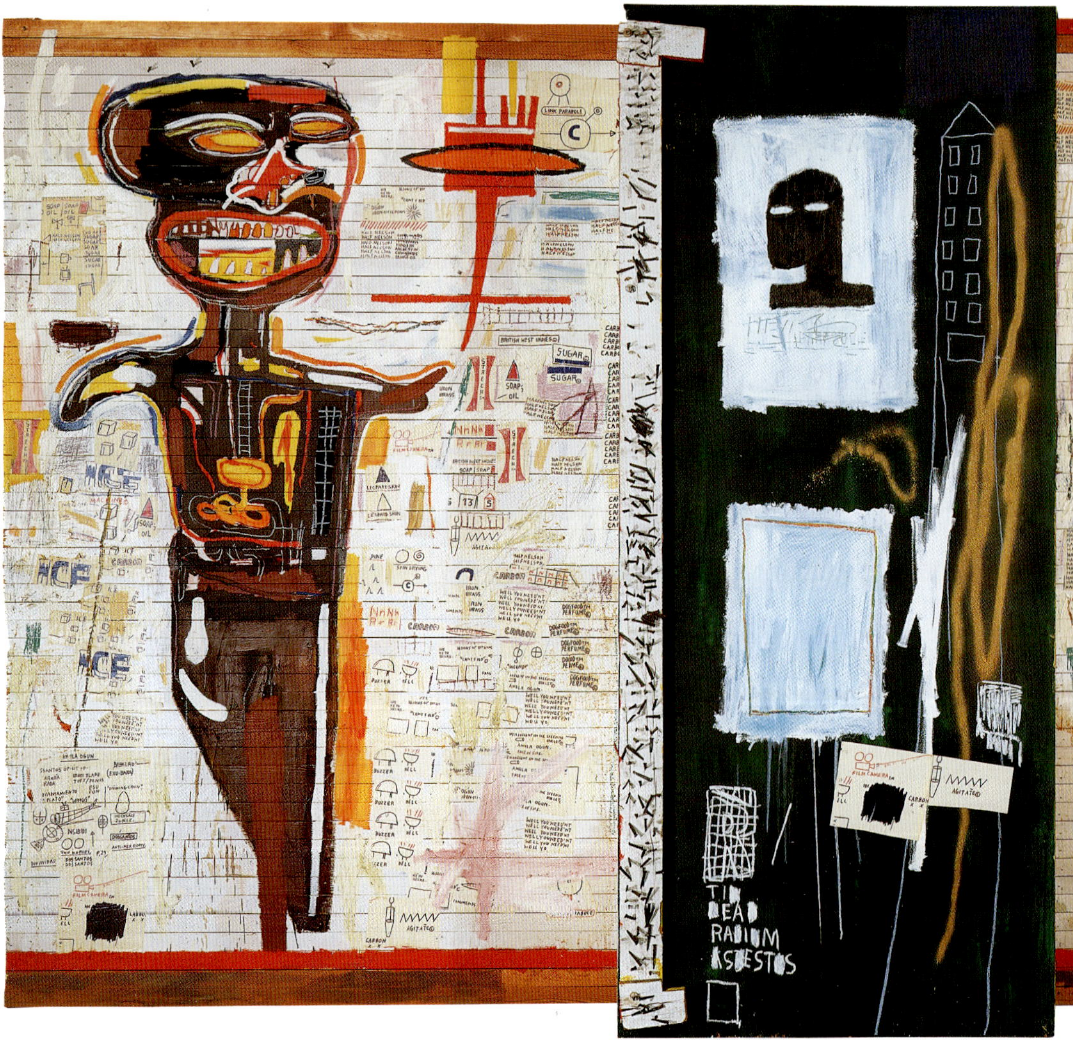
ICE
ICE
ICE
SUGAR
SUGAR
TIN
DEAD
RADIUM
ASBESTOS

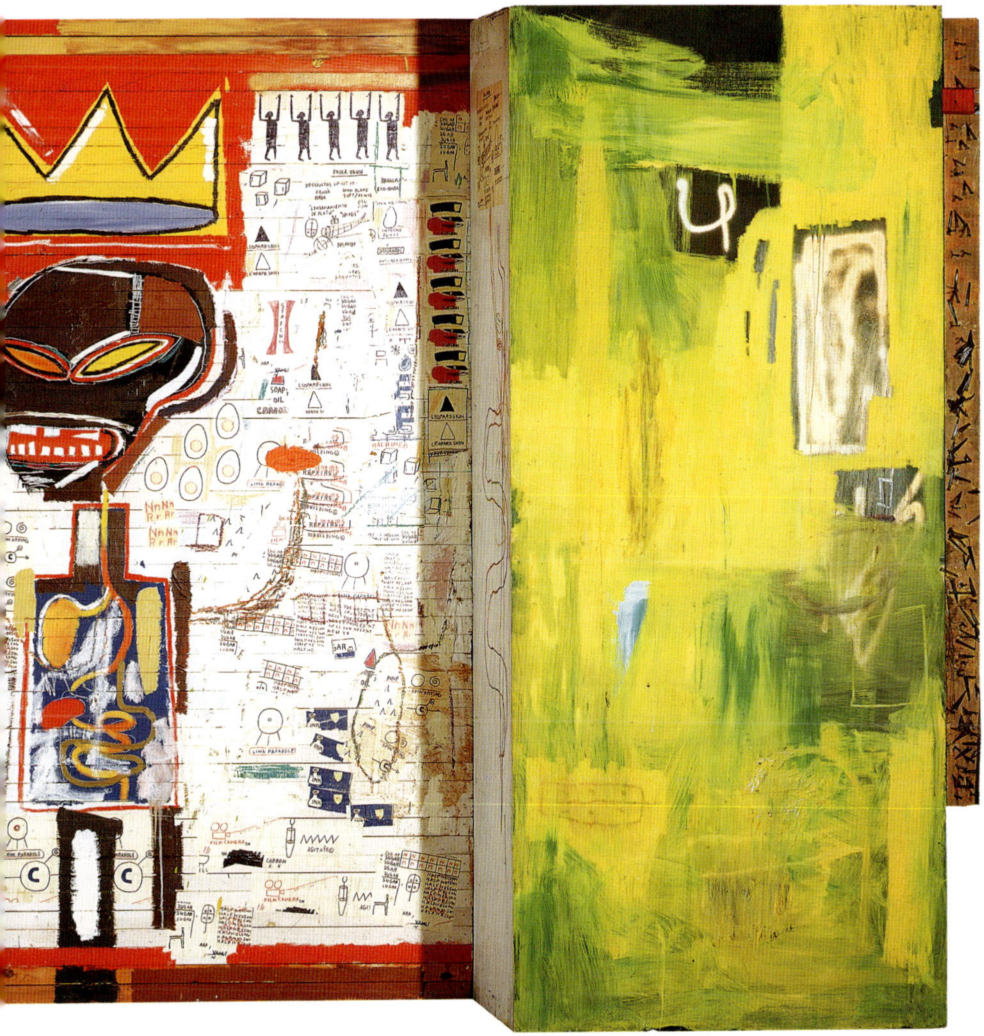

Grillo
1984
Acrylique, huile, photocopie, crayon gras et clous sur bois
244 x 537 x 45,5 cm
Collection privée

Sans titre
1984
Huile, acrylique et papier
collé sur toile
168,3 x 152,4 cm
Collection privée

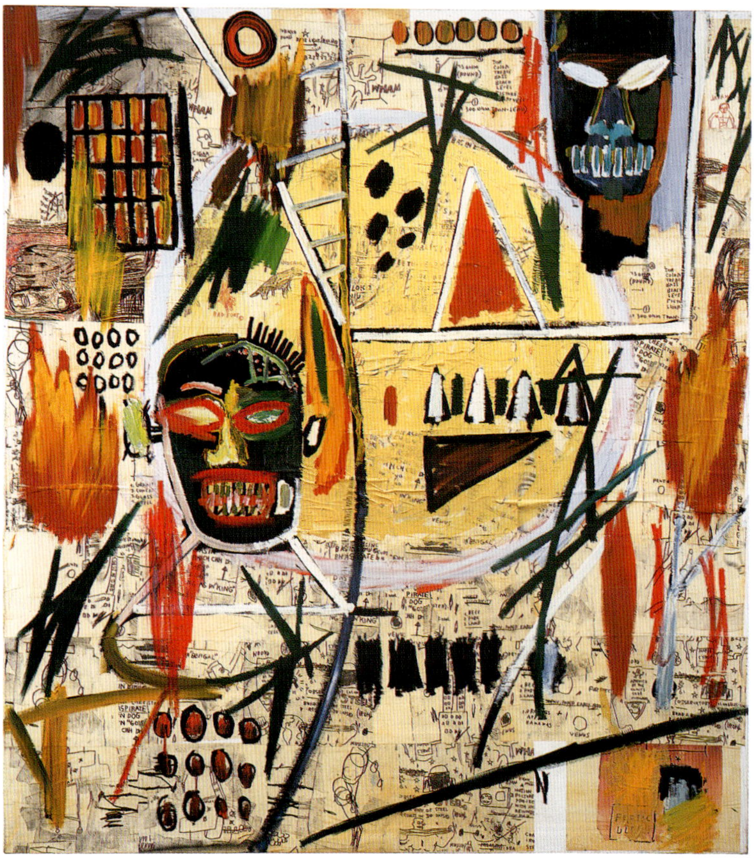

Sans titre
(Caucasian/Negro)
1987
Mine de plomb et crayon
gras sur papier
76,2 x 55,9 cm
Collection John Cheim

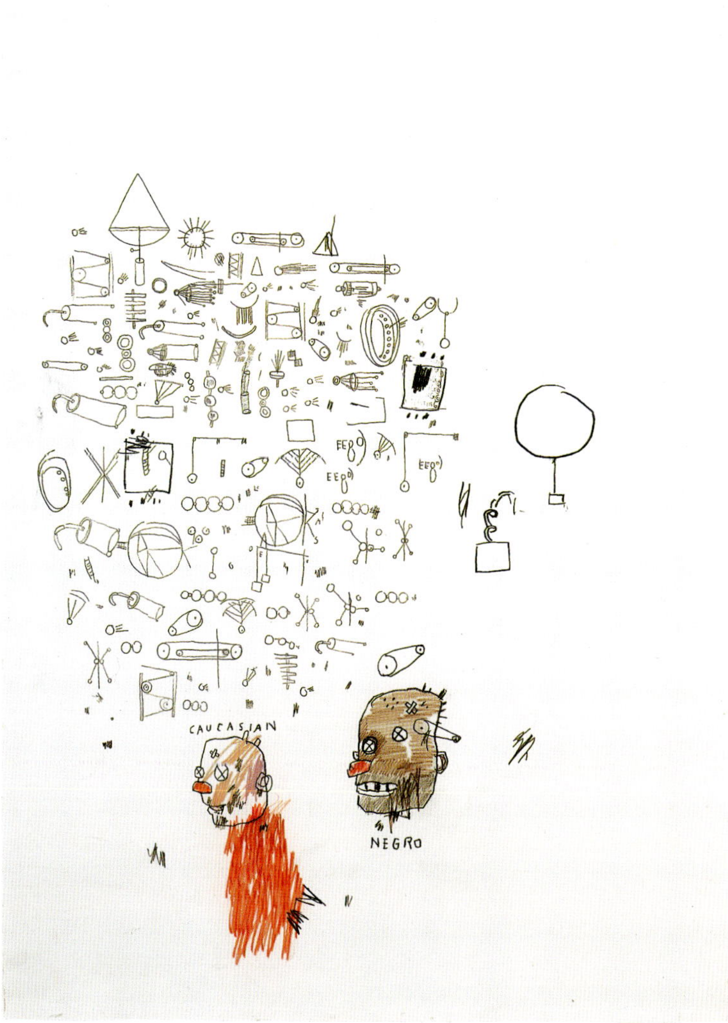

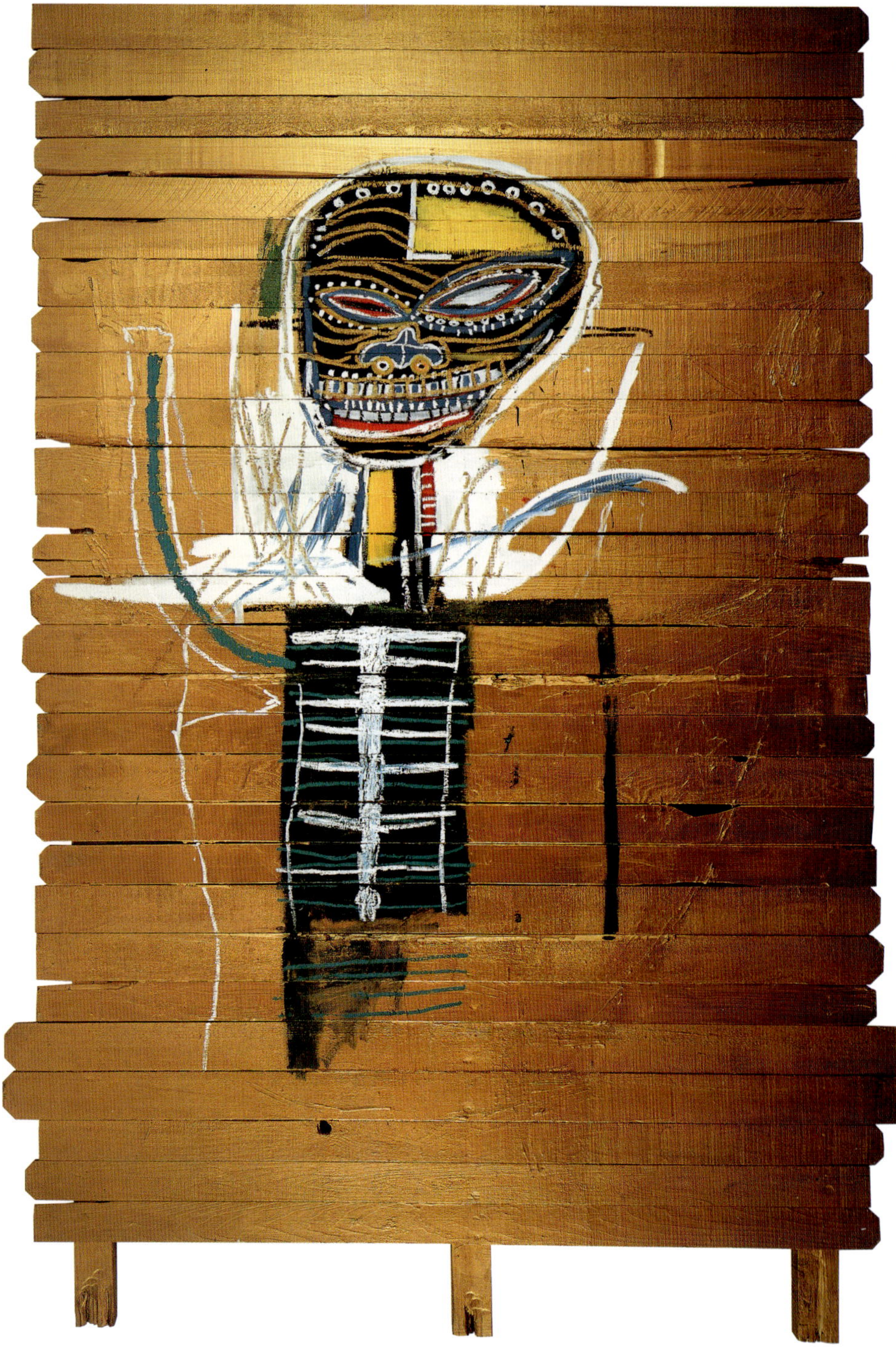

Gold Griot
1984
Huile et crayon gras
sur bois
297 x 185,5 cm
The Broad Art Foundation,
Santa Monica, Californie

Jim Crow
1986
Acrylique et crayon
gras sur bois
206 x 244 cm
Collection privée

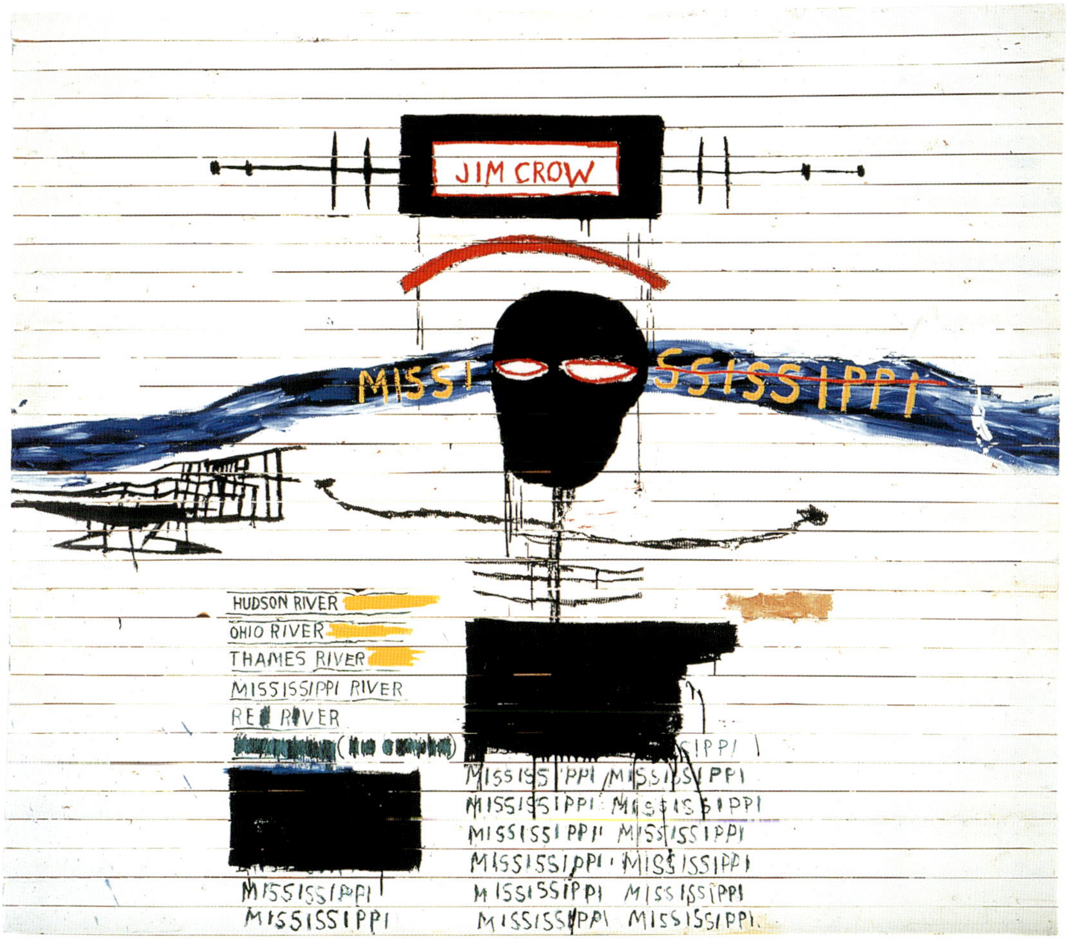

Victor 25448
1987
Acrylique, crayon gras,
cire et pastel sur papier
marouflé sur toile
185,5 x 338 cm
The Stephanie and
Peter Brant Foundation,
Greenwich, Connecticut

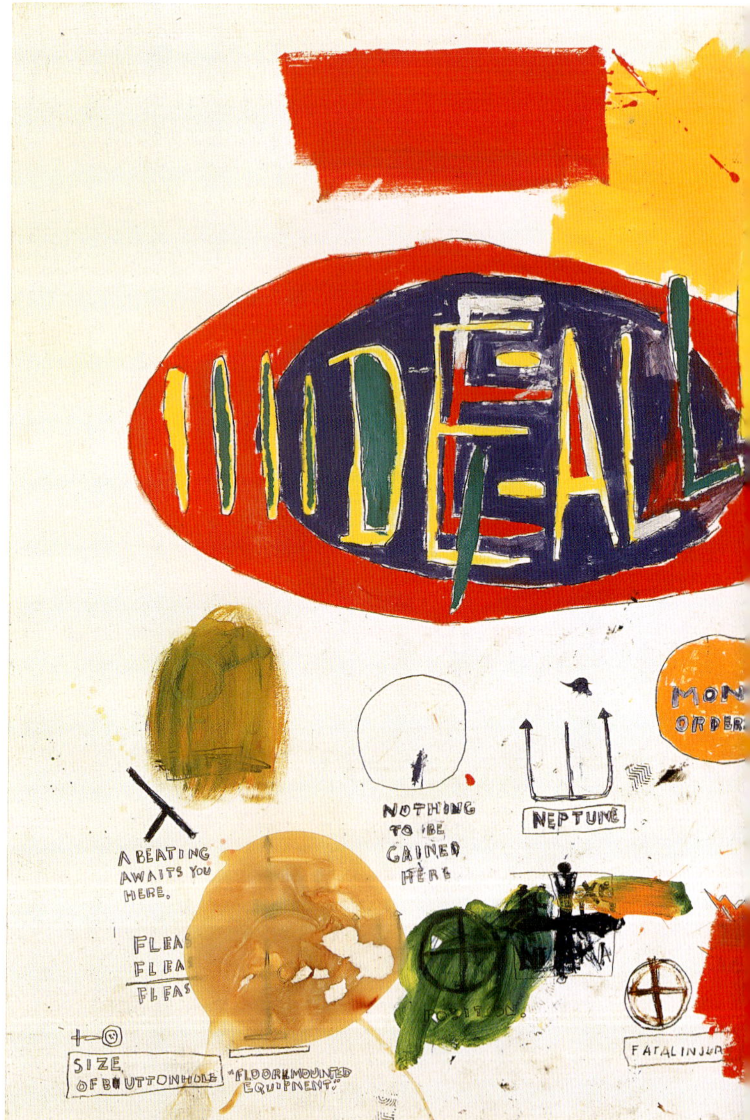

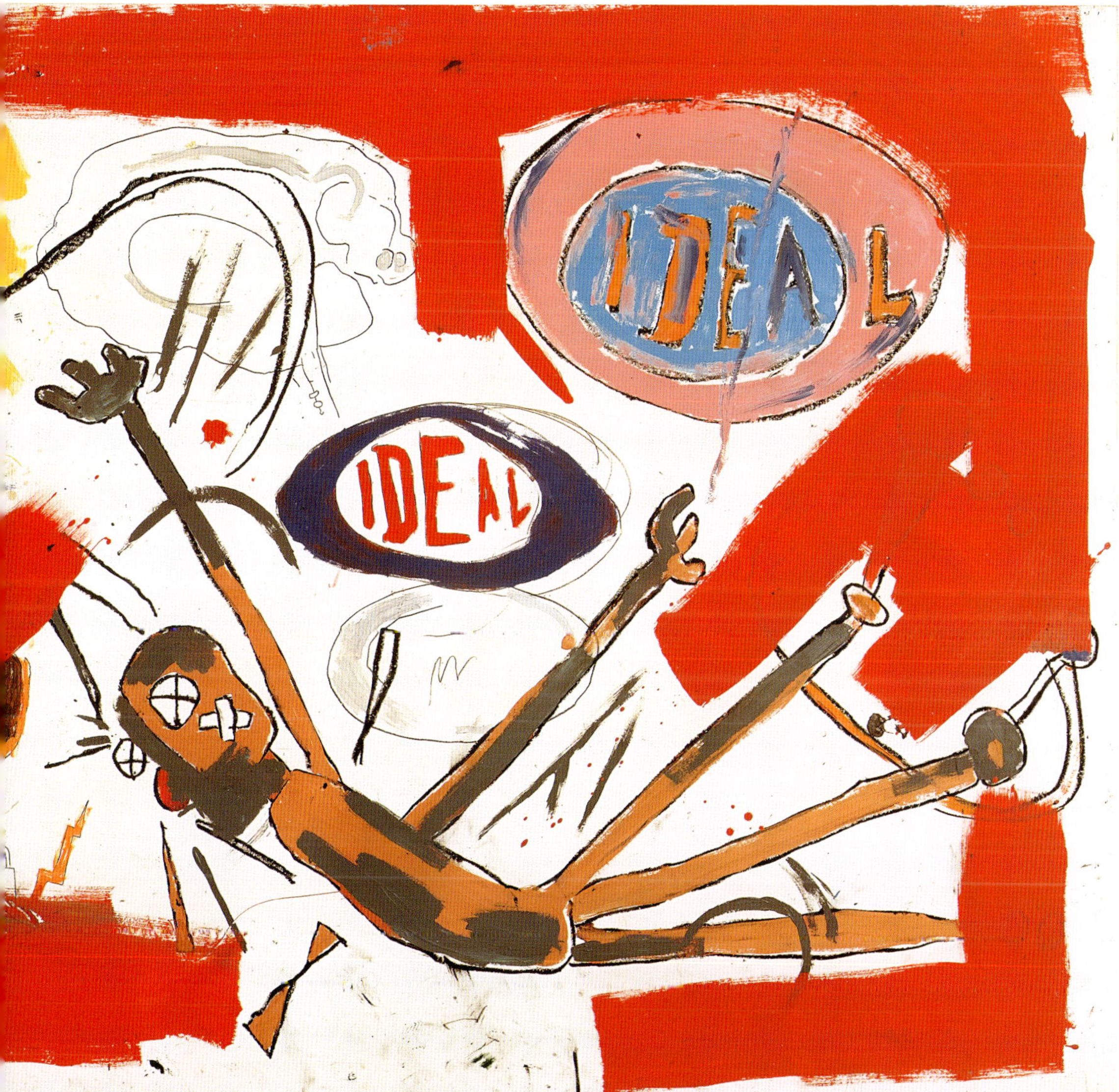
IDEAL
IDEAL

The Dingoes That Park Their Brains with Their Gum
1988
Acrylique et crayon gras sur lin
254 x 289,5 cm
Collection Enrico Navarra

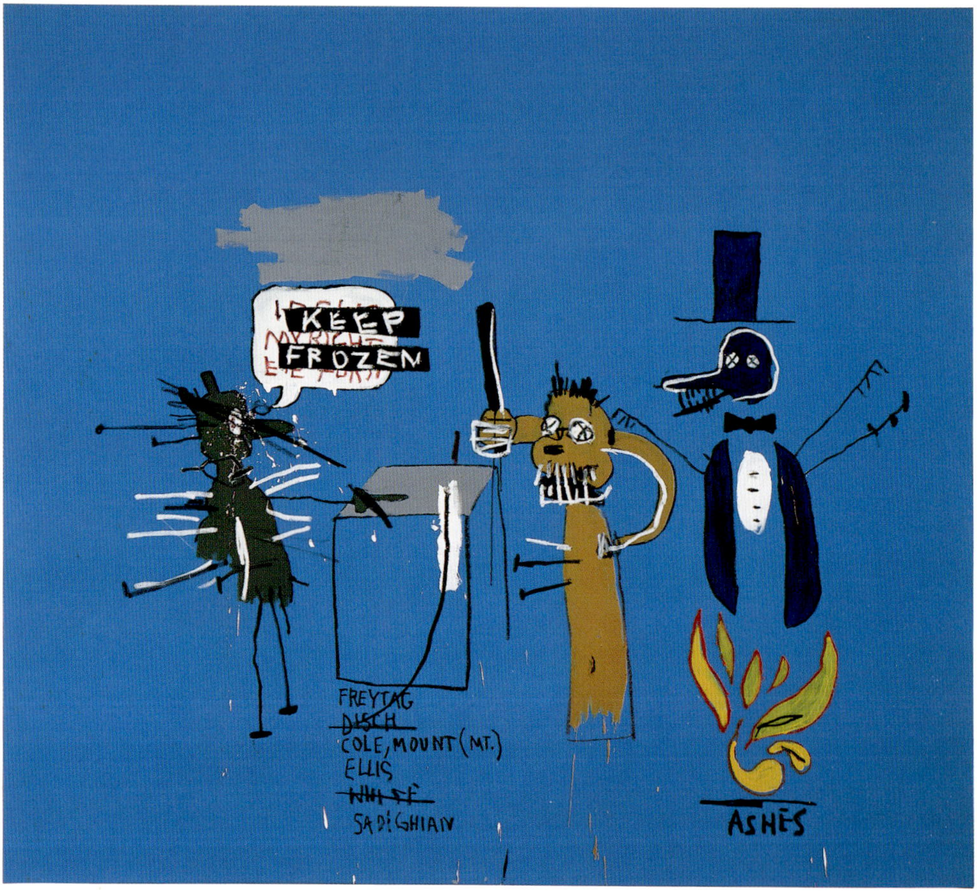

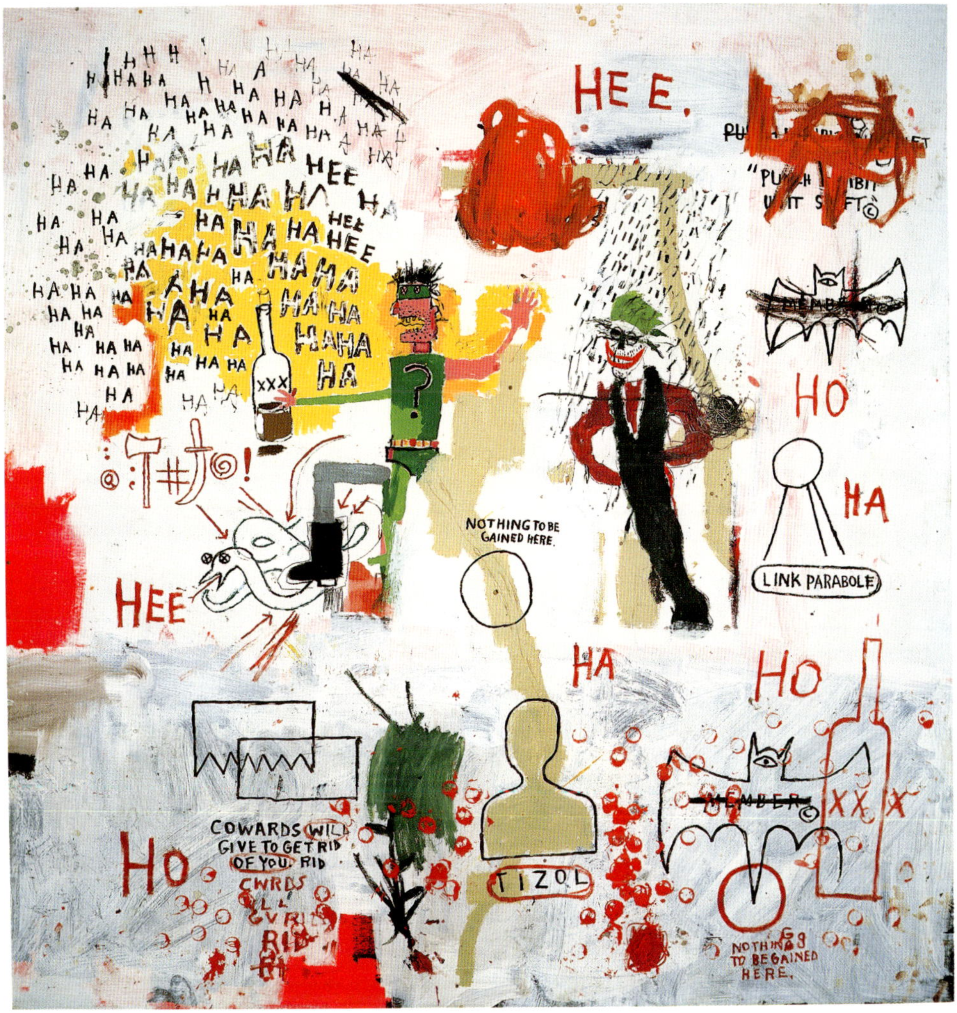

Riddle Me This, Batman
1987
Acrylique et crayon gras
sur toile
297 x 290 cm
Collection privée, courtesy
Giraud Pissarro Ségalot

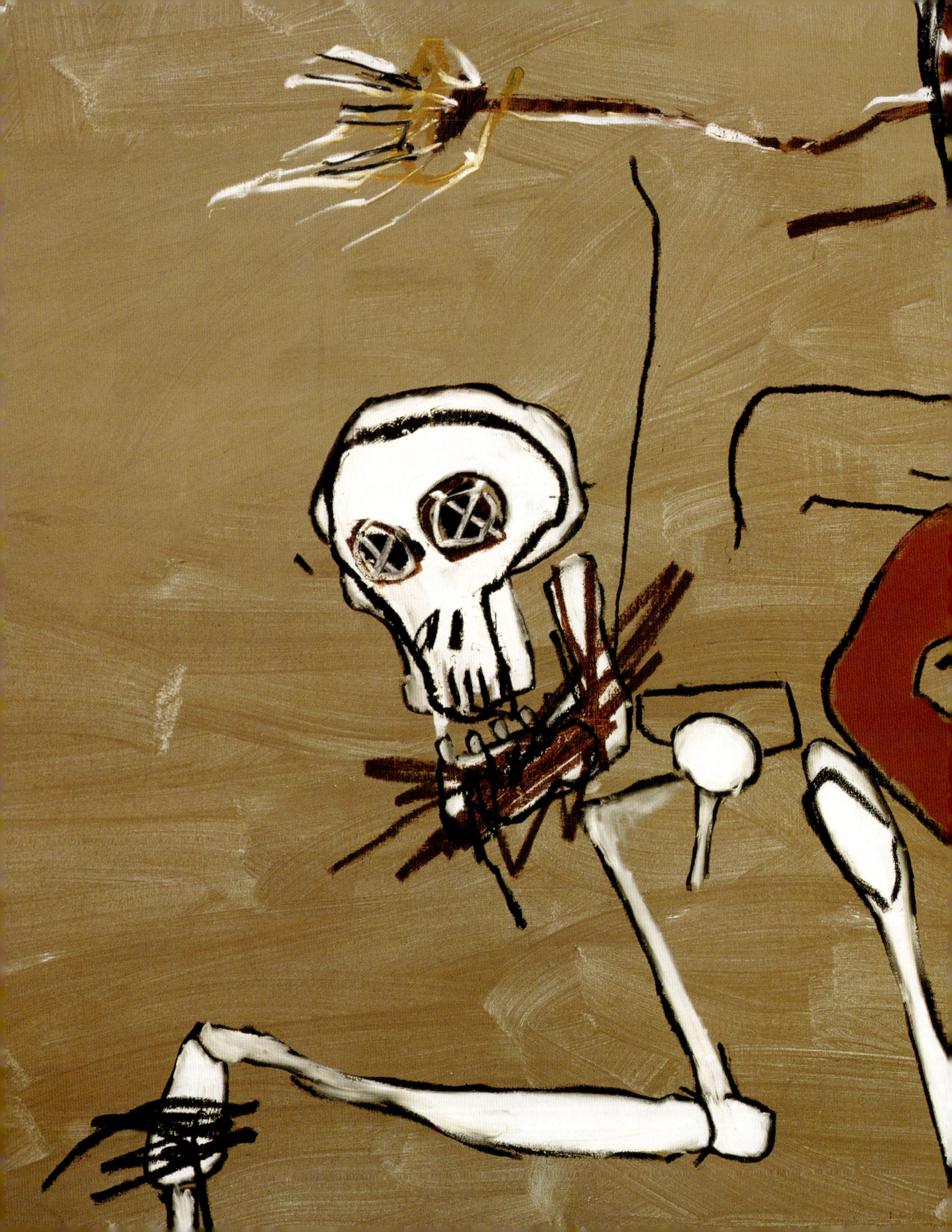

Riding with Death
1988
Acrylique et crayon gras
sur toile
249 x 289,5 cm
Collection privée

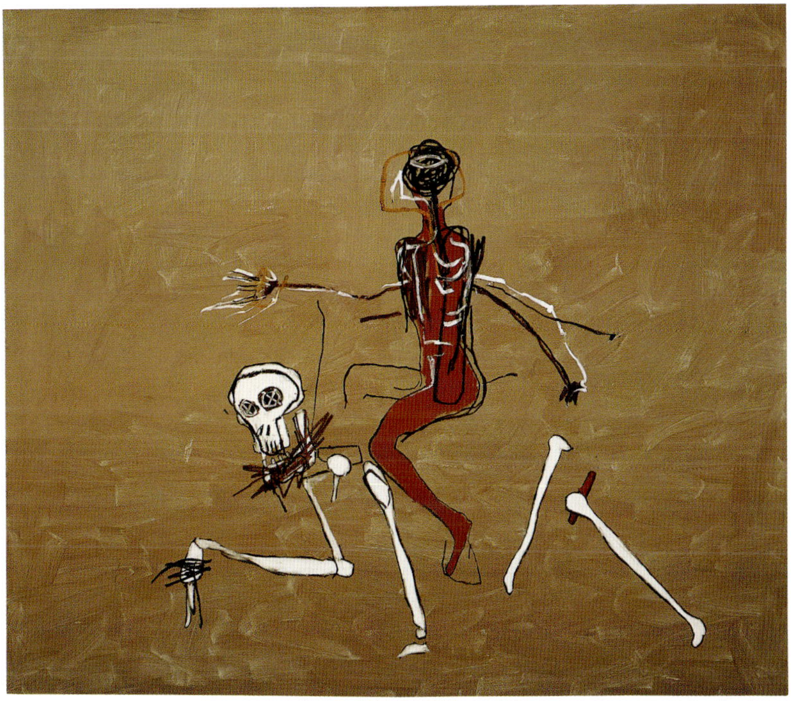

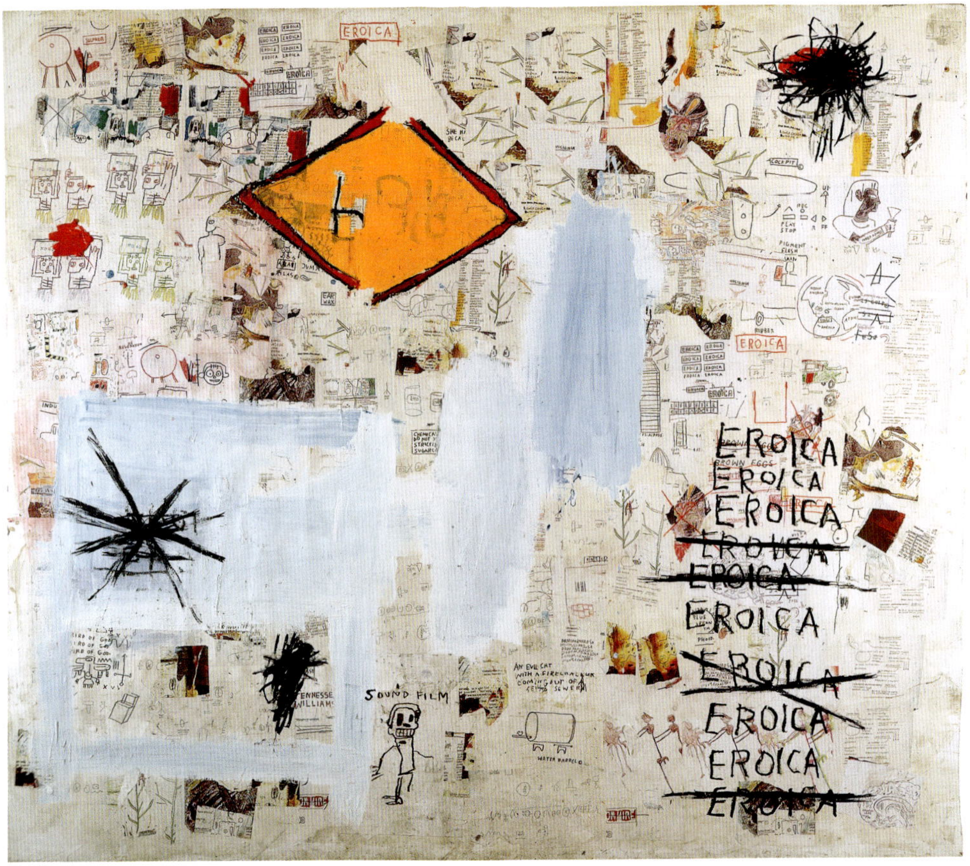

Eroica
1987
Acrylique, crayon gras
et photocopie collée sur
papier marouflé sur toile
228,5 x 271,5 cm
Collection privée

Gravestone
1987
Acrylique, huile et crayon
gras sur toile, triptyque
140 x 172,4 x 55,9 cm
Collection Enrico Navarra

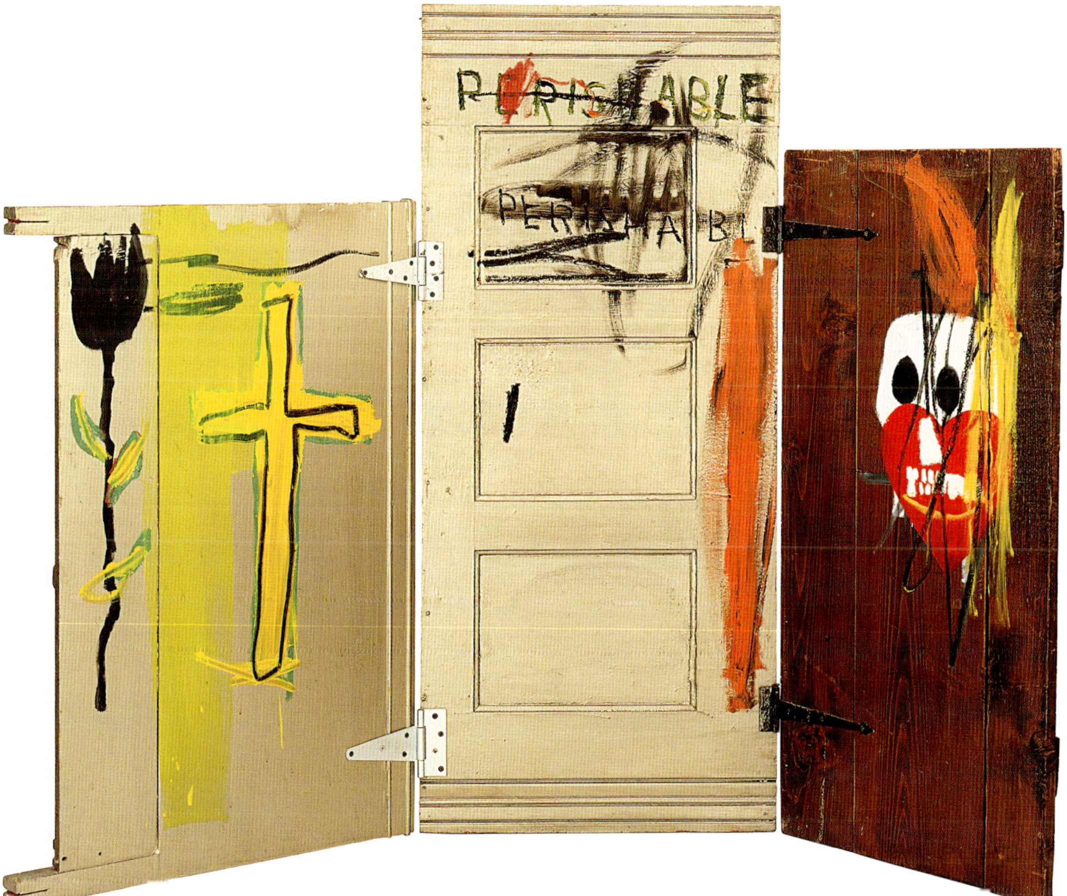

Sans titre
1987
Acrylique, crayon gras,
mine de plomb,
crayon de couleur
et papier collé sur papier
marouflé sur toile
229,2 x 274,3 cm
Collection Dennis Hopper

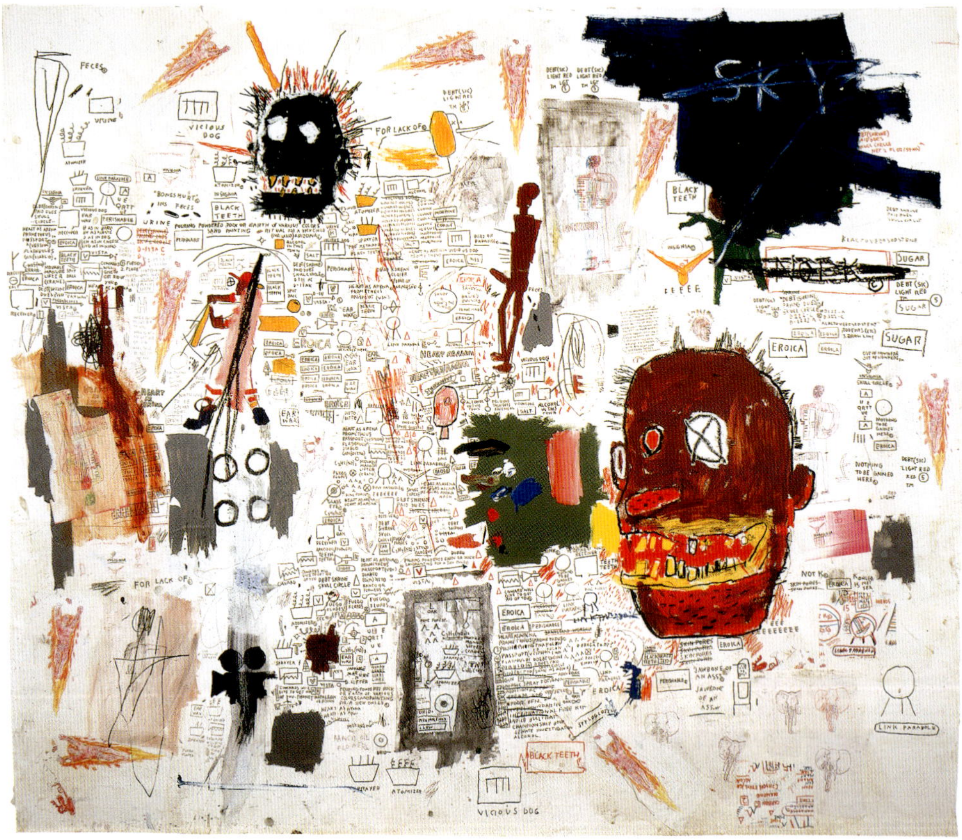

Pegasus
1987
Acrylique, mine de plomb, crayon de couleur et papier collé sur papier marouflé sur toile
223,5 x 228,5 cm
Collection John McEnroe

Eroica I
1988
Acrylique et crayon gras
sur papier marouflé sur toile
230 x 225,5 cm
Collection Alberto Spallanzani

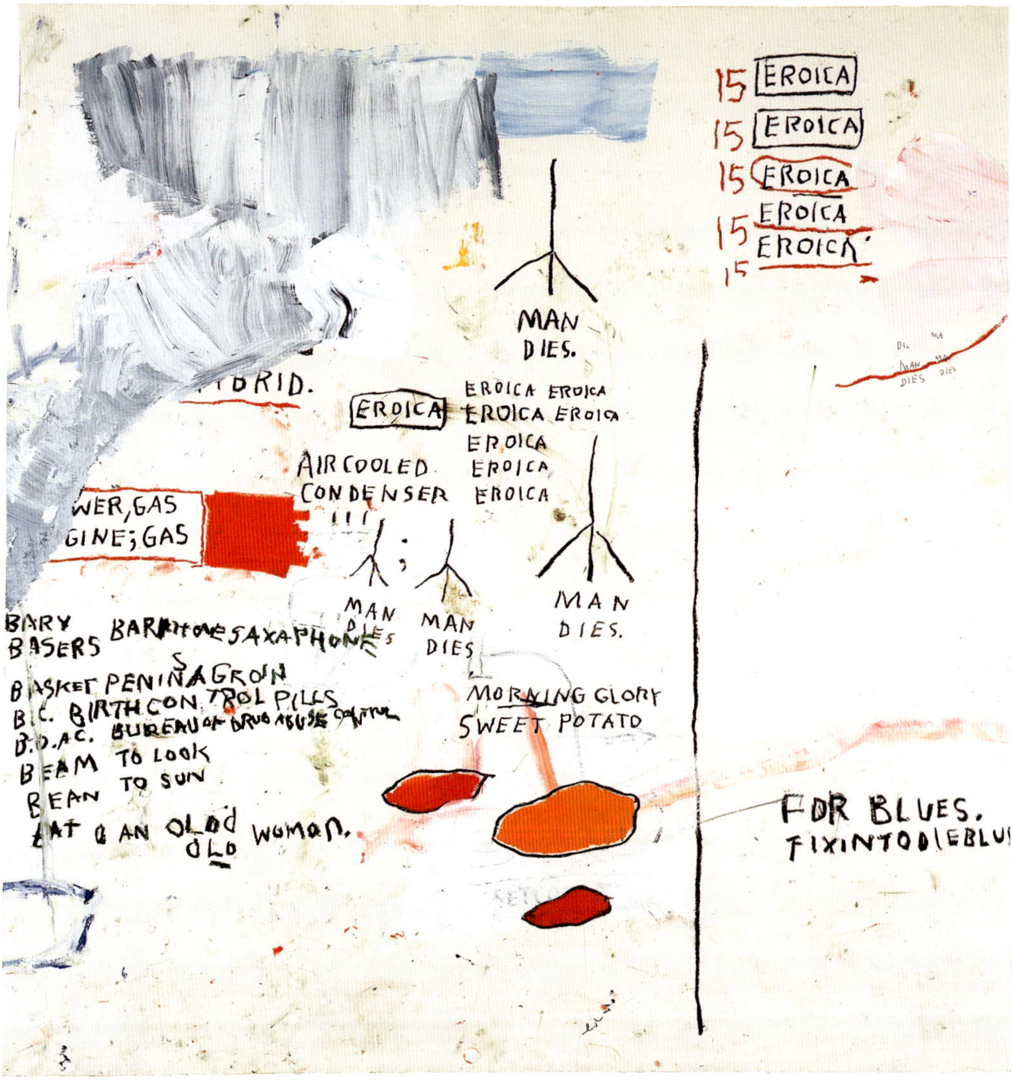

Eroica II
1988
Acrylique, crayon gras
et crayon sur papier
marouflé sur lin
230 x 225,5 cm
Courtesy Leo Malca

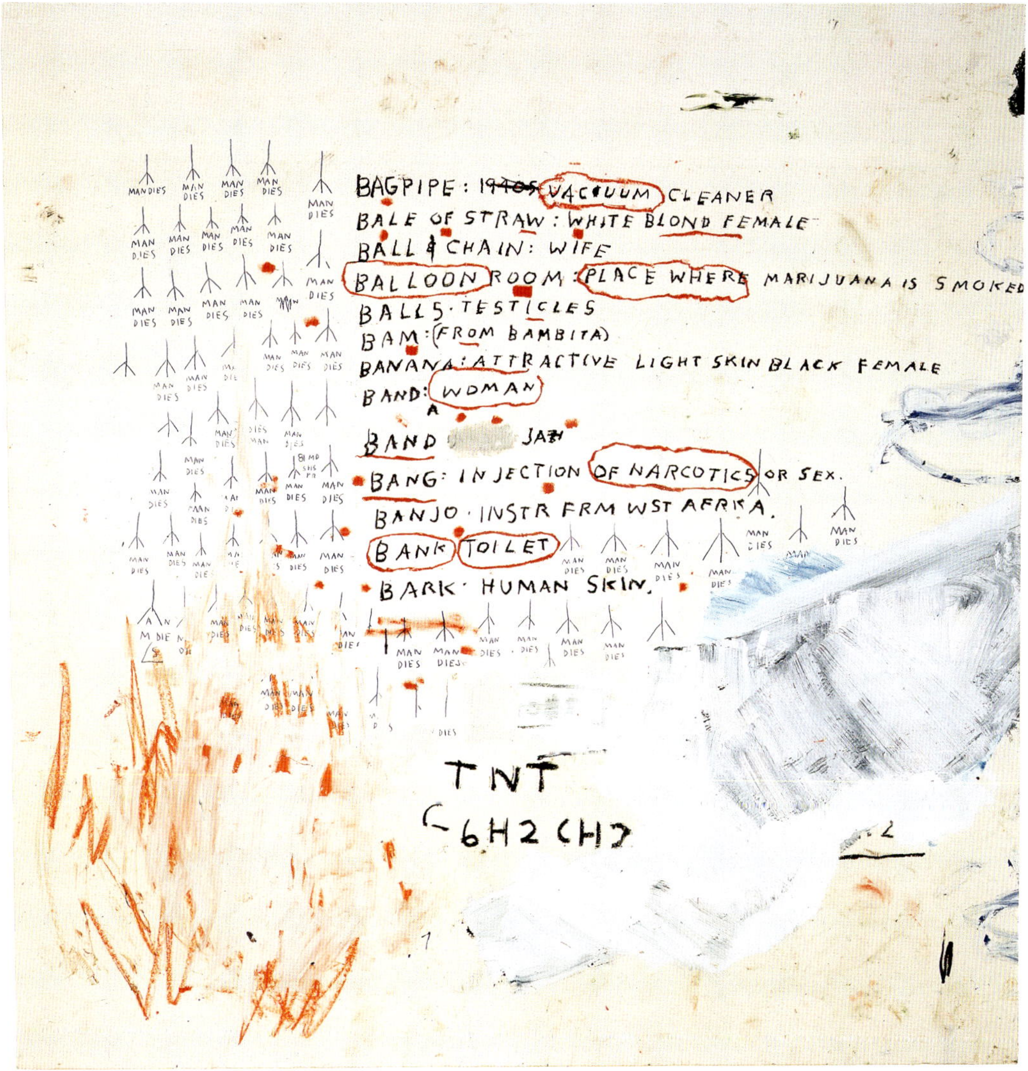

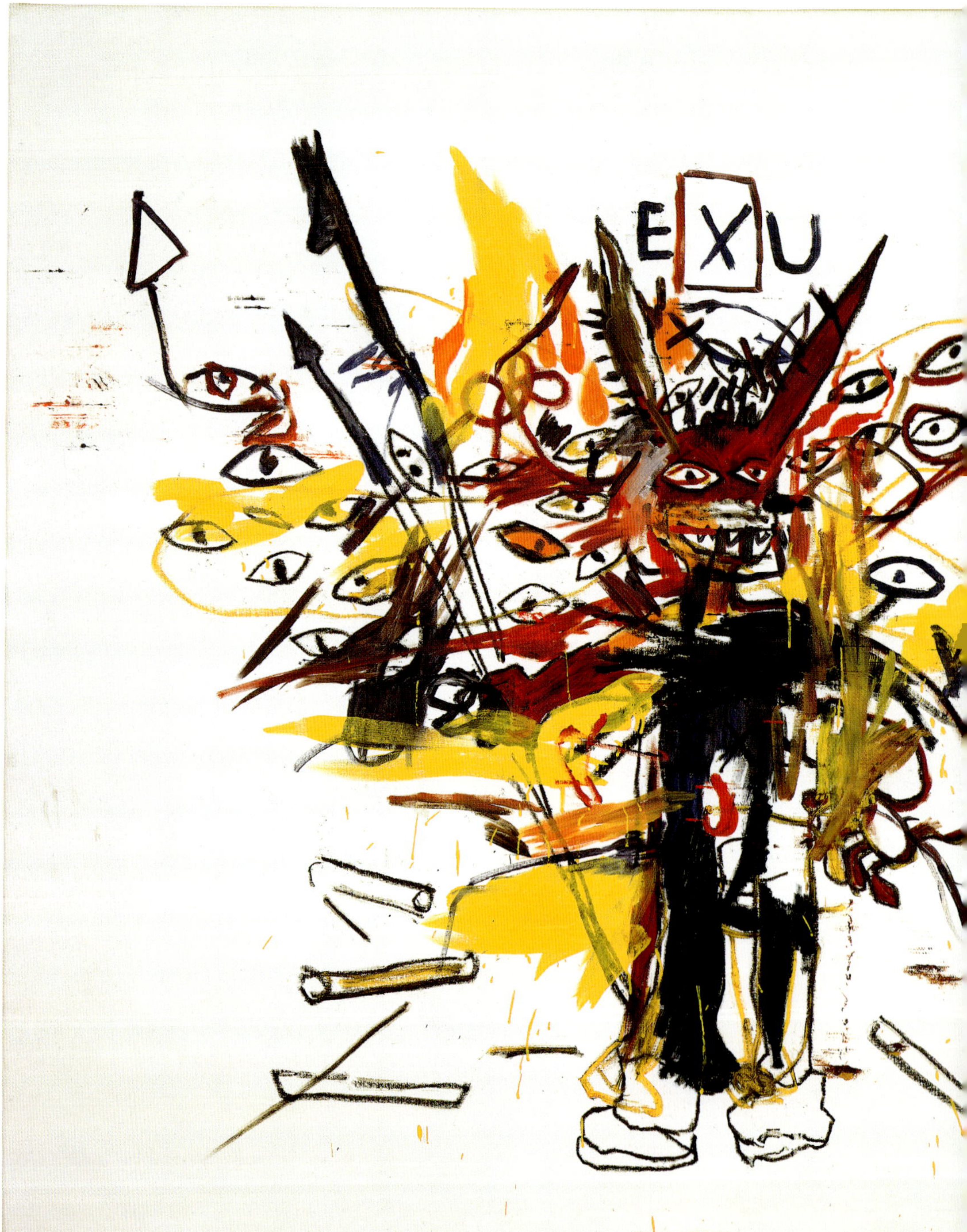
EXU

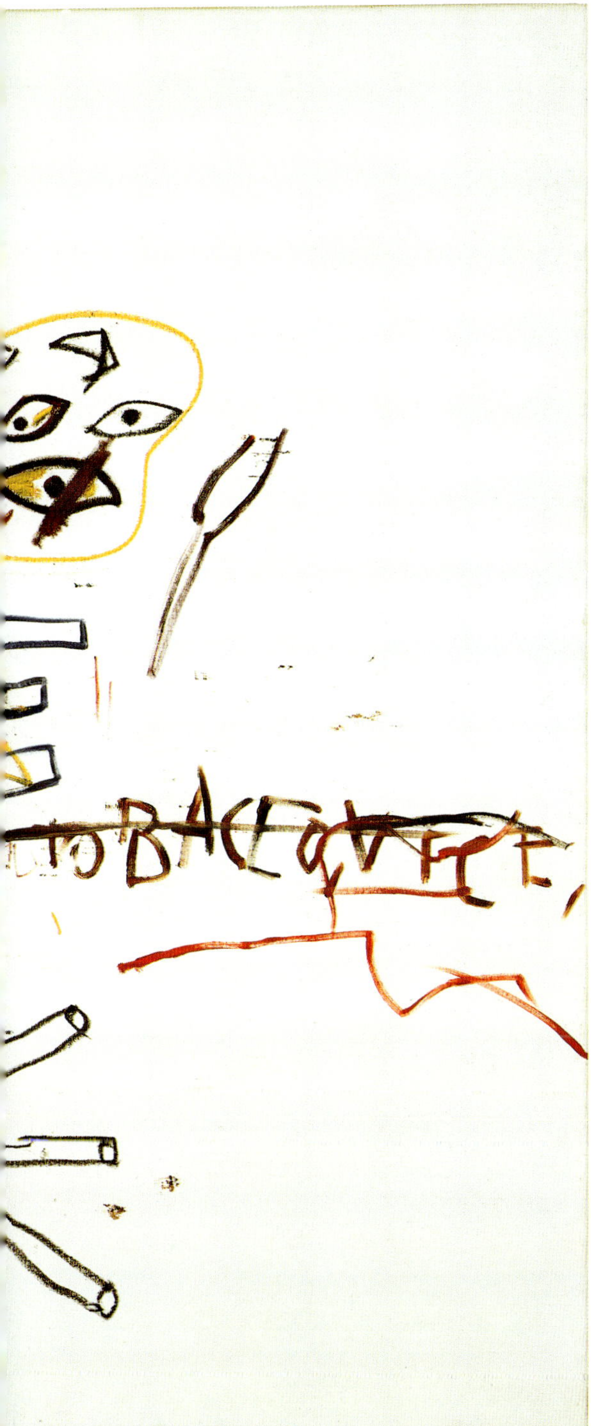

Exu
1988
Acrylique et crayon
gras sur toile
199,5 x 254 cm
Collection Aurélia Navarra

RAL LANDSCAPE©
LANDSCAPE©
RURAL LANDSCAPE©
"MONKEY"
AAXL

« Dans l'imaginaire populaire, tel qu'il s'exprime au travers de la psyché urbaine occidentale et des discours critiques de l'idéologie postcoloniale, le rêve de toute diaspora s'inscrit à l'intérieur d'un lieu fantasmatique, d'un ailleurs, détaché de l'expression logique de la langue natale. Toujours symboliquement investi, il s'organise incessamment hors des repères de la géographie originelle. »

Okwui Enwezor [1]

Lost in Translation

Jean-Michel dans le (re)mix

Kellie Jones

PRÉLUDE : QUESTIONS AUX CONSERVATEURS

Connaissiez-vous Jean-Michel Basquiat ?
Alors que j'étais en vacances, l'idée de cet essai m'a été donnée par le fils d'un ami, âgé de cinq ans, G., qui venait tout juste de découvrir Martin Luther King à l'école. Il l'appelait indifféremment Dr King, Dr Martin Luther King ou Martin. « Et tu savais qu'on lui avait tiré dessus, Mami ? »

Que saviez-vous de Jean-Michel Basquiat ?
Chacun a sa vision de Jean-Michel. Aucune exposition sur Jean-Michel ne pourrait se passer d'une histoire. Voici la mienne. Je l'ai rencontré sur une piste de danse, au cours d'une fête donnée par Spike Lee au Puck Building en 1987 [...]. On était les maîtres du monde. Comme disait Ntozake, « les filles s'étaient rassemblées ». On était rock'n roll. C'était les années 1980, « *when kolored wuz king (yit agin)* » – quand les "colorés" étaient les rois (de nouveau). Mais Jean-Michel planait dans un autre monde, dans la stratosphère [...]. Bon, donc je dansais sur la piste et Fab 5 Freddy nous a présentés l'un à l'autre. Il a dit : « Cette fille est conservatrice (traduction : cette fille est conservatrice et, en plus, elle est "colorée") ». Mais a-t-il dit que je savais danser ?

Después de un Puño (détail), 1987 (p. 176)

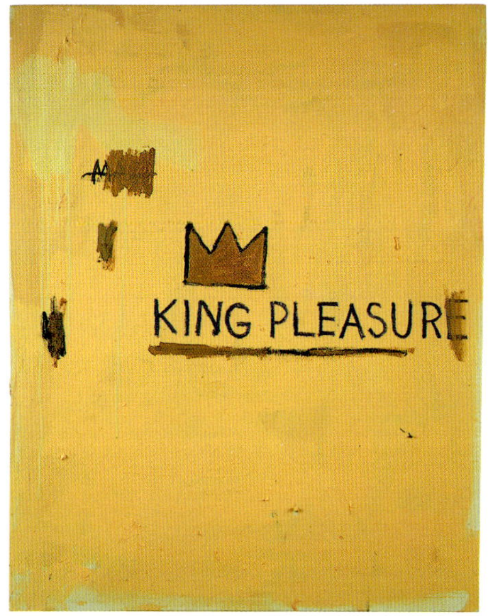

fig. 1
King Pleasure
1987
Acrylique sur toile
126 x 100 cm
Collection privée

L'ARTISTE DANS LE MONDE

Depuis plusieurs années maintenant, l'œuvre de Jean-Michel Basquiat compte parmi les plus cotés de l'art afro-américain. Les institutions culturelles de notre pays l'ont pourtant largement sous-estimé durant la vie de l'artiste : ce n'est qu'à la mort de ce dernier que son œuvre et sa personnalité se sont révélés tout ensemble estimables – comme si souvent dans le cas de l'art afro-américain. L'ironie de la situation, c'est qu'étant donné le prix qu'elles atteignent, il est peu probable que nombre de ces peintures puissent être vues dans les lieux habituels – sauf en cas de générosité de la part des collectionneurs.

L'enjeu, cependant, ne se situe pas dans la valeur marchande de l'œuvre de Basquiat, ni dans le fait qu'il a rejoint le royaume des célébrités avec ce que cela suppose d'argent, de reconnaissance et de respect. Il réside plutôt, à mon sens, dans son esthétique, dont les paroles du légendaire groupe R & B des années 1960, The Temptations, résument toute la singularité : « *So high you can't get over it, so low you can't get under it* [2] » (Si haut que tu ne peux aller au-delà, si bas que tu ne peux aller au-dessous). Ou, pour le dire selon les termes plus autorisés de l'anthropologue Grey Gundaker à propos des cultures afro-américaines : « L'enseignement que l'on peut tirer de l'entreprise relativement nouvelle que constituent les études afro-américaines est qu'il y a trop d'informations à trop de niveaux différents – et tant encore à découvrir – pour espérer établir autre chose qu'un vaste réseau de connections [3] ».

De fait, ce que nous offre Basquiat déborde le seul espace du regard. Il était passé maître dans l'art de dévoiler (en apparence) la chose – squelette, infrastructure, essence du langage et de la vie – tout en occultant les sources, les influences et les techniques, emportées dans le tourbillon d'une facture frénétique.

C'était un peintre remarquable. Le détail de certains tableaux comme *Leonardo da Vinci's Greatest Hits* (p. 59) le prouve, de même, par exemple, que le portrait plein d'assurance de *St. Joe Louis Surrounded by Snakes* (p. 76). Il savait également travailler les aplats de couleur : voir *King Pleasure* (fig. 1). Et ses dessins sont tout aussi impressionnants : certains sont de sobres méditations, idées distillées à travers les méandres du trait ; d'autres sont de denses accumulations de signes et de mots. Ce jeu quasi omniprésent avec le langage témoigne du profond conceptualisme de la démarche de l'artiste. De même que les rares sculptures qu'il a produites : composée d'un casque de footballeur sur lequel sont collés des cheveux noirs, *Sans titre (Helmet)* [fig 2] est une improvisation sur le travail mené par David Hammon durant une décennie (voir, par exemple, la *Nap Tapestry*, 1978). Les capsules de bouteille du *Self-Portrait* (1985) renvoient au *Higher Goals* réalisé la même année par Hammon – critique du sport à la fois comme voie de sortie du ghetto et fantasme sur la virilité noire. Ce dialogue avec un autre artiste témoigne de l'aisance de Basquiat à évoluer sur le plan conceptuel. Il prouve, s'il en était besoin, qu'il était peintre par choix, non par nécessité.

Basquiat cherchait à se rendre insaisissable : « jouer au primitif » était une manière d'y parvenir.

fig. 2
Sans titre (Helmet)
1981
Acrylique et cheveux
sur un casque de
football américain
22,8 x 20,3 x 33 cm
Collection privée

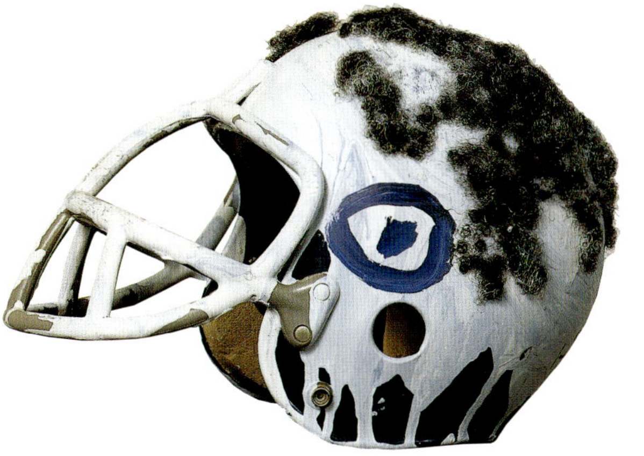

Vendre des chemises et des objets dans Washington Square Park en était une autre. Ou encore, taguer son nom aux coins des rues comme un gosse issu de la classe moyenne de Brooklyn se donnant l'allure d'un artiste de graffiti. À l'image de Paul, héros de la pièce de John Guare, *Six Degrés de séparation*, joyeux arnaqueur qui se fraie un chemin dans les cercles fermés de la société en se présentant (faussement) comme le fils de l'acteur Sidney Poitier, Basquiat s'est faufilé à l'intérieur du monde de l'art dans le sillage du graffiti, lui-même porté par le multiculturalisme des années 1980. L'accession de Basquiat à la célébrité, son analyse du phénomène ne sont pas étrangers à la fascination que le peintre éprouve pour les marques commerciales. Le tag IDEAL (idéal), qui apparaît dans sa dernière œuvre, désigne à la fois, selon le critique culturel José Esteban Muñoz, le nom d'un fabricant connu de jouets américains, la fausse valeur éthique attribuée au produit, et l'artiste lui-même, à travers le « I » (je), qui non seulement « deals » (joue, évolue) dans « le même espace que le consommateur », mais trace en outre son chemin pour atteindre le sommet du monde de l'art [4].

Une heureuse coïncidence historique relie Basquiat au multiculturalisme. Comme Jimi Hendrix arrivé à point nommé pour revivifier le rock anglais, dit le critique Greg Tate, Basquiat et ses pairs sont « apparus au moment où le conceptualisme perdait pied devant l'émergence du néo-primitivisme [...] le hip hop et l'art du graffiti s'imposaient sur scène, réintroduisant du même coup la représentation, la figuration, l'expressionnisme, le pop art, la peinture sur toile, et la notion de chef-d'œuvre [5] ». Fait remarquable, nous rappelle également Tate, Basquiat s'est fait connaître non par des peintures urbaines (dont nous retrouverons la palette audacieuse dans ses toiles ultérieures), mais par de sobres textes bombés en noir sur les murs : le peintre est venu à nous « en tant que poète [6] » (fig. 3).

Marc Mayer et Fred Hoffman le montrent dans leurs essais respectifs, Jean-Michel Basquiat savait, même s'il le masquait volontiers, comment « peindre l'art occidental » et il appartenait pour le meilleur à cette tradition. Cependant, la peinture américaine en particulier, et l'art occidental en général, ne sont qu'une des sources de l'esthétique de l'artiste. « D'abord portée par l'art du graffiti, puis par le néo-expressionnisme et le néo-pop, l'œuvre de Basquiat échappe en définitive à l'emprise de chacun de ces courants parce que son originalité ne peut se réduire à la somme de ses inspirations, de ses associations ou à sa génération... Les influences ont été assimilées, englouties dans le projet [7]. » De fait, l'artiste est partie prenante en même temps qu'observateur de l'histoire de l'art occidental et, plus largement, de l'histoire du monde lui-même – *In Italian* (p. 115), c'est-à-dire en italien, mais aussi en grec, en anglais, en ébonique (« *ebonic* », dialecte anglo-américain parlé par les Afro-Américains), en français et en espagnol. Ces toiles sont modernes dans leur facture mais aussi, et avec force, dans leur contenu. Elles dessinent la chronique moderne du monde à travers la grande et les petites histoires du pouvoir. Des artistes tels que Basquiat, remarque le spécialiste Arjun Appadurai, « annexent le global à leur propre pratique du modernisme [8] ».

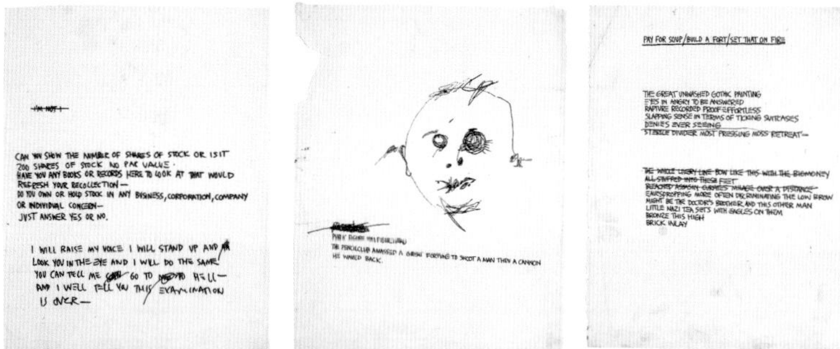

fig. 3
Sans titre
(Series of Poems)
1979-1980
Encre sur papier
28,6 x 22,9 cm
Collection Aurélia Navarra

La culture africaine métissée dont a hérité Basquiat, en tant que citoyen du Nouveau Monde et afro-américain, est une composante essentielle de l'histoire des Amériques. Le conservateur Gerardo Mosquera, dans un essai sur l'artiste cubain Wifredo Lam (fig. 4), note que le modernisme est « le lieu d'expression et d'échange des cultures afro-américaines [9] ». Les innombrables civilisations africaines venues s'échouer par vagues successives (l'une recouvrant l'autre) sur le continent américain, du XVIIe au XIXe siècle, sont perpétuées à travers les « complexes culturalo-religieux [10] » que constituent la santéria, le vaudou, le candomblé, le shango – et j'ajouterai, pour ma part, le hoodoo –, mais aussi les contes populaires, les codes gestuels, les performances et les objets liés à ces pratiques. Mosquera y voit non des « survivances » mais la constitution d'une culture africaine « de l'autre côté de l'Atlantique ». Souple, dynamique, fonctionnant sur un mode d'appropriation et de transformation, cette culture aboutit à Lam et au dialogue fécond que ce dernier entretient avec les poètes de la négritude antillais et africains, c'est-à-dire à la « construction néologique d'un modèle noir » ou, en d'autres termes, à un modernisme spécifique à la diaspora et au XXe siècle [11].

Le critique culturel Stuart Hall voit dans le Nouveau Monde la « scène primordiale », lieu de rencontre des cultures mais aussi de déplacement et de migration, et site originel de la diaspora [12]. Cependant, poursuit-il, à l'intérieur de l'espace géographique et psychique africain, « la dimension dont l'esclavage ne peut directement rendre compte a été et reste la "présence" latente et indicible de la culture antillaise [13] ». Cette mise en valeur d'une composante « latente et indicible » du Nouveau Monde, outre qu'elle peut paraître contredire la position de Mosquera (et correspond peut-être à une approche différente des Antilles selon que celles-ci sont vues par un Jamaïcain anglophone ou un Cubain espagnol), repose essentiellement sur le rapport dialectique que le critique entretient avec la présence surdéterminée de l'Europe sur le continent américain, présence « qui est dite inlassablement – et qui nous parle inlassablement ». Hall s'interroge alors : « Comment pouvons-nous mettre en scène ce dialogue [avec l'Europe], de sorte à pouvoir enfin le déterminer, sans terreur ni violence, et ne plus être perpétuellement déterminés par lui [14] ? »

L'une des particularités du génie de Basquiat est sa capacité à « consommer/consumer ses influences et à les absorber dans sa démarche », note Tate ; c'est-à-dire non pas être subsumé dans la tradition européenne mais la définir et lui assigner, à *elle*, une place, pour rappeler que l'Europe, telle qu'elle se matérialise de ce côté-ci de l'océan, est « toujours-encore fusionnée, agrégée » ; en d'autres termes, montrer l'Europe en tant qu'elle est intégrée au processus d'américanisation [15]. Le talent de l'artiste réside aussi dans son énergique mise en œuvre de la « construction néologique du modèle noir », pour reprendre l'expression de Mosquera.

La part néologique, ludique et complexe, du travail de Basquiat, nourrie d'une réflexion sur la modernité et l'influence de la culture noire, a pourtant été souvent éludée par les critiques et commentateurs – perdus dans la traduction. Le *corpus* de son œuvre tel qu'il a été canoniquement constitué occulte son interprétation des « complexes culturalo-religieux » dans leur expression matérielle, performative ou gestuelle. Ainsi, la thématique des athlètes « nègres » et des musiciens de jazz noirs donne une place et un visage à la négritude et à la masculinité de Basquiat. Certaines toiles historiques, comme *Undiscovered Genius of the Mississippi Delta* (p. 110-111), présentent des formes assez aisément assimilables à la culture noire.

fig. 4
Wifredo Lam
(1902-1982)
Zambezia, Zambezia
1950
Huile sur toile
125,4 x 110,8 cm
Solomon R. Guggenheim
Museum, New York.
Don de M. Joseph Cantor,
74.2095

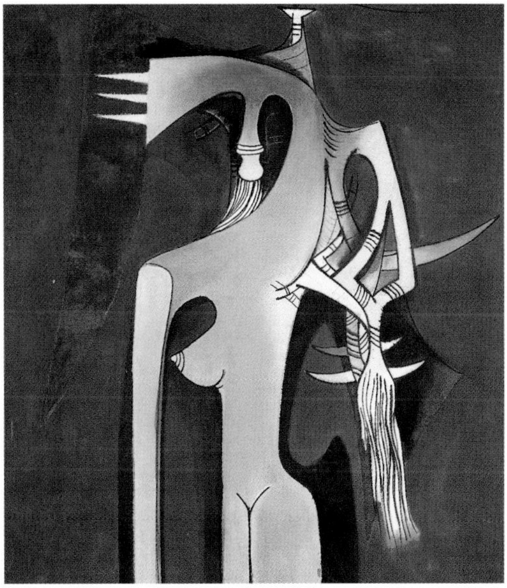

Observées par la lunette du multiculturalisme, ces compositions expriment visuellement et de manière surdéterminée la négritude. Enfin considérée par et pour elle-même, l'histoire des Noirs nord-américains peut être assignée « aux marges du modernisme [16] » sous forme de dioramas parfaitement clos mettant en scène – osons le terme – l'« autre ». Je l'ai déjà dit ailleurs, l'art des Noirs est souvent perçu comme la conscience de l'humanisme occidental, rôle qu'une œuvre telle que *Native Carrying Some Guns, Bibles, Amorites on Safari* (p. 68) semble remplir en apparence [17]. Et comme le suggère Hall, l'allure raffinée de la transgression noire peut toujours suffire à habiller la haute couture (et les objets de luxe telles les œuvres d'art) [18].

Une œuvre comme *Native Carrying Some Guns, Bibles, Amorites on Safari* ne se limite cependant pas seulement aux rapports entre l'Afrique et les États-Unis : elle renvoie aussi aux aventures impérialistes qui se produisent ailleurs dans le monde. L'excès chez Basquiat – ce qui déborde l'histoire afro-américaine des États-Unis ou celle de la peinture occidentale – se saisit à partir de la diaspora, de cette culture extranationale qui sait brouiller les frontières et franchir les océans. Nous sommes face à un art, comme le souligne le spécialiste Nicholas Mirzoeff, œuvrant à partir d'« un point de vue multiple », qui a troqué « la perspective unilatérale du rationalisme cartésien pour une position ouverte sur l'avenir, transculturelle et transitive, *d'où l'on peut regarder et être vu* [19] » (nous soulignons). L'esthétique de Basquiat est donc d'ordre dialogique ; elle relève d'un processus interactif « entre des individus, des communautés et des cultures » qui, à travers l'échange de regards, met à parité le visuel et la visibilité [20]. Cette mise en scène de la multiplicité et de la relativité, cette incarnation de l'hybride et du *mestizaje* [21], au sens culturel et non biologique du terme, ont été constamment occultées dans l'œuvre de Basquiat. C'est ce que cette « scène primordiale » (pour reprendre les mots de Hall) de la diaspora antillaise a légué au gars de Brooklyn issu de Haïti et de Porto Rico.

IMAGINAIRE SÉMIOTIQUE

Il est un autre aspect de l'art de Basquiat, celui-ci largement commenté, qui dépasse sa double identité de citoyen afro-américain du Nouveau Monde et de peintre occidental : c'est la prépondérance de la langue espagnole dans ses tableaux et dessins. J'entends « afro-américain » au sens large que lui a donné Gerardo Mosquera. Dans ses écrits, le critique donne pour cadre aux cultures afro-américaines non pas le seul champ des États-Unis mais aussi celui des Caraïbes et de l'Amérique latine – Afro-Cubains, Afro-Brésiliens, etc. N'oublions pas que plus de 90 % des Africains transplantés sur le continent américain à la suite du commerce de l'esclavage sont arrivés non pas aux États-Unis, mais en Amérique du Sud et aux Caraïbes. Le terme « afro-américain » est donc particulièrement pertinent.

Tout comme celui qui fut à la fois un grand « militant politique, un bibliophile, un collectionneur, un bibliothécaire et une figure de la renaissance de Harlem », Arturo Alfonso Schomburg (qui anglicisait

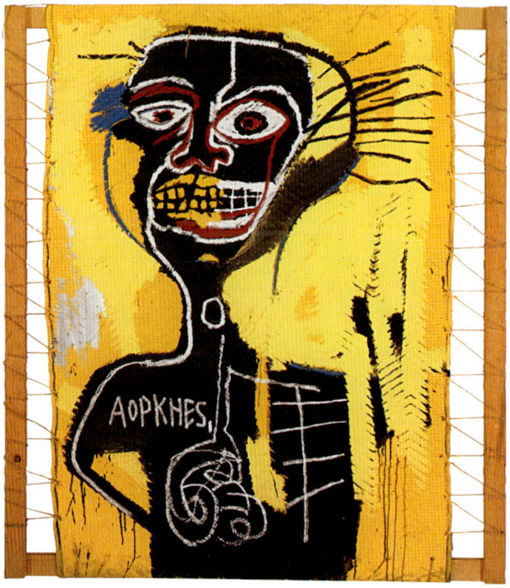

fig. 5
Cabeza
1982
Acrylique et crayon gras sur une couverture avec cadre de bois apparent et ficelle
169,5 x 152,4 cm
Collection privée

parfois son nom en Arthur A. Schomburg), Basquiat peut être revendiqué aussi bien par les communautés noires que portoricaines des États-Unis [22]. Sans compter la filiation haïtienne – on pourrait voir en Basquiat « l'aristocrate haïtien au nom parfaitement français venu mettre le feu à leur monde de grimaceries [23] », comme l'écrit Greg Tate à propos de l'irruption de l'artiste sur la scène de l'art.

L'espagnol est parlé par plus de 265 millions de personnes dans le monde, et par seulement 17 millions environ aux États-Unis [24]. Pour certains analystes, c'est, tout au moins dans le cadre nord-américain, la langue de l'espace privé et/ou de la nostalgie des émigrants pour le foyer, la famille, le passé ; la voix de la connaissance de soi « par laquelle les êtres se réalisent dans l'acte de parole », interaction dynamique avec autrui sur la « plaza » opposée à l'anglais en tant que *lingua franca* originelle du commerce international [25]. L'espagnol véhicule « la notion de conversation comme plaisir, comme dialogue, comme stimulation intellectuelle, comme événement social, comme rituel [26] ». En ce sens, le langage n'est pas uniquement considéré dans sa dimension pragmatique qui permet d'aller du point A au point B de la manière la plus expédiente possible – comme c'est si souvent le cas avec l'anglais.

L'espagnol contient en effet « un élément ludique. Il a une composante mystique, une part immense d'imaginaire ; langue pour le plaisir d'imaginer, inventer, jouer [27] ». L'espace de transition entre la sphère privée et le regard public, c'est la rue : lieu de codage d'une langue à l'autre (espagnol-anglais-espagnol, etc.), lieu du spanglish ou (dans la culture chicano) de l'argot du « calo ».

Pour d'autres observateurs néanmoins, l'espagnol intervient aussi dans l'espace public américain. En ce sens, les imprimés (livres et journaux) puis les médias de masse ont joué un rôle unificateur – dont on peut clairement suivre l'évolution depuis le XVIe siècle dans ce qui correspond aujourd'hui au Sud-Ouest américain. L'espagnol peut en effet servir de référent linguistique identitaire indépendamment de l'origine nationale ou de la race. Depuis le début du XXIe siècle, la moitié ou presque du monde de l'immigration est composée de femmes. Ce fait est crucial pour nous en ce sens que ce sont « les femmes qui déterminent la langue maternelle de l'enfant [28] ».

Aujourd'hui, l'espagnol n'est plus le fait de communautés ou « plazas » isolées çà et là sur le continent nord-américain. Depuis 2003, nous savons que les Latinos constituent la plus grande « minorité » des États-Unis. L'espagnol s'est intégré à la vie nationale : de Hollywood et Jennifer Lopez aux Latin Grammy Awards de Miami en passant par la quasi-totalité du secteur tertiaire – banques, compagnies de téléphone, grandes chaînes de magasins où l'on trouve partout inscrit : « Para servicio en español por favor oprima el número dos [29] » (pour des informations en espagnol, appuyer sur la touche deux). Des magazines tel que *Business Week* consacrent des numéros spéciaux à la « nation hispanique ». Cependant (et cela nous intéresse de plus près) que *Black Enterprise* – publication destinée aux hommes d'affaires afro-américains – s'est penché sur le phénomène des Latinos noirs [30]. Si Basquiat revenait aujourd'hui, soit quelque vingt ans après sa disparition,

fig. 6
Dos Cabezas
1982
Acrylique et crayon gras
sur toile montée sur châssis
en croix
152,5 x 152,5 cm
Collection privée

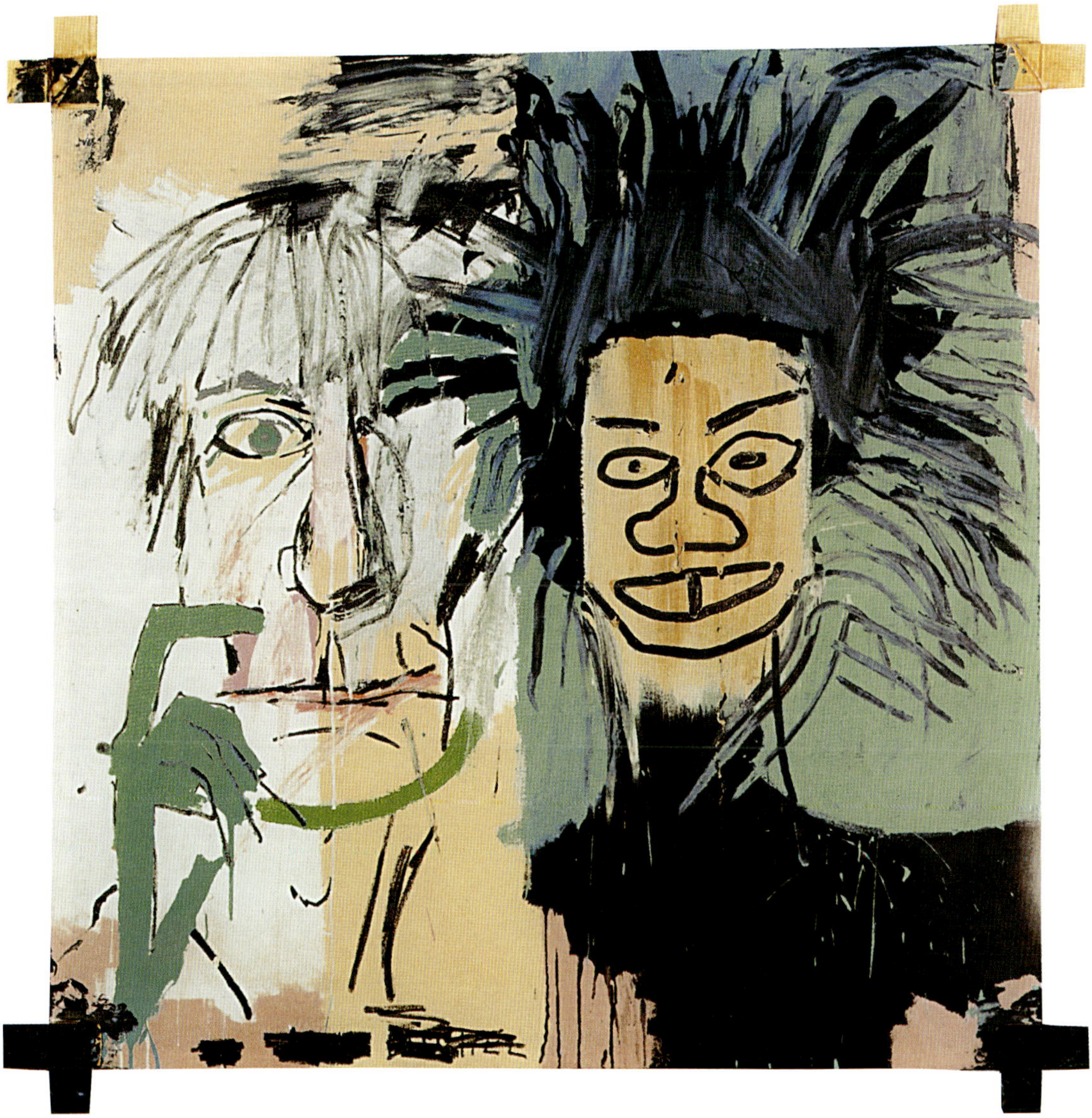

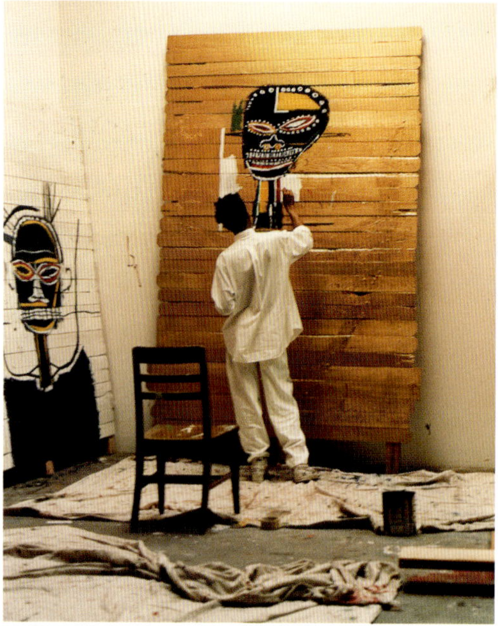

fig. 7
Basquiat peignant *Gold Griot*, 1984 (p. 146)

il serait heureux de constater qu'il a fait œuvre prémonitoire.

L'espagnol est présent dès ses premières toiles. L'artiste, note Robert Farris Thompson, parlait couramment la langue, qu'il avait apprise de sa mère Matilde, et perfectionnée à Porto Rico où il a vécu plusieurs années vers le milieu de la décennie 1970 [31]. Des mots tels que POLLO (poulet) CABEZA (tête) et MUJER (femme) apparaissent régulièrement dans ses tableaux. Certains, comme LECHON (porc) et GUAGUA (bus), sont liés à la culture antillaise (Porto Rico plus précisément, pour le second). Une partie du lexique employé par Basquiat se réfère à l'espace public et témoigne de sa fascination pour le commerce – PESO NETO (poids net) ou ORO (or).

The Nile (p. 106) relie l'histoire des États-Unis à celle de l'Ancien Monde au travers de personnages noirs symbolisant les forces du changement. Sur le panneau de gauche, au-dessus de deux masques, le mot NUBA renvoie à l'une des plus anciennes cultures africaines. Sur celui de droite, THEBES (Thèbes), HEMLOCK (ciguë), PHARAOH (pharaon) et MEMPHIS évoquent la Grèce et l'Égypte – ce dernier pays est également représenté par des hiéroglyphes (un œil, des vagues), des embarcations en papyrus et des personnages féminins de trois quarts. Enfin, le mot NILE (Nil) est barré. Mais les États-Unis sont également présents à travers le nom de MEMPHIS, qui est aussi celui d'une ville du Tennessee, et le mot SICKLE (faucille), inscrit de part et d'autre d'une image de faucille faisant office de bateau. Sur chacun des trois panneaux, apparaissent des termes espagnols. L'une des silhouettes féminines sur la gauche est accompagnée du mot MUJER, tandis que son compagnon masculin à droite porte sur sa poitrine, à demi effacés, ceux d'ESCLAVO et SLAVE (esclave). Cette fresque historique sur la négritude et l'esclavage est intitulée EL GRAN ESPECTACULO (le grand spectacle), inscrit en haut au centre. En langue espagnole, *espectáculo* désigne aussi l'univers à paillettes des spectacles de variétés ou le clinquant des émissions de vente par correspondance. Nous voilà revenu à la société marchande [32].

« Nous, ils nous classaient comme artistes de graffiti, mais pas lui. Si le graffiti désigne un gribouillis illisible, alors on peut dire qu'il en faisait. Il raturait les mots, les écrivait mal, était infichu de trouver le terme juste [33]. » Manifestement, le peintre Rammellzee désapprouvait les distorsions que Basquiat faisait subir au langage, distorsions qu'il associe sans doute à la censure qui écarte systématiquement les Noirs de l'histoire, passée et présente [34].
Au XIXe siècle, explique Mirzoeff, les diasporas étaient considérées comme des corps pertubateurs, débordant les frontières nationales et échappant à tout contrôle, communautés en trop qu'il fallait contenir, fixer-rayer [35]. En tant qu'homme noir peignant, et se peignant, Basquiat s'interroge tout au long de son œuvre « sur le constant phénomène d'annulation, le déni du droit à l'action [36] » ou à l'individualité, qui menacent toute personne de couleur, de sexe masculin, d'origine antillaise et américaine, de langue espagnole, et artiste de surcroît. Basquiat inverse le processus en se rendant visiblement invisible. De fait, « Jean-Michel cache pour révéler [37] », selon l'expression de Robert Farris

fig. 8
Gri Gri
1986
Acrylique sur toile
178 x 142 cm
Collection privée

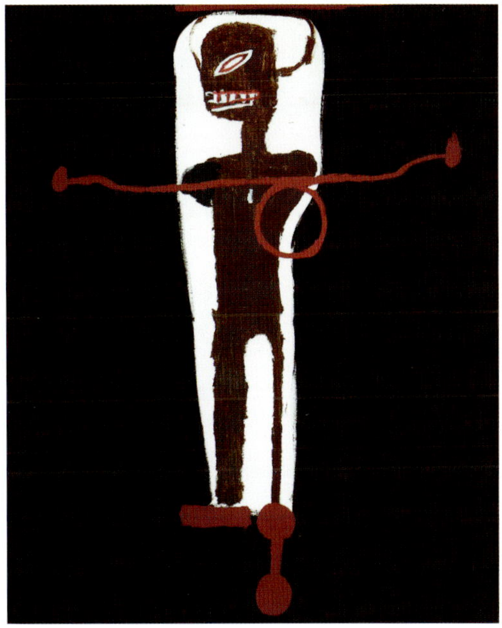

Thompson. Ce que confirme le peintre dans une interview accordée à ce dernier : « Je biffe les mots pour que vous les voyiez mieux : le fait qu'ils sont à demi effacés vous donne envie de les lire [38]. » La diversité de forme et de contenu des tableaux de Basquiat rend difficile l'établissement raisonné d'un *corpus* qui franchit si librement « les frontières nationales et linguistiques [39] ».

Les mots espagnols chez Basquiat renvoient à la famille, à la communauté, à la nourriture. *Arroz con Pollo* (p. 33) est l'une des rares toiles à montrer un rapport intime entre un homme et une femme, sans référence à l'image de la masculinité imposée par le sport ou le monde du commerce [40]. C'est une composition quasi religieuse : la femme offre son sein à l'homme, sorte de prophète couronné d'une auréole. En retour, l'homme présente à la femme un plat fumant : l'*arroz con pollo* (riz au poulet) est un plat nourrissant extrêmement populaire en Amérique latine. La peinture a été réalisée à Porto Rico [41].

Pour le professeur bell hooks, la souffrance perceptible dans les toiles de Basquiat vient de ce qu'aucune présence féminine n'équilibre un univers quasi exclusivement masculin [42]. Position qualifiée d'hétérosexiste par le spécialiste José Esteban Muñoz : le fait que des hommes sont réunis ne doit pas systématiquement être considéré comme négatif. « Représenter la difficile et complexe situation de l'homme noir aux États-Unis est un acte culturel suffisamment important pour n'être pas interprété comme un enfermement [43] ». Rien ne prouve que « l'influence ou l'inspiration féminine » puisse combler « ce manque », poursuit Muñoz, « pour autant qu'un spectateur ou un critique sache de quelle nature sont ces influences [44] ».

L'espagnol est la langue maternelle de Basquiat, au sens où c'est la langue de sa mère Matilde, d'origine portoricaine (et pas seulement celle qu'il parlait à Porto Rico ou à Brooklyn). L'essentiel du lexique employé par l'artiste évoque la sphère privée. Mais s'il est associé à la mère, il tisse également des liens en direction des communautés de langue espagnole. En un sens, la présence féminine chez Basquiat est concrétisée par l'omniprésence de cette langue.

Les personnages de Basquiat sont généralement des figures héroïques et solitaires : athlètes, prophètes, guerriers, policiers, musiciens, rois – et l'artiste lui-même. Nous voyons surtout leur tête, souvent coiffée de couronne, de chapeau ou d'auréole. C'est là une manière de privilégier l'intellect sur le corps, sur l'image physique des Noirs communément répandue, de valoriser la créativité, le génie, la puissance spirituelle Le mot *cabeza* (tête) revient dans le titre d'au moins quatre peintures. Dans la plus ancienne d'entre elles – *Cabeza* (fig. 5) –, le personnage semble à la fois sourire et grimacer, bouche ouverte sur des dents serrées. Le cadre dans lequel il est placé est nouveau : fond doré évoquant la texture d'une couverture matelassée et châssis apparent. Réalisé la même année, *Dos Cabezas* (fig. 6) représente Warhol et Basquiat. Selon Muñoz, l'artiste s'affirme ici comme l'égal de son ami et mentor : les deux têtes sont de dimensions à peu près identiques – de force intellectuelle équivalente.

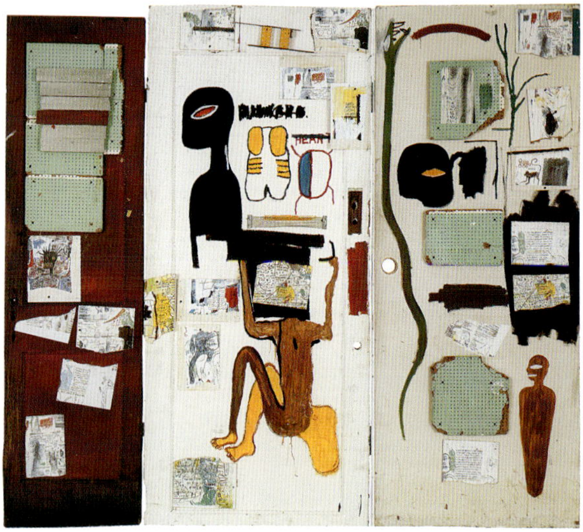

fig. 9
J's Milagro
1985
Acrylique, crayon gras, photocopie et métal sur bois
203 x 228,6 cm
Collection privée

Ce double portrait est aussi un acte volontaire de métissage : Warhol parle *en español*, voix de l'intimité pour Basquiat – voix de la mère qui fut elle-même une artiste, qui encouragea et soutint son fils. « Je dirais, rapporte le peintre, que ma mère m'a donné les bases. Le goût de l'art me vient d'elle[45] ». Langage de l'intime et langage de l'esprit se confondent – et ils parlent avec l'accent maternel.

UNE VIE D'ENCHANTEMENT

Okwui Enwezor réfute la position, extrêmement répandue dans les milieux d'art contemporain, selon laquelle l'exposition *Les Magiciens de la Terre* (Centre Georges-Pompidou, Paris, 1989) a préfiguré les grandes manifestations d'aujourd'hui : « Le discours qui sous-tendait [cette exposition] reposait sur un débat interne au modernisme européen – d'une part, l'antipathie pour le « primitif » et ses objets rituels, d'autre part, et parallèlement à cette dissociation du « primitif » et du moderne, la volonté d'élaborer une esthétique exotique, non occidentale, en marge du modernisme[46] ». L'idée est juste, mais il me semble que cette « universalisation » des expositions est un phénomène plus ancien, tout au moins dans la communauté artistique afro-américaine : il commence au XIXe siècle par le séjour italien d'Edmonia Lewis et se poursuit au début du siècle suivant avec la Renaissance de Harlem menée par les artistes de la diaspora africaine et les différents mouvements de la négritude. Vient ensuite le multiculturalisme des années 1980, dont ont rendu compte des expositions comme *The Decade Show: Frameworks of Identity in the 1980s*, organisée à New York en 1990, et, à la même époque, les échanges interculturels et internationaux entre artistes noirs anglais et américains.

Il y a place, je crois, pour un art spirituel et métaphysique que nous ne devons pas négliger sous prétexte de nous occuper d'abord du regard que les Blancs occidentaux porte sur nous. (Piège dans lequel sont précisément tombés Robert Colescott, Kara Walker et bien d'autres à propos de la question des stéréotypes noirs.) Tout peuple, toute culture a besoin d'un lien avec l'au-delà, pour vivre, jour après jour. C'est ce qu'a compris Jean-Michel en s'intéressant, vers ce qui sera malheureusement la fin d'une carrière extraordinairement créative, aux systèmes spirituels africains et à leurs pratiques mystiques, les sortilèges en particulier, qui, tout en protégeant de la douleur et de la mort, donnent vie et force.

C'est vers 1982, l'une des années les plus prolifiques de l'artiste, que Basquiat constitue sa galerie de héros. Plus tard, il tendra à s'en échapper, ou tout au moins cherchera à expérimenter de nouvelles structures qui lui permettront de sortir de cette solitude de « la mouche dans le pot de lait », selon l'expression de Tate. Il essaiera de définir un espace de communion, de communauté, dans lequel il ne soit pas seulement un peintre (occidental) et un homme (noir). Un espace où il puisse pousser à l'extrême la logique de ces identités et libérer définitivement son art et son âme. Les traditions artistiques des « complexes culturalo-religieux » mis en évidence par Mosquera seront l'un des moyens d'y parvenir parce qu'elles symbolisent

fig. 10
Sans titre
1987
Acrylique et crayon gras sur toile
188 x 238,8 cm
Collection privée

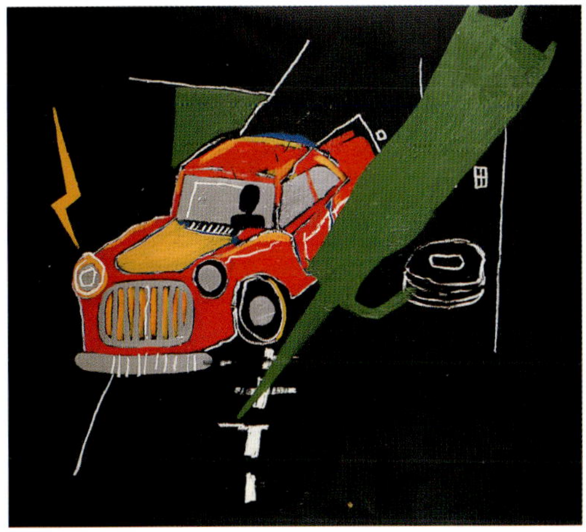

« l'unité de la vie [...] où tout paraît relié parce que tout – dieux, esprits, humains, animaux, plantes, minéraux – est empli d'énergie mystique, interfère avec tout[47] ».

En 1984, Basquiat revient à ses premiers thèmes à travers deux toiles qui simultanément ouvrent sur d'autres perspectives. *Gold Griot* (p. 146 ; voir également fig. 7) présente une figure emblématique de l'esthétique de l'artiste : un squelette surmonté d'une tête grimaçante/souriante qui forme le point focal de composition. Par bien des aspects, le tableau fait écho à *Cabeza* (fig. 5) : le personnage noir sur fond doré (ici, un cadre rectangulaire formé de lattes de bois), l'extériorisation de la charpente interne du corps et du tableau, la tête ronde et lisse, le sourire/grimace, les yeux grands ouverts. La relation formelle entre les deux toiles se double d'un jeu sémiotique et culturel entre la langue mère espagnole symbolisant l'intellect et la créativité, et le barde d'Afrique de l'Ouest, fidèle dépositaire de la mémoire historique de la nation, gardien du passé qui annonce l'avenir.

Gold Griot renvoie également à une autre toile réalisée la même année : *Grillo* (p. 142-143). Leur facture diffère – *Grillo* est trois fois plus grande et utilise par endroits le volume. Leur titre, en revanche, les identifie l'une à l'autre : si en anglais on peut faire rimer « grillo » avec « Brillo », nom du produit de nettoyage rendu célèbre par Warhol, en espagnol, en revanche, l'homophonie est parfaite puisque le « ll » se prononce [y]. Nous avons affaire ici à une translittération (transposition d'un mot d'une langue dans une autre). Par le jeu sur le son, Basquiat (qui était également musicien) associe le sens des mots.

D'autre part, nous retrouvons le même personnage à tête chauve dans les deux toiles. Dans *Grillo* cependant, il est dédoublé : l'un porte une couronne, l'autre une auréole formée de clous plantés dans le bois. Outre qu'ils ajoutent à la force visuelle du tableau, ces clous rappellent les figurines magiques nkisi du peuple Kongo, évoquées par Robert Farris Thompson dans son ouvrage, *Flash of Spirit* (1983 ; *L'Éclair primordial : présence africaine dans la philosophie et l'art afro-américains*, Paris, 1985). Basquiat a rencontré l'anthropologue en 1984 (par l'intermédiaire également de Fab 5 Freddy). Il appréciait son travail remarquable sur les cultures noires d'Afrique, d'Amérique et des îles de l'Atlantique, et lui a commandé un texte pour une exposition organisée au début de l'année suivante à la Mary Boone Gallery[48]. Les collages de *Grillo* font référence à différents emblèmes magiques présentés dans l'ouvrage de Thompson : l'écriture cosmique nsibi et les symboles de puissance en peau de léopoard du Delta du Niger, la religion rada de Haïti, les dieux yoruba Esu (bandit de grand chemin) et Ogun (guerrier).

Réalisé deux ans plus tard, *Gri-Gri* (fig. 8) présente un style différent. Son iconographie cependant procède directement des toiles de 1984. L'artiste a limité sa palette à quatre couleurs, fait assez inhabituel chez lui : rouge, noir, blanc et brun. La tonalité est sourde, simple, sombre – inintéressante sans doute aux yeux de certains. Pas de rapide dessin au trait, hormis les dents en forme de barreaux du personnage principal. L'œil unique, quasiment en forme d'amande, nous renvoie aux personnages de *Cabeza*, de *Gold Griot* et de *Grillo*. Elle fait écho également à une figure de profil qui émerge à la même époque, présente notamment sur le bord supérieur du panneau vert de *Grillo* : une simple tête en forme de masque, noire, avec des yeux allongés en ovale. Dans *J's Milagro* (fig. 9), l'œil est rougi, l'identification à un superhéros est accentuée.

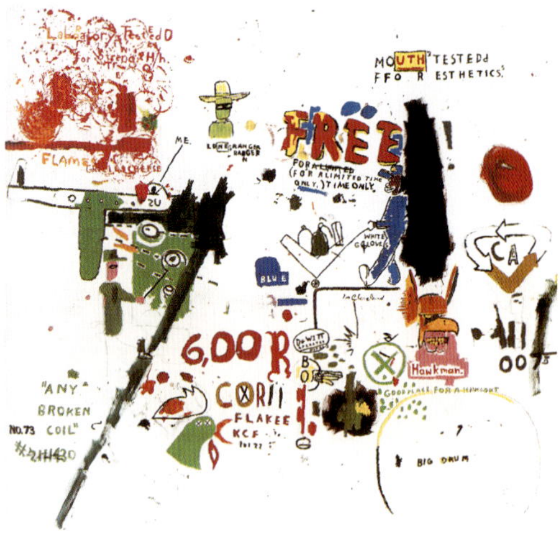

fig. 11
To Be Titled
1987
Acrylique et crayon gras sur toile
270 x 284,5 cm
Collection privée

Le gri-gri (parfois écrit gris-gris) appartient aux rituels de conjuration hoodoo, pratiqués en particulier par les Afro-Américains de la Nouvelle-Orléans. C'est vers cette ville notamment qu'ont fui les propriétaires d'esclaves, avec leurs biens, au moment où, au début du XIXe siècle, la révolution haïtienne instaurait la première république noire du monde occidental. Ils y ont apporté leur architecture, leur alimentation, leurs pratiques spirituelles qui se sont mêlées aux cultures française et africaine existantes. *J's Milagro* (c'est-à-dire le miracle de Jean-Michel) [49] est un tableau plein de bruits et de textures, tandis que *Gri-Gri* est paisible, d'une discrétion tout juste troublée par l'auréole. *Gris-Gris Box* de Betye Saar date de 1972. La similarité avec le tableau de Basquiat, exécuté une quinzaine d'années plus tard, est frappante. Saar s'inspire ici, comme dans ses autres œuvres, de la culture de ses ancêtres, en l'occurrence ceux de Louisiane. Au centre, une silhouette noire grimace et sourit de sa bouche rouge ; elle regarde le monde de son œil mi-clos, comme en proie à une transe. L'ensemble est partiellement entouré d'yeux magiques – ne laissant aucun doute quant à la symbolique que leur attache l'artiste.

J'ai eu l'occasion d'établir ailleurs des rapprochements entre *Gris-Gris Box* et l'œuvre sans doute la plus célèbre de Saar, *The Liberation of Aunt Jemina*, également de 1972. Dans les deux cas, le personnage principal est une femme noire, porteuse d'attributs de puissance : la magie pour l'une, un fusil pour l'autre [50]. De même, le *Gri-Gri* de Basquiat fait son apparition sous différentes formes, dans plusieurs œuvres, selon le procédé caractéristique de « l'"hyper-citation", artefact engendrant de multiples références intertextuelles [51] ». Nous le retrouvons dans une composition réalisée avec Andy Warhol : *Sans titre (Motorbike)* [1984-1985]. D'après Muñoz, il a pour fonction de signaler « la présence noire systématiquement écartée de ce mode de représentation. Ces rapides et primitives images noires ne sont que vaguement humaines... À travers elles, Basquiat ironise sur [la vision] afro-américaine grotesque, déformée » du corps noir. Les « lignes fluides » de la sérigraphie de Warhol, poursuit Muñoz, deviennent « le véhicule de la pratique politique et culturelle de Basquiat [52] ». De fait, le gri-gri est placé sur le siège de la moto du maître du pop art.

En 1987, le gri-gri apparaît dans un nouveau contexte, celui de la culture BD de Basquiat. Dans *Sans titre* de 1987 (fig. 10), il conduit une voiture d'un rouge vif, avec çà et là des touches jaunes et bleues. Visiblement, la voiture est en panne (une roue est posée sur le côté), mais nul doute que ses ailes vertes ne l'emmènent droit au paradis. Nous retrouvons cette même couleur verte sur le personnage identifié comme LONE RANGER (le gendarme solitaire) dans *To Be Titled* de 1987 (fig. 11). Le masque noir qu'il porte le désigne comme gri-gri. Dans *Sans titre*, qui date de la même année, ce gri-gri est devenu un super-héros qui voyage dans la Batmobile de Batman (dont l'emblème, le « Bat Signal », parcourt tout l'œuvre de Basquiat). Dans *Riddle Me This, Batman* (p. 151), toujours de 1987, le gri-gri n'est plus qu'une silhouette beige. Identifiée cette fois par le nom du tromboniste portoricain Tizol, qui a longtemps joué avec Duke Ellington et à qui l'on doit des compositions majeures (« Caravan » et « Perdido », entre autres) [53].

Muñoz a fort brillamment appliqué son concept de « désidentification » à l'univers de la bande dessinée.

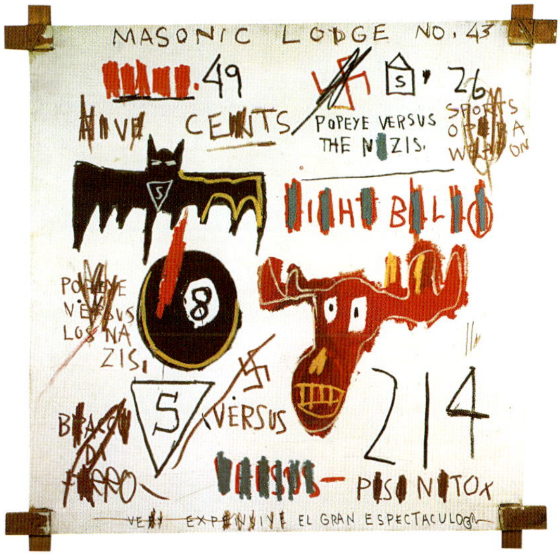

fig. 12
Television and Cruelty to Animals
1983
Acrylique et crayon gras
sur papier marouflé sur toile
montée sur châssis en croix
152,4 x 152,4 cm
Collection privée

Cette « désidentification » est une sorte de « troisième voie qui permet de composer avec l'idéologie dominante, sans jamais s'assimiler entièrement mais sans s'opposer non plus directement [54] », et qui « agit sur et contre l'idéologie dominante [55] ». C'est ce processus qui a conduit les dessinateurs juifs, Jerry Siegel et Joe Shuster, à créer Superman (un « étranger à cheveux noirs ») dans les années 1930, au moment où les nazis forgeaient le mot « Übermensch » (superhomme) pour désigner la race aryenne. Nous en retrouvons le principe dans le concept philosophique d'*antropófagia* appliqué par les artistes brésiliens dans les années 1920. Il s'agit d'exploiter la culture dominante en y prélevant ses composantes efficientes, réagencées dans de nouveaux systèmes esthétiques – et de jeter le reste. Le procédé permet à de jeunes gens noirs ou juifs de s'identifier au superhomme, chacun à sa manière et dans son style. Muñoz montre ainsi que dans *Television and Cruelty to Animals* (fig. 12), Basquiat connaît parfaitement la mission originelle (sinon dévoilée) du superhéros en l'opposant (sous forme de logo) à des références nazies. Dans cette peinture relativement petite (152,4 x 152,4 cm), l'artiste parachève son GRAN SPECTACULO (comme annoncé en bas à droite) en donnant des compagnons à Superman, en l'espèce, Batman et Popeye. Ce dernier combat à la fois en anglais et en espagnol – POPEYE VERSUS THE NAZIS, en haut à droite, POPEYE VERSUS LOS NAZIS, au-dessous à gauche. Dans les dernières œuvres de Basquiat, la puissance des divinités africaines est clairement reliée à celle des superhéros occidentaux. *Grillo* témoigne de la fascination de l'artiste pour Ogun, dieu de la guerre chez les Yoruba, dont il mentionne les attributs – IRON (fer) et BLADE (lame) – et souligne la rapidité – HE IS PRESENT IN THE SPEEDING BULLET (il est présent dans la balle qui fuse), qui apparaît sur la gauche de la composition. Cette référence à la vitesse renvoie à Superman, « plus rapide qu'une balle », et permet à l'artiste d'établir un lien entre son goût pour la BD et son engagement dans l'histoire de la diaspora noire [56].

SORTIE DE SCÈNE

Hormis les toiles mettant en scène le gri-gri protecteur et différents sortilèges que l'artiste réalise à la fin de sa vie, il en est d'autres qui témoignent de (ses) luttes. La différence est particulièrement nette dans les yeux des personnages peints. L'œil de forme elliptique, parfaitement identifiable dans des œuvres comme *Gri-Gri* et *Griot*, est mi-clos, comme pour canaliser son pouvoir et simultanément le masquer. À cela s'opposent les yeux ronds, barrés d'un X, du « méchant » (le « riddler », celui qui crible de balles) de *Riddle Me This, Batman* : l'homme est ivre, ou il a été empoisonné par le liquide contenu dans la bouteille étiquettée d'un triple X qu'il tient dans sa main droite. Dans *Victor 25448*, de 1987 (p. 148-149), l'homme au bandage qui tombe à terre, ensanglanté et partiellement recouvert par les mots FATAL INJURY (blessure fatale), présente des yeux identiques. Le personnage aux yeux barrés de *Después de un Puño* (Après un coup de poing) de 1987 (fig. 13), est de haute stature, squelette apparent, très « officiel » avec son chapeau, à peine esquissé, en tuyau de poêle.

La symbolique de Basquiat se nourrit de différents ouvrages, relevés par le conservateur Richard Marshall, et en particulier du *Symbol Sourcebook* de Henry Dreyfuss (1972) [57]. L'artiste a notamment emprunté

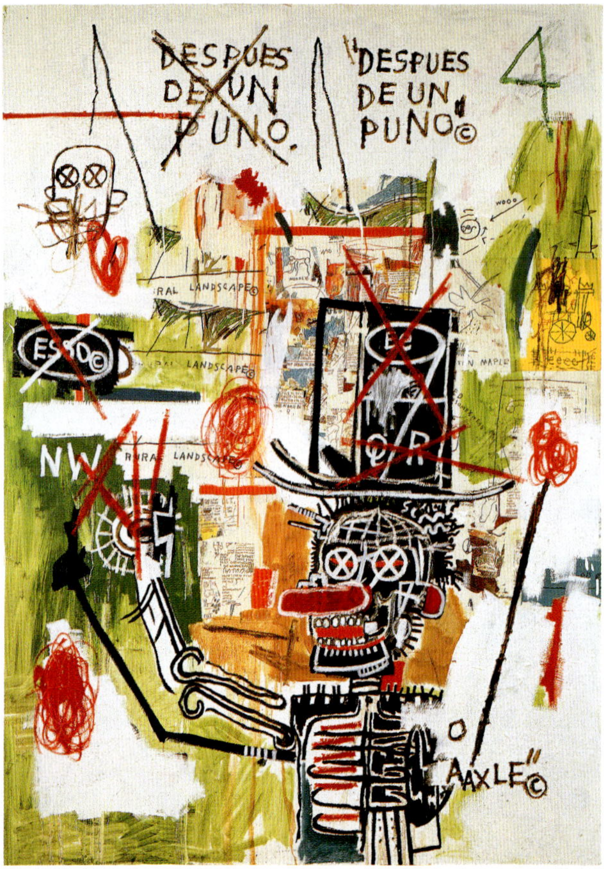

fig. 13
Después de un Puño
1987
Acrylique, crayon gras
et photocopie montée sur toile
215,5 x 153,5 cm
Collection privée

au graphiste ses « signes vagabonds » (« Hobo Signs »), ses « simples idéogrammes » et ses « signes au pastel ou au crayon » dessinés sur les « fenêtres, murs et portes délivrant des messages du type : "voisin dangereux", "tu t'es fait avoir, connard", ou "attention, chien vicieux"[58] ». Nul doute que Basquiat ait trouvé là l'inspiration de ses innombrables « tags ». Parmi les « signes vagabonds », il en est deux où nous retrouvons le haut-de-forme : l'un signifie « un gentleman vit ici », l'autre, « voici des personnes riches ». Mais peut-être est-ce à une autre sorte de « caballero » que renvoie le personnage de *Después de un Puño* : en l'occurrence, au royal et fatal Baron Samedi, gardien vaudou des cimetières. Sur une photographie prise par son ami Tseng Kwong Chi en 1987, l'année de création de *Después* et quelques mois avant sa mort, nous voyons Basquiat, un faux pistolet sur la tempe, poser devant une peinture inachevée où apparaît plusieurs fois le mot VICTOR, suivi de diverses combinaisons chiffrées (évoquant la numérotation discographique et faisant écho à *Victor 25448*). Parmi le désordre des pinceaux et des tubes de peinture qui encombrent la table, nous discernons aussi une scultpure de facture visiblement non occidentale et trois tambours – dont deux *batas* yoruba qui servent au fameux rituel des « tambours parlants ». Soit, à nouveau, des symboles de puissance protectrice.

Dès 1982, l'apparence du Baron Samedi se fait plus humaine, moins squelettique : voir *The Guilt of Gold Teeth* (fig. 14). Cependant, la mort est présente dès les premières œuvres de Basquiat : dans *Bird on Money* (fig. 15),

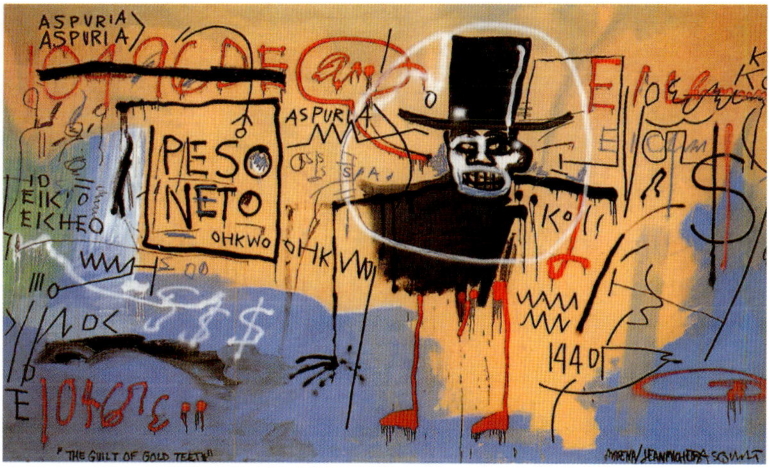

fig. 14
The Guilt of Gold Teeth
1982
Acrylique, crayon gras et spray sur toile
240 x 420,5 cm
Collection privée

les mots *para morir* (pour mourir) figurent près d'un dessin du Green-Wood Cemetery de Brooklyn – où Basquiat sera effectivement enterré. Dans *Portrait of the Artist as Young Derelict* (p. 67), le mot français MORTE et une croix apparaissent sur une forme oblongue noire – sans doute un cercueil, « enterré » sous un gratte-ciel new-yorkais.

Parmi les dernières toiles de Basquiat, il en est une qui peut sembler peu avenante : *Exu* (p. 160-161). Au centre, une sorte de coyote qui semble pris dans l'œil d'une tempête. Autour de sa tête tournoient des yeux magiques, semblables à ceux des hiéroglyphes égyptiens (voir *The Nile*) ou à ceux, en amande, de *Gri-Gri*. Au-dessus est écrit le nom d'où la composition tire son titre : EXU, orthographe brésilienne (portugaise) d'Esu ou Ellegúa, dieu protecteur des routes et unique intercesseur autorisé avec les autres puissances, révéré par les Yorubas et les Afro-Américains. Mais c'est aussi un brigand – sa force de protection est donc aléatoire. Fait notable, le X de EXU est enfermé dans un carré. Analysant la présence d'Ellegúa chez Wifredo Lam, Mosquera écrit : « La sensation que tout est en mutation dans les tableaux de Lam, que tout peut se métamorphoser en quelque chose d'inattendu, est rattachable au dieu[59] ». Ou pas. Le X de EXU peut signifier l'emprisonnement des forces de mort (cercueil). Ou pas. *Rewind. Remix.* Les yeux en forme de soucoupes, les yeux morts, absents, barrés, font également référence aux Quatre Moments du Soleil de la culture kongo, interprétation cosmologique de la continuité de la vie[60]. Le signe apparaît plusieurs fois dans *Grillo*. Près des mots ESU, EXU, BABALAO (prêtre). Muñoz écrit :

> *Basquiat a compris le sens de la mort, de l'entrée dans la mort, véhiculé par la culture et la tradition qui l'environnaient ; il a cherché à faire surgir dans son art le rapport profond et difficile entre identité masculine noire et mort. Comme Van der Zee, il savait que la diaspora noire avait besoin d'un art vivant qui accompagne les mourants. Des mourants qui ne seraient pas perdus ou oubliés parce que les ancêtres, qu'ils soient symboliques ou biologiques, sont une source vraie d'énergie que la mort n'altère pas*[61].

Enwezor nous rappelle que la diaspora est prise, selon les époques et à des degrés divers, entre « la parole et son intraductibilité » : des hommes et des femmes, avec leur langage, leur gestuelle, leurs codes, quittent des lieux familiers pour voyager à travers la planète, vers des paysages inconnus et remplis de défis[62]. Mais aujourd'hui, il n'est plus nécessaire de perpétuer les débats stériles et les dénis « qui ont constamment entouré la personne et l'identité du subalterne en posant sans cesse la question : "le subalterne peut-il parler ?" – ou les dominés possèdent-ils aussi une langue et des outils de communication, et sont-ils autorisés à en faire usage ? La question doit être aujourd'hui retournée : le subalterne peut-il se faire entendre[63] ? ». De ceux dont les oreilles sont prêtes[64] – *es pleno amor* [...] *y poder*[65].

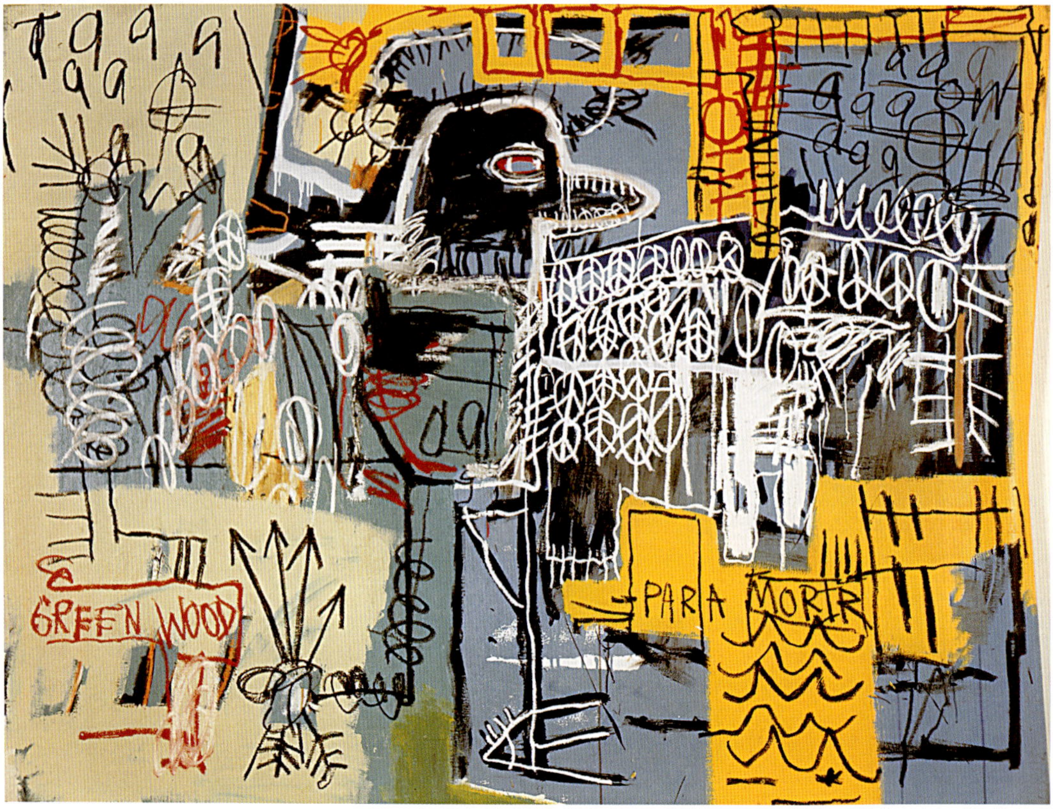

fig. 15
Bird on Money
1981
Acrylique et crayon gras
sur toile
167,5 x 228,5 cm
The Rubell Family Collection

NOTES

Pour RFT, pour Simon et Solomon, une traduction du XXIe siècle.

1. Okwui Enwezor, « A Question of Place: Revisions, Reassessments, Diaspora », in Salah Hassan et Iftikhar Dadi, éds, *Unpacking Europe: Towards a Critical Reading*, Rotterdam, Museum Boijmans-Van Beuningen, 2001, p. 234.
2. Phrase extraite de la chanson « Psychedelic Shack », originellement présente dans le très spirituel « Rock My Soul in the Bosom of Abraham ». Merci à Barry Mayo pour ses indications sur le groupe The Temptations.
3. Grey Gundaker, *Signs of Diaspora/Diaspora of Signs: Literacies, Creolization, and Vernacular Practice in African America*, New York, Oxford University Press, 1998, p. 8.
4. José Esteban Muñoz, « Famous and Dandy Like B. 'n' Andy: Race, Pop, and Basquiat », in Jennifer Doyle, Jonathan Flatley et José Esteban Muñoz, éds, *Pop Out: Queer Warhol*, Durham, Duke University Press, 1996, p. 161.
5. Greg Tate, « Nobody Loves a Genius Child: Jean-Michel Basquiat, Flyboy in the Buttermilk », in *Flyboy in the Buttermilk: Essays on Contemporary America*, New York, Simon & Schuster, A Fireside Book, 1992, p. 236.
6. *Ibid.*, p. 239.
7. *Ibid.*, p. 241.
8. Arjun Appadurai, *Modernity at Large: Cultural Dimensions of Globalization*, Minneapolis, University of Minnesota Press, 1996, p. 4 ; cité in Nicholas Mirzoeff, « The Multiple Viewpoint : Diasporic Visual Cultures », in Mirzoeff, éd., *Diaspora and Visual Culture: Representing Africans and Jews*, Londres et New York, Routledge, 2000, p. 6.
9. Gerardo Mosquera, « Eleggúa at the (Post?)Modern Crossroads », in Arturo Lindsay, éd., *Santería Aesthetics in Contemporary Latin American Art*, Washington D.C., Smithsonian Institution Press, 1996, p. 28.
10. *Ibid.*, p. 226.
11. *Ibid.*, p. 227 et 230.
12. Stuart Hall, « Cultural Identity and Diaspora », in Mirzoeff, éd., *Diaspora and Visual Culture*, *op. cit.*, p. 30.
13. *Ibid.*, p. 27.
14. *Ibid.*, p. 29 et 30.
15. *Ibid.*, p. 30. J'entends ici « américanisation » en son sens le plus large, en tant que le processus concerne l'ensemble des cultures américaines.
16. Okwui Enwezor, cité in « Global Tendencies: Globalism and the Large-Scale Exhibition », *Artforum* 42, n° 3, novembre 2003, p. 154.
17. Kellie Jones, « (Un)Seen and Overheard: Pictures by Lorna Simpson », in *Lorna Simpson*, Londres, Phaidon Press, 2002, p. 77.
18. Hall, « Cultural Identity and Diaspora », art. cité, p. 26.
19. *Ibid.*
20. Ella Shohat et Robert Stam, « Narratavizing Visual Culture: Towards a Polycentric Aesthetics », in Nicholas Mirzoeff, éd., *Visual Culture Reader*, New York, Routledge, 1996, p. 46 ; cité in Mirzoeff, « The Multiple Viewpoint », art. cité, p. 6.
21. Espagnol signifie « mélange de races » : métissage en français, *miscegenation* en anglais.
22. Roberto P. Rodriguez-Morazzani, « Beyond the Rainbow: Mapping the Discourse on Puerto Ricans and "Race" », in Antonia Darder et Rodolfo D. Torres, éds, *The Latino Studies Reader: Culture, Economy, and Society*, Malden, Blackwell Publishers, 1998, p. 145.
23. Tate, « Nobody Loves a Genius Child », art. cité, p. 236.
24. Rosaura Sánchez, « Mapping the Spanish Language along a Multiethnic and Multilingual Border », in Darder et Torres, éds, *The Latino Studies Reader*, *op. cit.*, p. 110.
25. Coco Fusco et Guillermo Gómez Peña, « Bilingualism, Biculturalism, and Borders », in Fusco, *English Is Broken Here: Notes on Cultural Fusion in the Americas*, New York, New Press, 1995, p. 151-153. Cette conversation a été initialement publiée dans *Third Text* en 1989.
26. *Ibid.*, p. 152.
27. *Ibid.*, p. 153.
28. Sánchez, « Mapping the Spanish Language along a Multiethnic and Multilingual Border », art. cité.
29. Dans la musique hip-hop, les chanteurs afro-américains utilisent aussi des mots espagnols, issus de l'argot le plus souvent. Puff Daddy (« All About the Benjamins ») et Missy Elliott (« Work It »), par exemple, reprennent tous deux le terme *chocha*, allusion au sexe de la femme. Les producteurs d'émissions radiophoniques, qui n'entendent rien à ces termes, diffusent les chansons telles quelles.
30. *Business Week*, 15 mars 2004, et *Black Enterprise* n° 34, février 2004.
31. Robert Farris Thompson, « Royalty, Heroism, and the Streets », in Richard Marshall *et al.*, *Jean-Michel Basquiat*, New York, Whitney Museum of American Art, 1992, p. 29.
32. *Sans titre (El Gran Espectáculo)* et *Sans titre (History of Black People)* ont été les premiers titres attribués. Le dernier, *The Nile*, apparaît au dos de la toile, écrit de la main de l'artiste.
33. Cité dans Tate, « Nobody Loves a Genius Child », art. cité, p. 236.
34. Si telle était bien la préoccupation de Rammellzee, elle ne semble pas infondée. Quelques années plus tard, le film *Basquiat* que Julian Schnabel réalise en 1996 met en scène un artiste détaché de ses racines noires et latinos, évoluant dans un univers où l'art du graffiti, le hip-hop (voire le rock punk) et le multiculturalisme n'existent pas. Le personnage de Basquiat sert de repoussoir à celui de Schnabel (joué par Gary Oldman). L'unique qualité du film tient à la performance d'acteur de Jeffrey Wright dans le rôle-titre.
35. Mirzoeff, « The Multiple Viewpoint », art. cité, p. 2.
36. Enwezor, « A Question of Place », art. cité, p. 241.
37. Thompson, « Royalty, Heroism, and the Streets », art. cité, p. 32.
38. *Ibid.*, p. 32.
39. Homi Bhabha, *The Location of Culture*, Londres, Routledge, 1994, p. 198 ; cité in Enwezor, « A Question of Place », art. cité, p. 242.
40. Merci à Franklin Sirmans pour avoir souligné cet aspect.
41. Richard Marshall, « Repelling Ghosts », in Marshall *et al.*, *Jean-Michel Basquiat*, *op. cit.*, p. 18.
42. La souffrance que bell hook décèle chez Basquiat vient en partie de sa lecture erronée de l'expressionnisme de l'artiste, qu'elle analyse comme le démembrement douloureux du corps, ce dont je ne suis pas convaincue. Voir bell hooks, « Altars of Sacrifice: Re: Membering Basquiat », in hooks, Art on *My Mind: Visual Politics*, New York, New Press, 1995, p. 35-48 ; première publication in *Art in America* n° 81, juin 1993.
43. Muñoz, « Famous and Dandy like B. 'n' Andy », art. cité, p. 175.
44. *Ibid.*
45. Jean-Michel Basquiat, cité par M. Franklin Sirmans, « Chronology », in Marshall *et al.*, *Jean-Michel Basquiat*, *op. cit.*, p. 233. Gérard Basquiat déclare également : « Sa mère l'a fait débuter et l'a encouragé. Elle était elle-même une très bonne artiste » (*ibid.*).
46. Enwezor « Global Tendences », art. cité, p. 154.
47. Mosquera, « Eleggúa at the (Post?)Modern Crossroads », art. cité, p. 230.
48. Thompson, « Royalty, Heroism, and the Streets », art. cité, p. 31-32.
49. Les Milagros sont aussi des amulettes en métal poinçonné, très populaires dans les religions latino-américaines. Représentant le plus souvent différentes parties du corps, elles sont généralement offertes à un dieu pour obtenir une guérison.
50. Voir Kellie Jones, « Black West : Thoughts on Art in Los Angeles », in Margo Crawford et Lisa Collins, éds, *New Thoughts on the Black Arts Movement*, New Brunswick, N.J., Rutgers University Press, à paraître.
51. Mirzoeff, « The Multiple Viewpoint », art. cité, p. 8.
52. Muñoz, « Famous and Dandy like B. 'n' Andy », art. cité, p. 164.
53. Les compositions de Tizol dans les années 1930 ont certainement préparé l'explosion du jazz latino au cours de la décennie suivante. Le tromboniste apparaît, avec le jazz band de Duke Ellington, dans un dessin légèrement antérieur, *Sans titre (Harlem Airshaft)*, réalisé l'année de la mort du musicien (1984).
54. Muñoz, « Famous and Dandy like B. 'n' Andy », art. cité, p. 147.
55. Michel Pecheaux, *Language, Semantics, and Ideology*, New York, St. Martin's Press, 1982 ; cité in *ibid.*
56. Les références de Basquiat à Ogun sont directement tirées de l'ouvrage de Thompson, *Flash of the Spirit* (*op. cit.*), y compris la phrase « he is present in the speeding bullet » (p. 53). L'ouvrage est paru pour la première fois en 1983, publication suivie d'une édition de poche l'année suivante. Or, *Grillo* date de 1984. Basquiat, qui se tenait toujours informé, avait certainement lu le livre à cette époque.
57. Henry Dreyfuss, *Symbol Sourcebook : An Authoritative Guide to International Graphic Symbols*, New York, McGraw Hill, 1972.
58. Marshall, « Repelling Ghosts », art. cité, p. 23.
59. Mosquera, « Eleggúa at the (Post?)Modern Crossroads », art. cité, p. 231.
60. Voir Thompson, *Flash of the Spirit*, *op. cit.*, chap. II : « The Sign of the Four Moments of the Sun: Kongo Art and Religion in the Americas ».
61. Muñoz, « Famous and Dandy like B. 'n' Andy », art. cité, p. 168-169.
62. Enwezor, « A Question of Place », art. cité, p. 240.
63. *Ibid.*, p. 241.
64. Robert Farris Thompson, « The Song That Named the Land: The Visionary Presence of African American Art », in Robert V. Rozelle, Alvia Wardlaw et Maureen A. McKenna, éds, *Black Art, Ancestral Legacy: The African Impulse in African American Art*, Dallas, Dallas Museum of Art, 1989, p. 8 ; cité in Mirzoeff, « The Multiple Viewpoint », art. cité, p. 7.
65. « Tout est amour [...] et puissance ». Merci à William Cordova pour la traduction et pour sa remarquable connaissance de Basquiat en général.

pages 180-211

Sans titre (The Daros Suite of Thirty-two Drawings)

1982-1983

Acrylique, crayon gras, pastel, crayon, charbon et crayon de couleur sur papier
32 feuilles
57 x 76,5 cm
Daros Collection, Suisse

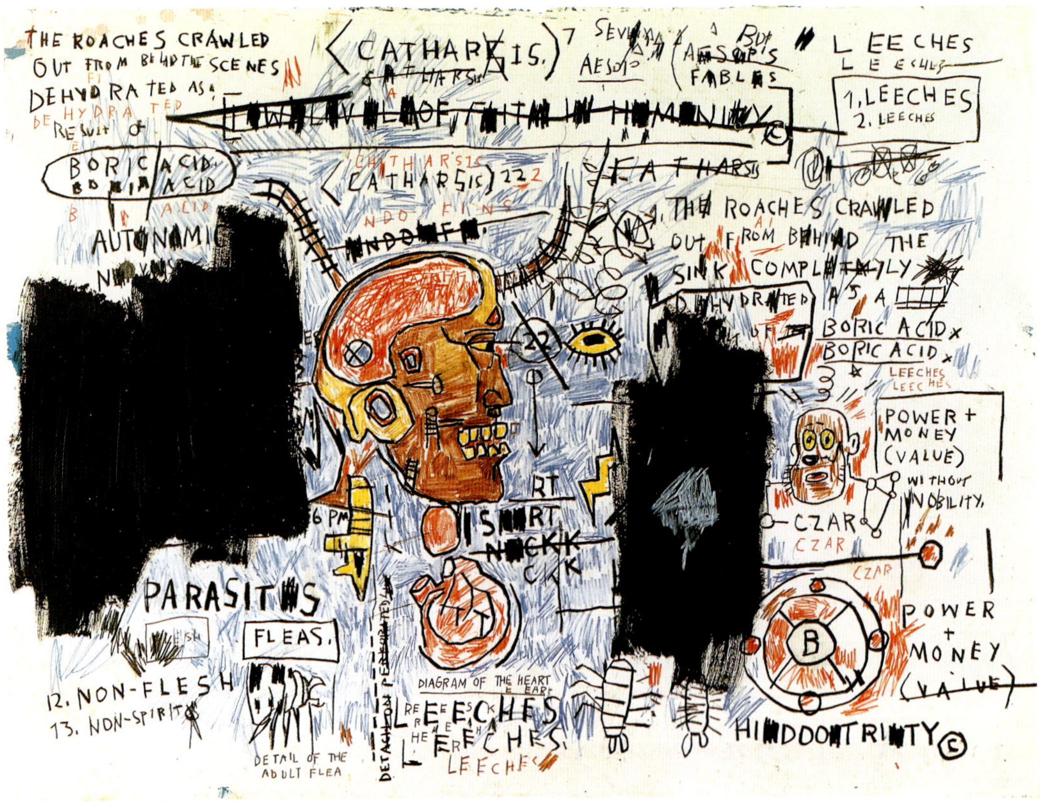

Leeches

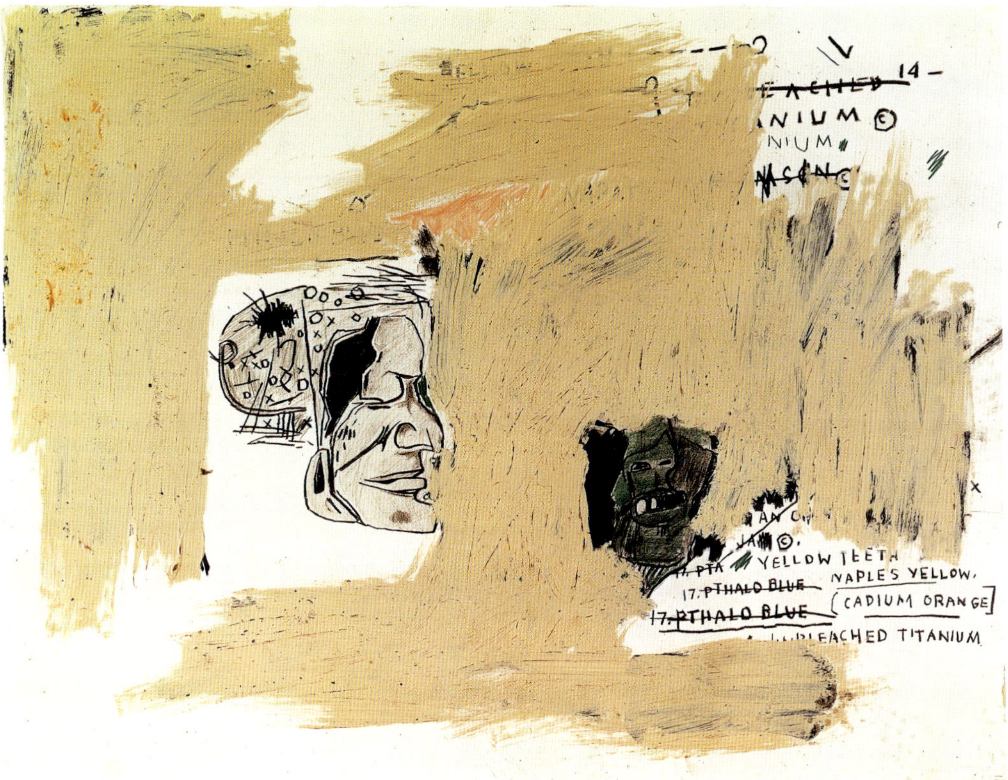

Unbleached Titanium

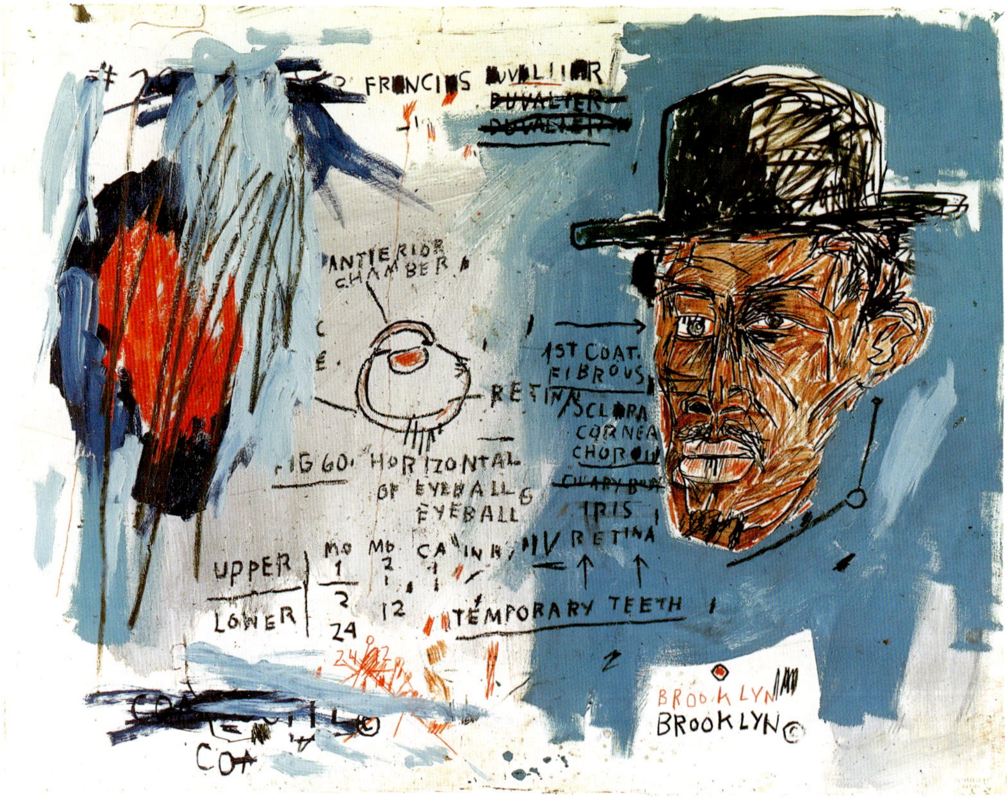
FRANCIS
ANTIERIOR CHAMBER
RETINA
1ST COAT.
FIBROUS
SCLORA
CORNEA
HORIZONTAL
OF EYEBALL
EYEBALL
IRIS
RETINA
UPPER
LOWER
TEMPORARY TEETH
BROOKLYN
BROOKLYN©

PPCD

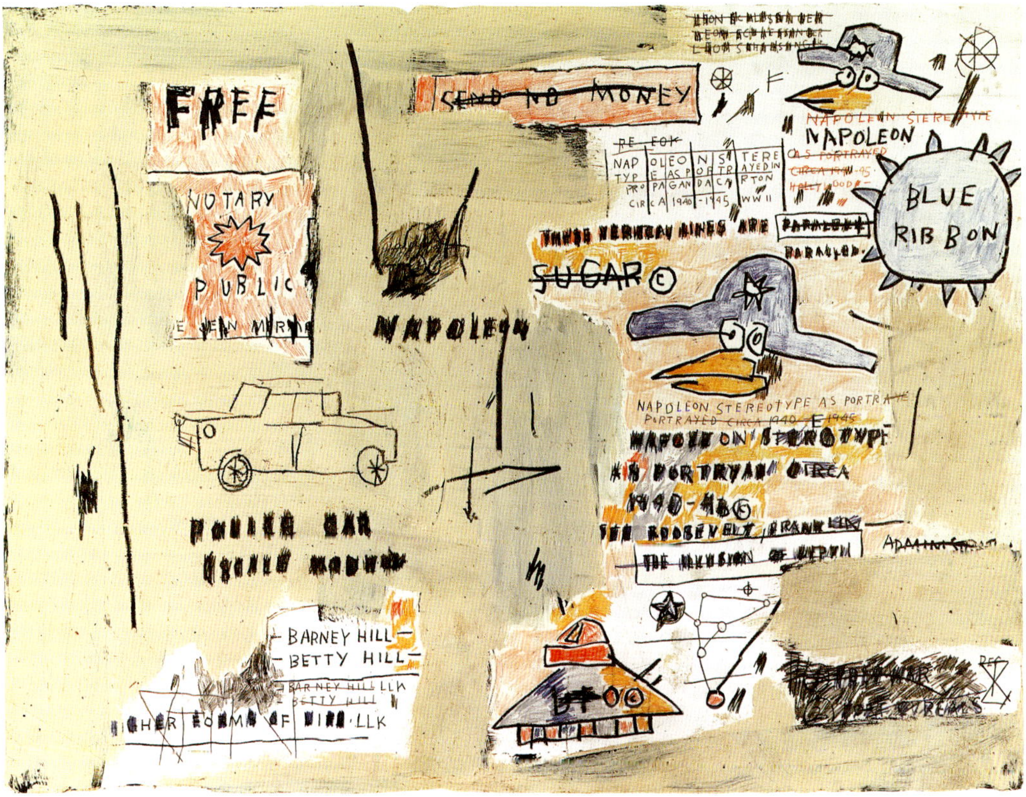

Napoleon Stereotype as Portrayed

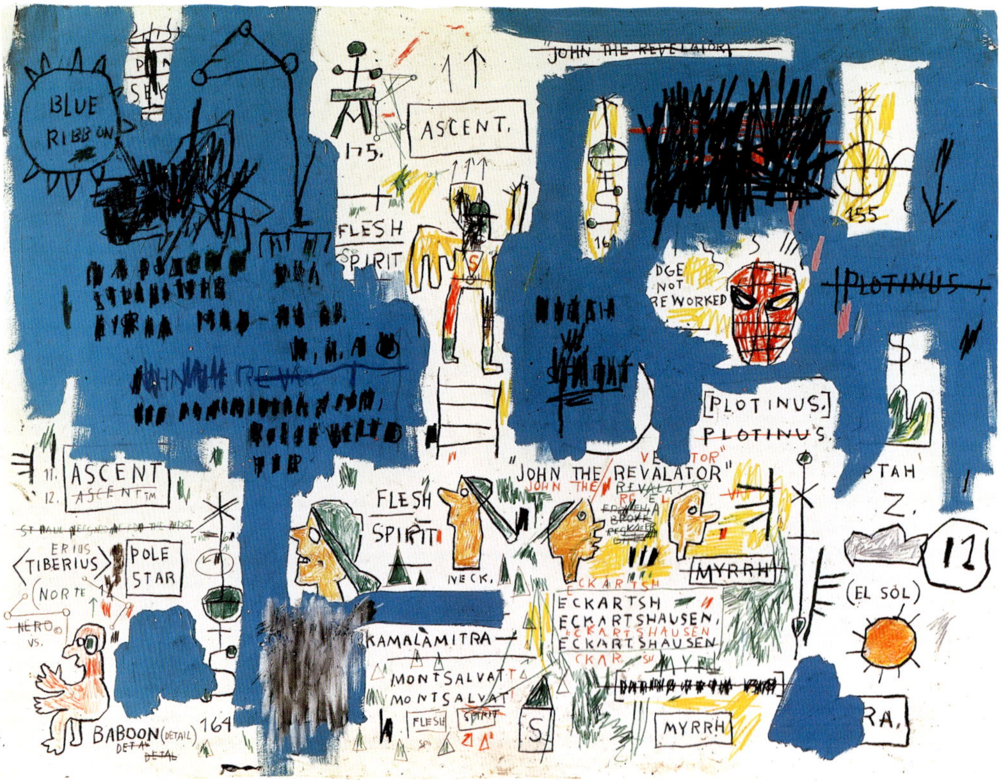
JOHN THE REVELATOR
BLUE RIBBON
ASCENT.
175.
FLESH
SPIRIT
155
PLOTINUS
DGE NOT REWORKED
PLOTINUS.
PLOTINUS
ASCENT
"JOHN THE REVALATOR"
PTAH
Z.
12
TIBERIUS
POLE STAR
NORTE
FLESH
SPIRIT
NECK.
MYRRH
(EL SOL)
ECKARTSH
ECKARTSHAUSEN,
ECKARTSHAUSEN
KAMALAMITRA
MONTSALVAT
MONTSALVAT
BABOON (DETAIL)
164
S
MYRRH
RA.

Ascent

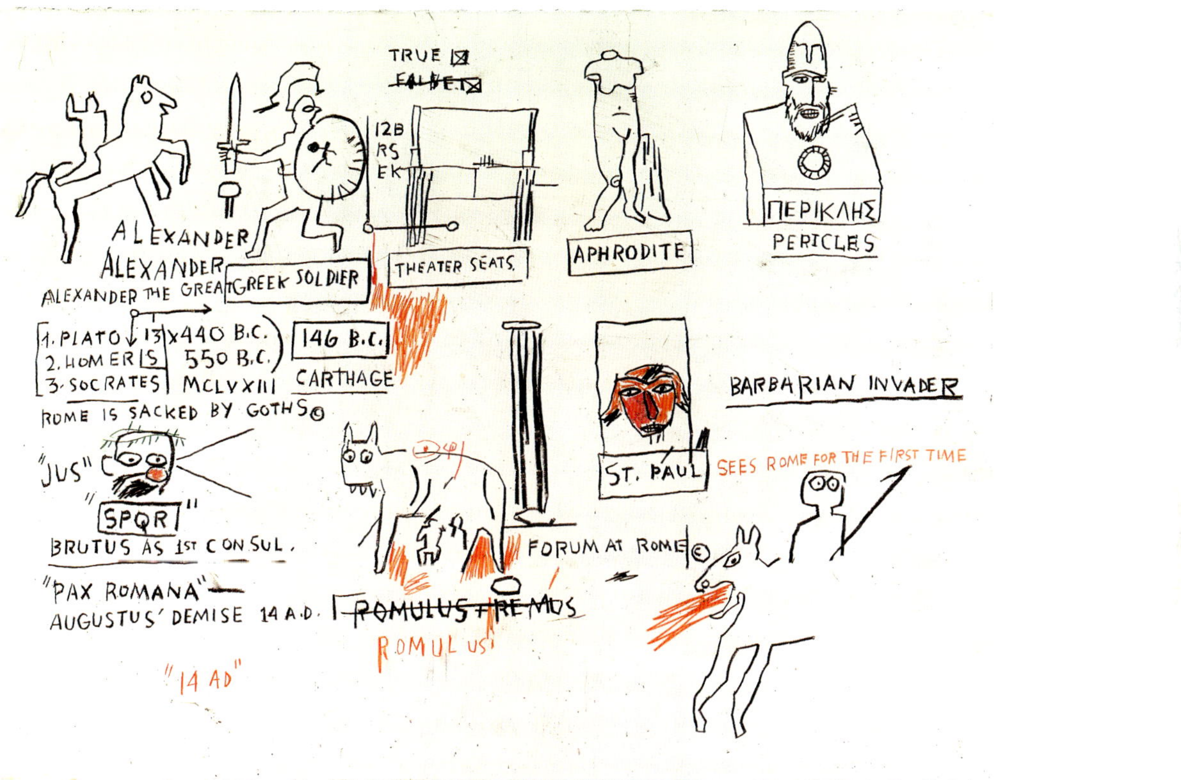
TRUE
FALSE
12B
RS
EK
ALEXANDER
ALEXANDER
ALEXANDER THE GREAT
GREEK SOLDIER
THEATER SEATS
APHRODITE
ΠΕΡΙΚΛΗΣ
PERICLES
1. PLATO
2. HOMER
3. SOCRATES
13 x440 B.C.
S
550 B.C.
MCLVXIII
146 B.C.
CARTHAGE
ROME IS SACKED BY GOTHS©
BARBARIAN INVADER
"JUS"
"SPQR"
BRUTUS AS 1ST CONSUL.
ST. PAUL
SEES ROME FOR THE FIRST TIME
FORUM AT ROME©
"PAX ROMANA"
AUGUSTUS' DEMISE 14 A.D.
ROMULUS + REMUS
ROMULUS
"14 AD"

False

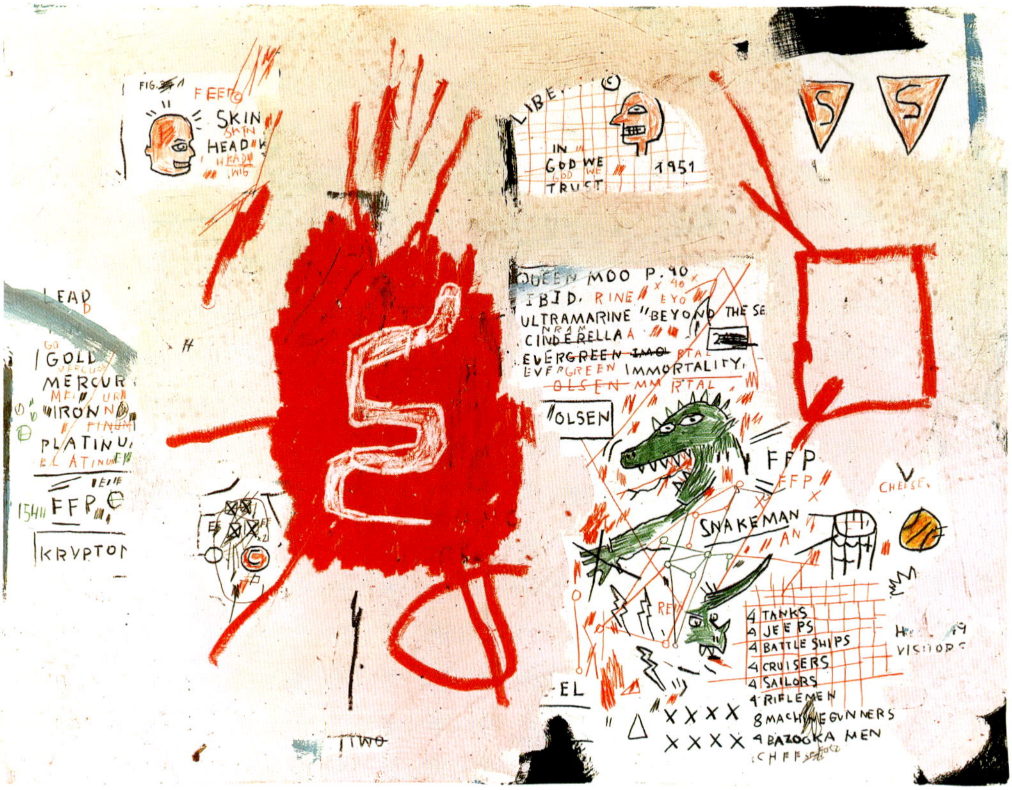
SKIN
HEAD
IN
GOD WE
TRUST
1951
LEAD
GOLD
MERCUR
IRON
PLATINU
FFP
KRYPTO
QUEEN MOO P. 90
IBID.
ULTRAMARINE "BEYOND THE SE
CINDERELLA
EVERGREEN IMMORTALITY
OLSEN
FFP
SNAKEMAN
4 TANKS
4 JEEPS
4 BATTLE SHIPS
4 CRUISERS
4 SAILORS
4 RIFLEMEN
XXXX
XXXX
EL
TWO

Snakeman

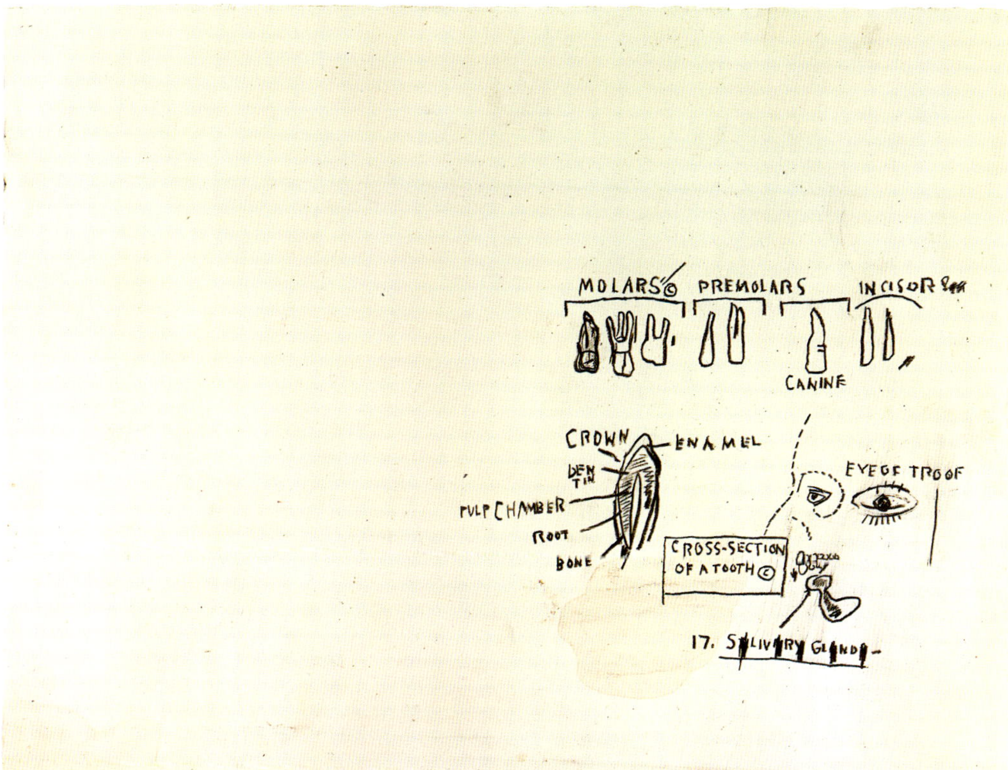
MOLARS ©
PREMOLARS
INCISOR
CANINE
CROWN
ENAMEL
DEN TIN
PULP CHAMBER
ROOT
BONE
EYE OF TROOF
CROSS-SECTION OF A TOOTH ©
17. SALIVARY GLANDS

Eye of Troof

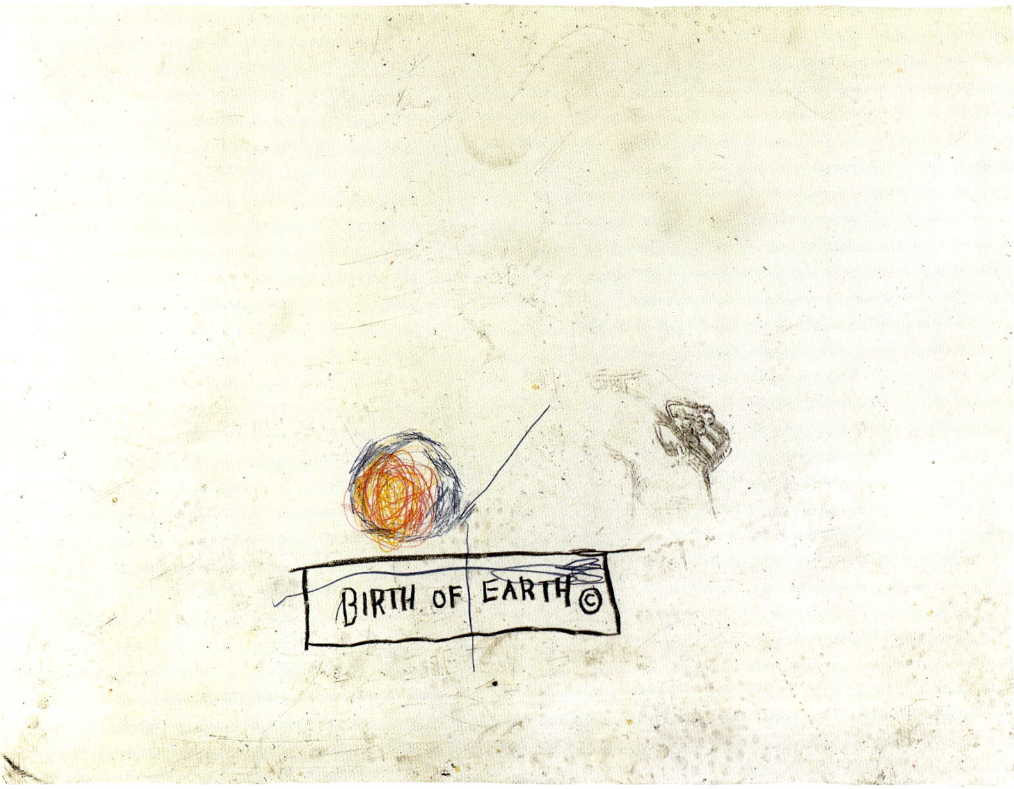

Formless

Savonarola

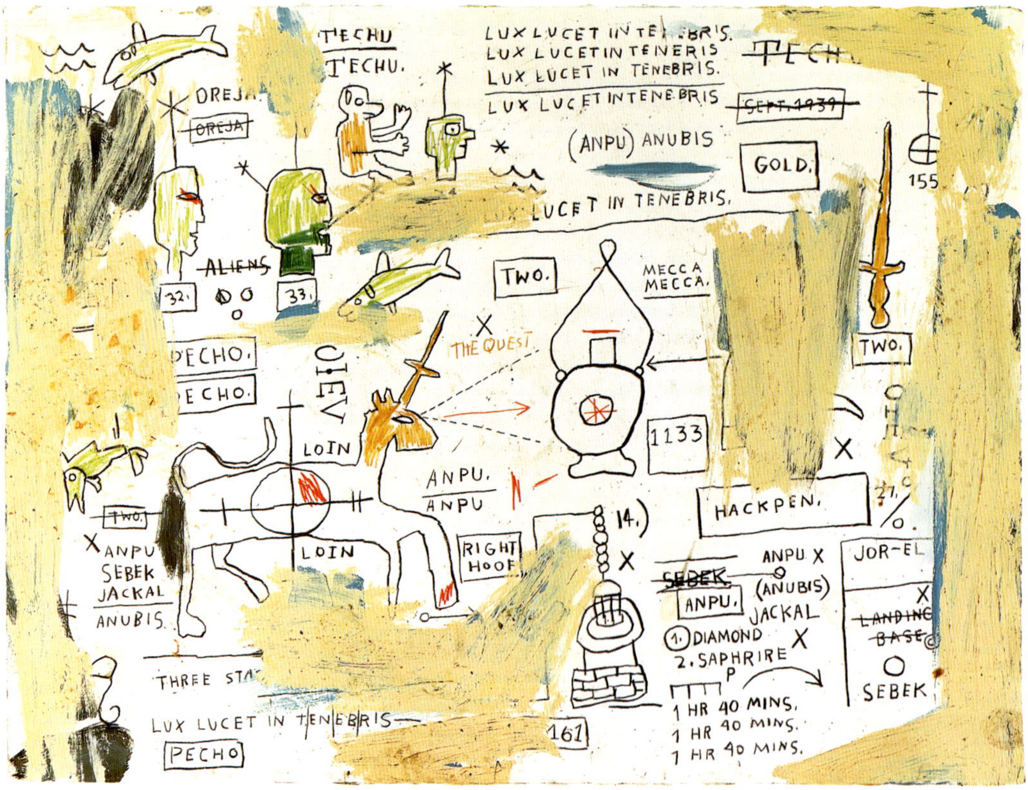
TECHU
TECHU.
LUX LUCET IN TENEBRIS.
LUX LUCET IN TENERIS
LUX LUCET IN TENEBRIS.
LUX LUCET IN TENEBRIS
OREJA
(ANPU) ANUBIS
SEPT. 1939
GOLD.
155
LUX LUCET IN TENEBRIS.
ALIENS
32.
33.
TWO.
MECCA
MECCA.
THE QUEST
TWO.
PECHO.
PECHO.
1133
LOIN
ANPU.
ANPU
HACKPEN.
TWO.
ANPU
SEBEK
JACKAL
ANUBIS
LOIN
RIGHT
HOOF
14.)
ANPU
SEBEK
ANPU.
(ANUBIS)
JACKAL
1. DIAMOND
2. SAPHRIRE
JOR-EL
LANDING
BASE
SEBEK
THREE STA
LUX LUCET IN TENEBRIS
PECHO
161
1 HR 40 MINS.
1 HR 40 MINS.
1 HR 40 MINS.

Techu-Anpu

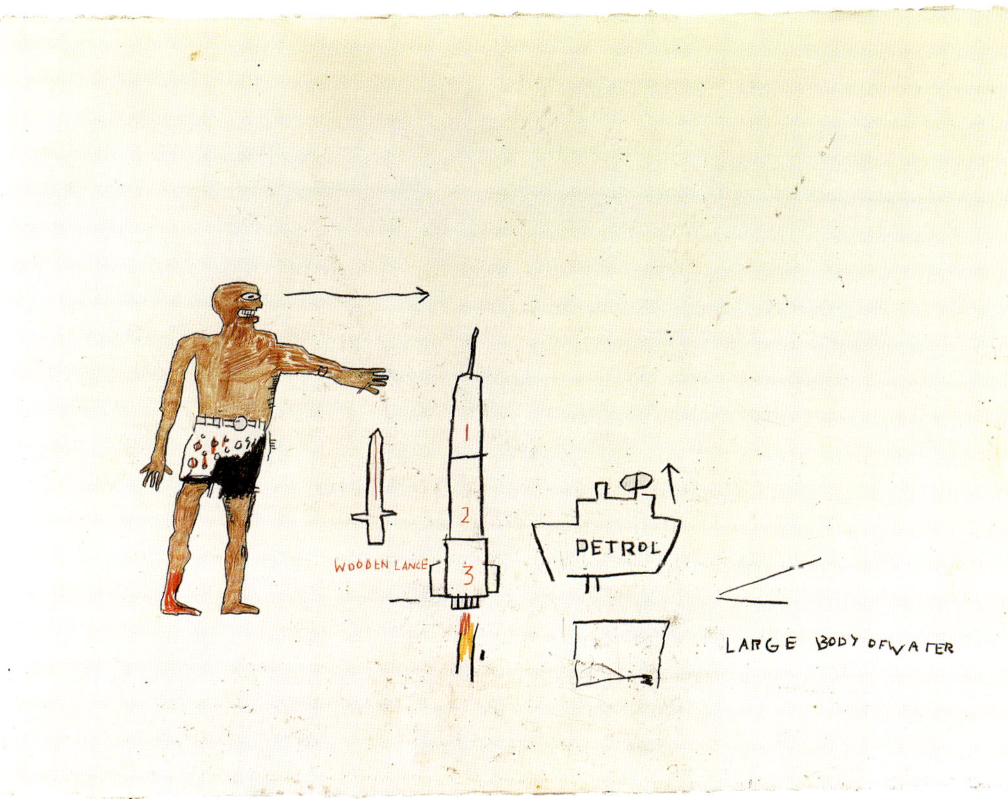

Large Body of Water

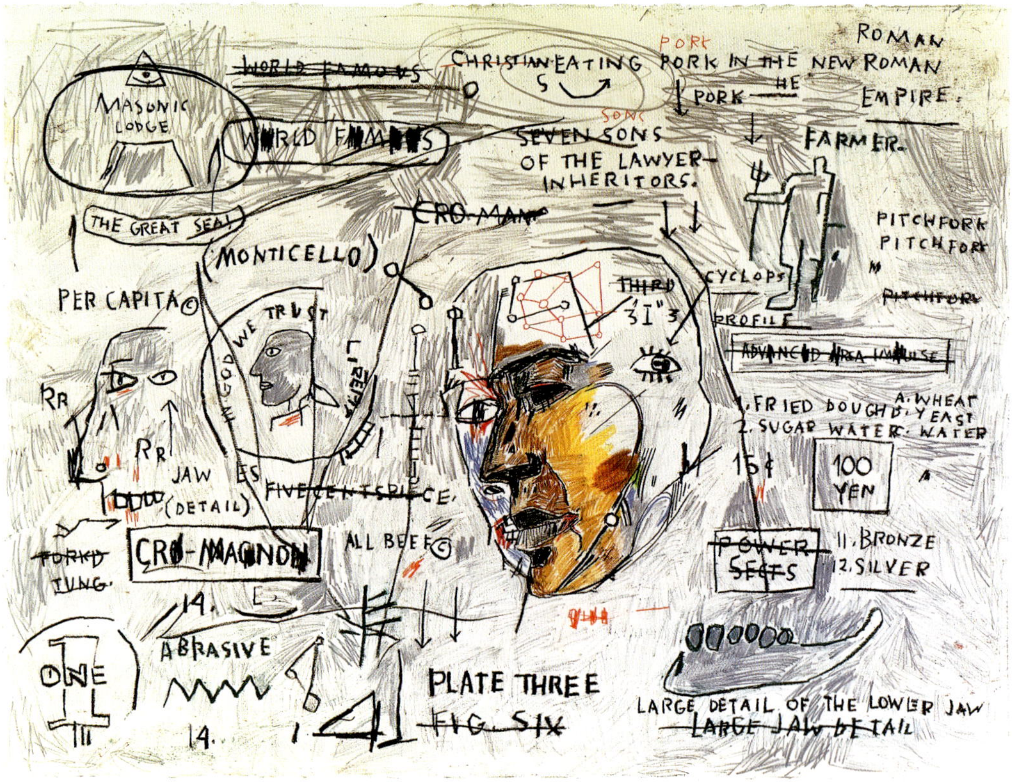
WORLD FAMOUS
CHRISTIAN EATING
PORK
PORK IN THE NEW ROMAN
ROMAN
EMPIRE.
PORK
MASONIC
LODGE
WORLD FAMOUS
SONS
SEVEN SONS
OF THE LAWYER-
INHERITORS.
FARMER.
THE GREAT SEAL
CRO-MAN
PITCHFORK
PITCHFORK
(MONTICELLO)
PER CAPITA©
IN GOD WE TRUST
THIRD
CYCLOPS
PROFILE
1. FRIED DOUGH
2. SUGAR WATER
A. WHEAT
B. YEAST
C. WATER
RR
JAW
(DETAIL)
15¢
100
YEN
CRO-MAGNON
ALL BEEF©
11. BRONZE
12. SILVER
TUNG.
14.
ABRASIVE
ONE
PLATE THREE
FIG. SIX
LARGE DETAIL OF THE LOWER JAW
LARGE JAW DETAIL
14.

Monticello

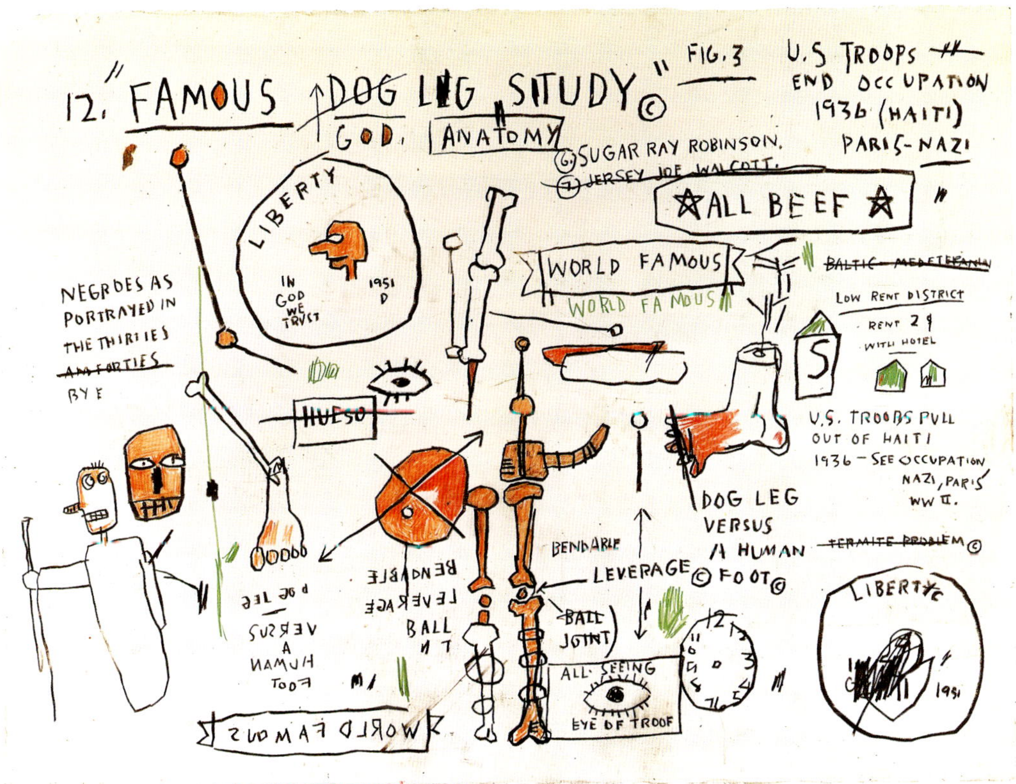

Dog Leg Study

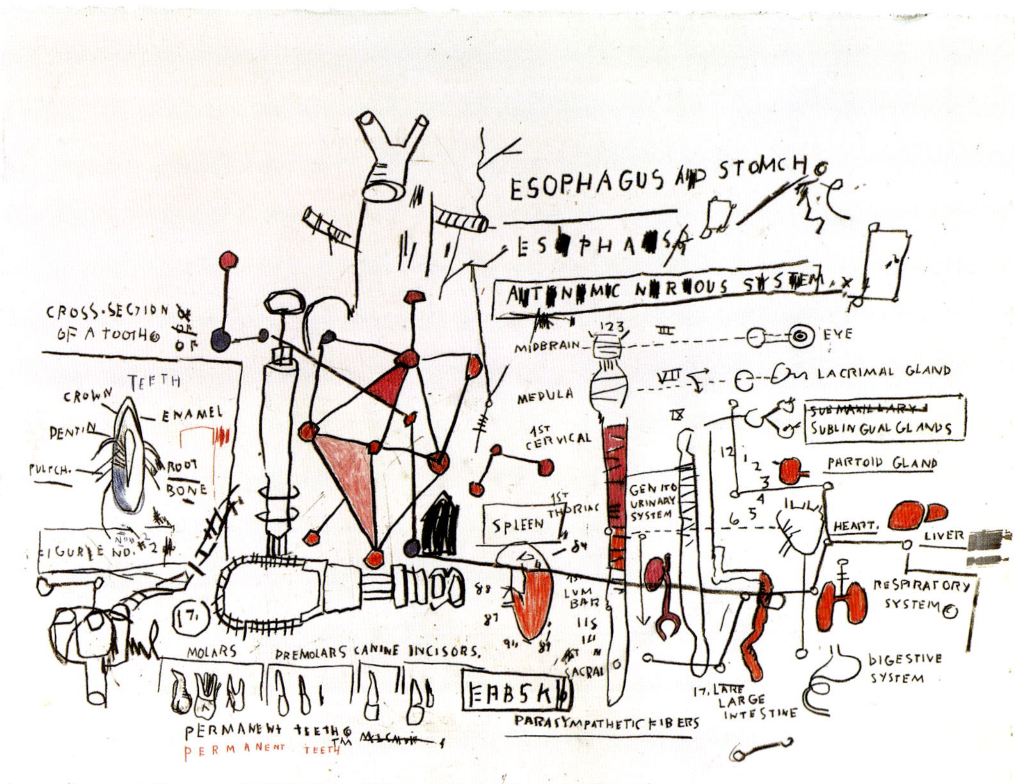

Peptic Ulcer

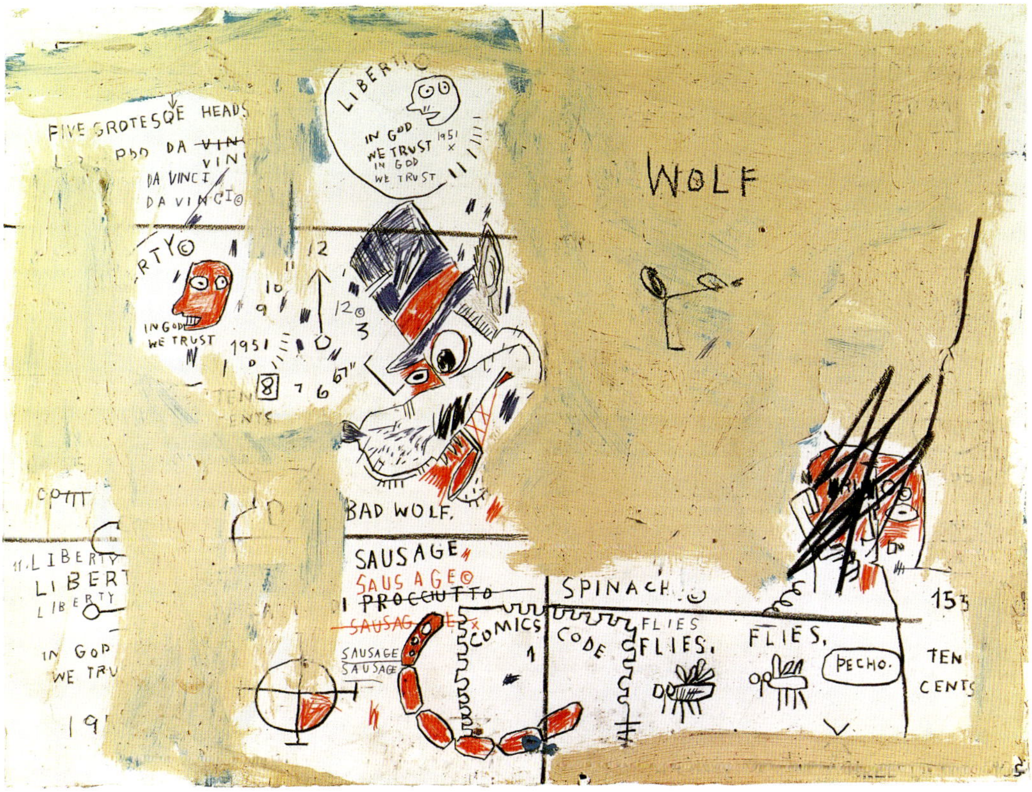

Wolf Sausage

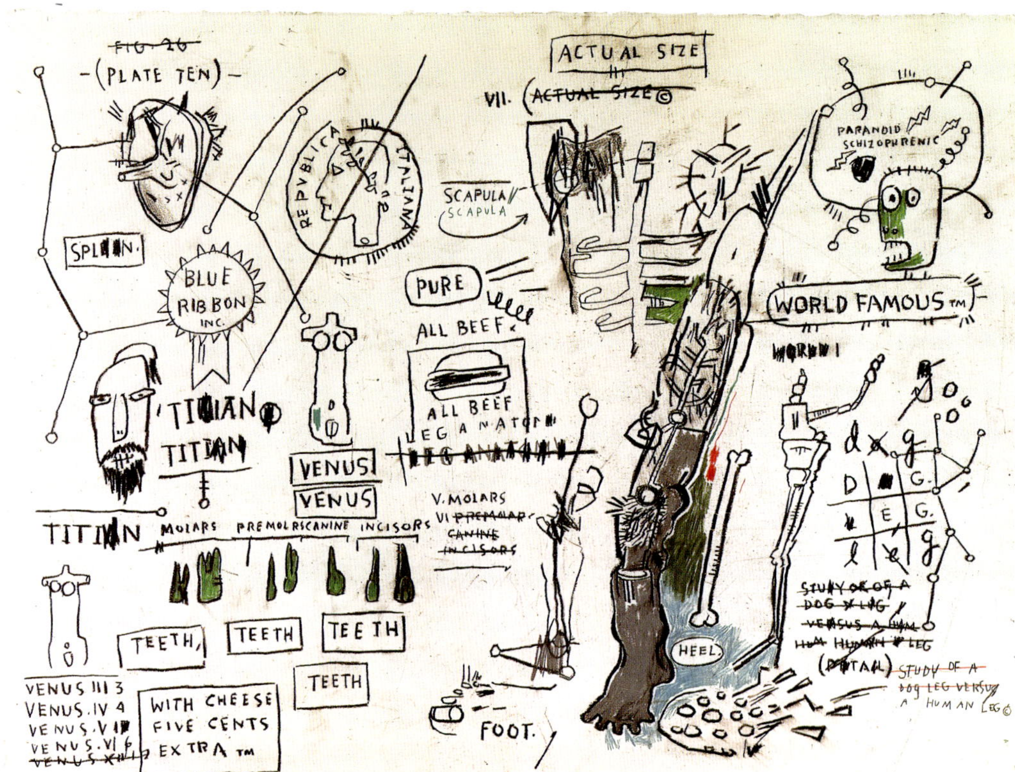
FIG. 26
(PLATE TEN)
SPLEEN.
BLUE RIBBON INC.
REPVBLICA ITALIANA
ACTUAL SIZE
VII. ACTUAL SIZE ©
SCAPULA
SCAPULA
PURE
ALL BEEF
ALL BEEF
LEG ANATOMY
PARANOID SCHIZOPHRENIC
WORLD FAMOUS TM
TITIAN
TITIAN
VENUS
VENUS
V. MOLARS
VI PREMOLAR
CANINE
INCISORS
TITIAN
MOLARS
PREMOLRS CANINE
INCISORS
TEETH,
TEETH
TEETH
TEETH
dog
D G.
E G.
leg
STUDY OF A DOG LEG VERSUS A HUMAN LEG
(DETAIL)
STUDY OF A DOG LEG VERSUS A HUMAN LEG ©
HEEL.
FOOT.
VENUS III 3
VENUS.IV 4
VENUS.VI 6
WITH CHEESE
FIVE CENTS
EXTRA TM

Titian

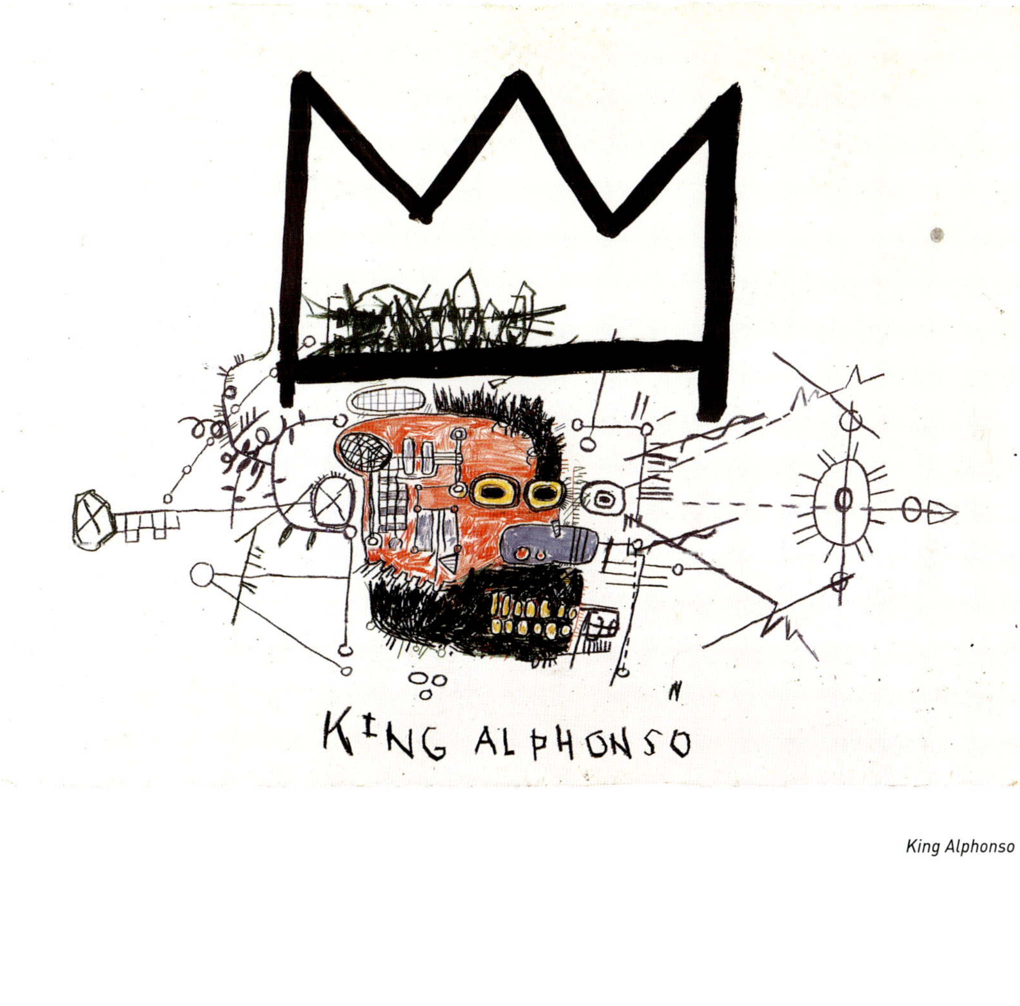

King Alphonso

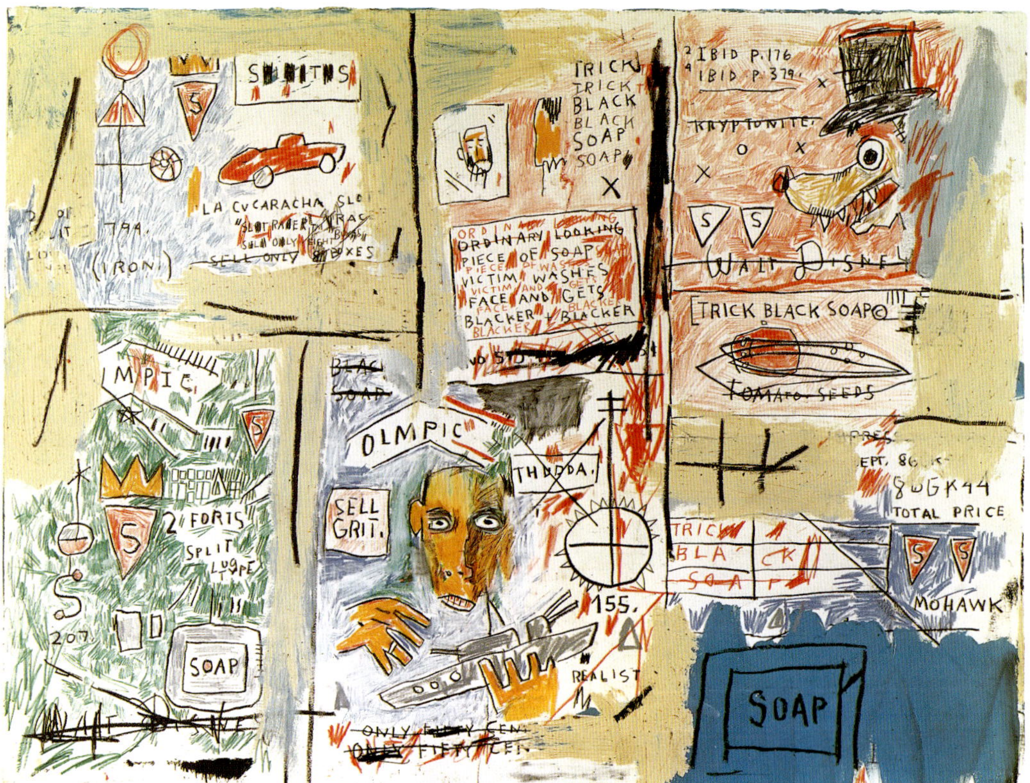
TRICK
TRICK
BLACK
BLACK
SOAP
SOAP
IBID P.176
IBID P.379
KRYPTONITE
ORDINARY LOOKING
PIECE OF SOAP
VICTIM WASHES
FACE AND GETS
BLACKER + BLACKER
TRICK BLACK SOAP©
TOMATO SEEDS
LA CUCARACHA
(IRON)
SELL ONLY 8 BOXES
MPIC
OLMPIC
SELL GRIT.
THDDA.
2 FORTS
SPLIT
155.
REALIST
SOAP
TOTAL PRICE
MOHAWK
SOAP
ONLY FIFTY CEN

Olympic

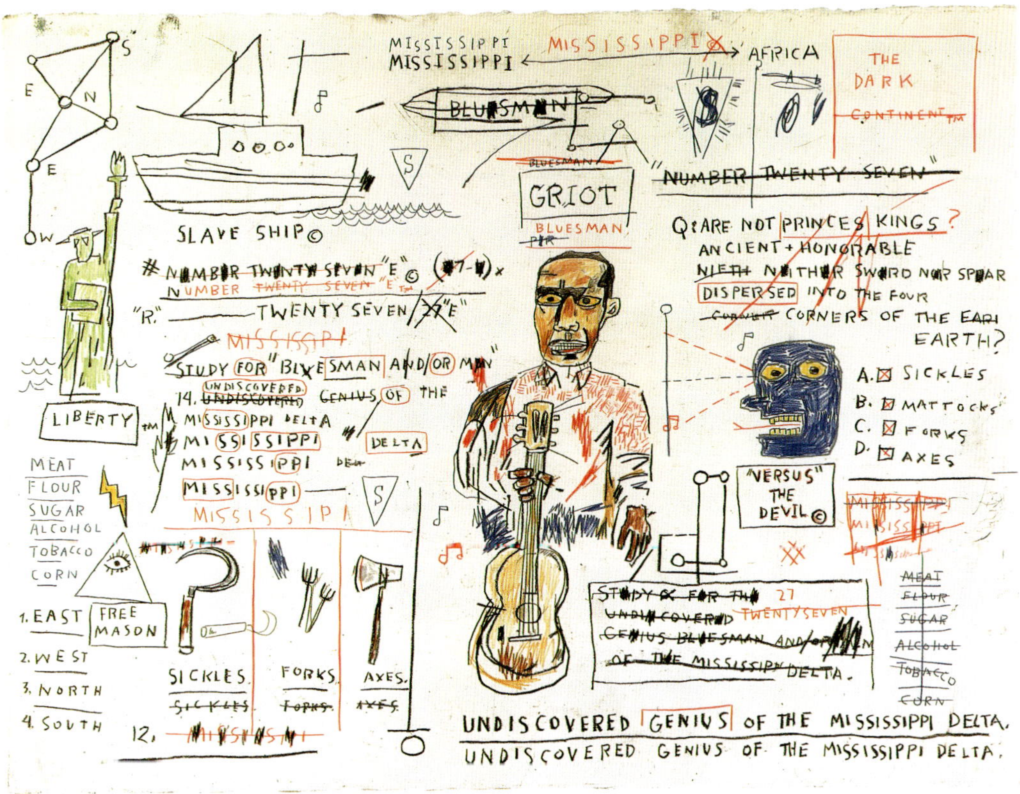

Undiscovered Genius

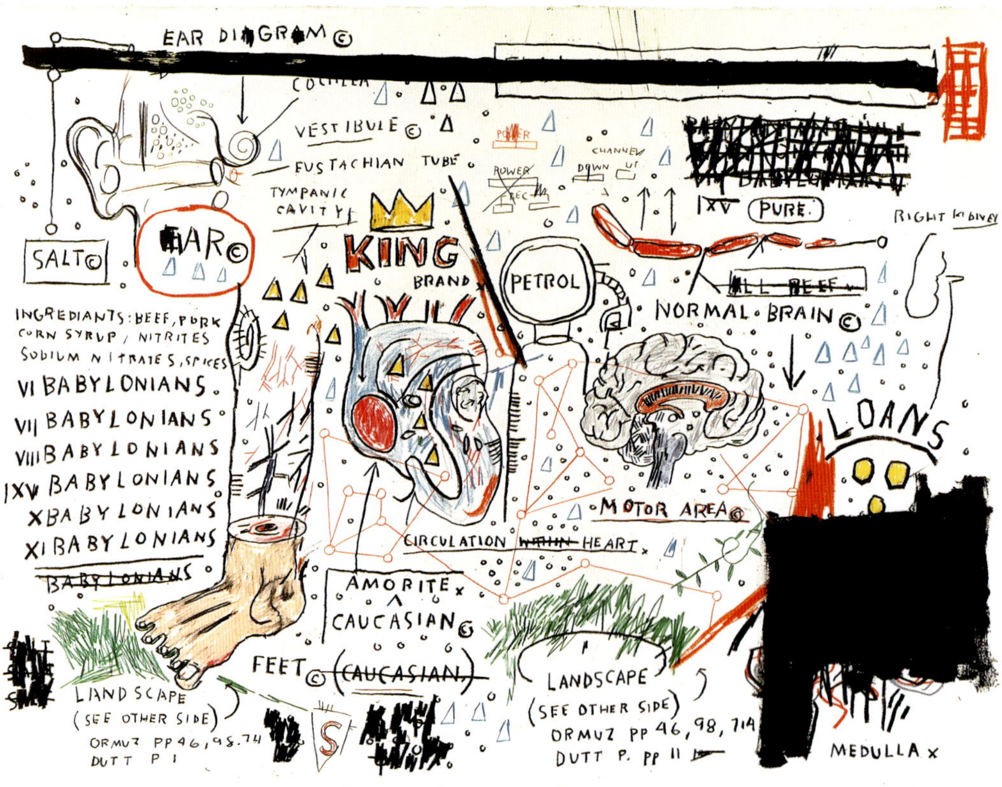

VESTIBULE ©
EUSTACHIAN TUBE
TYMPANIC CAVITY
CHANNEL
DOWN UP
POWER
EAR ©
SALT ©
KING
BRAND
PETROL
IXV PURE
NORMAL BRAIN ©
INGREDIANTS: BEEF, PORK
CORN SYRUP / NITRITES
SODIUM NITRATES, SPICES
VI BABYLONIANS
VII BABYLONIANS
VIII BABYLONIANS
IXV BABYLONIANS
X BABYLONIANS
XI BABYLONIANS
BABYLONIANS
LOANS
MOTOR AREA ©
CIRCULATION HEART
AMORITE
CAUCASIAN
FEET © (CAUCASIAN)
LANDSCAPE
(SEE OTHER SIDE)
ORMUZ PP 46, 98, 74
DUTT P 1
LANDSCAPE
(SEE OTHER SIDE)
ORMUZ PP 46, 98, 714
DUTT P. PP 11
MEDULLA

King Brand

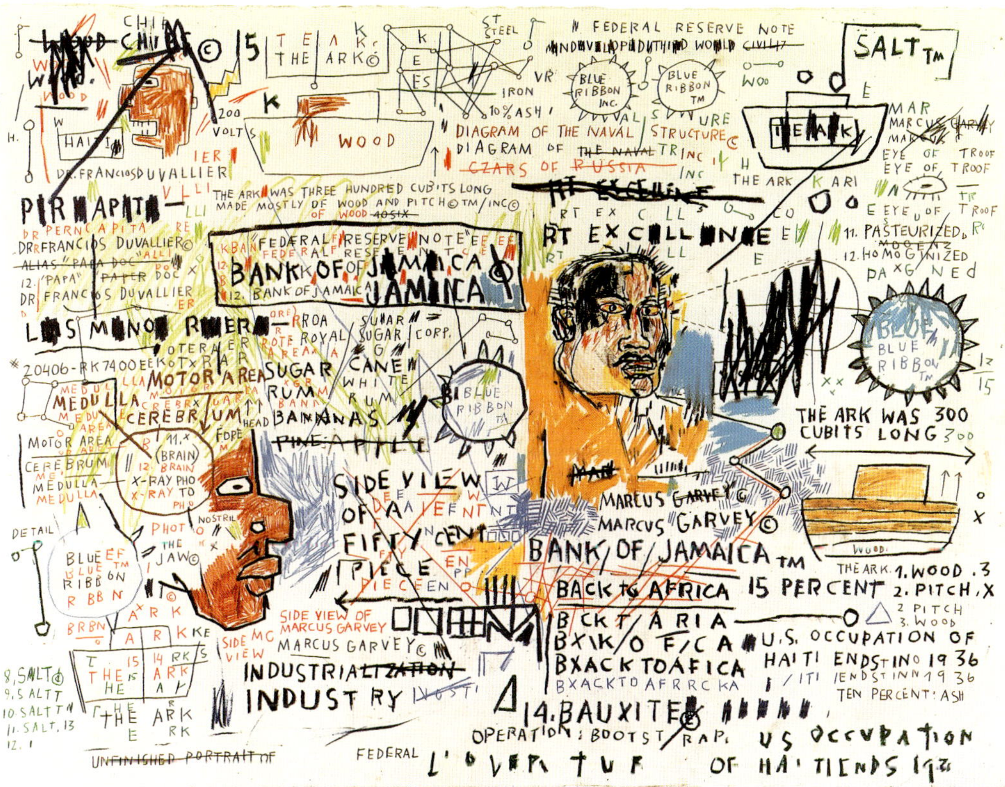
THE ARK©
FEDERAL RESERVE NOTE
SALT TM
BLUE RIBBON INC.
BLUE RIBBON TM
IRON
10% ASH
WOOD
200 VOLTS
HAITI
DIAGRAM OF THE NAVAL STRUCTURE©
DIAGRAM OF THE NAVAL
CZARS OF RUSSIA
DR. FRANCIOS DUVALLIER
THE ARK WAS THREE HUNDRED CUBITS LONG
MADE MOSTLY OF WOOD AND PITCH© TM/INC©
MARCUS GARVEY
EYE OF TROOF
11. PASTEURIZED
12. HOMOGINIZED
DR FRANCIOS DUVALLIER©
12. "PAPA" PATER DOC
FEDERAL RESERVE NOTE
BANK OF JAMAICA
12. BANK OF JAMAICA
SUGAR CORP.
ROYAL SUGAR
20406-RK7400
MOTOR AREA
SUGAR CANE
WHITE
RUM
MEDULLA
CEREBRUM
BANANAS
PINEAPPLE
THE ARK WAS 300 CUBITS LONG
MOTOR AREA
CEREBRUM
MEDULLA
BRAIN
X-RAY PHO
X-RAY TO
SIDE VIEW OF A FIFTY CENT PIECE
MARCUS GARVEY©
MARCUS GARVEY©
BANK OF JAMAICA TM
DETAIL
PHOTO
NOSTRIL
THE JAW©
BLUE RIBBON
THE ARK 1. WOOD .3
2. PITCH, X
2. PITCH
3. WOOD
BACK TO AFRICA
15 PERCENT
SIDE VIEW OF MARCUS GARVEY
MARCUS GARVEY©
U.S. OCCUPATION OF HAITI ENDS IN 1936
TEN PERCENT: ASH
BXACK TOAFICA
INDUSTRIALIZATION
INDUSTRY
8. SALT©
9. SALTT
10. SALT TM
11. SALT, 13
THE ARK
14. BAUXITE©
OPERATION: BOOTSTRAP.
US OCCUPATION OF HAITI ENDS 1936
FEDERAL
UNFINISHED PORTRAIT OF

50¢ Piece

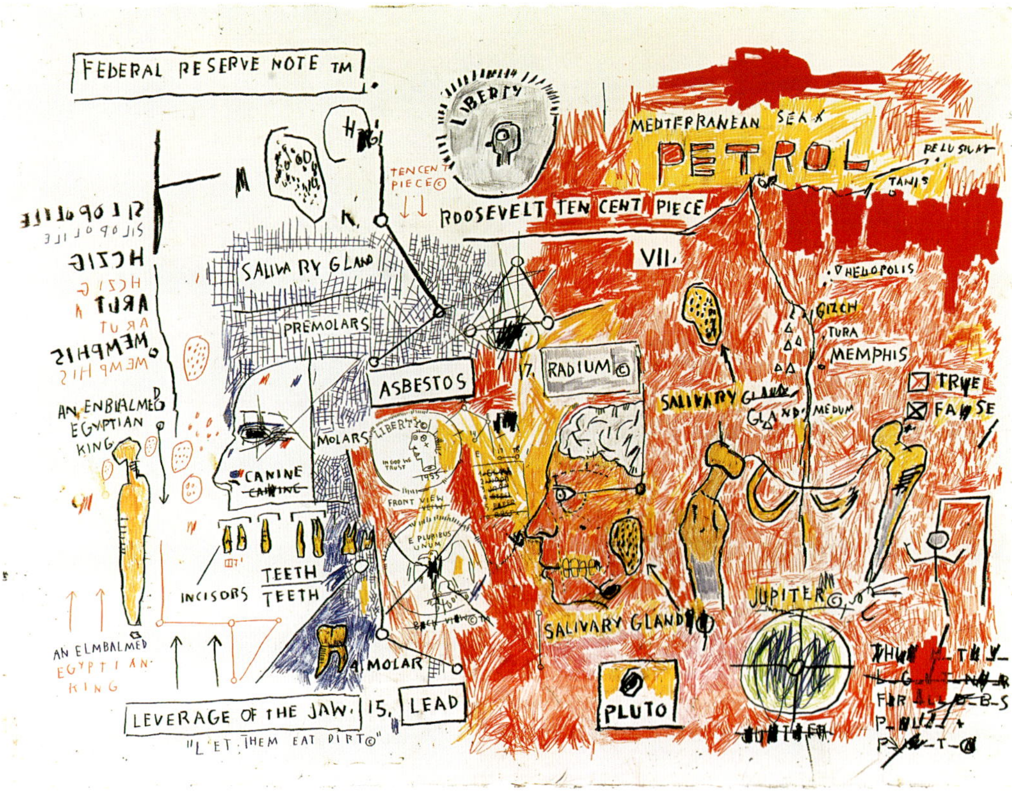
FEDERAL RESERVE NOTE TM
LIBERTY
TEN CENT PIECE©
ROOSEVELT TEN CENT PIECE
PETROL
VII.
SALIVARY GLAND
PREMOLARS
ASBESTOS
17. RADIUM ©
TURA
MEMPHIS
TRUE
FALSE
AN ENBALMED EGYPTIAN KING
MOLARS
CANINE
FRONT VIEW
E PLURIBUS UNUM
TEETH
TEETH
INCISORS
SALIVARY GLAND
JUPITER©
AN ELMBALMED EGYPTIAN KING
A MOLAR
PLUTO
LEVERAGE OF THE JAW.
15. LEAD
"L'ET THEM EAT DIRT©"

Liberty

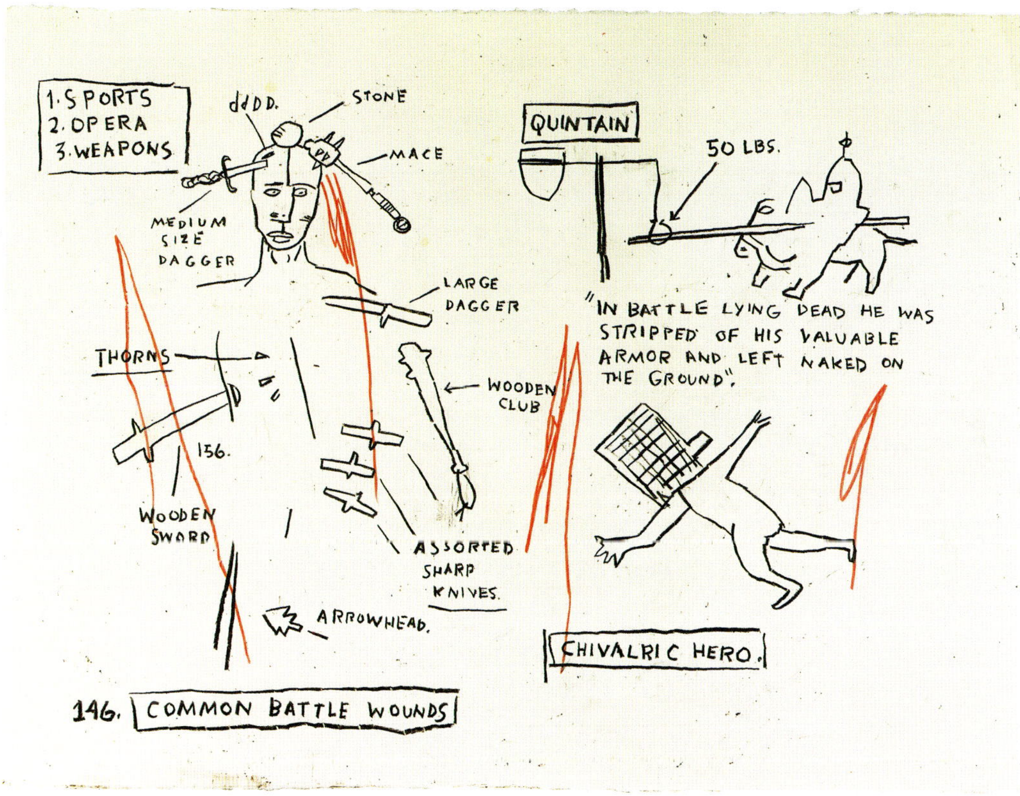
1. SPORTS
2. OPERA
3. WEAPONS
ddDD.
STONE
MACE
MEDIUM SIZE DAGGER
LARGE DAGGER
THORNS
WOODEN CLUB
156.
WOODEN SWORD
ASSORTED SHARP KNIVES.
ARROWHEAD.
146. COMMON BATTLE WOUNDS
QUINTAIN
50 LBS.
"IN BATTLE LYING DEAD HE WAS STRIPPED OF HIS VALUABLE ARMOR AND LEFT NAKED ON THE GROUND".
CHIVALRIC HERO.

Mace

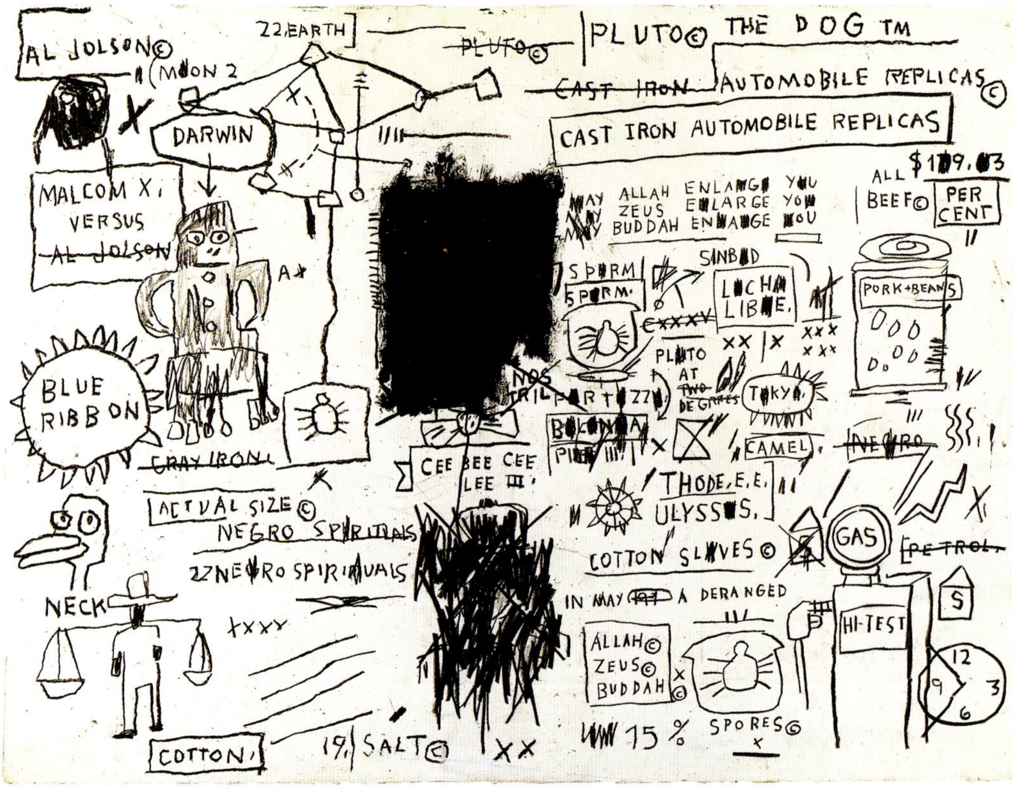
AL JOLSON©
22 EARTH
PLUTO©
PLUTO© THE DOG TM
CAST IRON
AUTOMOBILE REPLICAS©
CAST IRON AUTOMOBILE REPLICAS
DARWIN
MALCOM X, VERSUS AL JOLSON
ALLAH
ZEUS
BUDDAH
ALL BEEF©
PER CENT
PORK+BEANS
SINBAD
PLUTO AT TWO DEGREES
BLUE RIBBON
GRAY IRON
CAMEL
CEE BEE CEE LEE III
ACTUAL SIZE©
NEGRO SPIRITUALS
THODE, E.E.
ULYSSES
COTTON SLAVES©
GAS
PETROL
NECK
IN MAY A DERANGED
HI-TEST
S
ALLAH© ZEUS© BUDDAH
12 3 6 9
COTTON
19 SALT©
15 %
SPORES©

Replicas

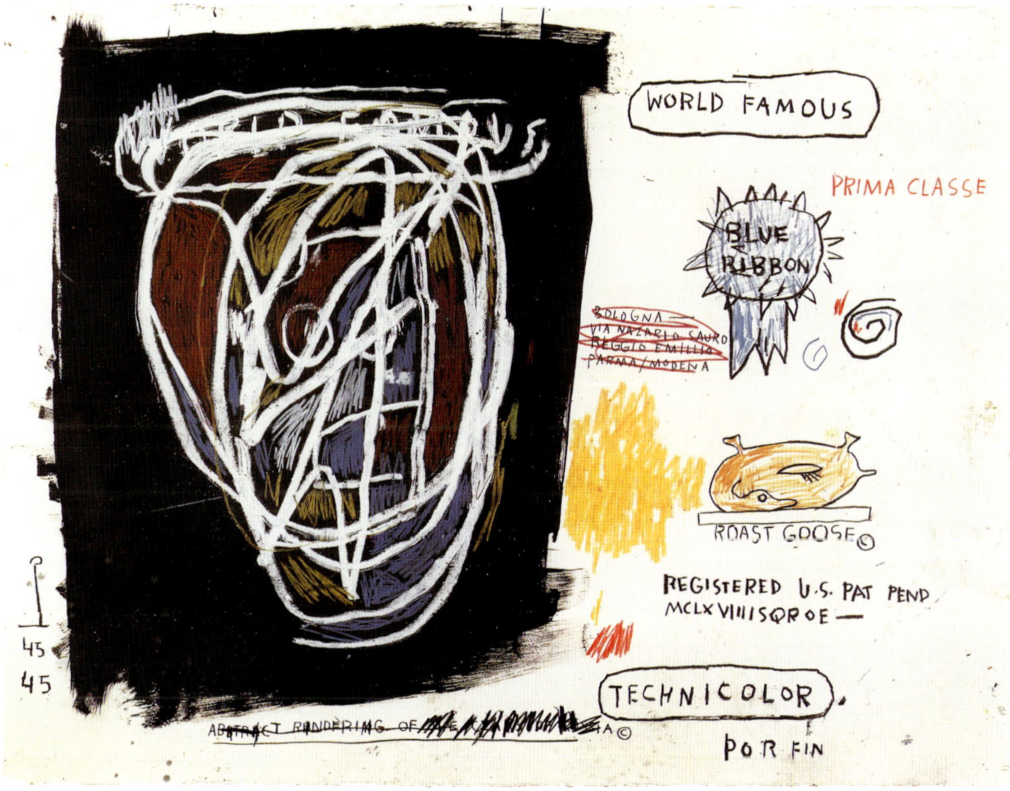
WORLD FAMOUS
PRIMA CLASSE
BLUE RIBBON
ROAST GOOSE©
REGISTERED U.S. PAT PEND
MCLXVIIIISQROE —
TECHNICOLOR
POR FIN
45

Roast

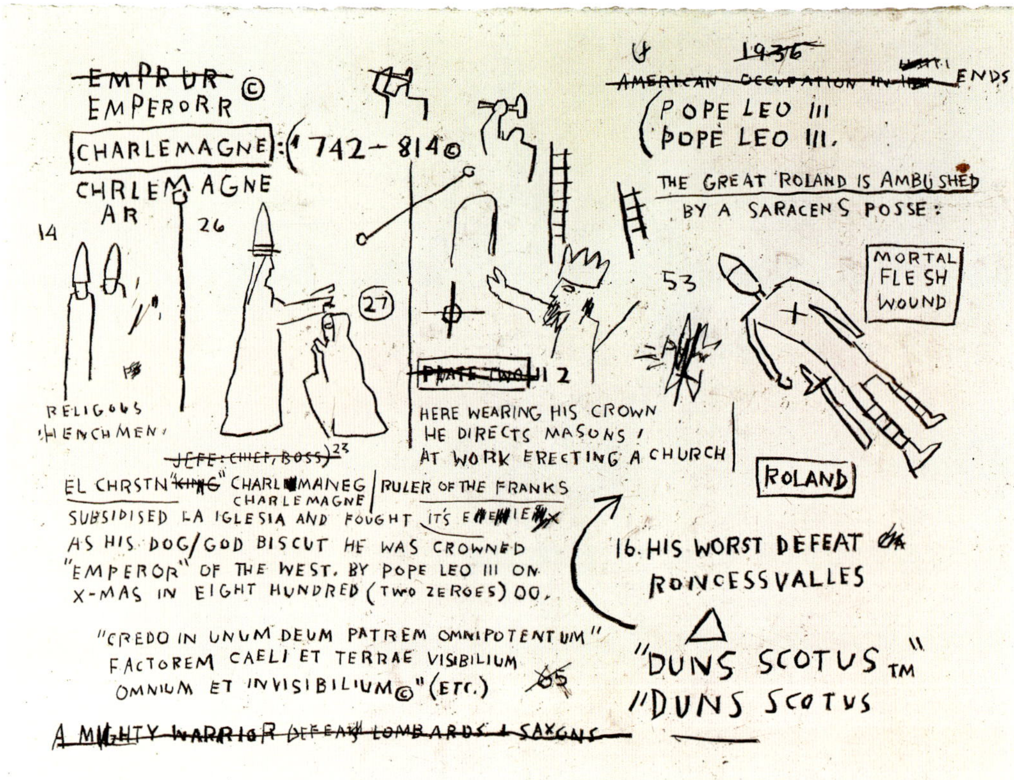
EMPRUR ©
EMPERORR
CHARLEMAGNE: (742–814©
CHRLEMAGNE
AR
14
26
27
RELIGOUS HENCHMEN
JEFE: CHIEF, BOSS)23
EL CHRSTN "KING" CHARLMANEG CHARLEMAGNE | RULER OF THE FRANKS
SUBSIDISED LA IGLESIA AND FOUGHT IT'S ENEMIES
AS HIS DOG/GOD BISCUT HE WAS CROWNED
"EMPEROR" OF THE WEST. BY POPE LEO III ON
X-MAS IN EIGHT HUNDRED (TWO ZEROES) 00.
"CREDO IN UNUM DEUM PATREM OMNIPOTENTUM"
FACTOREM CAELI ET TERRAE VISIBILIUM
OMNIUM ET INVISIBILIUM©" (ETC.)
A MIGHTY WARRIOR DEFEATS LOMBARDS & SAXONS
PLATE TWO 12
HERE WEARING HIS CROWN
HE DIRECTS MASONS!
AT WORK ERECTING A CHURCH
1936
AMERICAN OCCUPATION IN ENDS
POPE LEO III
POPE LEO III.
THE GREAT ROLAND IS AMBUSHED
BY A SARACENS POSSE:
53
MORTAL FLESH WOUND
ROLAND
16. HIS WORST DEFEAT
RONCESSVALLES
"DUNS SCOTUS TM"
"DUNS SCOTUS

Bishop

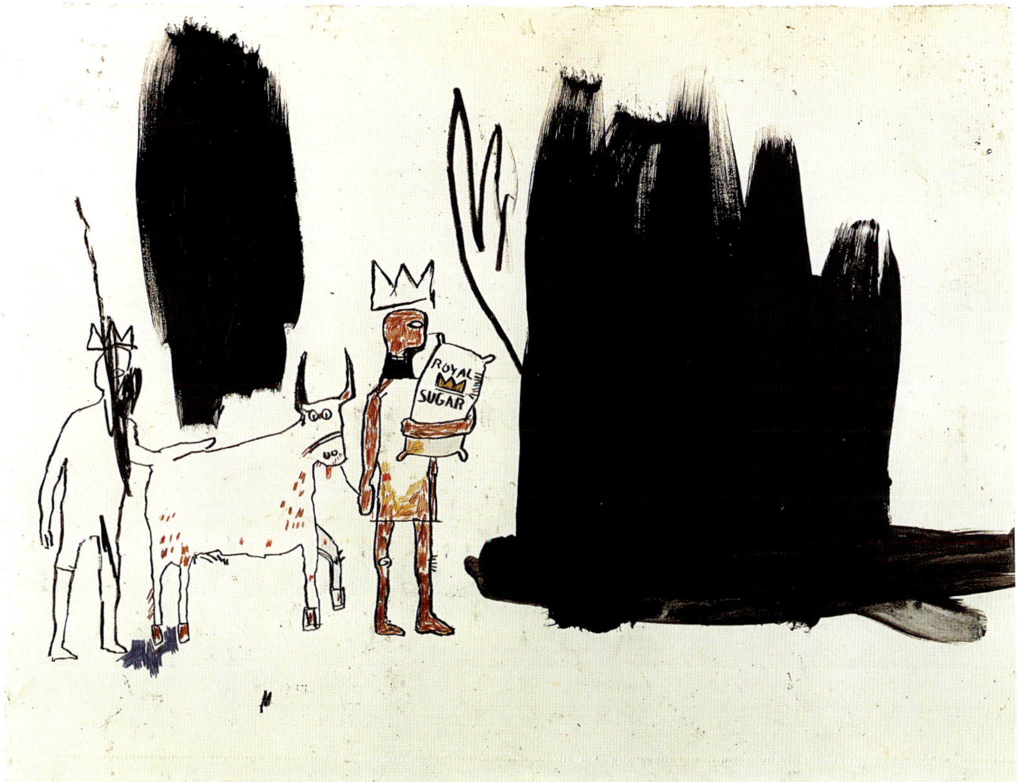

Dwellers in the Marshes

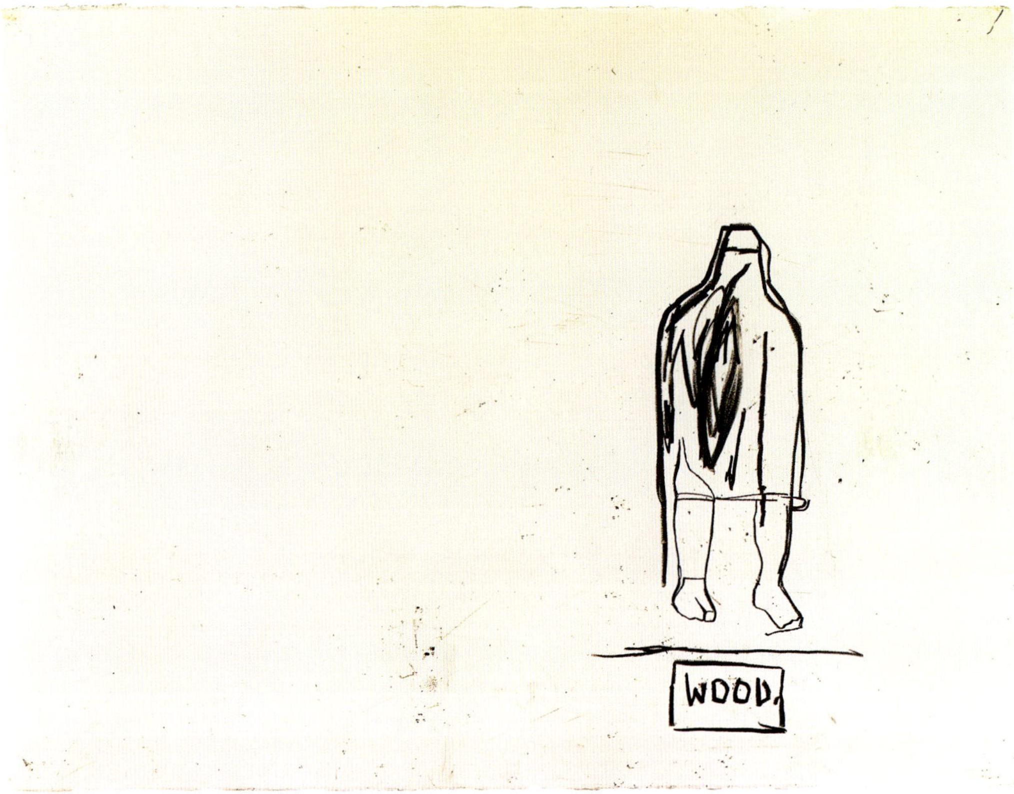

Steel

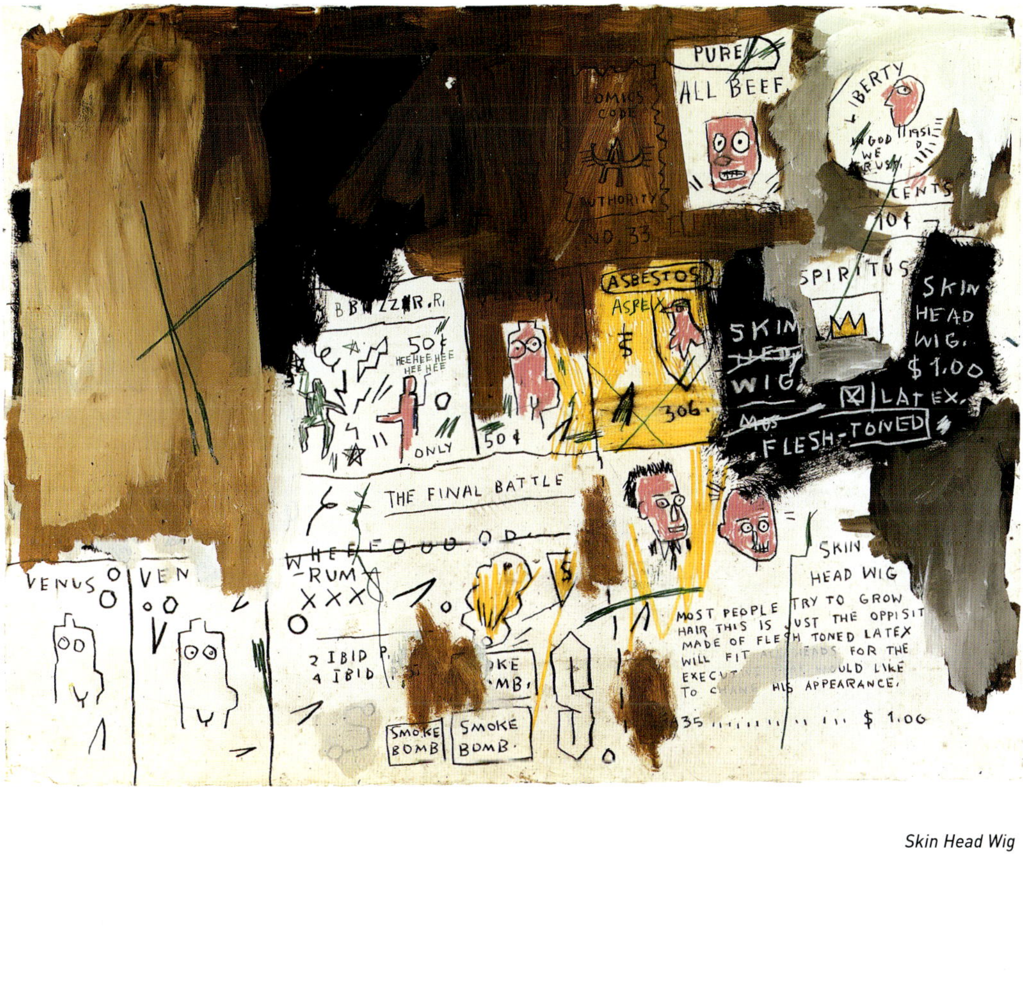

Skin Head Wig

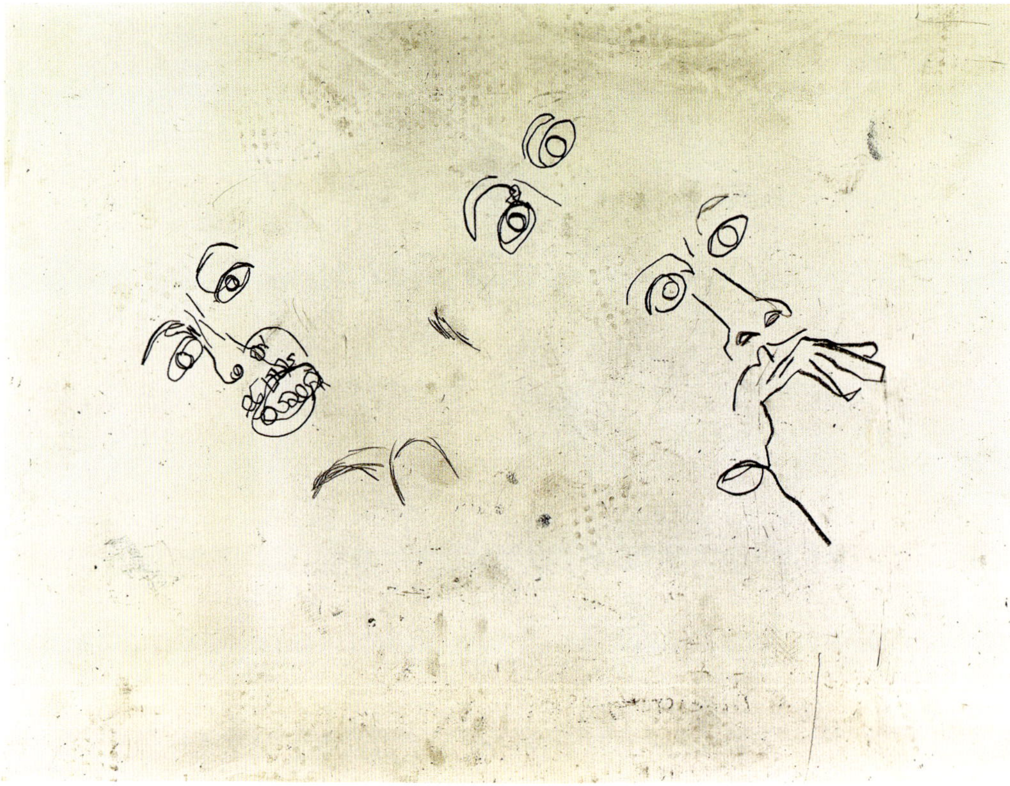

Tree Version

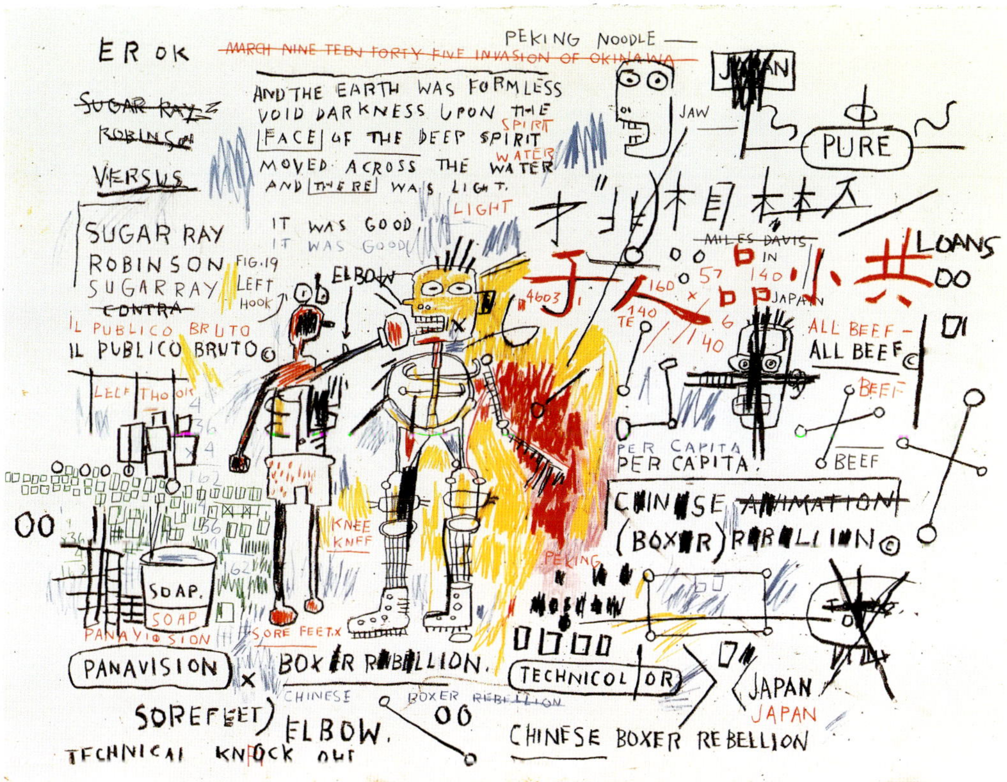

Boxer Rebellion

JEAN-MICHEL BASQUIAT

Né le 22 décembre 1960, Brooklyn, New York
Mort le 12 août 1988, New York, New York

Pour une biographie détaillée, se reporter à la « Chronologie » de M. Franklin Sirmans, in Richard Marshall *et al.*, *Jean-Michel Basquiat*, (New York, Whitney Museum of American Art, 1992), p. 233-250.

LISTE DES EXPOSITIONS

EXPOSITIONS PERSONNELLES, EXPOSITIONS EN DUO ET COLLABORATIONS

1981

Galleria d'Arte Emilio Mazzoli, Modène. *SAMO*. 23 mai-20 juin.

1982

Annina Nosei Gallery, New York. *Jean-Michel Basquiat*. 3 mars-1er avril.

Larry Gagosian Gallery, Los Angeles. *Jean-Michel Basquiat: Paintings*. 8 avril-8 mai.

Galerie Bruno Bischofberger, Zurich. *Jean-Michel Basquiat*. 11 septembre-9 octobre.

Galleria Mario Diacono, Rome. *Jean-Michel Basquiat*. 23 octobre-20 novembre. Brochure.

Fun Gallery, New York. *Jean-Michel Basquiat*. 4 novembre-7 décembre.

Galerie Delta, Rotterdam. *Jean-Michel Basquiat*. Décembre. Catalogue.

1983

Annina Nosei Gallery, New York. *Jean-Michel Basquiat*. 12 février-3 mars.

Larry Gagosian Gallery, Los Angeles. *Jean-Michel Basquiat: New Paintings*. 8 mars-2 avril.

West Beach Café, Venice, Californie. *Jean-Michel Basquiat*. Mai-juin.

Galerie Bruno Bischofberger, Zurich. *Jean-Michel Basquiat*. 24 septembre-22 octobre.

Akira Ikeda Gallery, Tokyo. *Jean-Michel Basquiat*. 14 novembre-10 décembre. Catalogue.

1984

Mary Boone Gallery en collaboration avec Galerie Bruno Bischofberger, New York. *Jean-Michel Basquiat*. 5-26 mai. Catalogue.

The Fruitmarket Gallery, Édimbourg. *Jean-Michel Basquiat: Paintings, 1981-1984*. 11 août-23 septembre 1984. Exposition itinérante. Institute of Contemporary Arts, Londres, 14 décembre-27 janvier 1985. Museum Boymans-Van Beuningen, Rotterdam, 9 février-31 mars 1985. Catalogue.

Galerie Bruno Bischofberger, Zurich. *Collaborations : Jean-Michel Basquiat, Francesco Clemente, Andy Warhol*. 15 septembre-13 octobre. Catalogue.

Carpenter + Hochman Gallery, Dallas. *Jean-Michel Basquiat: New Paintings*. 20 septembre-20 octobre.

1985

Akira Ikeda Gallery, Tokyo. *Collaborations : Jean-Michel Basquiat, Francesco Clemente, Andy Warhol*. 14-31 janvier. Catalogue.

Galerie Bruno Bischofberger, Zurich. *Jean-Michel Basquiat*. 19 janvier-16 février. Catalogue.

University Art Museum, University of California, Berkeley. *Jean-Michel Basquiat*. Janvier-mars 1985. Exposition itinérante. La Jolla Museum of Contemporary Art, 4 mai-16 juin. Catalogue.

Akira Ikeda Gallery, Nagoya. *Jean-Michel Basquiat: Drawings*. 12 février-9 mars.

Mary Boone-Michael Werner Gallery, New York. *Jean-Michel Basquiat*. 2-23 mars. Catalogue.

Tony Shafrazi Gallery, New York. *Warhol and Basquiat: Paintings*. 14 septembre-19 octobre.

Akira Ikeda Gallery, Tokyo. *Jean-Michel Basquiat: Paintings*. 2-25 décembre. Catalogue.

Annina Nosei Gallery, New York. *Jean-Michel Basquiat: Paintings from 1982*. 14 décembre-9 janvier 1986

1986

Larry Gagosian Gallery, Los Angeles.*Jean-Michel Basquiat*. 7 janvier-8 février.

Fay Gold Gallery, Atlanta. *Jean-Michel Basquiat: Drawings*. 7 février-5 mars.

Galerie Bruno Bischofberger, Zurich. *Jean-Michel Basquiat: Drawings*. 26 avril-30 juin.

Galerie Thaddaeus Ropac, Salzburg. *Jean-Michel Basquiat : Bilder, 1984-86*. 27 juillet-31 août. Catalogue.

Akira Ikeda Gallery, Tokyo. *Collaborations: Jean-Michel Basquiat and Andy Warhol*. 8-30 septembre. Catalogue.

Centre culturel français d'Abidjan, Abidjan, Côte-d'Ivoire. *J.-M. Basquiat*. 10 octobre-7 novembre.

Akira Ikeda Gallery, Nagoya. *Jean-Michel Basquiat: Drawings*. 5-29 novembre.

Galerie Bruno Bischofberger, Zurich. *Collaborations: Jean-Michel Basquiat and Andy Warhol*. 15 novembre-17 janvier 1987.

Kestner-Gesellschaft, Hannovre. *Jean-Michel Basquiat*. 28 novembre-25 janvier 1987. Catalogue.

Galerie Delta, Rotterdam. *Jean-Michel Basquiat*. Novembre.

1987

Galerie Daniel Templon, Paris. *Jean-Michel Basquiat*. 10 janvier-7 février.

Akira Ikeda Gallery, Tokyo. *Jean-Michel Basquiat: New Works*. 7-28 février. Catalogue.

Tony Shafrazi Gallery, New York. *Jean-Michel Basquiat: Drawings*. 23 mai-13 juin.

Galerie Thaddaeus Ropac, Salzburg. *Jean-Michel Basquiat: Drawings*. 6-31 juin.

PS Gallery, Tokyo. *Jean-Michel Basquiat*. 8 octobre-4 décembre. Catalogue.

1988

Galerie Yvon Lambert, Paris. *Jean-Michel Basquiat*. 9 janvier-10 février.

Galerie Beaubourg, Paris. *Jean-Michel Basquiat : Peintures, 1982-1987*. 9 janvier-16 février.

Galerie Hans Mayer, Düsseldorf. *Jean-Michel Basquiat : Neue Arbeiten*. 12 janvier-15 mars.

Galerie Michael Haas, Berlin. *Jean-Michel Basquiat*. 5 février-12 mars.

Vrej Baghoomian Gallery, New York. *Jean-Michel Basquiat*. 29 avril-11 juin.

Galerie Thaddaeus Ropac, Salzburg. *Jean-Michel Basquiat: Paintings, Drawings*. 15 juin-26 juillet.

Fay Gold Gallery, Atlanta. *Jean-Michel Basquiat: Important Drawings*. 6 septembre-4 octobre.

Mayor Rowan Gallery, Mayor Gallery, and David Grob Limited, Londres. *Collaborations: Andy Warhol, Jean-Michel Basquiat*. 21 novembre-21 janvier 1989. Catalogue.

Gallery Schlesinger Limited, New York. *Jean-Michel Basquiat: Paintings*. Novembre.

Annina Nosei Gallery, New York. *Jean-Michel Basquiat: Memorial Exhibition*. 3 décembre-14 janvier 1989.

1989

Rooseum, Malmö, Suède. *Jean-Michel Basquiat / Julian Schnabel*. 8 avril-28 mai. Catalogue.

Kestner-Gesellschaft, Hannovre. *Jean-Michel Basquiat : Das zeichnerische Werk*. 15 septembre-23 octobre. Catalogue.

Didier Imbert Fine Art, Paris. *Warhol-Basquiat : Collaborations*. 28 septembre-25 novembre. Catalogue.

Vrej Baghoomian Gallery, New York. *Jean-Michel Basquiat*. 21 octobre-25 novembre. Catalogue.

Dau al Set, Galeria d'Arte, Barcelone. *Jean-Michel Basquiat*. Octobre-novembre. Catalogue.

Galerie Enrico Navarra, Paris. *Jean-Michel Basquiat*. 8 novembre-31 décembre. Catalogue.

1990

Galerie Le Gall Peyroulet, Paris. *Jean-Michel Basquiat : Œuvres sur papier*. 23 janvier-3 mars.

Galerie Fabien Boulakia, Paris. *Basquiat*. 27 septembre-3 novembre 1990. Catalogue.

Ho-Am Gallery, Séoul. *Jean-Michel Basquiat and Andy Warhol*. 1er-31 octobre.

Robert Miller Gallery, New York. *Jean-Michel Basquiat: Drawings*. 3 novembre-1er décembre. Catalogue.

Tony Shafrazi Gallery, New York. *Keith Haring, Jean-Michel Basquiat: Paintings*. 15 décembre-26 janvier 1991.

1991

PS Gallery, Tokyo. *Jean-Michel Basquiat: Oil Paintings, Drawings, Etc*. 4 mars-17 mai.

Sonje Museum of Contemporary Art, Kyongju, Corée du Sud. *Andy Warhol and Jean-Michel Basquiat*. 14 septembre-20 octobre. Exposition itinérante National Museum of Contemporary Art, Séoul, 1er-30 novembre. Catalogue.

Galerie de Poche, Paris. *Jean-Michel Basquiat : Œuvres sur papier*. 5-28 décembre.

1992

Vrej Baghoomian Gallery, New York. *Jean-Michel Basquiat*. 8 février-7 mars.

Galerie Eric Van de Weghe, Bruxelles. *Jean-Michel Basquiat*. 9 avril-23 mai. Catalogue.

Musée Cantini, Marseille. *Jean-Michel Basquiat : Une rétrospective*. 4 juillet-20 septembre. Catalogue.

The Metropolitan Museum of Art, New York. Installation de *Nu-Nile* et *Sans titre (Palladium Painting)*. Prêt du Estate Jean-Michel Basquiat, 19 octobre-22 avril 1993.

Whitney Museum of American Art, New York. *Jean-Michel Basquiat*. 23 octobre-14 février 1993. Exposition itinérante. Menil Collection, Houston, 11 mars-9 mai 1993. Des Moines Art Center, 22 mai-15 août 1993. Montgomery Museum of Fine Arts, 18 novembre 1993-9 janvier 1994. Catalogue.

1993

Alpha Cubic Gallery, Tokyo. *Jean-Michel Basquiat*. Mars. Catalogue.

Salon de Mars, Paris. Galerie Enrico Navarra. Mars.

Gallery Sho Contemporary Art, Tokyo. *Jean-Michel Basquiat*. 11 mai-6 juin. Catalogue.

Galerie Bruno Bischofberger, Zurich. *Jean-Michel Basquiat*. 10 juin-11 septembre.

Newport Harbor Art Museum, Newport Beach, Californie. *Jean-Michel Basquiat*. 10 juillet-12 septembre.

FAE, musée d'Art contemporain, Pully-Lausanne, Suisse. *Jean-Michel Basquiat*. 10 juillet-7 novembre. Catalogue.

Tony Shafrazi Gallery, New York. *Jean-Michel Basquiat: Paintings*. 20 novembre-8 janvier 1994.

Musée-Galerie de la Seita, Paris. *Jean-Michel Basquiat : Peinture, dessin, écriture*. 17 décembre-26 février 1994. Catalogue.

Galerie Delta, Rotterdam. *Jean-Michel Basquiat*.

1994

Henry Art Gallery, University of Washington, Seattle. *Jean-Michel Basquiat*. 18 février-28 avril.

Mount Holyoke College Art Museum, South Hadley, Mass. *Jean-Michel Basquiat: The Blue Ribbon Paintings*. 8 septembre-22 décembre. Exposition itinérante. Wadsworth Atheneum, Hartford, janvier-mars 1995. The Andy Warhol Museum, Pittsburgh, 12 avril-17 septembre 1995. Museum of Contemporary Art, Miami, 15 octobre-8 décembre 1996. Catalogue.

Johnson County Community College, Gallery of Art, Overland Park, Kansas. *Jean-Michel Basquiat.* 11 septembre-18 octobre. Brochure.

Robert Miller Gallery, New York. *Jean-Michel Basquiat: Works in Black and White.* 15 novembre-7 janvier 1995.

1995

Centre Gallery, Miami-Dade Community College, Wolfson Campus, Miami. *Two Cents: Works on Paper by Jean-Michel Basquiat and Poetry by Kevin Young.* 20 octobre-14 janvier 1996. Exposition itinérante. Castellani Art Museum, Niagara University, Niagara Falls, 11 février-31 mars 1996. University of Memphis, 19 avril-22 juin 1996. University of South Florida Art Museum, Tampa, juillet-août 1996. Otis Gallery of Art and Design, Los Angeles, 14 septembre-19 octobre 1996. Austin Museum of Art, novembre 1996-janvier 1997. Catalogue.

1996

Museum Fridericianum, Kassel. *Collaborations : Warhol, Basquiat, Clemente.* 4 février-5 mai. Exposition itinérante. Museum Villa Stuck, Munich, 25 juillet-29 septembre. Catalogue.

Robert Miller Gallery, New York. *J.-M. Basquiat: Bodies and Heads.* 6 février-9 mars.

The Serpentine Gallery, Londres. *Jean-Michel Basquiat.* 6 mars-21 avril. Catalogue.

Galerie Enrico Navarra, Paris. *Jean-Michel Basquiat : Peintures.* 2 avril-12 juin.

Galeries Lucien Durand-Enrico Navarra, Paris. *Jean-Michel Basquiat : Œuvres sur papier/Works on Paper.* 3 mai-15 juin. Catalogue.

Palacio Episcopal, Málaga. *Jean-Michel Basquiat.* 16 mai-7 juillet. Catalogue.

Galeria Luisa Strina, São Paulo. *Jean-Michel Basquiat : Obras sobre papeis.* Mai-juin.

Galerie Bruno Bischofberger, Zurich. *Jean-Michel Basquiat.* 1er juin-31 août.

The Bruce Museum, Greenwich, Connecticut. *Basquiat.* 4 août-8 septembre.

Tony Shafrazi Gallery, New York. *Jean-Michel Basquiat: A Tribute; Important Paintings, Drawings and Objects.* 21 septembre-23 novembre.

Quintana Gallery, Coral Gables, Fla. *Jean-Michel Basquiat: 1980-1988.* 17 décembre-21 février 1997. Catalogue.

1997

Kaohsiung Museum of Fine Arts, Kaohsiung, Taiwan. *Jean-Michel Basquiat.* 26 janvier-27 avril. Exposition itinérante. Taichung Museum, Taichung, Taiwan, 4 mai-4 juin. Catalogue.

Gagosian Gallery, New York. *Andy Warhol and Jean-Michel Basquiat: Collaborations.* 15 mars-26 avril.

Fondation Dina Vierny-Musée Maillol, Paris. *Jean-Michel Basquiat : Œuvres sur papier/Works on Paper.* 23 mai-29 septembre. Catalogue.

Gallery Hyundai, Séoul. *Jean-Michel Basquiat.* 15 juillet-17 août. Catalogue.

Art Beatus Gallery, Vancouver. *Jean-Michel Basquiat.* 10 septembre-14 octobre. Catalogue.

Mitsukoshi Museum, Tokyo. *Jean-Michel Basquiat.* 28 octobre-24 novembre. Exposition itinérante. MIMOCA, Marugame, Japon, 18 avril-31 mai 1998. Catalogue.

Parco Gallery, Tokyo. *King for a Decade: Jean-Michel Basquiat.* 22 juillet-17 septembre. Catalogue.

Galerie Sho, Tokyo. *Jean-Michel Basquiat.* 1er octobre-15 novembre.

Big Step Inc., Osaka. *Jean-Michel Basquiat.* 16-21 octobre.

Museo Nacional de Bellas Artes, Buenos Aires. *Jean-Michel Basquiat : Obras sobre papel.* 8 décembre-13 février 1998. Catalogue.

1998

Gagosian Gallery, Los Angeles. *Jean-Michel Basquiat: Paintings and Drawings, 1980-1988.* 12 février-14 mars. Catalogue.

Museu de Arte Moderna, Recife, Brésil. *Jean-Michel Basquiat : Obras sobre papeis.* 1er avril-31 mai. Catalogue.

Tony Shafrazi Gallery, New York. *Jean-Michel Basquiat.* 25 avril-30 mai.

Pinacoteca do Estado, São Paulo. *Jean-Michel Basquiat : Pinturas/Obras sobre papeis.* 16 juin-23 août. Catalogue.

Galerie La Tête d'obsidienne, Fort Napoléon, La Seyne-sur-Mer. *Jean-Michel Basquiat.* 26 juin-14 août. Brochure.

Galerie Jérôme de Noirmont, Paris. *Jean-Michel Basquiat : Témoignage, 1977-1988.* 2 octobre-27 novembre. Catalogue.

Galería Maeght, Barcelone. *Jean-Michel Basquiat: 1980-1988.* 27 octobre-28 novembre.

1999

Kunsthaus Wien, Vienne. *Jean-Michel Basquiat.* 11 février-2 mai. Catalogue.

Centre culturel L'Espal, Le Mans. *Jean-Michel Basquiat.* 29 avril-15 juin. Catalogue.

Civico Museo Revoltella, Trieste. *Jean-Michel Basquiat.* 15 mai-15 septembre. Catalogue.

Fondazione Bevilacqua La Masa, Venise. *Basquiat a Venezia.* 9 juin-30 octobre. Catalogue.

Stadtgalerie, Klagenfurt, Autriche. *Jean-Michel Basquiat : Werke auf Papier/Works on Paper.* 18 juin-26 septembre. Catalogue.

Galleria Dante Vecchiato, Forte dei Marmi, Italie. *Basquiat.* 10 juillet-5 août. Exposition itinérante. Galleria Dante Vecchiato, Cortina d'Ampezzo, Italie, 6-29 août. Catalogue.

Tony Shafrazi Gallery, New York. *Jean-Michel Basquiat: Selected Paintings and Drawings.* 1er octobre-13 novembre.

Fondazione Mudima, Milan. *Basquiat.* 14 octobre-30 novembre.

Museo Civico Castel Nuovo, Naples. *Basquiat a Napoli.* 19 décembre-27 février 2000. Catalogue.

Arizona State University Art Museum, Tempe. *Face Off: Paintings by Michael Ray Charles and Jean-Michel Basquiat.* 10 décembre-avril 2000.

2000

Stephen Lacey Gallery, Londres. *Jean-Michel Basquiat.* 16 février-18 mars.

Galerie Enrico Navarra, Paris. *Jean-Michel Basquiat : Peintures.* 27 avril-8 juillet.

Galerie Frédéric Gollong, Saint-Paul-de-Vence. *Jean-Michel Basquiat : Dessins originaux.* 2-30 juin.

Galerie Sho, Tokyo. *Jean-Michel Basquiat.* 1er septembre-14 octobre.

Galería Haydeé Santamaría, Casa de las Américas et Museo del Ron, Fundación Havana Club, La Havane. *7a Bienal de La Habana : Jean-Michel Basquiat.* 17 novembre-10 janvier 2001. Catalogue.

2001

PICTUREshow Galerei, Berlin. *Jean-Michel Basquiat : Hits on Paper/Arbeiten auf Papier.* 12 juillet-23 septembre.

Museum Würth, Künzelsau, Allemagne. *Jean-Michel Basquiat : Gemälde und Arbeiten auf Papier/Paintings and Works on Paper: The Mugrabi Collection.* 27 septembre-1er janvier 2002. Catalogue.

Il Prisma Galleria d'Arte, Cuneo, Italie. *Jean-Michel Basquiat a Cuneo.* 1-30 octobre. Catalogue.

2002

Chiostro del Bramante, Rome. *Jean-Michel Basquiat : Dipinti.* 20 janvier-17 mars. Catalogue.

Museo Nacional Centro de Arte Reina Sofía, Madrid. *Andy Warhol - Jean-Michel Basquiat - Francesco Clemente : Obras en colaboración.* 5 février-29 avril. Catalogue.

Marcel Sitcoske Gallery, San Francisco. *Basquiat Editions.* 7-23 février.

Spike Gallery, New York. *Jean-Michel Basquiat: War Paint.* 13 avril-15 juin. Catalogue.

Gagosian Gallery, Los Angeles. *Andy Warhol, Jean-Michel Basquiat: Collaboration Paintings.* 23 mai-22 juin.

Galerie Sho Contemporary Art, Tokyo. *Exhibition of Andy Warhol and Jean-Michel Basquiat: Rare Collections.* 21 octobre-21 décembre.

2003

Pollock Gallery, Meadows School of the Arts, Southern Methodist University, Dallas. *Jean-Michel Basquiat: Works from the May Collection.* 24 février-29 mars.

Fondation Dina Vierny-Musée Maillol, Paris. *Jean-Michel Basquiat : Histoire d'une œuvre.* 27 juin-23 octobre. Catalogue.

Galerie Sho Contemporary Art, Tokyo. *Raymond Saunders / Jean-Michel Basquiat.* Septembre-novembre.

Jablonka Galerie, Cologne. *Jean-Michel Basquiat: Paintings.* 29 octobre-31 janvier 2004.

2004

Castellani Art Museum, Niagara University, Niagara Falls. *Jean-Michel Basquiat: An Intimate Portrait.* 5 mars-31 mai. Photographies de Nicholas Taylor. Brochure.

Hood Museum of Art, Dartmouth College, Hanover, N.H. *Crossing Currents: The Synergy of Jean-Michel Basquiat and Ouattara Watts.* 30 mars-6 juin.

EXPOSITIONS COLLECTIVES

1980

Colab (Collaborative Projects Incorporated) and Fashion Moda, organizers. *Times Square Show.* 41e Rue et 7e Avenue, New York. Juillet.

1981

P.S.1, Institute for Art and Urban Resources, Long Island City, New York. *New York/New Wave.* 15 février-5 avril.

The Mudd Club, New York. *Lower Manhattan Drawing Show.* 22 février-15 mars.

The Mudd Club, New York. *Beyond Words: Graffiti Based-Rooted-Inspired Works.* 9-24 avril.

Annina Nosei Gallery, New York. *Public Address.* 31 octobre-19 novembre.

Annina Nosei Gallery, New York. *Group Show.* 19 décembre-24 janvier 1982.

1982

University Art Gallery, San Diego State University. *Body Language: Current Issues in Figuration.* 13 mars-10 avril. Catalogue.

University Fine Arts Galleries, School of Visual Arts, Florida State University, Tallahassee. *New New York.* 17 mars-17 avril. Exposition itinérante. Metropolitan Museum and Art Centers, Coral Gables, Floride, 9 juillet-30 août. Catalogue.

Galleria Civica del Comune di Modena, Modène. *Transavanguardia : Italia/America.* 21 mars-2 mai. Catalogue.

Mura Aureliane da Porta Metronia a Porta Latina, Rome. *Avanguardia/Transavanguardia, 68-77.* Avril-juillet. Catalogue.

Sidney Janis Gallery, New York. *New Work.* 5 mai-3 juin.

Marlborough Gallery, New York. *The Pressure to Paint.* 4 juin-9 juillet. Catalogue.

Annina Nosei Gallery, New York. *Group Show.* 5-30 juin.

Alexander F. Milliken Gallery, New York. *Fast.* 11 juin-15 juillet. Catalogue.

Galerie Delta, Rotterdam. *Strange People.* 15 juin-15 juillet.

Museum Fridericianum, Kassel. *Documenta 7.* 19 juin-23 septembre. Catalogue.

Blum Helman Gallery, New York. *Drawings.* 23 juin-30 juillet.

Sidney Janis Gallery, New York. *The Expressionist Image: American Art from Pollock to Today.* 9-30 octobre.

The Chrysler Museum, Norfolk, Va. *Still Modern After All These Years.* 22 octobre-12 décembre. Catalogue.

Kestner-Gesellschaft, Hannovre. *New York Now.* 26 novembre-23 janvier 1983. Exposition itinérante. Kunstverein München, Munich, 2 février-6 mars. Musée cantonal des Beaux-Arts, Lausanne, 30 mars-15 mai. Kunstverein für die Rheinlande und Westfalen, Düsseldorf, 22 juillet-28 août. Catalogue.

Annina Nosei Gallery, New York. *Group Show.* 18 décembre-6 janvier 1983.

1983

Tony Shafrazi Gallery, New York. *Champions.* janvier-février. Catalogue.

Whitney Museum of American Art, New York. *1983 Biennial Exhibition.* 15 mars-29 mai. Catalogue.

Monique Knowlton Gallery, New York. *Intoxication.*9 avril-7 mai.

Kunstmuseum Luzern, Lucerne. *Back to the USA : Amerikanische Kunst der Siebziger und Achtziger.* 29 mai-31 juillet. Exposition itinérante. Rheinisches Landesmuseum (organisateur), Bonn, 27 octobre-15 janvier 1984. Württembergischer Kunstverein, Stuttgart, avril-juin. Catalogue.

Annina Nosei Gallery, New York. *Group Show.* 11 juin-29 juillet.

Brooklyn Army Terminal, New York. *Terminal New York.* 24 septembre-30 octobre. Brochure.

Fashion Moda, Bronx, New York. *Food for the Soup Kitchens.* 1er-15 octobre.

Seibu Museum of Art, Tokyo. *Mary Boone and Her Artists.* 6-18 octobre. Catalogue.

Greenville County Museum of Art, Greenville, S.C. *From the Streets.* 25 octobre-20 novembre.

Galerie Beyeler, Bâle. *Expressive : Malerei nach Picasso.* Octobre-décembre. Catalogue.

Fine Arts Museum of Long Island, Hempstead, N.Y. *Written Imagery Unleashed in the Twentieth Century.* Novembre-janvier 1984.

Sidney Janis Gallery, New York. *Post-Graffiti.* 1er-31 décembre.

Mary Boone-Michael Werner Gallery, New York. *Paintings: Georg Baselitz, Jean-Michel Basquiat, Troy Brauntuch, Francesco Clemente, Eric Fischl, Jörg Immendorff, Per Kirkeby, Markus Lüpertz, A.R. Penck, Sigmar Polke, David Salle, Julian Schnabel.* 3-31 décembre. Brochure.

1984

New York City Department of Cultural Affairs. *Van Der Zee Memorial Show: James Van Der Zee, 1886-1983.* 1er février-2 mars.

Akira Ikeda Gallery, Nagoya. *Painting Now: Jean-Michel Basquiat, Sandro Chia, Francesco Clemente, Enzo Cucchi, David Salle, Salomé, Julian Schnabel.* 5-31 mars. Catalogue.

Sidney Janis Gallery, New York. *Modern Expressionists: German, Italian and American Painters.* 10 mars-7 avril.

Galleria Comunale d'Arte Moderna, Bologne. *Arte di frontiera : New York Graffiti.* 17 mars-7 mai. Exposition itinérante. Palazzo delle Exposizioni, Rome, 11 septembre-21 octobre. Catalogue.

Center Gallery of Bucknell University, Lewisburg, Pa. *Since the Harlem Renaissance: 50 Years of Afro-American Art.* 13 avril-6 juin. Exposition itinérante. The Amelie A. Wallace Art Gallery, State University of New York, College at Old Westbury, 1er novembre-9 décembre. Munson-Williams-Proctor Institute Museum of Art, Utica, N.Y., 11 janvier-3 mars 1985. The Art Gallery, University of Maryland, College Park, 27 mars-3 mai 1985. The Chrysler Museum, Norfolk, Va., 19 juillet-1er septembre 1985. Museum of Art, Pennsylvania State University, University Park, 22 septembre-1er novembre 1985. Catalogue.

Contemporary Art Society of the Indianapolis Museum of Art. *Painting and Sculpture Today.* 1er mai-10 juin. Catalogue.

Musée d'Art contemporain de Montréal. *Via New York.* 8 mai-24 juin. Catalogue.

The Museum of Modern Art, New York. *An International Survey of Recent Painting and Sculpture.* 17 mai-19 août. Catalogue.

The Aldrich Museum of Contemporary Art, Ridgefield, Connecticut. *American Neo-Expressionists.* 20 mai-9 septembre. Catalogue.

Area, New York. *Art.* Mai.

Williard Gallery, New York. *Drawings by Eleven Artists.* 5 septembre-6 octobre.

Hirshhorn Museum and Sculpture Garden, Smithsonian Institution, Washington, D.C. *Content: A Contemporary Focus, 1975-1984.* 4 octobre-6 janvier 1985. Catalogue.

Kitakyushu Municipal Museum of Art, Kitakyushu, Japon. *Painting Now: The Restoration of Painterly Figuration.* 6-28 octobre. Catalogue.

Institute of Contemporary Art, University of Pennsylvania, Philadelphie. *The East Village Scene.* 12 octobre-2 décembre. Catalogue.

Rijksmuseum Kröller-Müller, Otterlo. *Little Arena : Drawings and Sculptures from the Collection Adri, Martin and Geertjan Visser.* 13 octobre-25 novembre. Catalogue.

Musée d'Art moderne de la Ville de Paris. *Figuration Libre France/USA.* 21 décembre-17 février 1985.

Neue Galerie-Sammlung Ludwig, Aachen. *Aspekte amerikanischer Kunst der Gegenwart.* Exposition itinérante. Nordjyllands Kunstmuseum, Aalborg. Henie-Onstad Art Center, Høvikodden. Mittelrheinisches Landesmuseum. Städtische Galerie, Schloss Oberhausen, Oberhausen. Catalogue.

1985

Kunsthalle Tübingen. *7000 Eichen.* 2 mars-14 avril. Exposition itinérante. Kunsthalle Bielefeld, 2 juin-11 août. Catalogue.

Grande Halle du Parc de la Villette, Paris. *Nouvelle Biennale de Paris.* 21 mars-21 mai. Catalogue.

Seattle Art Museum. *States of War.* 18 avril-23 juin. Catalogue.

Annina Nosei Gallery, New York. *The Door.* 7 juin-7 juillet. Catalogue.

Parkhausrondelle and Segantini Museum, Saint-Moritz. *Das Oberengadin in der Malerei.* 20 juin-20 octobre. Catalogue.

Annina Nosei Gallery, New York. *Drawing the Line: Painting.* 21 septembre-17 octobre.

Frankfurter Kunstverein, Frankfurt am Main. *Vom Zeichnen : Aspekte der Zeichnung, 1960-1985.* 19 novembre-1er janvier 1986. Exposition itinérante. Kasseler Kunstverein, Kassel, 15 janvier-23 février 1986. Museum Moderner Kunst, Vienne, 13 mars-27 avril 1986. Catalogue.

Knight Gallery, Spirit Square Arts Center, Charlotte, N.C. *Drawings.* 20 décembre-7 février 1986.

1986

Fort Lauderdale Museum of Art. *An American Renaissance: Painting and Sculpture since 1940.* 12 janvier-30 mars. Catalogue.

Whitney Museum of American Art at Equitable Center, New York. *Figure as Subject: The Last Decade; Selections from the Permanent Collection of the Whitney Museum of American Art.* 13 février-4 juin. Catalogue.

The Art Institute of Chicago. *75th American Exhibition.* 8 mars-27 avril. Catalogue.

Setegaya Art Museum, Tokyo. *Naivety in Art.* 30 mars-15 juin. Catalogue.

Holman Hall Art Gallery, Trenton State College, Trenton, N.J. *Contemporary Issues III.* 2-25 avril.

Louisiana Museum of Modern Art, Humlebaek, Danemark. *Portraet af en samler/Portrait of a Collector: Stephane Janssen.* 5 avril-11 mai. Exposition itinérante. University Art Museum, California State University, Long Beach, 27 janvier-8 mars 1987. Catalogue.

Mokotoff Gallery, New York. *Heads.* Avril-mai.

Suermondt-Ludwig-Museum und Museumverein, Aachen. *Zeichen, Symbole, Graffiti in der aktuellen Kunst : Sammlung Jung III.* 6 juillet-17 août. Catalogue.

Galerie Barbara Farber, Amsterdam. *Esprit de New York : Paintings and Drawings.* 18-24 juillet.

Schirn Kunsthalle, Frankfurter Kunstverein, Frankfurt am Main. *Prospect 86 : Eine internationale Ausstellung aktueller Kunst.* 9 septembre-2 novembre. Catalogue.

The Art Museum Association of America, San Francisco. *Focus on the Image: Selections from the Rivendell Collection.* Traveled to Phoenix Art Museum, 5 octobre-7 février 1987. The University of Oklahoma Museum of Art, Norman, 25 avril-30 août 1987. Munson-Williams-Proctor Institute Museum of Art, Utica, New York, 27 septembre 1987-20 mars 1988. University of South Florida Art Galleries, Tampa, 17 avril-10 septembre 1988. Lakeview Museum of Art and Sciences, Peoria, Illinois, 1er octobre 1988-2 janvier 1989. University Art Museum, California State University, Long Beach, 30 janvier-28 mai 1989. Laguna Gloria Art Museum, Austin, 25 juin 1989-2 janvier 1990. Catalogue.

Galerie Delta, Rotterdam. *Group Show.* 4-30 novembre.

Wellesley College Museum, Wellesley, Mass. *1976-1986: Ten Years of Collecting Contemporary American Art; Selections from the Edward R. Downe, Jr., Collection.* 13 novembre-18 janvier 1987. Catalogue.

Akira Ikeda Gallery, Nagoya. *Drawings: Basquiat, Chia, Clemente, Condo, Cucchi, Hunt, Schnabel, Serra, Stella, Sultan, Haraguchi, Yamamoto, Yoshimoto, Wakabayashi.* 8-28 décembre.

Fred L. Emerson Gallery, Hamilton College, Clinton, New York. *Collection Peter Brams: Jean-Michel Basquiat, Gilbert & George, Milan Kunc, David McDermott & Peter McGough, Philip Taaffe, Rosemary Trockel.* 12 décembre-25 janvier. Exposition itinérante. Lamont Gallery, Phillips Exeter Academy, Exeter, N.H., 13 février-16 mars 1987. Catalogue.

1987

Los Angeles County Museum of Art. *Avant-Garde in the Eighties.* 23 avril-12 juillet. Catalogue.

Centre culturel et artistique, Montrouge. *32e Salon de Montrouge.* 6 mai-9 juin.

Fashion Moda, Bronx, New York. *The East Village Force de Frappe Comes to the South Bronx.* 9 mai-1er juin.

Forte Belvedere, Florence. *America Europa dalla collezione Ludwig.* 4 juillet-4 octobre. Catalogue.

56 Bleecker Gallery, New York. *16 @ 56: Summer Salon.* 28 juillet-28 août.

San Antonio Art Institute. *The Frederick R. Weisman Collection: An International Survey.* 16 septembre-16 octobre.

Akira Ikeda Gallery, Nagoya. *Relief & Sculpture: Basquiat, Brown, Chia, Hunt, Scharf, Schnabel, Stella, Suvero, Wakabayashi, Haraguchi, Yamamoto, Sakuji Yoshimoto.* 16 septembre-31 octobre.

Wilhelm-Hack-Museum, Ludwigshafen, Allemagne. *New York Graffiti.* 17 septembre-25 octobre. Catalogue.

Anne Plumb Gallery, New York. *Logos.* 19 décembre-23 janvier 1988.

1988

Bridge Center for Contemporary Art, El Paso et New Mexico State University, Las Cruces. *An Eclectic Eye: Selections from the Frederick R. Weisman Art Foundation.* 11 janvier-14 décembre. Exposition itinérante. Cheney Cowles Art Museum, Spokane, Washington, 6 janvier-12 février 1989. Boise Art Museum, 15 avril-11 juin 1989. University of Wyoming Art Museum,

Laramie, 25 juin-22 octobre 1989. Virginia Beach Center for the Arts, 13 novembre 1989-28 janvier 1990. Gibbes Art Gallery, Charleston, S.C., 9 mars-4 mai 1990.

Museum of Art, Rhode Island School of Design, Providence. *1900 to Now: Modern Art from Rhode Island Collections.* 22 janvier-1er mai. Catalogue.

Whitney Museum of American Art at Equitable Center, New York. *Figure as Subject: The Revival of Figuration Since 1975.* 13 février-4 juin. Exposition itinérante. Erwin A. Ulrich Museum of Art, Wichita State University, Wichita, Kans., 6 avril-12 juin. The Arkansas Arts Center, Little Rock, 24 juin-21 août. Amarillo Art Center, Amarillo, Tex., 10 septembre-22 octobre. Utah Museum of Fine Arts, University of Utah, Salt Lake City, 13 novembre-15 janvier 1989. Madison Art Center, Madison, Wis., 4 février-26 mars 1989. Brochure.

Galeria Berini, Barcelone. *Collectiva 1.* 25 février-30 mars. Catalogue.

Paula Allen Gallery, New York. *Rebop.* 26 avril-27 mai.

Boca Raton Museum of Art, Boca Raton, Fla. *After Street Art.* 29 avril-29 mai. Catalogue.

Galerie La Défense Art 4, Paris. *L'Art contemporain à la Défense : Les Années 80 vues par 5 galeries.* 23 septembre-6 novembre. Catalogue.

1989

Rosa Esman Gallery, New York. *Modern and Contemporary Master Drawings.* 6-28 janvier.

Tony Shafrazi Gallery, New York. *Words.* 21 janvier-18 février.

Hofstra Museum, Hofstra University, Hempstead, N.Y. *1979-1989: American, Italian, Mexican Art from the Collection of Francesco Pellizzi.* 16 avril-26 mai. Exposition itinérante. Lehigh University Art Galleries, Ralph Wilson Gallery, Bethlehem, Pa., 8 septembre-2 novembre. Catalogue.

Yokohama Museum of Art. *The Chase Manhattan Bank Collection, 1974-1989.* 18 juin-1er octobre.

Daniel Weinberg Gallery, Los Angeles. *A Decade of American Drawing, 1980-1989.* 15 juillet-26 août.

Artis, Monte-Carlo. *Maîtres modernes et contemporains.* 31 juillet-15 septembre.

The Washington Project for the Arts, Washington, D.C. *The Blues Aesthetic: Black Culture and Modernism.* 14 septembre-9 décembre. Exposition itinérante. California Afro-American Museum, Los Angeles, 12 janvier-4 mars 1990. Duke University Museum of Art, Durham, N.C., 23 mars-20 mai 1990. Blaffer Gallery, University of Houston, 8 juin-31 juillet 1990. The Studio Museum in Harlem, New York, 16 septembre-30 décembre 1990. Catalogue.

Edward Totah Gallery, Londres. *Selected Americans.* 28 novembre-16 décembre 1989.

Joseph Helman Gallery, New York. *Cross.* 13 décembre-6 janvier 1990.

1990

Galerie Hadrien-Thomas, Paris. *Sélection américaine.* 10 janvier-24 février.

Douglas Drake Gallery, New York. *Par Hasard: A Changing Installation of Recent Acquisitions.* 3-24 février.

Michael Kohn Gallery, Santa Monica. *Gesture and Signature.* 12 mai-10 juin.

Museum of Contemporary Hispanic Art, The New Museum of Contemporary Art et The Studio Museum in Harlem, New York. *The Decade Show: Frameworks of Identity in the 1980s.* 12 mai-19 août. Catalogue.

Galerie Hans Mayer, Düsseldorf, Foire aux Arts de Bâle. *21 Jahre Internationale Kunstmesse Basel/ Art 21 '90.* 13-18 juin.

Marc Richards Gallery, Los Angeles. *Faces.* 29 juin-28 juillet.

Fay Gold Gallery, Atlanta. *Summer: Works on Paper.* Juin-août.

Nippon Convention Center, International Exhibition Hall, Tokyo. *Pharmakon '90.* 28 juillet-20 août. Catalogue.

Tony Shafrazi Gallery, New York. *The Last Decade: American Artists of the 80s.* 15 septembre-27 octobre. Catalogue.

The Aldrich Museum of Contemporary Art, Ridgefield, Conn. *Language in Art.* 20 octobre-6 janvier 1991.

Cavaliero Fine Arts, New York. *Works on Paper.* 1-30 novembre.

Frank Bernarducci Gallery, New York. *Quickdraw: American Master Drawings Since 1959.* 2 novembre-1er décembre.

1991

Whitney Museum of American Art, New York. *The 1980s: A Selected View from the Permanent Collection of the Whitney Museum. of American Art.* 16 janvier-24 mars.

Setagaya Art Museum, Tokyo. *An Aspect of Contemporary Art.* 2 avril-6 mai.

Museum of Contemporary Art, Wright State University, Dayton, Ohio. *Words & #s.* 7 avril-10 mai. Catalogue.

Enrico Navarra Gallery, New York. *Selected Works.* 6 mai-20 juin.

San Jose Museum of Art, San Jose, Californie. *Compassion and Protest: Recent Social and Political Art from the Eli Broad Family Foundation Collection.* 1er juin-25 août. Catalogue.

Whitney Museum of American Art at Philip Morris, New York. *Drawings Acquisitions, 1980-1991: Selections from the Permanent Collection of the Whitney Museum of American Art.* 12 juin-5 septembre. Brochure.

Robert Miller Gallery, New York. *Portraits on Paper.* 25 juin-2 août.

Museo de Arte Contemporáneo, Monterrey, Mexico. *Mito y Magia en América : Los Ochenta.* Juin-septembre. Catalogue.

Duke University Museum of Art, Durham, N.C. *Art of the 1980s. Selections from the Collection of the Eli Broad Family Foundation.* 20 septembre-5 janvier 1992.

Institute of Contemporary Art, University of Pennsylvania, Philadelphie. *Devil on the Stairs: Looking Back on the Eighties.* 4 octobre-5 janvier 1992. Exposition itinérante. The Forum and Washington University Gallery of Art, Saint Louis, 1er février-22 mars 1992. Newport Harbor Art Museum, Newport Beach, Californie, 16 avril-21 juin 1992. Catalogue.

Philippe Briet Gallery, New York. *Domenikos Theotokopoulos: A Dialogue.* 5 décembre-25 janvier 1992.

Tony Shafrazi Gallery, New York. *A Passion for Art: Watercolors and Works on Paper.* 7 décembre-25 janvier 1992.

Annina Nosei Gallery, New York. *Works on Paper.* 10 décembre-7 janvier 1992.

Palazzo delle Albere, Trento, Italie. *American Artists of the 80s.* 18 décembre-1er mars 1992. Catalogue.

1992

Bomani Gallery and Jernigan Wicker Fine Arts, San Francisco. *Paris Connections: African American Artists in Paris.* 14 janvier-29 février. Catalogue.

Musée d'Art moderne de la Communauté urbaine de Lille, Villeneuve-d'Ascq. *Yvon Lambert collectionne.* 18 janvier-20 avril. Catalogue.

The Museum of Modern Art, New York. *Allegories of Modernism: Contemporary Drawings.* 16 février-5 mai. Catalogue.

Philippe Briet Gallery, New York. *An Exhibition for Satyajit Ray.* 1er avril-16 mai.

The Richard and Marieluise Black Center for Curatorial Studies, Bard College, Annandale-on-Hudson, New York. *Passions and Cultures: Selected Works from the Rivendell Collection, 1967-1991.* Avril-octobre. Brochure.

Whitney Museum of American Art, Downtown Branch, New York. *The Power of the City/The City of Power.* 20 mai-10 juillet. Catalogue.

Gesellschaft für Moderne Kunst am Museum Ludwig, Cologne. *Ars pro domo : Zeitgenössische Kunst aus Kölner Privatbesitz.* 22 mai-9 août. Catalogue.

Whitney Museum of American Art, New York. *Gifts and Acquisitions in Context.* 22 mai-20 septembre.

Haenah-Kent Gallery, New York. *Jean-Michel Basquiat, Jonathan Borofsky, Richard Bosman, Kang So Lee, Terry Winters.* 6 juin-10 juillet. Catalogue.

Musée d'Art moderne et contemporain, Nice. *Le Portrait dans l'art contemporain.* 3 juillet-27 septembre.

Espace de l'Art contemporain, Château de Mouans-Sartoux. *Le Cri et la raison.* 6 juillet-22 novembre.

Bellas Artes, Santa Fe. *Baziotes to Basquiat... and Beyond.* 20 août-30 septembre.

Fundacio Cultural de Curitaba/Museo de Gravura, Curitaba, Brésil. *X Mostra da Gravura, Curitaba/Mostra America.* 16 octobre-6 décembre.

Fukui Fine Arts Museum, Fukui, Japon. *Dream Singers, Story Tellers: An African-American Presence. Organized by the New Jersey State Museum.* 6 novembre-2 décembre. Exposition itinérante. Tokushima Modern Art Museum, 23 janvier-7 mars 1993. Otani Memorial Art Museum, Nishinomiya, 10 avril-9 mai 1993. New Jersey State Museum, Trenton, 7 août 1993-20 mars 1994.

1993

Thread Waxing Space, New York. *I Am the Enunciator.* 9 janvier-27 février.

Tony Shafrazi Gallery, New York. *Extravagant. The Economy of Elegance.* 30 janvier-27 février. Exposition itinérante. Russisches Kulturwentrum, Berlin, 7 mai-27 juin.

Fine Arts Gallery, University of California, Irvine. *The Theater of Refusal: Black Art and Mainstream Criticism.* 8 avril-12 mai. Exposition itinérante. Richard L. Nelson Gallery, University of California, Davis, 7 novembre-17 décembre. University Art Gallery, University of California, Riverside, 9 janvier-27 février 1994. Catalogue.

Tony Shafrazi Gallery, New York. *1982-1983: Ten Years After.* 7 mai-30 juillet.

Halle Tony Garnier, Biennale d'Art Contemporain de Lyon, Lyon. *Et tous ils changent le monde.* 3 septembre-13 octobre. Catalogue.

1994

San Antonio Museum of Art. *The Harmon and Harriet Kelley Collection of African American Art.* 4 février-3 avril. Catalogue.

Aspen Art Museum. *The Shaman as Artist/The Artist as Shaman.* 10 février-10 avril. Catalogue.

The Aldrich Museum, Ridgefield, Conn. *Art in the Present Tense: The Aldrich's Curatorial History, 1964-1994.* 15 mai-18 septembre.

Ueno Royal Museum, Tokyo. *Against All Odds: The Healing Powers of Art.* 17-25 juin. Exposition itinérante. The Hakone Open-Air Museum, Tokyo, Japon, 13 juillet-14 août.

Irish Museum of Modern Art, Dublin. *From Beyond the Pale: Art and Artists at the Edge of Consensus.* 23 septembre-15 janvier 1995. Catalogue.

Galerie Jérôme de Noirmont, Paris. *Maîtres modernes et contemporains.* 6 octobre-6 décembre. Catalogue.

1995

The Bruce Museum, Greenwich, Conn. *A New York Time: Drawings of the Eighties.* 22 janvier-23 avril. Catalogue.

Musée d'Art moderne de la Ville de Paris. *Passions privées.* 19 décembre-24 mars 1996. Catalogue.

1996

Fondation Cartier pour l'art contemporain, Paris. *Comme un oiseau.* 19 juin-13 octobre. Catalogue.

The Museum of Modern Art, New York. *Thinking Print: Books to Billboards, 1980-1995.* 20 juin-10 septembre.

Galerie Beaubourg, Vence. *Quelques Impressions d'Afrique.* 8 juillet-30 novembre. Catalogue.

John McEnroe Gallery, New York. *Bill Traylor, Philip Guston, Jean-Michel Basquiat, Gary Komarin.* 13 septembre-26 octobre. Catalogue.

1997

Galerie Delta, Rotterdam. *35 Jaar : Delta Werken.* 22 mars-15 juin.

Malca Fine Art, New York. *In Your Face: Keith Haring, Jean-Michel Basquiat, Kenny Scharf.* 17 juin-30 août. Catalogue.

Kirin Plaza, Osaka. *Basquiat + Haring + Scharf from the Leo Malca Collection.* 7 août-6 septembre.

Chiostro del Bramante, Rome. *American Graffiti.* 3 octobre-8 décembre. Catalogue.

Galerie Delta, Rotterdam. *Jean-Michel Basquiat, Keith Haring, Kenny Scharf.* 30 octobre-20 novembre.

1998

Gagosian Gallery, Beverly Hills. *Paintings and Drawings, 1980-1988.* 12 février-14 mars.

PaceWildenstein, Beverly Hills. *30th Anniversary of Mr. Chow: Portrait Collection.* 14-28 février. Catalogue.

Yokohama Museum of Art. *Œuvres sur papier et photographies : la collection Yvon Lambert ; dialogue avec des artistes contemporains.* 11 avril-21 juin. Catalogue.

Kunsthalle Wien, Vienne. *Crossings : Kunst zum Hören und Sehen.* 29 mai-13 septembre.

Carré d'Art, Nîmes. *Au fil du trait : de Matisse à Basquiat.* 26 juin-27 septembre. Catalogue.

Gagosian Gallery, New York. *Portraits Obscured.* 20 juillet-12 septembre.

Galerie Thaddaeus Ropac, Salzburg. *Ensemble moderne : Das moderne Stilleben.* 25 juillet-31 août.

1999

Staatliche Kunsthalle Baden-Baden. *Bad-Bad : That Is a Good Excuse.* 18 avril-20 juin. Catalogue.

Contemporary Arts Museum, Houston. *Other Narratives.* 15 mai-4 juillet. Catalogue.

La Biennale di Venezia, Venise. *48 Esposizione Internazionale d'Arte.* 13 juin-17 novembre. Catalogue.

San Jose Museum of Art, San Jose, Californie. *Piecing It Together: A Visual Journal.* 26 septembre-9 janvier 2000.

Whitney Museum of American Art, New York. *The American Century: Art and Culture, 1900-2000.* Part 2, *1950-2000.* 26 septembre-13 février 2000. Catalogue.

Palazzo Bricherasio, Turin. *Pittura dura : Dal Graffitismo alla Street Art.* 24 novembre-30 janvier 2000. Catalogue.

Galerie Enrico Navarra, Paris. *Portrait Collection of Mr. Chow.* 1er décembre-10 janvier 2000. Catalogue.

Aspen Art Museum. *20 Years, 20 Artists.* Catalogue.

2000

Halle Saint-Pierre, Paris. *Haïti : Anges et démons.* 20 mars-30 juin. Catalogue.

Tony Shafrazi Gallery, New York. *Off White.* 18 mai-12 juin.

Institut d'art contemporain, Lyon. *Et l'art se met au monde.* 23 juin-29 octobre.

Fondation Maeght, Saint-Paul. *Le Nu au xxe siècle.* 4 juillet-30 octobre. Catalogue.

2001

Katonah Museum of Art, Katonah, N.Y. *Jazz and Visual Improvisations.* 21 janvier-15 avril. Catalogue.

Museum of Contemporary Art, North Miami. *Mythic Proportions: Painting in the 1980s.* 16 février-13 mai. Catalogue.

Los Angeles County Museum of Art. *Jasper Johns to Jeff Koons: Four Decades of Art from the Broad Collections.* 7 octobre-6 janvier 2002. Exposition itinérante. Corcoran Gallery of Art, 16 mars-3 juin 2002. Museum of Fine Arts Boston, 28 juillet-20 octobre 2002. Museo Guggenheim, Bilbao, 15 février-7 septembre 2003. Catalogue.

C & M Arts, New York. *Naked since 1950.* 11 octobre-8 décembre. Catalogue.

Bronx Museum of the Arts, New York. *One Planet under a Groove: Hip Hop and Contemporary Art.* 26 octobre-mars 2002. Exposition itinérante. Walker Art Center, Minneapolis, 14 juillet-13 octobre 2002. Spellman College Museum of Art, Atlanta, printemps 2003. Villa Stuck, Munich, 18 octobre 2003-11 janvier 2004. Catalogue.

2002

Galerie Jérôme de Noirmont, Paris. *Accrochage d'hiver : Photographies contemporaines.* 8 février-14 mars.

Bergen Kunstmuseum, Bergen, Norway. *New York Expression.* 15 février-28 avril. Catalogue.

Le Bellevue, Biarritz. *Les Jeux dans l'art du xxe siècle.* 22 juin-3 octobre. Exposition itinérante. Palacio de Montemuzo, La Lonja, Saragosse, Espagne, 29 octobre-6 janvier 2003.

Gertrude Silverstone Muss Gallery, Bass Museum of Art, Miami. *In the Spirit of Martin: The Living Legacy of Dr. Martin Luther King, Jr.* 6 septembre-10 novembre. Exposition itinérante de Smithsonian Institution. Catalogue.

Galerie Jérôme de Noirmont, Paris. *Zoo.* FIAC (Foire internationale d'art contemporain), 24-28 octobre.

2003

Museum Morsbroich, Leverkusen, Allemagne. *Talking Pieces : Text und Bild in der zeitgenössischen Kunst.* 26 janvier-20 avril.

Contemporary Arts Museum Houston. *Splat Boom Pow! The Influence of Comics in Contemporary Art.* 12 avril-29 juin. Exposition itinérante. Institute of Contemporary Art, Boston, 17 septembre-4 janvier 2004. Wexner Center for the Arts, Columbus, Ohio, 31 janvier-30 avril 2004. Catalogue.

Museo Correr, Venise. *Pittura / Painting: Rauschenberg to Murakami, 1964-2003.* 15 juin-2 novembre.

Galerie Jérôme de Noirmont, Paris. *Fantasme fantasque.* 8-13 octobre.

Jan Krugier Gallery, New York. *The Fire under the Ashes: From Picasso to Basquiat.* 6 novembre-6 janvier 2004. Exposition itinérante. Ditesheim & Cie, Genève, 29 avril-31 juillet 2004.

Stella Art Gallery, Moscou. *Andy Warhol - Tom Wesselmann - Jean-Michel Basquiat.* 28 novembre-31 janvier 2004. Prise en charge par Edward Mitterrand.

2004

Galeria Guereta, Madrid. *Los Años 80.* 8 janvier-10 février.

Gagosian Gallery, Londres. *Drawings.* 29 janvier-17 avril.

Castellani Art Museum, Niagara University, Niagara Falls, N.Y. *African American Artists of the 20th Century: Selections from the Permanent Collection.* 1er mars-31 mai.

The Museum of Modern Art et El Museo del Barrio, New York. *MoMA at El Museo : Latin American and Caribbean Art from the Collection of the Museum of Modern Art.* 5 mars-25 juillet. Catalogue.

Musée du Luxembourg, Paris. *Moi ! Autoportraits du xxe siècle.* 31 mars-25 juillet. Catalogue.

Tony Shafrazi Gallery, New York. *Picasso, Bacon, Basquiat.* 8 mai-30 juillet.

Feldman Gallery, New York. *Takes & Outtakes: From the Andy Warhol Museum.* 10 juin-30 juillet.

BIBLIOGRAPHIE

MONOGRAPHIES ET CATALOGUES D'EXPOSITIONS PERSONNELLES OU EN DUO

1982

Diacono, Mario, *Jean-Michel Basquiat : Il campo vicino l'altra strada*, brochure d'expo., Rome, Galleria Mario Diacono, 1982. Réédité par Mario Diacono, *Verso una nuova iconografia*, Reggio Emilia, coll. Tauma, 1984.

Sonnenberg, Hans, *Jean-Michel Basquiat*, cat. exp., Rotterdam, Galerie Delta, 1982.

1983

Jean-Michel Basquiat: Painting, texte de Maki Kuwayama, cat. exp., Tokyo, Akira Ikeda Gallery, 1983.

1984

Collaborations : Jean-Michel Basquiat, Francesco Clemente, Andy Warhol, cat. exp., Zurich, Galerie Bruno Bischofberger, 1984.

Jean-Michel Basquiat: Paintings, 1981-1984, texte de Mark Francis, cat. exp., Édimbourg, The Fruitmarket Gallery, 1984.

Jean-Michel Basquiat, texte de A.R. Penck, cat. exp., New York, Mary Boone Gallery, 1984.

1985

Collaborations: Jean-Michel Basquiat, Francesco Clemente, Andy Warhol, cat. exp., Tokyo, Akira Ikeda Gallery, 1985.

Jean-Michel Basquiat, texte de Constance Lewallen, cat. exp., Berkeley, University of California Art Museum, University of California, 1985.

Jean-Michel Basquiat, texte de Robert Farris Thompson, cat. exp., New York, Mary Boone-Michael Werner Gallery, 1985.

Jean-Michel Basquiat, cat. exp., Zurich, Galerie Bruno Bischofberger, 1985.

Jean-Michel Basquiat: Drawings, édition limitée, New York, Mary Boone Gallery ; Zurich, Galerie Bruno Bischofberger, 1985.

Jean-Michel Basquiat: Paintings, cat. exp., Tokyo, Akira Ikeda Gallery, 1985.

1986

Collaborations: Jean-Michel Basquiat and Andy Warhol, cat. exp., Tokyo, Akira Ikeda Gallery, 1986.

Thompson, Robert Farris, *Jean-Michel Basquiat*, Carl Haenlein éd., cat. exp., Hannovre, Kestner-Gesellschaft, 1986.

Zaunschirm, Thomas, *Jean-Michel Basquiat: Bilder, 1984-1986*, cat. exp., Salzburg, Galerie Thaddaeus Ropac, 1986.

1987

Jean-Michel Basquiat, cat. exp., Tokyo, PS Gallery, 1987.

Jean-Michel Basquiat: New Works, cat. exp., Tokyo, Akira Ikeda Gallery, 1987.

1988

Collaborations: Andy Warhol, Jean-Michel Basquiat, texte de Keith Haring, cat. exp., Londres, Mayor Rowan Gallery, Mayor Gallery et David Grob Limited, 1988.

1989

Basquiat, Jean-Michel, *Amateur Bout, New York*, fac-similé de carnet, New York, Vrej Baghoomian Gallery, 1989.

Borràs, María Lluïsa, *Jean-Michel Basquiat*, cat. exp., Barcelone, Dau al Set, Galeria d'Arte, 1989.

Borum, Jenifer Penrose, « Art and Addiction: A Self-Psychological Approach to Life and Work of Jean-Michel Basquiat », M.A. thesis, State University of New York at Stony Brook, 1989.

Enrici, Michael, *J.-M. Basquiat*, Classiques du xxie siècle, n° 3, Paris, Éditions de la Différence/Galerie Enrico Navarra, 1989.

Haenlein, Carl, *Jean-Michel Basquiat : Das zeichnerische Werk*, textes de Carsten Ahrens, Dawetas, Démosthènes, Haenlein, Carl et Haring, Keith, cat. exp., Hannovre, Kestner-Gesellschaft, 1989.

Jean-Michel Basquiat. Textes de Francesco Pellizzi et Glenn O'Brien, cat. exp., New York, Vrej Baghoomian Gallery, 1989.

Jean-Michel Basquiat : peintures, sculptures, œuvres sur papier et dessins/Paintings, Sculptures, Works on Paper, and Drawings, textes de Enrico Navarra, Démosthènes Davvetas, Annina Nosei, Alain Bonfand et Pierre Cornette de Saint-Cyr, cat. exp., Paris, Galerie Enrico Navarra, 1989.

Müller Grégoire et Haring, Keith, *Warhol-Basquiat : collaborations*, cat. exp., Paris, Didier Imbert Fine Art, 1989.

Palmqvist Anna, *Jean-Michel Basquiat/Julian Schnabel*, essai de Jeffrey Deitch, cat. exp., Malmö, Suède, Rooseum, 1989.

1990

Basquiat, textes de Nicolas Bourriaud, Henry Geldzahler, Remo Guidieri, Sylvie Philippon, Philippe Piguet, Jane Rankin Reid et Greg Tate, cat. d'expo., Paris, Galerie Fabien Boulakia, 1990.

Cheim John, *Jean-Michel Basquiat: Drawings*, introduction de Robert Storr, cat. exp., Boston, Little, Brown and Company, 1990.

1991

Kim, Levin et Ross, David, *Andy Warhol and Jean-Michel Basquiat*, Kyongju, Corée, Sonje Museum of Contemporary Art, 1991.

1992

Jean-Michel Basquiat, texte de Kyoichi Tsuzuki, Kyoto, Kyoto Shoin, 1992.

Jean-Michel Basquiat: An Introduction for Students, New York, Whitney Museum of American Art, 1992.

Marshall, Richard D., *Jean-Michel Basquiat*, essais de Dick Hebdige, Klaus Kertess, Richard D. Marshall, Rene Ricard, Greg Tate et Robert Farris Thompson, cat. exp., New York, Whitney Museum of American Art, 1992.

Millet, Bernard, *Jean-Michel Basquiat : Une rétrospective*, textes de Remo Guidieri, Bernard Millet, Philippe Piguet et Frédéric Valabrègue, cat. exp., Marseille, Musée Cantini, Musées de Marseille, Réunion des Musées nationaux, 1992.

Sterckx, Pierre, *Jean-Michel Basquiat*, cat. exp., Bruxelles, Galerie Eric Van de Weghe, 1992.

1993

Adès, Marie-Claire et Le Guen, Dominique *Jean-Michel Basquiat : peinture, dessin, écriture*, cat. exp., Paris, Musée-Galerie de la Seita, 1993.

Angelou, Maya, *Life Doesn't Frighten Me*, poèmes de Maya Angelou ; peintures de Jean-Michel Basquiat, New York, Stewart, Tabori, Chang, 1993.

Jean-Michel Basquiat, textes de Chantal Michetti-Prod'Hom et Angelika Affentranger-Kirchrath, cat. exp., Pully-Lausanne, Suisse, FAE, Musée d'Art contemporain, 1993.

Jean-Michel Basquiat, cat. exp., Tokyo, Alpha Cubic Gallery, 1993.

Jean-Michel Basquiat: Paintings and Drawings, cat. exp., Tokyo, Galerie Sho Contemporary Art, 1993.

Warsh, Larry, *Jean-Michel Basquiat: The Notebooks*, introduction de Henry Geldzahler, essais de Démosthènes Davvetas, Jeffrey Deitch, Klaus Kertess, Joe Lewis et Greg Tate, New York, Art + Knowledge, 1993.

1994

Jean-Michel Basquiat, brochure d'exp., Overland Park, Kans., Gallery of Art, Johnson County Community College, 1994.

Jean-Michel Basquiat: The Blue Ribbon Paintings, essais de Bruce Guenther, Herbert Schorr et Lenore Schorr, cat. exp., South Hadley, Mass., Mount Holyoke College Art Museum, 1994.

1995

Two Cents: Works on Paper by Jean-Michel Basquiat and Poetry by Kevin Young, textes de Amy Cappellazzo, Elizabeth Alexander et John Yau, cat. exp., Miami, The Centre Gallery, Miami-Dade Community College, Wolfson Campus, 1995.

1996

Jean-Michel Basquiat, textes de Richard D. Marshall, cat. exp., Coral Gables, Fla.,Quintana Gallery, 1996.

Jean-Michel Basquiat, textes de Richard D.Marshall, cat. exp., Londres, Serpentine Gallery, 1996.

Jean-Michel Basquiat, textes de Richard D.Marshall et Ingrid Sischy, cat. exp., Séville, Junta de Andalucia, Consejería de Cultura, Centro Andaluz de Arte Contemporáneo 1996.

Jean-Michel Basquiat. Œuvres sur papier/Works on Paper, Paris, Galeries Lucien Durand-Enrico Navarra, 1996.

Jean-Michel Basquiat: Portraits, textes de Francesco Clemente, Zurich, Bruno Bischofberger Editions, 1996.

Marshall, Richard D. et Prat, Jean Louis, *Jean-Michel Basquiat*, 2 vol., Paris, Galerie Enrico Navarra, 1996.

Osterwold, Tilman, *Collaborations : Warhol, Basquiat, Clemente*, cat. exp., Ostfildern-Ruit, Cantz, 1996.

1997

Glusberg, Jorge et Ochoa, Elena, *Jean-Michel Basquiat. Obras sobre papel*, cat. exp., Buenos Aires, Museo Nacional de Bellas Artes, 1997.

Jean-Michel Basquiat, cat. exp., Tokyo, Kadokawa Bunko, 1997.

Jean-Michel Basquiat, préface d'Annie Wong Leung Kit Wah, essais de Richard D. Marshall et Enrico Navarra, 2 vol., cat. exp., Vancouver, Art Beatus Gallery Ltd., 1997.

Kawachi Taka, *King for a Decade: Jean-Michel Basquiat*, cat. exp., Kyoto, Korinsha Press, 1997.

Marshall, Richard D. et Hibino, Katsuhiko, *Jean-Michel Basquiat*, Tokyo, Mitsukoshi Museum, 1997.

Marshall, Richard D. et Prat, Jean-Louis, *Jean-Michel Basquiat*, cat. exp., Kaohsiung, Taiwan, Taichung Museum, 1997.

Marshall, Richard D et Prat, Jean-Louis, *Jean-Michel Basquiat*, cat. exp., Séoul, Galerie Hyundai, 1997.

Vierny, Dina et Prat, Nathalie, *Jean-Michel Basquiat : œuvres sur papier/Works on Paper*, préface d'Enrico Navarra, essai de Bernard Blistène, cat. exp., Paris, Fondation Dina Vierny-Musée Maillol, 1997.

1998

De Lontra Costa, Marcus et Tavares de Araújo, Olivio, *Jean-Michel Basquiat : Obras sobre papeis*, cat. exp., Recife, Brésil, Museu de Arte Moderna, 1998.

Hoban, Phoebe, *Basquiat: A Quick Killing in Art*, New York, Viking Press, 1998.

Jean-Michel Basquiat, cat. exp., Fort Napoléon, La Seyne-sur-Mer, France, La Tête d'obisidienne, 1998.

Jean-Michel Basquiat: Paintings and Drawings 1980-1988, cat. exp., Los Angeles, Gagosian Gallery, 1998.

Jean-Michel Basquiat. Obras sobre papeis/Pinturas, textes de Antônio Angarita, Emancel Araújo, Olívio Tavares de Araújo, Enrico Navarra et Elena Ochoa-Foster, cat. exp., São Paulo, Pinacoteca do Estado, 1998.

Jean-Michel Basquiat : témoignage, 1977-1988, textes de Jean-Michel Basquiat, Bruno Bischofberger, Claudio Caratsch, Francesco Clemente, Jeffrey Deitch, Henry Geldzahler, Anthony Haden-Guest, Ted Joans, Klaus Kertess, Madonna, Maripol, A. R. Penck, Rene Ricard, Lenore Schorr et Andy Warhol, cat. exp., Paris, Galerie Jérôme de Noirmont, 1998.

Leclercq, Stéfan, *Détermination et hasard de Jean-Michel Basquiat*, Coll. « Oui, mai- », n° 6, Mons, Belgique, Édition Sils Maria, 1998.

1999

Barbancey, Pierre, *Jean-Michel Basquiat*, cat. exp., Le Mans, Centre culturel L'Espal, 1999.

Basquiat, textes de Virginia Baradel et Luca Massimo Barbero, cat. exp., Forte dei Marmi, Italie, Galleria Dante Vecchiato ; Cortina d'Ampezzo, Italie, Galleria Dante Vecchiato, 1999.

Basquiat a Napoli, textes de Achille Bonito Oliva et Jean-Louis Prat. Cat. exp., Naples, Museo Civico Castel Nuovo, 1999.

Basquiat a Venezia. 48 Biennale di Venezia, textes de Achille Bonito Oliva, Paul Lombard, Jean-Louis Prat et Richard D. Marshall, Venise, Fondazione Bevilacqua La Masa, 1999.

Jean-Michel Basquiat, textes de Bruno Bischofberger, Francesco Clemente, Démosthènes Davvetas, Henry Geldzahler, Isabelle Graw, Keith Haring, Luca Marenzi, Tobias Mueller et Lisa Licitra Ponti, cat. exp., Milan, Edizioni Charta, 1999. Également publié sous une couverture différente et intitulé *Basquiat*.

Jean-Michel Basquiat, textes de Peter M. Brant, Jeffrey Deitch, Henry Geldzahler, Keith Haring, Ted Joans, Richard D. Marshall, Glenn O'Brien, Francesco Pellizzi, Herbert et Lenore Schorr, Tony Shafrazi et Franklin Sirmans, New York, Tony Shafrazi Gallery, 1999.

Jean-Michel Basquiat, textes de Jacob Baal-Teshuva, Henry Geldzahler Jeffrey Deitch, A. R. Penck, cat. exp., Vienne, Kunsthaus, 1999.

Jean-Michel Basquiat : œuvres sur papier, textes de Bernard Blistène, Elena Ochoa, Richard D. Marshall et Robert Farris Thompson, Paris, Galerie Enrico Navarra, 1999. Également publié en anglais.

Jean-Michel Basquiat. Werke auf Papier/Works on Paper, textes de Elena Ochoa et Richard D. Marshall, cat. exp., Klagenfurt, Autriche, Stadtgalerie, 1999.

2000

Basquiat en la Habana, contributions de Nöel Adrian, Johnny Depp, Roberto Fernandez Retamar, Nelson Herrera Ysla, Elena Ochoa et Yolanda Wood, cat. exp., La Havane, Casa de las Américas, Fundación Havana Club, 2000.

Clement Jennifer, *Widow Basquiat: A Love Story*, Édimbourg, Payback Press, 2000.

Jean-Michel Basquiat, préface d'Enrico Navarra, textes de Bruno Bischofberger, John Cheim, Pierre Cornette de Saint-Cyr, Diego Cortez, Démosthènes Davvetas, Johnny Depp, Richard D. Marshall, Annina Nosei, Glenn O'Brien, Achille Bonito Oliva, Ouattara, Jean-Louis Prat, Herbert et Lenore Schorr, Tony Shafrazi, Michael Ward Stout, Robert Farris Thompson et Larry Warsh, 2 vol., Paris, Galerie Enrico Navarra, 2000.

2001

Baal-Teshuva, Jacob, *Jean Michel Basquiat : Gemälde und Arbeiten auf Papier/Paintings and Works on Paper: The Mugrabi Collection*, textes de Jacob Baal-Teshuva, Francesco Clemente, Jeffrey Deitch, Henry Geldzahler, Jeffrey Hoffeld, A. R. Penck et Richard Rodríguez, cat. exp., Künzelsau, Allemagne, Museum Würth, 2001.

Basquiat Editions, textes de Richard D.Marshall et Franklin Sirmans, Los Angeles, DeSanctis Carr Fine Art, 2001.

Jean-Michel Basquiat a Cuneo, textes de Roberto Baravalle, Phillip King et Victor de Circasia, cat. exp., Cuneo, Italie, Il Prisma Galleria d'Arte, 2001.

O'Brien, Glenn, *New York Beat: Jean-Michel Basquiat in "Downtown 81"*, photographies de Edo Bertoglio et Maripol, Tokyo, Petit Grand Publishing, Inc., 2001.

Young, Kevin, *To Repel Ghosts: Five Sides in B Minor*, Cambridge, Mass., Zoland Books, 2001.

2002

Als, Hilton, *Andy Warhol - Jean-Michel Basquiat : Collaboration Paintings*, cat. exp., New York, Gagosian Gallery, 2002.

Lumpkin, Libby, *Jean-Michel Basquiat: War Paint*, cat. exp., New York, Spike Gallery, 2002.

Mercurio, Gianni et Panepinto, Mirella, *Jean-Michel Basquiat : Dipinti*, textes de Henri-François Debailleux, Gianni Mercurio, Enrico Pedrini et Angela Vettese, cat. exp., Milan, Electa ; Rome, Chiostro del Bramante, 2002.

Warhol, Basquiat, Clemente : Obras en colaboración, cat. exp., Madrid, Aldeasa, 2002.

2003

Chalumeau, Jean-Luc, *Basquiat : 1960-1988. Découvrons l'art, xxe siècle*, Paris, Cercle d'art, 2003.

Emmerling, Leonhard, *Basquiat*, Cologne et Londres, Taschen, 2003.

Jean-Michel Basquiat: histoire d'une œuvre/The Work of a Lifetime, essais de Johnny Depp, Alain Jouffroy et Dina Vierny ; traduction de Vivian Rehberg-Decavèle, cat. exp., Paris, Fondation Dina Vierny-Musée Maillol, 2003.

2004

Jean-Michel Basquiat: An Intimate Portrait, textes de Annina Nosei et Michael J. Beam, brochure d'exp. Niagara Falls, Castellani Art Museum, Niagara University, 2004.

CATALOGUES D'EXPOSITIONS COLLECTIVES ET ÉTUDES GÉNÉRALES

1982

Baynard, Ed., conservateur, *Fast*, cat. exp., New York, Alexander F. Milliken Gallery, 1982.

Bonito Oliva, Achille, *Avanguardia/Transavanguardia*, Milan, Electa, 1982.

Transavanguardia: Italia/America, cat. exp., Modène, Galleria Civica del Comune di Modena, 1982.

Brooks, Johnson et Styron, Thomas W., *Still Modern After All These Years*, cat. exp., Norfolk, Va., Chrysler Museum of Art, 1982.

Cortez, Diego, *The Pressure to Paint*, cat. exp., New York, Marlborough Gallery, 1982.

Fuchs, Rudi H., *Documenta 7 : Kassel*, cat. exp., Kassel, P. Dierichs, 1982.

Haenlein Carl, *New York Now*, cat. exp., Hannovre, Kestner-Gesellschaft, 1982.

Komac, Dennis L., *Body Language: A Notebook on Contemporary Figuration*, cat. exp., San Diego, University Art Gallery, San Diego State University, 1982.

Stewart, Albert, *New New York*, cat. exp., Tallahassee, Florida State University Fine Arts Gallery, 1982.

1983

Expressive : Malerei nach Picasso, cat. exp., Bâle, Galerie Beyeler, 1983.

Hannart, John G, *1983 Biennial Exhibition*, textes de Barbara Haskell, Richard D.Marshall et Patterson Sims, New York, Whitney Museum of American Art, 1983.

Honnef, Klaus, *Back to the USA : Amerikanische Kunst der Siebziger und Achtziger*, Bonn, Rheinisches Landesmuseum, 1983.

Mary Boone and Her Artists, cat. exp., Tokyo, Seibu Museum of Art, 1983.

Shafrazi, Tony. *Champions*, cat. exp., New York, Tony Shafrazi Gallery, 1983.

Terminal New York, collaboration de Ted Castle, Rhonda Zwillinger et Carol Waag, New York, 1983.

1984

Alinovi, Francesca, *Arte di frontiera - New York Graffiti*, Milan, Mazzotta, 1984.

Becker, Astrid, Becker, Wolfgang et Poels, Ardi, *Aspekte amerikanischer Kunst der Gegenwart*, cat. exp., Aachen, Sammlung Ludwig, 1984.

Diacono, Mario, *Verso una nuova iconografia*, Reggio Emilia, Italie, Collezione Tauma, 1984.

Fox, Howard N., McClintic, Miranda et Rosenzweig, Phyllis D., *Content: A Contemporary Focus, 1974-1984*, cat. exp., Washington, D.C., Hirshhorn Museum and Sculpture Garden, Smithsonian Institution, 1984.

Jacobs, Joseph, *Since the Harlem Renaissance: 50 Years of Afro-American Art*, cat. exp., Lewisburg, Pa., Center Gallery of Bucknell University, 1984.

Kardon, Janet, *The East Village Scene*, cat. exp., Philadelphia, Institute of Contemporary Art, University of Pennsylvania, 1984.

Kuroiwa, Kyosuke, *Painting Now: The Restoration of Painterly Figuration*, cat. exp., Kitakyushu, Japon, Kitakyushu Municipal Museum of Art, 1984.

Little Arena: Drawings and Sculptures from the Collection Adri, Martin and Geertjan Visser, cat. exp., Otterlo, Rijksmuseum Kröller-Müller, 1984.

McShine, Kynaston, *An International Survey of Recent Painting and Sculpture*, cat. exp., New York, The Museum of Modern Art, 1984.

Metzger, Robert P., *American Neo-Expressionists*, introduction de Larry Aldrich, cat. exp., Ridgefield, Conn., The Aldrich Museum of Contemporary Art, 1984.

Painting and Sculpture Today, cat. exp., Indianapolis, Museum of Art, 1984.

Painting Now: Jean-Michel Basquiat, Sandro Chia, Francesco Clemente, Enzo Cucchi, David Salle, Salomé, Julian Schnabel, cat. exp., Nagoya, Akira Ikeda Gallery, 1984.

Via New York, cat. d'expo., Montreal, Musée d'Art contemporain, 1984.

1985

Campbell, Eduard *et al.*, *Das Oberengadin in der Malerei, 18. Jahrhundert bis zur Gegenwart*, cat. exp., Pontresina, Der Verkehrsverein, 1985.

The Door, cat. exp., New York, Annina Nosei Gallery, 1985.

Felshin, Nina, *Focus on the Image: Selection from the Rivendell Collection*, textes de Thomas McEvilley et Nina Felshin, cat. exp., San Francisco, The Art Museum Association of America, 1985.

Guenther, Bruce, *States of War: New European and American Paintings*, cat. exp., Seattle, Seattle Art Museum, 1985.

7000 Eichen, cat. exp., Tübingen, Allemagne, Kunsthalle Tübingen, 1985.

Nouvelle Biennale de Paris, cat. exp., Paris, Electeur Moniteur, 1985.

Vom Zeichnen : Aspekte der Zeichnung, 1960-1985, cat. exp., Frankfurt am Main, Frankfurter Kunstverein, 1985.

1986

Cortez, Diego, *Collection Peter Brams : Jean-Michel Basquiat, Gilbert & George, Milan Kunc, David McDermott & Peter McGough, Philip Taaffe, Rosemary Trockel*, cat. exp., Clinton, N.Y., Fred L. Emerson Gallery, 1986.

Detterer, Martina et Weiermair, Peter, *Prospect 86 : Eine internationale Ausstellung aktueller Kunst*, cat. exp., Frankfurt am Main, Frankfurter Kunstverein, 1986.

Hunter, Sam et Daniel, Malcolm R., *An American Renaissance: Painting and Sculpture since 1940*, cat. exp., Fort Lauderdale, Fort Lauderale Museum of Art; publié par Abbeville Press, New York, 1986.

Jung, Hugo et Jung, Ingrid, *Zeichen, Symbole, Graffiti in der aktuellen Kunst : Sammlung Jung III*, Aachen, Suermondt-Ludwig Museum und Museumverein, 1986.

Laursen, Steingrim, *Portraet af en samler/ Portrait of a Collector: Stephane Janssen*, cat. exp., Humlebaek, Danemark, Louisiana Museum of Modern Art, 1986.

Modern Art Market, Tokyo, Matsuya Ginza, 1986.

Naivety in Art, textes de Seiji Oshima, Dina Vierny, Sheldon Williams, Herbert Waide Hemphill et Gail Mishkin, cat. exp., Tokyo, Setegaya Art Museum, 1986.

Sims, Patterson, *Figure as Subject: The Last Decade*, cat. exp., New York, Whitney Museum of American Art, 1986.

Sims, Patterson et Stroh, Suzanne. *1976-1986: Ten Years of Collecting Contemporary American Art ; Selections from the Edward R. Downe, Jr., Collection*, cat. exp., Wellesley, Mass., Wellesley College Museum, 1986.

Speyer, A. James et Benezra, Neal David, *75th American Exhibition*, cat. exp., Chicago, The Art Institute of Chicago, 1986.

1987

Fox, Howard N., *Avant-Garde in the Eighties*, cat. exp., Los Angeles, Los Angeles County Museum of Art, 1987.

Gassen, Richard W., Scotti, Roland et Gassen, Gabriele, *New York Graffiti*, cat. exp., Ludwigshafen, Allemagne, Wilhelm-Hack-Museum, 1987.

America Europa dalla collezione Ludwig, cat. exp., Florence, Forte Belvedere, 1987.

Schwartzman, Allan, *After Street Art*, Boca Raton, Fla., Boca Raton Museum of Art, 1987.

1988

Collectiva 1, cat. exp., Barcelone, Galerie Berini, 1988.

Sims, Patterson, *Figure as Subject: The Revival of Figuration since 1975. Selections from the Permanent Collection of the Whitney Museum of American Art*, cat. exp., New York, Whitney Museum of American Art, 1988.

1989

Pellizzi Francesco, Masheck, Joseph, Gettinger, Pamela et Shapiro, David, *1979-1989: American, Italian, Mexican Art from the Collection of Francesco Pellizzi*, cat. exp., Hempstead, N.Y., Hofstra Museum, Hofstra University, 1989.

Powell, Richard J., *The Blues Aesthetic : Black Culture and Modernism*, cat. exp., Washington, D.C., Washington Project for the Arts, 1989.

1990

Collins, Tricia et Milazzo, Richard, *The Last Decade: American Artists of the 1980s*, essais de Robert Pincus Witten, cat. exp., New York, Tony Shafrazi Gallery, 1990.

The Decade Show: Frameworks of Identity in the 1980s. textes de C. Carr, David Deitcher, Jimmie Durham, Guillermo Gómez-Peña, Julia P. Herzberg, Susan Torruella Leval, Eunice Lipton, Margo Machida, Micki McGee, Sharon F. Patton, Lowery Stokes-Sims, Laura Trippi, Gary Sangster et Judith Wilson, chronologie de Thelma Golden, éd Kinshasha Holman-Conwill, Nilda Peraza, et Marcia Tucker, cat. exp., New York, Museum of Contemporary Hispanic Art, The New Museum of Contemporary Art and The Studio Museum in Harlem, 1990.

21 Jahre Internationale Kunstmesse Basel/Art 21 '90, cat. exp., Düsseldorf, Galerie Hans Mayer, 1990.

Pharmakon '90, textes de Jan Avgikos, Achille Bonito Oliva et Motoaki Shinohara, cat. exp., Tokyo, Akira Ikeda Corporation, 1990.

1991

Belli, Gabriella et Saltz, Jerry, *American Art of the 80s*, cat. exp., Trente, Italie, Museo d'Arte Moderna e Contemporanea di Trento e Rovereto, 1991.

Cervantes, Miguel et Merewether, Charles. *Mito y Magia en América : Los Ochenta*. textes de Francesco Pellizzi, Alberto Ruy Sanchez, Peter Schjeldahl et Edward J.Sullivan, cat. exp., Monterrey, Mexique, Museo de Arte Contemporáneo de Monterrey, 1991.

Danoff, I. Michael et Vojvodich, Colleen, *Compassion and Protest: Recent Social and Political Art from the Eli Broad Family Foundation Collection*, textes de David Cateforis, Michelle Myers, John Hutton, Rebecca Solnit et Carol Squires, cat. exp., San Jose, San Jose Museum of Art, 1991.

Kertess, Klaus, *Drawing Acquisitions 1980-1991 : Selections from the Permanent Collection of the Whitney Museum of American Art*, cat. exp., New York, Whitney Museum of American Art, 1991.

Rosenberg, Barry A., avec Schainat, Teresa. *Words & #s*, essais de Barry A. Rosenberg et Carol A. Nathanson, cat. exp., Dayton, Ohio, Museum of Contemporary Art, Wright State University, 1991.

Storr, Robert et Tannenbaum, Judith, *Devil on the Stairs: Looking Back on the Eighties*, cat. exp., Philadelphie, Institute of Contemporary Art, University of Pennsylvania, 1991.

1992

Dickhoff, Wilfried, *Ars pro domo : Zeitgenössische Kunst aus Kölner Privatbesitz*, cat. exp., Cologne, Gesellschaft für Moderne Kunst am Museum Ludwig, 1992.

Espirit de New York: Paintings and Drawings, cat. exp., Amsterdam, Galerie Barbara Farber, 1992.

Hollevoet, Christel, Jones, Karen et Nye, Timothy, *The Power of the City/ The City of Power*, cat. exp., New York, Whitney Museum of American Art, 1992.

Jean-Michel Basquiat, Jonathan Borofsky, Richard Bosman, Kang So Lee, Terry Winters, cat. exp., New York, Haenah-Kent Gallery, 1992.

Paris Connections: African American Artists in Paris, textes de Ted Joans, Theresa Leininger et Marie-Françoise Sanconie, cat. exp., San Francisco, Bomani Gallery et Jernigan Wicker Fine Arts, 1992.

Rose, Bernice, *Allegories of Modernism: Contemporary Drawing*, cat. exp., New York, The Museum of Modern Art, 1992.

Yvon Lambert collectionne, cat. exp., Villeneuve-d'Ascq, Musée d'Art moderne de la Communauté urbaine de Lille, 1992.

Zeichen, Symbole, Graffiti in der aktuelle Kunst, cat. exp., Aachen, Suermondt-Ludwig-Museum und Museumverein, 1992.

1993

Et tous ils changent le monde. IIe Biennale d'art contemporain de Lyon, cat. exp., Paris, Réunion des Musées nationaux, 1993.

Lord, Catherine, *The Theater of Refusal: Black Art and Mainstream Criticism*, cat. exp., Irvine, Californie, Fine Arts Gallery, University of California, 1993.

1994

From Beyond the Pale: Art and Artists at the Edge of Consensus, textes de Declan McGonagle, Thomas McEvilley, Eamonn P.Kelly, Nuala Ní Dhomhnaill et David Frankel, Dublin, Irish Museum of Modern Art, 1994.

The Harmon and Harriet Kelley Collection of African American Art, textes de Gylbert Garvin Coker et Corrine L. Jennings, cat. exp., San Antonio, San Antonio Museum of Art, 1994.

Maîtres modernes et contemporains, cat. exp., Paris, Galerie Jérôme de Noirmont, 1994.

The Shaman as Artist/The Artist as Shaman, cat. exp., Aspen, Aspen Art Museum, 1994.

1995

New York Time: Drawings of the Eighties, cat. exp., Greenwich, Conn., The Bruce Museum, 1995.

Passions privées, cat. exp., Paris, Musée d'Art moderne de la Ville de Paris, 1995.

1996

Comme un oiseau, textes de Hervé Chandès, Claude Lévi-Strauss *et. al.* cat. exp., Paris, Fondation Cartier pour l'art contemporain, 1996.

Nahon Pierre, *Quelques impressions d'Afrique*, cat. exp., Paris, Éditions de la Différence et Galerie Beaubourg, 1996.

Rubin, David, S. *Bill Traylor (c. 1854-1947), Philip Guston (1913-1980), Jean-Michel Basquiat (1960-1988), Gary Komarin (1951)*, cat. exp., New York, John McEnroe Gallery, 1996.

1997

Folley-Cooper, Marquette, Macanic, Deborah, McNeil, Janice, *Seeing Jazz: Artists and Writers on Jazz*, publié par Elizabeth Goldson, avant-propos de Clark Terry, postface de Milt Hinton, cat. exp., Washington, D.C., Smithsonian Institution Traveling Exhibition Service, 1997.

Marshall, Richard D. et Malca, Leo. *In Your Face: Keith Haring, Jean-Michel Basquiat, Kenny Scharf*, cat. exp., New York, Malca Fine Art, 1997.

Mercurio, Gianni et Panepinto, Mirella. *American Graffiti*, cat. exp., Naples, Electa Napoli, 1997.

1998

Œuvres sur papier et photographies : la collection Yvon Lambert, dialogue avec des artistes contemporains, cat. exp., Yokohama, Japon, APT International, 1998.

Storsve, Jonas et Tosatto, Guy, *Au fil du trait : de Matisse à Basquiat. Collection Centre Georges-Pompidou, Musée national d'Art moderne, Cabinet d'Art Graphique*, cat. exp., Paris, Centre Georges-Pompidou ; Nîmes, Carré d'Art, 1998.

30th Anniversary of Mr. Chow : Portrait Collection, cat. exp., Beverly Hills, Californie, PaceWildenstein ; Londres, Mayor Gallery, 1998.

1999

Abstraction, Gesture, Ecriture: Paintings from the Daros Collection, contributions de Rosalind Krauss, Richard D. Marshall, Yve-Alain Bois, Brenda Richardson et Enrique Juncosa, Zurich et New York, Scalo, 1999.

Ault, Julie, Wallis, Brian, Weems, Marianne et Yenawine, Philip, *Art Matters: How the Culture Wars Changed America*, New York, New York University Press, 1999.

Brehm, Margrit Franziska, *Bad-Bad: That Is a Good Excuse*, cat. exp., Baden-Baden, Staatliche Kunsthalle Baden-Baden, 1999.

Friis-Hansen, Dana, Robert Atkins et Greg Tate, *Other Narratives*, cat. exp., Houston, Contemporary Arts Museum, 1999.

Hobbs, Robert, Feldman, Suzanne et Farver, Suzanne, *20 Years/20 Artists*, cat. exp., Aspen, Aspen Art Museum ; Seattle, University of Washington Press, 1999.

Pfeffer-Lévy, Géraldine et Prat-Couadau, Nathalie, *Portrait Collection de M. Chow*, cat. exp., Paris, Galerie Enrico Navarra, 1999.

Phillips, Lisa, *The American Century: Art and Culture, 1900-2000*, vol. 2 : *1950-2000*, cat. exp., New York, Whitney Museum of American Art, 1999.

Pittura dura : Dal Graffitismo alla Street Art, cat. exp., Milan, Electa, 1999.

2000

Bernard, Catherine, *Jazz and Visual Improvisations. Essay by Stanley Crouch*, cat. exp., Katonah, N.Y., Katonah Museum of Art, 2000.

Haïti : Anges et démons, cat. exp., Paris, Hoëbeke ; Halle Saint-Pierre, 2000.

Prat, Jean-Louis, *Le Nu au XXe siècle*, cat. exp., Saint-Paul, Fondation Maeght, 2000.

2001

Barron, Stephanie et Zelevansky, Lynn. *Jasper Johns to Jeff Koons: Four Decades of Art from the Broad Collections*, essais de Thomas Crow *et al.*, cat. exp., Los Angeles, Los Angeles County Museum of Art en association avec Harry N. Abrams, 2001. Éd. espagnole : *De Jasper Johns a Jeff Koons : Cuatro décadas de arte de las Colecciones Broad*, Bilbao, Fundación del Museo Guggenheim Bilbao, 2003.

Bonito Oliva, Achille, *Le Tribù dell'arte*, cat. exp., Rome, Galleria Comunale d'Arte Moderna e Contemporanea, 2001.

Clearwater, Bonnie, *Mythic Proportions: Painting in the 1980s*, cat. exp., North Miami, Museum of Contemporary Art, 2001.

Dimitriadis, Greg et McCarthy, Cameron, *Reading and Teaching the Postcolonial: From Baldwin to Basquiat and Beyond*, New York, Teachers College Press, Columbia University, 2001.

Di Pietrantonio, Giacinto, *In fumo : Arte, fumetto, comunicazione/Art, Comics, Communication*, cat. exp., Bergame : Galleria d'Arte Moderna e Contemporanea ; Lubrina, 2001.

One Planet under a Groove: Hip Hop and Contemporary Art, essais de Lydia Yee, Franklin Sirmans et Greg Tate, cat. exp., New York, Bronx Museum of the Arts, 2001.

Pincus-Witten, Robert, *Naked since 1950*, cat. exp., New York, C & M Arts, 2001.

2002

Ărbu Grete, *New York Expression*, contributions de Davvetas, Démosthènes, O'Brien, Glenn et Janowitz, Tama, cat. exp., Bergen, Norvège, Bergen Kunstmuseum, 2002.

Chassman, Gary Miles, *In the Spirit of Martin: The Living Legacy of Dr. Martin Luther King, Jr.*, cat. exp., Atlanta, Tinwood Books, 2002.

2003

Cassel, Valerie, Sabin, Roger et Welt, Bernard, *Splat Boom Pow! The Influence of Comics in Contemporary Art*, cat. exp., Houston, Contemporary Arts Museum Houston, 2003.

Harris, Michael D., *Colored Pictures: Race and Visual Representation*, Chapel Hill, University of North Carolina Press, 2003.

Stapp, William F., Hamill, Pete, Esterow, Milton et Avant, Tracey L., *Portrait of the Art World: A Century of ARTnews Photographs*, cat. exp., Washington, D.C., National Portrait Gallery, Smithsonian Institution, en association avec Yale University Press, 2003.

2004

Basilio, Miriam, Bercht, Fatima, Cullen, Deborah, Garrels, Gary et Pérez-Oramas, Luis Enrique, *Latin American & Caribbean Art: MoMA at El Museo*, cat. exp., New York, Museo del Barrio, Museum of Modern Art, 2004.

Bonafoux, Pascal, *Moi ! Autoportraits du XXe siècle*, cat. exp., Milan, Skira, 2004.

ARTICLES

1978

Faflick, Philip, « SAMO© Graffiti: Boosh-Wah or CIA? », *The Village Voice*, 11 décembre 1978, p. 41.

1980

Deitch, Jeffrey, « Report from Times Square », *Art in America* 68, septembre1980, p. 58-63.

1981

Ricard, Rene, « The Radiant Child », *Artforum* 20, décembre 1981, p. 35-43.

1982

Deak, Edit et Cortez, Diego, « Baby Talk », *Flash Art* 16, mai 1982, p. 34-38.

Deitch, Jeffrey, revue de l'exposition Annina Nosei Gallery, *Flash Art* 16, mai 1982, p. 49-50.

Drohohowska, Hunter, « Schnabel and Basquiat: Explosions and Chaos », *Los Angeles Weekly*, 23-29 avril 1982.

« Face », *Artforum* 21, septembre 1982, ill. p. 3.

Frackman, Noel et Kaufmann, Ruth, « Documenta 7: The Dialogue and a Few Asides », *Arts Magazine* 57, octobre 1982, p. 91-97.

Gablik, Suzi, « Report from New York: The Graffiti Question », *Art in America* 70, octobre 1982, p. 33-39.

« Installation Avanguardia/ Transavanguardia », *Arts Magazine* 57, décembre 1982, ill. p. 79.

Liebmann, Lisa, « Jean-Michel Basquiat at Annina Nosei », *Art in America* 70, octobre 1982, p. 130.

Pincus-Witten, Robert, « Jean-Michel Basquiat », *Los Angeles Times*, 16 juillet 1982.

Revue de l'exposition Annina Nosei Gallery, *Artforum* n° 20, été 1982, p. 81-82.

Ricard, Rene, « The Pledge of Allegiance », *Artforum* 21, novembre 1982, p. 42-49.

« VII Epics versus the Fifty Nine Cent Halo », *Artforum* 21, novembre 1982, ill. p. 11.

Smith, Roberta. « Mass Productions », revue de l'exposition Annina Nosei, *The Village Voice*, 23 mars 1982, p. 84.

« Sans titre (Emilio Mazzoli Collection, Modena) », *Flash Art* 16, mai 1982, ill. p. 38.

Wilson, William, « N.Y. Subway Graffiti: All Aboard for L.A. », *Los Angeles Times*, 16 avril 1982.

1983

Basquiat, Jean-Michel, « Tuxedo », *Paris Review* 25, n° 87, printemps 1983, ill. p. 205-15.

Castle, Ted, « Jean-Michel Basquiat », *Artistes* (Paris), n° 14, janvier-février 1983.

Cohen, Ronny, « New Editions: Jean-Michel Basquiat », *Art News* 82, avril 1983, p. 84.

Cortez, Diego, « New York: Basquiat », *Domus*, n° 642, septembre 1983, p. 99.

D'Avossa, A., « The Question of Graffiti », *op. cit.*, n° 57, mai 1983, p. 26-42.

Geldzahler, Henry, « Art. From Subways to SoHo : Jean-Michel Basquiat », *Interview* 13, janvier 1983, p. 44-46.

Hapgood, Susan, « New York: Jean-Michel Basquiat », *Flash Art*, n° 111, mars 1983, p. 58-59.

Isaacs, Florence, « Jean-Michel Basquiat: Young Rising Star in Contemporary Art », *Visions* 2, n° 1, 1983, p. 36-39.

Moufarrege, Nicolas A., « X Equals Zero, as in Tic-Tac-Toe », *Arts Magazine* 57, n° 6, février 1983, p. 116-21.

« East Village », *Flash Art*, n° 111, mars 1983, p. 36-41.

Nilson, Lisbet, « Making It Neo », *Art News* 82, septembre 1983, p. 62-70.

Restany, Pierre, « El destino de la nueva imagen no es el neoexpresionismo de la transvanguardia », *Cimal*, n° 22, décembre 1983, p. 11-13.

Robbins, D. A., interviewer, « The "Meaning" of "New" : The 70s/80s Axis, an Interview with Diego Cortez », *Arts Magazine* 57, n° 5, janvier 1983, p. 116-121.

Schutz, S., « "Back to the USA" : Amerikanische Kunst Heute », *Die Kunst und das schöne Heim* 95, n° 12, décembre 1983, p. 827-34, 884-85.

Winter, Peter, « New York Now », critique de l'exposition de la Kestner-Gesellschaft, *Das Kunstwerk* 36, février 1983, p. 53-54.

Wintour, Anna, « Fall Fashion: Painting the Town », *New York*, 29 août 1983.

Woodville, Louisa, « Summer Group Show », critique de l'exposition d'Annina Nosei, *Arts Magazine* 58, n° 1, septembre 1983, p. 18.

1984

Antonio, Emile de et Basquiat, Jean-Michel, « Art: Radical Views on "Painters Painting" », *Interview*, juillet 1984, p. 48-51. Réimprimé in *Emile de Antonio: A Reader*, éds. Douglas Kellner et Dan Streible, p. 129-135. *Visible Evidence series*, n° 8, Minneapolis, University of Minnesota Press, 2000.

Castle, Frederick Ted, « Occurrences/New York », *Art Monthly*, n° 73, février 1984, p. 15-17.

Cohen, Ronny, « Jumbo Prints: Artists Who Paint Big Want to Print Big », *ARTnews* 83, n° 8, octobre 1984, p. 80-87.

Critique de l'exposition de la Mary Boone Gallery, *Art News* 83, septembre 1984, p. 167-168.

Glueck, Grace, « A Neo-Expressionist Survey That's Worth a Journey », *The New York Times*, 22 juillet 1984, p. H25, H28.

« Graffiti Artists in the Netherlands », *Flash Art*, n° 116, mars 1984, p. 31.

Kleyn, R., « Protective Mimicry », *Vanguard* 13, n° 2, mars 1984, p. 24-30.

Linker, Kate, « Jean-Michel Basquiat », *Artforum* 23, octobre 1984, p. 91.

Lubell, Ellen, « New Kid on the (Auction) Block », *The Village Voice*, 29 mai 1984, p. 45.

McEvilley, Thomas, « On the Manner of Addressing Clouds », *Artforum* 22, juin 1984, p. 61-70.

Moufarrege, Nicolas A., critique de l'exposition de la Boone/Werner Gallery, *Flash Art*, n° 119, novembre 1984, p. 41.

Moynehan, Barbara, « New York: The Mood and Market », *Flash Art*, n° 115, janvier 1984, p. 28-29.

« New York Graffiti », critique de l'exposition de la galerie Daniel Templon, *Connaissance des arts*, n° 386, avril 1984, p. 23.

Ponti, L. Lichitra, « House of Jean-Michel », *Domus*, n° 646, janvier 1984, p. 66-68.

Raynor, Vivien, « Art: Paintings by Jean-Michel Basquiat at Boone », *The New York Times*, 11 mai 1984, p. C25.

Renard, Delphine, « Jean-Michel Basquiat : The Crude Sign? », *Art Press*, n° 81, mai 1984, p. 11-12.

Tomkins, Calvin, « The Art World: Up from the I.R.T. », *The New Yorker*, 26 mars 1984, p. 98-102.

1985

Acker, Kathy, « Jean-Michel Basquiat at the ICA », *Artscribe* 51, mars-avril 1985, p. 52-53.

Albertazzi, Liliana, « Graffiti, Post-Graffiti », *Arte en Colombia*, n° 27, février 1985, p. 60-63.

Baumgartner, Attilio, « Basquiats Bildersturm », *Welt am Sonntag*, 10 mars 1985.

Galligan, Gregory, « Jean-Michel Basquiat: The New Paintings », *Arts Magazine* 59, mai 1985, p. 140-141.

Heartney, Eleanor, « Basquiat/Warhol », critique de l'exposition de la Tony Shafrazi Gallery, *Flash Art*, n° 125, décembre-janvier 1985-1986, p. 43.

Komac, Dennis, « An Aggressive Energy », critique de l'exposition au La Jolla Museum of Contemporary Art, *Artweek* 16, 1er juin 1985, p. 5.

Madoff, Steven Henry, « What Is Postmodern about Painting: The Scandinavia Lectures, II », *Arts Magazine* 60, octobre 1985, p. 59-64.

Mahoney, Robert, critique de *Andy Warhol/Jean-Michel Basquiat* à la Tony Shafrazi Gallery, *Arts Magazine* 60, novembre 1985, p. 135.

Marschall, E., « Post Graffiti », *Sztuka* 10, n° 4, 1985, p. 46-48, 71-72.

McGuigan, Cathleen, « New Art, New Money: The Marketing of an American Artist » *The New York Times Magazine*, 10 février 1985, p. 20-28, 32-35, 74.

Newhall, Edith, « Galleries », *New York*, 16 septembre 1985, p. 56-58.

Newman, Michael, « "Primitivism" and Modern Art », *Art Monthly*, n° 86, mai 1985, p. 6-9.

Pincus-Witten, Robert, « Entries: Becoming American », *Arts Magazine* 60, octobre 1985, p. 101-103.

Pincus-Witten Robert, Greenfield-Sanders, Timothy et Kostabi, Mark, « The New Irascibles: Portfolio of Six Portraits by Timothy Greenfield-Sanders, entries by Robert Pincus-Witten, Drawings by Mark Kostabi », *Arts Magazine* 60, septembre 1985, p. 102-110.

Raynor, Vivien, « Art: Basquiat, Warhol », *The New York Times*, 20 septembre 1985, p. C22.

Rosenblatt, Roger, « The Faith of the Young Artist », *Esquire*, décembre 1985, p. 159-160.

Taylor, Paul, « A New Avenue for Art... Madison », *Vogue*, février 1985, p. 80.

Tomkins, Calvin, « The Art World: Disco », *The New Yorker*, 22 juillet 1985, p. 64-66.

Wechsler, Max, « Collaborations », critique de l'exposition au Bruno Bischofberger, *Artforum* 23, février 1985, p. 99.

1986

Bosetti, Petra, « Typographie aus dem Underground », *Art*, n° 12, 1986, p. 126-127.

Hiromoto, Nobuyuki, « Jean-Michel Basquiat », *Bijutsu techō*, juillet 1986, p. 76-81.

Jones, R., « Andy Warhol/Jean-Michel Basquiat », *Arts Magazine* 60, n° 6, février 1986, p. 110.

Perry, Pam, « Robots and Skeletons, Doodles and Nuances », *Creative Loafing*, 1er mars 1986, p. 1B.

Schwabsky, Barry, critique de l'exposition de la Annina Nosei Gallery, *Arts Magazine* 60, février 1986, p. 129-130.

1987

Criton, Sonia, critique de l'exposition de la galerie Daniel Templon, *Flash Art*, n° 133, avril 1987, p. 115.

Davvetas, Démosthènes, « Lines, Chapters, and Verses: The Art of Jean-Michel Basquiat », *Artforum* 25, n° 8, avril 1987, p. 116-120.

Graw, Isabelle, « Waiting for Basquiat », *Wolkenkratzer Art Journal*, n° 1, janvier-février 1987), p. 44-51, 106-107.

Winter, Peter, critique de l'exposition de la Kestner-Gesellschaft, *Das Kunstwerk* 40, février 1987, p. 53-54.

1988

Als, Hilton, « Jean-Michel Basquiat, 1960-1988 », *The Village Voice*, 30 août 1988, p. 82.

Bienek, Horst, « Wenn er träumt, verändert er die Welt », *ART : Das Kunstmagazin*, n° 10, octobre 1988, p. 30-46.

Davvetas, Démosthènes, « Jean-Michel Basquiat: La ligne », *Artstudio*, n° 11, hiver 1988, p. 42-51.

« Jean-Michel Basquiat », *New Art International*, octobre-novembre 1988, p. 10-15.

Galligan, Gregory, « New York: More Post-Modern than Primitive », *Art International*, n° 5, hiver 1988, p. 59-63.

Guidieri, Remo, « Autels du loa: À propos de Jean-Michel Basquiat », *Art Press*, n° 124, avril 1988, p. 7-10.

Haden-Guest, Anthony, « Burning Out », *Vanity Fair*, novembre 1988, p. 180-198.

Haring, Keith, « Remembering Basquiat », *Vogue*, novembre 1988, p. 234-236.

Hays, Constance L., « Jean Basquiat, 27: An Artist of Words and Angular Images », *The New York Times*, 15 août 1988, p. D11.

« Friends Recall Young Artist with Music and Verse », *The New York Times*, 6 novembre 1988, p. 52.

Hoban, Phoebe, « SAMO© ... Is Dead: The Fall of Jean-Michel Basquiat », *New York*, 26 septembre 1988, p. 36-44.

Hughes, Robert, « Jean-Michel Basquiat: Requiem for a Featherweight », *The New Republic*, 21 novembre 1988, p. 34-36. Réimprimé in Robert Hughes, *Nothing If Not Critical: Selected Essays on Art and Artists*, p. 308-312, New York, Alfred A. Knopf, 1990.

Kramer, Hilton, « Will the Death of Basquiat Awaken the Art World to Its Slimier Side ? », *The New York Observer*, 31 août 1988, p. 1, 10.

Lipson, Karen, « Very Famous, Very Young », *New York Newsday*, 1er septembre 1988, 2e partie, p. 4-5, 11.

« Malerei: Neun Beispiele (die achtziger Jahre) », *Du*, n° 8, 1988, p. 54-65.

Mueller, Cookie, « Art and About », *Details*, novembre 1988, p. 101-102.

Patron, Eugene J., « Jean-Michel Basquiat », nécrologie, *New Art Examiner* 16, octobre 1988, p. 11.

Robinson, Walter et Lebowitz, Cathy, « Obituaries: Jean-Michel Basquiat », *Art in America* 76, octobre 1988, p. 226.

Schjeldahl, Peter, « Martyr without a Cause », *7 Days*, 21 septembre 1988, p. 53-54.

Schwartzman, Allan, « The Business of Art: Banking on Basquiat », *Arts Magazine* 63, novembre 1988, p. 25-26.

Shapiro, David, « Jean-Michel Basquiat », *Beaux Arts Magazine*, n° 53, janvier 1988, p. 70-73.

Wilson, William, « The Meaning of Jean-Michel Basquiat's Life », *Los Angeles Times*, 4 septembre 1988, p. 5, 18.

Wines, Michael, « Jean-Michel Basquiat: Hazards of Sudden Success and Fame », *The New York Times*, 27 août 1988, p. 9, 14.

1989

Arnault, Martine, « Basquiat, from Brooklyn », *Cimaise* 36, novembre-décembre 1989, p. 41-44.

Bianchi, Paolo, « Outsidertum am Beispiel Jean-Michel Basquiat », *Kunstforum International*, n° 101, juin 1989, p. 96-103.

Castle, Frederick Ted., « Court Battle Looming over Rights to Basquiat Estate», *Artnewsletter* 14, n° 22, 27 juin 1989.

« Saint Jean-Michel », *Arts Magazine* 63, février 1989, p. 60-61.

Cohen, Ronny, « Art Is Priceless », *Art & Auction* 11, juin 1989, p. 166-171.

Critique de l'exposition de la Galerie Enrico Navarra, *L'Œil*, n°412, novembre 1989, p.83.

Critique de *Warhol-Basquiat: Collaborations*, Galerie Didier Imbert exhibition, *L'Œil*, n°412, novembre 1989, p.82.

Decker, Andrew, « The Price of Fame », *Art News* 88, n° 1, janvier 1989, p. 96-101.

Greenspan, Stuart, « Art2 », *Art & Auction* 11, mars 1989, p. 138-141.

Joppolo, Giovanni, « Basquiat, le négropolitain », *Opus International*, n° 116, novembre-décembre 1989, p. 54-55.

Kuspit, Donald B., critique de l'exposition de la Annina Nosei Gallery, *Artforum* 27, mars 1989, p. 130-131.

Leigh, C., critique de l'exposition de la Tony Shafrazi Gallery, *Flash Art*, n° 146, mai-juin 1989, p. 132-133.

Lewis, Joe, « Basquiat: Shrewd as Well as Unruly, the Late Jean-Michel Basquiat Learned His Art from Both the Masters and the Streets », *Contemporanea* 2, juillet-août 1989, p. 78-83.

Lipson, Karin, « Artist's Legacy: High-Stakes Legal Battle », *New York Newsday*, 13 juillet, p. 3 et 12.

Liu, C., « The Umbilicus of Limbo », *Flash Art*, n° 146, mai-juin 1989, p. 102-105.

McKenzie, Michael, « Post-Warhol no artists tachi » (Post-Warhol artists), *Mizue*, n° 950, printemps 1989, p. 78-105.

Merkin, Richard, « Farewell, My Unlovelies », *Go*, avril 1989, p. 112, 116-117.

Pincus-Witten, Robert, « African Rococo: The Persistence of James Brown », *Arts Magazine* 64, n° 3, novembre 1989, p. 68-73.

Smith, Roberta, « Outsiders Who Specialized in Talking Pictures », *The New York Times*, 19 novembre 1989, p. H35, H41.

Spector, Nancy « Funeral for a Friend », *Art & Auction* 11 janvier 1989, p. 28.

Tate, Greg, « Nobody Loves a Genius Child: Jean-Michel Basquiat, Lonesome Flyboy in the 80s Art Boom Buttermilk », *The Village Voice*, 14 novembre 1989, p. 31-35. réimprimé in Greg Tate, *Flyboy in the Buttermilk: Essays on Contemporary America*, New York, Simon & Schuster, A Fireside Book, 1992, p.231-244.

Taylor, Paul, « The Resurrection of Jean-Michel Basquiat », *Fame*, janvier 1989, p. 18-21.

Winter, Peter, « Das zeichnerische Werk », critique de l'exposition de la Kestner-Gesellschaft, *Das Kunstwerk* 42, décembre 1989, p. 70-72.

1990

Adams, Brooks, « Warhol et les années 90 », *Art Press*, n° 148, juin 1990, p. 29-32.

Berko, Susan, critique de l'exposition de la Galerie Enrico Navarra , *Flash Art*, n° 151, mars-avril 1990, p. 153-154.

Critique de l'exposition de la Galerie Fabien Boulakia, *L'Œil*, n°423, octobre 1990, p.96.

Haring, Keith, « Warhol & Basquiat », *Kunstforum International*, n° 107, avril-mai 1990, p. 179-183.

Hauser, Enrique, « The Leonardo Addiction of Jean-Michel Basquiat », *Achademia Leonardi Vinci: Journal of Leonardo Studies and Bibliography of Vinciana* 3, 1990, p. 93-100.

Hess, Elizabeth, « Burning Down the House », *The Village Voice*, 20 novembre 1990, p. 107.

Kimmelman, Michael, « Jean-Michel Basquiat: Drawings », *The New York Times*, 9 novembre 1990, p. C26.

Mantegna, Gianfranco, interview, « Ouattara », *Journal of Contemporary Art* 3, n° 2, automne-hiver 1990, p. 26-33.

Reid, Calvin, « Kind of Blue », *Arts* 64, n° 7, 1990, p. 54-55.

Rubell, Jason, interview, « Keith Haring: The Last Interview », *Arts Magazine* 65, n° 1, septembre 1990, p. 52-59.

Thompson, Robert Farris, « Requiem for the Degas of the B-boys: Keith Haring », *Artforum* 28, mai 1990, p. 135-141.

Winter, Peter, « The Drawings of Jean-Michel Basquiat », critique de l'exposition de la Kestner-Gesellschaft, *Art International*, n° 10, printemps 1990, p. 94-95.

1991

Caley, Shaun, « Life Is Fresh, Crack Is Wack », *Kunstforum International*, n° 112, mars-avril 1991, p. 308-311.

Cameron, Dan, « Shifting Tastes », *Art & Auction* 14, septembre 1991, p. 78-79.

Cyphers, Peggy, critique de l'exposition de la Robert Miller Gallery, *Arts Magazine* 65, février 1991, p. 97-98.

Glueck, Grace, « The Basquiat Touch Survives the Artist in Shows and Courts », *The New York Times*, 22 juillet 1991, p. C13-C14.

« Judge Dismisses Claim against Basquiat Estate », *The New York Times*, 2 septembre 1991, p. 15.

Hauser, Enrique, « Basquiat's "Madonna Litta" », *Achademia Leonardi Vinci: Journal of Leonardo Studies and Bibliography of Vinciana* 4, 1991, p. 262-263.

Lufy, C., « Eclecticism in the Arty Ward », *Art News* 90, mars 1991, p. 106-107.

Piguet, Philippe, « À propos de collage », *L'Œil*, n° 429, avril 1991, p. 52-57.

Rankin-Reid, Jane, « One Warrior's Words : The Texts of Jean-Michel Basquiat », in *Binocular: Focusing-Writing-Vision*, p. 67-98, Sydney, Moët & Chandon, 1991.

Walker, Richard W., « The Basquiat Battle », *Art News* 90, mai 1991, p. 38.

1992

Baal-Teshuva, Jacob, critique de l'exposition itinérante *Whitney*, *Cimaise* 39, novembre-décembre 1992, p. 90-91.

« Basquiat News Update: The Many Lawsuits that Circulate around His Unsold Works and Confused Estate », *Flash Art*, n° 163, mars-avril 1992, p. 129ff.

Gopnik, Adam, « The Art World: Madison Avenue Primitive », *The New Yorker* 68, n° 38, 9 novembre 1992, p. 137-139.

Hughes, Robert, « The Purple Haze of Hype », critique de l'exposition itinérante *Whitney*, *Time*, 16 novembre 1992, p. 88, 90.

Jacques, Geoffrey, « Haitian-American Artist's Work Reflects Anger, Pain », *New York Amsterdam News*, 28 mars 1992, p. 30.

Januszczak, Waldemar, « Voodoo Meets Graffiti in the Twilight World of SAMO », *The Guardian*, 25 août 1988.

McEvilley, Thomas, « Royal Slumming: Jean-Michel Basquiat Here Below », *Artforum* 31, n° 3, novembre 1992, p. 92-97.

« Quelle place pour Basquiat ? », critique de l'exposition itinérante *Whitney*, *Connaissance des arts*, n° 489, novembre 1992, p. 28.

Radaelli, Severo, « Ragazzo negro dai graffiti ai miliardi », *Arte* 22, n° 226, février 1992, p. 64-69.

Sanconie, Maïca, « Noire Amérique », Beaux *Arts Magazine*, n° 105, octobre 1992, p. 54-64.

Sayre, Henry M., « Pursuing Authenticity: The Vernacular Moment in Contemporary American Art », *South Atlantic Quarterly* 91, n° 1, 1992, p. 139-160.

Sichel, Berta, « Jean-Michel Basquiat », *Art Nexus*, n° 6, octobre 1992, p. 68-71, 186-88.

Smith, Roberta, « Basquiat: Man for His Decade », critique de l'exposition itinérante *Whitney*, *The New York Times*, 23 octobre 1992, p. C1, C20.

1993

András, Edit., « Mi zajlik a müvészetben odaát, és mi kerül ide át ? » (Que ce passe-t-il là-bas en termes d'art, et qu'arrive-t-il ici ?), *Uj Müvészet* (Budapest) 4, n° 7, juillet 1993, p. 19-23.

Chin, Daryl, « Those Little White Lies », *M/E/A/N/I/N/G*, n° 13, mai 1993, p. 24-30.

Francblin, Catherine, « And They All Do Change the World », *Art Press*, n° 183, septembre 1993, p. 36-40, E16-20.

Gulden, Dona N., « Lyon : Keine Scheu vor Grossen Namen », *Ambiente*, n° 10, octobre 1993, p. 58-64.

Hall, Charles, critique de l'exposition de la Crane Gallery, *Arts Review* 45, janvier 1993, p. 54.

Heartney, Eleanor, critique de l'exposition itinérante *Whitney*, *Art News* 92, janvier 1993, p. 129.

hooks bell, « Altars of Sacrifice : Re-membering Basquiat », critique de l'exposition itinérante *Whitney*, *Art in America* 81, n° 6, juin 1993, p. 68-75, 117. Réimprimé in bell hooks, *Art on My Mind: Visual Politics*, p. 35-48, New York, New Press, 1995.

Kino, Carol, « Basquiat in Armani », Modern *Painters* 6, n° 1, printemps 1993, p. 72-76.

Larson, Kay, « Jean-Michel Basquiat », *Galeries Magazine*, février-mars 1993, p. 75-77.

Markovich, Annie, « Bra bilder av en dålig resa » (Bonnes images d'une mauvaise journée), *Paletten*, n° 4, 1993, p. 17.

McCormick, Carlo, critique de l'exposition itinérante *Whitney*, *Art & Antiques* 15, janvier 1993, p. 85.

O'Grady, Lorraine, « A Day at the Races: Basquiat and the Black Art World », *Artforum* 31, avril 1993, p. 10-12.

Revue du musée d'Art contemporain, Pully/Lausanne exhibition, *L'Œil*, n° 454, septembre 1993, p. 83.

Tully, Judd., « A Boost for Basquiat: Renewed Critical Interest in the Artist's Career », *Art News* 92, mars 1993, p. 27.

1994

D'Arcy, David, « Hollywood Turns to SoHo for Inspiration », *Art & Antiques* 17, été 1994, p. 19.

Debailleux, Henri-François, « Another Set of Images » *Art Press*, n° 189, mars 1994, p. 38-45.

Foncy, E.L., « A Visual Arts Encounter: African Americans and Europe », critique de l'exposition au palais du Luxembourg, *International Review of African American Art* 11, n° 4, 1994, p. 63.

Gordon, A., « The Theater of Refusal: Black Art and Mainsteam Criticism », *Artweek* 25, 6 janvier 1994, p. 19.

Schaffner, I., « Cursive: Writing in Contemporary Art », *Parkett*, n° 42, 1994, p. 114-122.

Stein, Deidre, « The Wild Child », critique du livre *Life Doesn't Frighten Me*, *Art News* 93, mars 1994, p. 21.

Vogel, Carol, « Inside Art ... Authenticating Basquiat », *The New York Times*, 6 mai 1994, p C23.

–, « Inside Ar ... a Basquiat Verdict », *The New York Times*, 2 décembre 1994, p. C28.

1995

« Acquisitions 1992-1994 at the Musée national d'Art moderne, Centre Georges-Pompidou, Paris », *Burlington Magazine* 137, n° 1105, avril 1995, p. 283-288.

Arthur, John, critique de l'exposition au Mount Holyoke College Art Museum, *Jean-Michel Basquiat: The Blue Ribbon Paintings. Art New England* 16, février-mars 1995, p. 46-48.

Ebony, David, « Art Stars Go Hollywood », *Art in America* 83, mai 1995, p. 31.

Geer, Suvan et Rowe, Sandra, « Thoughts on Graffiti as Public Art », *Public Art Review* 6, n° 2, printemps-été 1995, p. 24-26.

Jennings, K.F., « Bruce Museum/Greenwich: A New York Time, Selected Drawings of the Eighties », *Art New England* 16, avril-mai 1995, p. 59.

McKenzie, Michael, « Visionaries: Beauty for Now and for the Future », *SunStorm Fine Art* 20, n° 4, automne 1995, p. 49-55.

Thon, Ute, « Art Stars Go Hollywood », *Kunstforum International*, n° 132, novembre 1995-janvier 1996, p. 456.

Zimmer, William, « An Odd Pairing, with Interesting Contrast: Two Retrospectives at the Wadsworth », *The New York Times*, 5 mars 1995, p. CN20.

1996

Adams, B., « Basquiat », critique du film de Schnabel, *Art in America* 84, septembre 1996, p. 39-40.

« Basquiat a Londra Subway e sregolatezza », *L'Espresso* 42, n° 11, 1996, p. 124-127.

« Basquiat, bref et grand », critique de l'exposition de la Galerie Enrico Navarra, *Connaissance des arts*, n° 528, mai 1996, p. 18.

Bevan, Roger, « Just How Good Was Jean-Michel Basquiat? », critique de l'exposition de la Serpentine Gallery, *Art Newspaper* 7, mars 1996, p. 9.

Bonami, Francesco, « Schnabel on Basquiat », *Flash Art*, n° 190, octobre 1996, p. 110-111.

Bowie, David, « Basquiat's Wave », *Modern Painters* 9, n° 1, printemps 1996, p. 46-47.

Boyd, William, « Basquiat: Brief Candle », critique du fim de Schnabel, *Modern Painters* 9, n° 4, hiver 1996, p. 74-75.

Chang, C., « Mind over Matter: The Artiste as Filmmaker », *Film Comment* 32, septembre-octobre 1996, p. 54-56.

Coleman, Beth, « *Basquiat*: An American ~~Success~~ Story, Miramax Films », *NKA: Journal of Contemporary African Art*, n° 5, automne 1996, p. 71.

Cotter, Holland, « Jean-Michel Basquiat: "A Tribute" », critique de l'exposition de la Tony Shafrazi Gallery, *The New York Times*, 1er novembre 1996, p. C32.

Couturier, Élisabeth, « Basquiat, Super Star », *Beaux-Arts Magazine*, n° 145, mai 1996, p. 88-93, 134.

Cronau, Sabine, « Drei Stars tauschen ihre Leinwände », *ART : Das Kunstmagazin*, n° 2, février 1996, p. 92-93.

Denby, David, « With Jeffrey Wright's Performance at Its Core, Basquiat Is Wittily Tender », critique du film de Schnabel. *New York* 29, n° 32, 19 août 1996, p. 46.

« Eventi/Warhol-Basquiat: Andy & Friends », *L'Espresso* 42, n° 43, 1996, p. 130-139.

Fairbrother, Trevor, « Double Feature », peintures d'Andy Warhol et Jean-Michel Basquiat, *Art in America* 84, n° 9, septembre 1996, p. 76-83.

Gardner, Paul, « Julian Schnabel: "I can do what I want without compromising" », *Art News* 95, octobre 1996, p. 54-56.

Gaskins, Bill, « What's Wrong with This Picture: Reviewing Basquiat », *New Art Examiner* 23, novembre 1996, p. 18.

Gillick, Liam, « Basquiat », critique du film de Schnabel, *Art Monthly*, n° 200, octobre 1996, p. 46-47.

Houborg, Jørn, « Malerkunstens Jimi Hendrix », *Hrymfaxe* 26, n° 1, mars 1996, p. 13-17.

Hubbard, Sue, « Arts in Society: Death in the Urban Jungle–Jean-Michel Basquiat Wanted Greatness for His Art, Not Just Cult Status, Argues Sue Hubbard », *New Statesman Society*, 22 mars 1996, p. 31.

Jodidio, Philip, interview, « Les Oiseaux » interview de Hervé Chandès, organisateur de l'exposition à la Fondation Cartier, *Connaissance des arts*, n° 529, juin 1996, p. 40-47.

Kaplan, James, « Lives of the Artists », critique du film de Schnabel. *New York* 29, n° 31, 12 août 1996, p. 30.

Lane, Anthony, « The Current Cinema: "Kansas City", "Basquiat" », *New Yorker*, 19 août 1996, p. 78-79.

Lehuard, Raoul, « Art africain & art contemporain : quelques impressions d'Afrique », *Arts d'Afrique noire*, n° 100, hiver 1996, p. 45-48.

Lucie-Smith, Edward, « The Writing on the Wall », *Art Review* 48, mars 1996, p. 20-22.

MacDonnell, Virginia, « Outsider Art Is In », *Artfocus* 4, n° 3, printemps 1996, p. 18-20.

Maslin, Janet, « A Postcard Picture of a Graffiti Artist », *The New York Times*, 9 août 1996, p. C5.

McGuigan, Cathleen, « Andy and Jean-Michel », *The New York Times Magazine*, 14 avril 1996, p. 144.

Melvin, Joanna, « Jean-Michel Basquiat: Cultural Sniper », *Contemporary Art* 3, n° 3, fin printemps 1996, p. 21-24.

Muñoz, José Esteban, « Famous and Dandy like B. "n" Andy: Race, Pop, and Basquiat », in *Pop Out: Queer Warhol*, éds. Jennifer Doyle, Jonathan Flatley et José Esteban Muñoz, Durham, N.C., Duke University Press, 1996, p. 144-179.

Murat, Laure, « Visite très privée chez les plus grands collectionneurs », *Beaux-Arts Magazine*, n° 141, janvier 1996, p. 50-63, 123-124.

Picard, Denis, « Basquiat vu par Schnabel », *Connaissance des arts*, n° 531, septembre 1996, p. 116-119.

Piguet, Philippe, « Jean-Michel Basquiat : une œuvre manifeste », critique de l'exposition de la Galerie Enrico Navarra, *L'Œil*, n° 480, mai-juin 1996, p. 10.

« Portrait of Basquiat », *Newsweek* 128, n° 7, 1996, p. 64.

Rimanelli, David, « Basquiat », critique du film de Schnabel. *Artforum* 35, septembre 1996, p. 19-20.

Smith, Roberta, « Portraits of the Artists on the Big Screen », *The New York Times*, 4 août 1996, p. H11, H20.

Stamets, Bill, « A Cautionary Tale: Memorializing Basquiat », *New Art Examiner* 23, novembre 1996, p. 19ff.

Steiner, Wendy, « Jean-Michel Basquiat », *London Review of Books* 18, n° 13, 1996, p. 14.

1997

Bruzzi, Stella, « Basquiat », critique du film de Schnabel, *Sight & Sound*, 7 avril 1997, p. 35-36.

Delory, Patrice, « Basquiat : le trait de la fulgurance », critique de l'exposition de la Fondation Dina Vierny/Musée Maillol, *Beaux-Arts Magazine*, n° 160, septembre 1997, p. 31.

Fulford, Robert, « Portrait of the Artist as Explosive Device », *Canadian Art* 14, n° 1, printemps 1997, p. 54-59.

Hayt, Elizabeth, « Jean-Michel Basquiat » critique de l'exposition de Tony Shafrazi, *Art News* 96, janvier 1997, p. 114.

Jodidio, Philip, « Basquiat », *Connaissance des arts*, n° 538, avril 1997, p. 40-41.

Jover, Manuel, « Basquiat graphique », critique de l'exposition de la Fondation Dina Vierny/Musée Maillol, *L'Œil*, n° 486, juin 1997, p. 26.

Kuspit, Donald, « Schnabel's "Basquiat" », *Art New England* 18, décembre 1996-janvier 1997, p. 9.

Lanzl, C., « Artists Making Movies », *Art New England* 18, avril-mai 1997, p. 28-29.

Morice, Jacques, « Basquiat », critique du fim de Schnabel, *Beaux-Arts Magazine*, n° 155, avril 1997, p. 20.

Nemeczek, Alfred, « Künstler als Monster im Kino », *ART : Das Kunstmagazin*, n° 3, mars 1997, p. 66.

Saada, N., interview, « Entretien avec Julian Schnabel », *Cahiers du cinéma*, n° 512, avril 1997, p. 65-68.

Sasson, Selim, « *Basquiat*, le film », *Art et culture* 11, n° 9, mai 1997, p. 34-35.

Szabadi, Judit, « Az exhibicionizmus mint muveszet es letforma: latogatas a Stuck-villaban » (L'exhibitionnisme comme mode de vie : visite du Museum Villa Stuck). *Új Müvészet* (Budapest) 8, n° 3-4, mars-avril 1997, p. 16-21, 25-31.

Toubiana, Serge, « Basquiat », critique du film de Schnabel, *Cahiers du cinéma*, n° 512, avril 1997, p. 62-64.

Wilson, Andrew, interview, « Basquiat : "Like Boom for Real" », interview de Michael Holman, *Art Monthly*, n° 210, octobre 1997, p. 8-11.

Young, Kevin, « Cassius Clay by Basquiat », *Callaloo* 20, n° 2, 1997, p. 294.

1998

Adams, Brooks, « Keith Haring: Radiant Picaresque », *Art in America* 86, n° 4, avril 1998, p. 94-99, 130.

Attias, Laurie, « Jean Hamon: Strokes of Luck », *Art News* 97, n° 7, été 1998, p. 136-137.

Bosworth, Patricia, « Hyped to Death: The Short Life of Jean-Michel Basquiat, Graffiti Artist Turned Gallery Commodity », critique de *Basquiat: A Quick Killing in Art* par Phoebe Hoban, *The New York Times*, 9 août 1998, rubrique critique littéraire, p. 4.

Cunningham, M., « Colorful Character », *Metropolitan Home* 30, n° 6, novembre-décembre 1998, p. 160-165.

Selwood, Sara, Thomas, Adam, Latiff, Leonard, McNally, Michelle et O'Driscoll, Jo, « Art and Antiques Trade », *Cultural Trends* n° 29, 1998, p. 37-65.

Tansini, Laura, « Basquiat as the New Warhol: A Pricing Phenomenon », *Art Newspaper* 10, n° 87, décembre 1998, p. 51.

« German Paintings All Bought for the US, US Paintings for Europe », *Art Newspaper* 8, janvier 1998, p. 30.

Vogel, Carol, « Graffiti Artist Makes Good: A Basquiat Sells for a Record $3.3 Million », *The New York Times*, 13 novembre 1998, p. B4.

Wichelhaus, Barbara, « Kunst im Kollektiv : Gemeinsam hergestellte Werke », *Kunst+Unterricht*, n° 226, octobre 1998, p. 22-34, 38.

1999

« Basquiat fra Trento e Venezia : Tutti pazzi per Samo », *L'Espresso* 45, n° 22, 1999, p. 147-148.

Benhamou-Huet, Judith, « Artistes contemporains : les cotations marquantes », *Connaissance des arts*, n° 559, mars 1999, p. 54-61.

« Basquiat Hits the Art Market Firmament », *Art Press*, n° 242, janvier 1999, p. 16-17.

« Incontournables : FIAC 99 », *Beaux-Arts Magazine*, n° 184, septembre 1999, p. 102-105.

Bevan, Roger, « Contemporary Art », *Art & Auction* 21, n° 21, 1er-14 septembre 1999, p. 46.

Blistène, Bernard, « Une histoire de l'art du XXe siècle, 20 : l'art aujourd'hui-"situations et enjeux" », *Beaux-Arts Magazine*, n° 187, décembre 1999, p. 98-110.

Caprile, Luciano, « Gioventù bruciata », *Arte* 12, n° 61, juin-juillet 1999, p. 24-29.

Dornberg, J., « Old Masters, Contemporary and Modern Art », *Art & Auction* 21, n° 21, 1er-14 septembre 1999, p. 50.

Edwards, Michael, « Maleriet och forandringens konst » (La Peinture et l'art de la transformation), *Paletten* 60, n° 3, 1999, p. 38-46.

Ermann, Lynn, « Prop Art », *ARTnews* 98, n° 7, été 1999, p. 146-148.

Franceschetti, Roberta, avec Deitch, Jeffrey, Haring, Keith, Clemente, Francesco et Warhol, Andy, « Basquiat : Il rapper del colore », *Arte*, n° 311, juillet 1999, p. 78-85.

Frohne, Andrea, « Representing Jean-Michel Basquiat », In *African Diaspora: African Origins and New World Identities*, sous la direction d'Isidore Okpewho, Bloomington, Indiana University Press, 1999, p. 439-450.

Gigli Cobolli, Nicoletta , Vettese, Angela, Zecchi, Stefano et Mazzotta, Gabriele, « Capire : l'arte oggi », *Arte*, n° 316, décembre 1999, p. 91-101.

Handler, Ruth, « Schlechte Entschuldigung », critique de l'exposition de la Staatliche Kunsthalle à Baden-Baden, *ART : Das Kunstmagazin*, n° 6, juin 1999, p. 97.

« Konige, Helden und die Strasse », *ART : Das Kunstmagazin*, n° 2, février 1999, p. 80.

Lerouge, Stephanie, « Le prix de l'art », *Beaux-Arts Magazine*, n° 184, septembre 1999, p. 123-129.

Page, A., « À New York : les ventes de peintures », *Connaissance des arts*, n° 557, janvier 1999, p. 112-113.

Panicelli, Ida, « Jean-Michel Basquiat », critique de la Fondazione Bevilacqua La Masa et du Museo Revoltella, *Artforum* 38, n° 3, novembre 1999, p. 150.

Rickels, L.A., « American Psychos: The End of Art Cinema in the '90s », *Art/Text*, n° 67, novembre 1999-janvier 2000, p. 58-63.

Sosa, Ernest et Benitez Duenas, Issa Maria, « ExpoArte Guadalajara '98: 7th International Forum on Contemporary Art Theory », *Art Nexus*, n° 31, février-avril 1999, p. 84-86.

« Tops & Flops : 1998 », *Beaux-Arts Magazine*, n° 177, février 1999, p. 112-117.

Tully, Judd, « Contemporary Art, Part II », *Art & Auction* 21, n° 20, juillet-août 1999, p. 46.

Van Arsdol, Robin, « Basquiat a Venezia : Graffiti sul Canal Grande », *D'Ars* 39, n° 158, juillet 1999, p. 42-45.

Whisson, Ken, « Some Thoughts Arising from the 48th Venice Biennale of Visual Art », *Art Monthly Australia*, n° 122, août 1999, p. 4-5.

Wilson, Andrew, « All over the Place », *Art Monthly*, n° 228, juillet-août 1999, p. 7-10.

Wolinski, N., « Jean-Michel Basquiat », critique littéraire, *Beaux-Arts Magazine*, n° 183, août 1999, p. 86.

2000

Attias, Laurie, « Jean-Michel Basquiat », critique de l'exposition d'Enrico Navarra, *ARTnews* 99, n° 8, septembre 2000, p. 182.

Badia, Montse, « El presente global del arte », *Lapiz* 19, n° 162, avril 2000, p. 18-23.

Calvo Serraller, Francisco, « La fotogenia cinematografica de los artistas », *Arte y parte*, n° 28, août-septembre 2000, p. 82-94.

Carfi, Chiara, « La guerra del linguaggio illeggibile : Dal buio della subway alla luce artificiale delle gallerie », *D'Ars* 40, n° 161, janvier 2000, p. 48-51.

Marshall, Cora, « Jean-Michel Basquiat, Outsider Superstar », *International Review of African American Art* 16, n° 4, 2000, p. 32-36.

McGonigal, M., « Same ol' Samo », *Artforum* 38, n° 10, été 2000, p. 53.

McLean, I., « Probability, Rap and Coincidence: Gordon Bennett's Notes to Basquiat », *Third Text*, n° 50, printemps 2000, p. 107-109.

Meyer, Laure, « Africains d'Afrique ou d'Amérique », critique de l'exposition *Transatlantic Dialogue*, *L'Œil*, n° 518, juillet-août 2000, p. 95.

Miller, Harland, « A Wave from Jean-Michel », *Modern Painters* 13, n° 3, automne 2000, p. 42-43.

Schaernack, Christian, « Der Kunstler als Superstar », critique de *Around 1984 at P.S. 1*, *ART : Das Kunstmagazin*, n° 8, août 2000, p. 93-94.

Wavrin, Isabelle de, Colard, Jean-Max et Garcia-Gill, Isabel, « Les folles journées de Bâle ; Dans la jungle de la foire ; La "Young Art Fair" alternative et tremplin ; 10 œuvres qui créent l'événement », inclut une critique de la Basel Art Fair, *Beaux-Arts Magazine*, n° 193, juin 2000, p. 112-115.

2001

Armand; Louis, « Jean-Michel Basquiat©: Identity and the Art of (Dis)Empowerment », *Litteraria Pragensia* 11, n° 21, 2001, p. 94-106.

Beatrice, Luca, « Contaminazioni : Arte & fumetto », critique de l'exposition de la Galleria d'Arte Moderna e Contemporanea à Bergame, *Arte*, n° 340, décembre 2001, p. 157-158.

Finkel, J., « Modern, Postwar and Contemporary Art », *Art & Auction* 23, n° 2, février 2001, p. 78.

Forgacs, Eva, « Toys Are Us : Toys and the Childlike in Recent Art », *Art Criticism* 16, n° 2, 2001, p. 6-21.

Israel, Nico, « VII Bienal de La Habana: Various Venues, Havana, Cuba », *Artforum* 39, n° 6, février 2001, p. 147-148.

Rabinowitz Cay, Sophie, « Artiste verité: Rediscovering the Original "Basquiat" », critique de *Downtown 81*, *Art Papers* 25, n° 4, juillet-août 2001, p. 20-21.

2002

Allen, H, « NY Contemporary Auctions: Strong Sales, Low Energy » *Flash Art* 34, juillet-septembre 2002, p. 49, 55.

Benhamou-Huet, Judith, « The Big Three in Big Trouble », *Art Press*, n° 281, juillet-août 2002, p. 16.

Clement, Jennifer, « The Black Man Who Dreamed in Spanish: Jean-Michel Basquiat », *Latino Leaders*, octobre-novembre 2002.

Goodyear, Frank H., Smith, Kristin, Mann, Tess et Stapp, William F., « Portrait of the Art World », *ARTnews* 101, n° 9, octobre 2002, p. 136-143.

Gravagnuolo, Emma, « Basquiat : Fiabe di ordinaria violenza », *Arte*, n° 342, février 2002, p. 36-37.

Hafner, Hans Jurgen, « Basquiat », critique de l'exposition du Museum Würth, *Kunstforum International*, n° 158, janvier-mars 2002, p. 342-343.

Holman, Michael, « Downtown 81 », *Art Monthly*, n° 252, décembre 2001-janvier 2002), p. 51-53.

Holmes, Pernilla, « Report Card: Jean-Michel Basquiat », *Art Review* 53, juin 2002, p. 77.

Honigman, Ana, « American Graffiti », *Contemporary*, n° 1, janvier 2002, p. 16-21.

Jimenez, Carlos, « Warhol-Basquiat-Clemente », *Lapiz* 21, n° 182, avril 2002, p. 84.

Kehr, Dave, « Basquiat and Friends: In Creative Serendipity », *The New York Times*, 13 juillet 2002, p. E23.

Leris, Sophie, « The Natural », collection de Enrico Navarra, *Art Review* 53, septembre 2002, p. 100-105.

Marsano, Beba, « Basquiat superstar : Il passaggio folgorante di una meteora », *Arte*, n° 343, mars 2002, p. 14.

« La violenza del gesto e la sua eco da Dubuffet fino a Basquiat », *Arte*, n° 346, juin 2002, p. 16.

Moreno, Gean, « Post-Graffiti », *Art Papers* 26, n° 6, novembre-décembre 2002, p. 20-21.

Murray, Derek, « One Planet under a Groove: Hip Hop and Contemporary Art », *NKA: Journal of Contemporary African Art*, n° 16-17, automne-hiver 2002, p. 60-65.

Ongiri, Amy Abugo, « *Downtown 81*: A Tribute to Jean Michel Basquiat », *NKA: Journal of Contemporary African Art*, n° 16-17, automne-hiver 2002, p. 108.

Probst, U.M., « Elizabeth Peyton : 16 Artists : Salzburger Kunstverein », *Kunstforum International*, n° 162, novembre-décembre 2002, p. 365-366.

Reid, Calvin, « "One Planet under a Groove" at the Bronx Museum », *Art in America* 90, n° 9, septembre 2002, p. 132-133.

Spagnesi, Licia, « Rinascimento a New York », *Arte*, n° 346, juin 2002, p. 86-93.

Tully, Judd, « Postwar and Contemporary Art », *Art & Auction* 24, n° 8, été 2002, p. 88-89.

Vincent, Steven, « The Man Who Would Be Basquiat », *Art & Auction* 24, n° 9, octobre 2002, p. 28-30.

2003

Adair, Gilbert, « Moving Images », *Art Quarterly*, automne 2003, p. 50-55.

Adams, Brooks, interviewer, « '80s Then: Francesco Clemente Talks to Brooks Adams », *Artforum* 41, n° 7, mars 2003, p. 58-59, 260.

Civati, Stefano et Gravagnuolo, Emma, « The Annina Nosei Story », *Arte*, n° 356, avril 2003, p. 180-183.

Diez, Renato, « Mercato : Collezionare l'arte di oggi », *Arte*, n° 356, avril 2003, p. 146-154.

Druhl, Sven, « Der Paranoia-Diskurs : Conspiracies, UFOs und Verschworungsdenken », critique de l'exposition du Museo Correr, *Kunstforum International*, n° 163, janvier-février 2003, p. 102-135.

Ermen, Reinhard, « Pittura/Painting », critique de l'exposition du Museo Correr, *Kunstforum International*, n° 166, août-octobre 2003, p. 306-309.

Etherington-Smith, Meredith, « The Office », étude sur la vente de la Hamiltons Gallery, Londres, *Art Review* 54, mars 2003, p. 109-113.

Farine, Manou, « Expressionnismes : la grande famille », *L'Œil*, n° 546, avril 2003, p. 111.

Fronz, Hans Dieter, « Expressiv! », critique de l'exposition de la Fondation Beyeler, *Kunstforum International*, n° 165, juin-juillet 2003, p. 354-355.

Haden-Guest, Anthony, « Wannabe Big Shot Is Busted », *Art Review* 54, mars 2003, p. 34-35.

Johnson, Ken, « Art in Review : "Fire under the Ashes: From Picasso to Basquiat" », *The New York Times*, 19 décembre 2003, p. E39.

Krienke, Mary, « Expressive! », critique de l'exposition de la Fondation Beyeler, *ARTnews* 102, n° 9, octobre 2003, p. 140, 152.

Kroner, Magdalena, « Talking Pieces », *Kunstforum International*, n° 164, mars-mai 2003, p. 321-323.

Landi, Ann, « The Fire under the Ashes: From Picasso to Basquiat », *ARTnews* 102, n° 11, décembre 2003, p. 116.

Lavigne, J., « En compagnie de Basquiat », critique littéraire, *Beaux-Arts Magazine*, n° 225, février 2003, p. 106.

Morel, Guillaume, « Basquiat : la rage de peindre », critique de l'exposition de la Fondation Dina Vierny-Musée Maillol, *L'Œil*, n° 550, septembre 2003, p. 24.

2004

Barker, G., « London Sales Preview», *Art & Auction* 26, n° 11, part. 12, juin 2004, p. 112-115.

Craven, R.R., « Crossing Currents: The Synergy of Jean-Michel Basquiat and Ouattara Watts », *Art New England* 25, n° 5, août-septembre 2004, p. 31.

Ebony, David, « Records Smashed at Fall Auctions », *Art in America* 92, janvier 2004, p. 21, 23.

Gleadell, Colin, « Smash Hits », *Art Review* 54, mars 2004, p. 38, 40.

Hafner, Hans Jurgen, « One Planet under a Groove », *Kunstforum International*, n° 168, janvier-février 2004, p. 352-353.

FILMS/VIDÉOS

1983

Young Expressionists, New York, Inner-Tube Video, 1983, cassette vidéo, 28 min, sous la direction de Paul Tschinkel et Marc H. Miller ; produit par Paul Tschinkel ; texte et interviews de Marc H. Miller, travail de Jean-Michel Basquiat à la Fun Gallery, de Francesco Clemente aux Mary Boone et Sperone-Westwater Galleries, et de Julian Schnabel à la Leo Castelli Gallery ; Interviews de Basquiat et Schnabel.

1984

Graffiti/Post-Graffiti, New York, Inner-Tube Video, 1984, cassette vidéo, 28 min, produit par Marc H. Miller et Paul Tschinkel, interviews de Charlie Ahearn, Patti Astor, Jean-Michel Basquiat, Fred Brathwaite, « Crash », Stefan Eins, Futura 2000, Keith Haring, Sidney Janis, « Lady Pink », Dolores et Hubert Neumann, Rammellzee et Tony Shafrazi.

1989
Jean-Michel Basquiat: An Interview, New York, Inner-Tube Video, 1989, cassette vidéo, 34 min, 1981, interview de Marc H. Miller.

Jean-Michel Basquiat (1960-1988), New York, Inner-Tube Video, 1989, cassette vidéo, 57 min, produit par Paul Tschinkel, couvre la carrière de Basquiat, inclut des interviews de Peter Schjeldahl, Jeffrey Deitch, Fab 5 Freddy et Annina Nosei ; interview de Basquiat par Marc Miller.

1990
Shooting Star, Londres, Illuminations Production, 1990, 52 min, sous la direction de Geoff Dunlop, produit par Linda Zuck, avec la collaboration de Glenn O'Brien, Fab 5 Freddy et Annina Nosei.

1993
« Jean-Michel Basquiat: Artist's Achievements Debated », programme du *Sunday Morning*, 24 janvier 1993, CBS Television, 8 min.

2000
Downtown 81 (New York Beat), New York, Zeitgeist Films, 2000, 72 min, sous la direction d'Edo Bertoglio, écrit par Glenn O'Brien, produit par Maripol, cinématographie de John McNulty, réalisée en 1980-1981 sous le titre de travail « New York Beat », mise en vente en 2000.

INDEX DES ILLUSTRATIONS

TRAVAUX D'AUTRES ARTISTES

PHOTOGRAPHIES